FE
MI
NI
SMS

完整修訂版

女性主義理論與流變

顧燕翎　主編
王瑞香、林津如、范情、張小虹、黃淑玲
莊子秀、鄭至慧、鄭美里、劉毓秀、顧燕翎　合著

主 編 的 話

顧燕翎

　　人類社會在二十世紀發生了許多重大變化，前後兩波婦女運動雖不若兩次世界大戰般驚天動地，卻緩慢而深遠地改變個人、家庭、社會、文化、政治……半世紀以來台灣受到全球婦運洗禮，也不斷調整腳步，在法律和制度上產生了諸多變革，例如民法親屬編的修訂、性別工作平等法、性別平等教育法、性侵害犯罪防治法的通過、公務人必須接受性別平等教育等等。感謝貓頭鷹出版社願意慎重看待這場逆勢向上的性別革命，在譯介了西蒙波娃的巨著《第二性》以後，再規劃出版女性主義理論、經典和婦女運動系列，讓身處於歷史浪潮中的讀者得以從理念和行動兩個角度，一窺社會變遷的來龍去脈，了解女性先覺者們如何分析問題、尋找答案，以及曾經的行動和掙扎。期望讀者們在知識的基礎上可以更清楚透視歷史和自己當下的處境，參與女性主義對話，共同想像和建構美好的未來。

　　第二版的《女性主義理論與流變》在內容上沒有很大變動，僅就排版失誤、錯別字部分和少數誤失加以修正，英文部分的標點符號從全書一貫的中式全形改為英文通用的半形；為了讀者便於查閱，注解也從每一章的後面移到每一頁的下方。

　　和貓頭鷹編輯張瑞芳合作了一年多，很感受到貓頭鷹出版社的專業水準和敬業態度，在出版業普遍低迷的今日，仍願意堅守崗位，努力提供心智養分，盼望讀者們能從中獲益，並且給與鼓勵支持。

目　次

導言

顧燕翎

二〇一八年十一月一日亞洲時區中午十一點開始，Google
全球分公司的員工陸續放下手邊工作，走出辦公室抗議公司
沒有認真處理性騷擾案件。Google 的罷工和近年席捲全球的
#MeToo 一樣，都不是單一或突發的行動，而是自十九世紀以
來婦女運動的一環。婦運原就具有全球串連的特質，到了網路
便捷的二十一世紀，發言管道更為暢通，蓄積已久的能量便勢
如燎原。

拒絕性騷擾和性侵害，是第二波婦運後期激進女性主義者
的主張。之前男人侵犯女人，被視為男人與生俱來、以及男人
之間互相交換的權利／力，被侵犯的女人反因害怕名聲受損而
不敢聲張。#MeToo 在歐美地區的巨大爆發力，反映了當地女
性主義所創造的新價值已累積了深厚能量，讓受害者風險降
低，也使更多旁觀者敢於不畏權勢，公開出面譴責加害者。亞
洲的婦運相對沉默，韓國高階檢察官徐智賢公開陳述自己被性
騷擾又被降職的過程是極為少數的特例。

臺灣的婦運自一九八〇年代以來已有許多法律和制度建

樹，深入政府體制，表面上聲勢盛大，但在 #MeToo 的考驗中卻失去了聲量。部分受害者即使已不再躲藏，尋求專業協助，卻選擇隱姓埋名，以免再受傷害。她們仍處於孤軍奮戰的局面，厭女[1]的社會價值尚有待解構。女性主義在父權陰影下匍匐向前，其路徑從來不是直線的。

本書初版《女性主義理論與流派》完成於一九九六年，當時女性主義已由社會禁忌蛻變為顯學和流行語，為了幫助人們認識女性主義的歷史、內涵和意義，我利用多年來整理的教案，透過任教的交通大學通識教育中心申請到教育部補助款，邀集作者們就女性主義的理論和歷史源流做一全面的整理探討，完成了全球第一本以中文書寫的女性主義理論書籍，交由成立未久的女書店出版發行。當年即得到聯合報年度十大好書獎，也受到各地華文讀者的喜愛，成為女書店的「鎮店之寶」。

本書兩千年再版時做了小部分增添修改。事隔近二十年，婦女運動又挖掘出更多史料，生產了更多文獻，女性主義各流派間也相互跨越、影響，而產生不少變化，所以從去年開始，再進行不同幅度的修改或重寫。書名也改為《女性主義理論與流變》，商請發行中文版《第二性》的貓頭鷹出版社發行。

「女性主義」一詞起源於十九世紀法國，意指挑戰男尊女卑傳統的婦女運動，因離經叛道，長期受主流社會冷眼相待，直到二十世紀後期才得以翻轉，受到較正面評價，而將終

止女性的附屬地位或者建立女性主體性的種種作為統稱作女性主義。美國暢銷作家和普渡大學教授羅珊蓋伊（Roxane Gay）在她的文集《不合格女性主義者》（*Bad Feminist: Essays*, 2014）中表示，她曾抗拒女性主義，但當她了解女性主義在所有領域提倡性別平等，並且也考慮左右每個人變成什麼樣的人、做什麼樣的事的所有因素之後，就容易接受女性主義了（她本人是海地第二代移民，身材肥胖，少年時曾受同學輪暴但不敢聲張，有過一段漂泊的人生）。「女性主義帶給我平和，引導我如何寫作、如何閱讀、如何生活。我有時候會出軌，但我知道沒有做到最好也沒有關係。」

女性主義和婦女運動皆肇因於人們主觀上感受到男女不平等，或女性受到壓迫，而謀求改變現狀。女性主義發展理論，婦女運動實踐、檢驗和修正理論，理論與行動相輔相成，所以許多女性主義者也同時積極參與婦運。婦運發生前，社會上不平等或女性受壓迫的客觀現象就已存在（如溺女嬰、鬻女、毆妻等史實），但若非改變現狀的社會條件已

1　日本著名的女性主義學者上野千鶴子在其著作《厭女：日本的女性嫌惡》（2015:34，聯合文學中譯本）中，這樣說明厭女症：男人否認女人是等同於自己的性主體，並且把女人客體化和他者化，這種蔑視女性的表現即可稱為厭女症。也就是說患者認為男人才是人，才有主體性，女人是附屬的、次要的存在，他／她總是用男性的眼光或利益來評價、貶抑女人。在由男權主導的社會，女人也可能內化男性價值而崇拜男人、輕視自己，同樣也患有厭女症。

經成熟（例如，女性受教育、中產階級興起、政治民主化），而且有足夠數目的女性主觀上不願意再忍受壓迫，婦運不可能發生。換個角度來看，一旦認知到女性的次等地位是人為的、社會建構的，而非天生的、自然的，才可能以人的力量來扭轉。所謂女性主義理論便是在：一、分析男女不平等的現象，或女性的次等處境。二、以女性觀點解釋其原因。非女性主義學者雖也曾注意到兩性社會處境和心理狀態之異，但他們往往以生物決定論，也就是女性先天有缺陷，或者以交換理論來解釋，指女性為了延續種族而自願放棄自主性，以換取男性的保護與供給，最終得到女性地位無法改變或不需改變的結論。女性主義者著重於社會文化因素，使得改革顯得不僅可能，而且可欲。三、尋求改變。不同流派的女性主義者根據各自對人性與社會的理解，與對理想社會的想像，提出漸近式改革或革命性變革的方案，以達到男女平等、女性解放或建立新文化、新倫理、新制度的目標。整體而言，女性主義可說是解構父權體制、建立新社會、新制度的思想工具與行動方案。

　　女性的處境有著跨越時空的共同性，也有其內部的相異性。女性主義理論受到主流思潮衝擊，在不同時代、地域、文化情境下，各自對婦女的次等地位做出詮釋，並提出解方。早期的女性主義，其推衍發展的脈絡清晰分明。近數十年來，社會文化和婦女處境快速變遷，女性主義理論也隨之修正，加以各流派交互批判、啟發、混合，而發展出新的樣貌。例如，標榜體制內改革的自由主義女性主義團體，吸收了年輕、激進的

成員後，修改其原有路線，在策略和理念上變得更為激進；有些激進小團體為了發展庇護所等服務所需的資源，與體制稍做妥協；也有激進女性主義者走上女同志的分離主義路線；或成為生態女性主義者，企圖恢復她們被男權「馴化」前精力充沛的野性。在爬梳女性歷史時，我驚覺十九世紀的自由主義女性主義前輩，竟然時有比當代女性更為激進的言論。

各流派女性主義固然各有特色，但因其目的都是批判改造父權文化，所以也不乏重疊神似之處。當我們研究個別女性主義者的主張時，常感到難以斷然區分。此外，個人思想除了可能與時推移，在個別議題上也可能受到不同流派的召喚，而做出相應的選擇，並不固守流派。不過，為求對女性主義有較為結構性、脈絡性的了解，流派的分類仍是被廣為採用的方法。只是因取材重點不同，各書對流派有不同命名和歸類方法。本書參考國內外慣例，按照歷史進程及特質將女性主義劃分為十一類：自由主義女性主義、社會主義／馬克思主義女性主義、存在主義女性主義、激進女性主義、精神分析女性主義、女同志理論、生態女性主義、後現代女性主義、國家女性主義及後殖民女性主義。與舊版相較，增加了晚近盛行的國家女性主義。每一類分別以單章處理，由一至兩位作者負責介紹各流派的社會背景、思想源流、重要主張及檢討，並且盡量關照到當下的實踐。其中社會主義／馬克思主義女性主義分為兩章處理。

自由主義女性主義

　　自由（個人）主義女性主義在時間上是所有女性主義的起點，在理論上也成為之後其他各流派的出發點，或批判改造的對象。十八世紀歐洲啟蒙時代，受過教育的女性，被新資產階級男人反抗君權所啟發，在私人生活中質疑男權的神聖性，要求與男性平等的權利和個人自由。新生的自由主義崇尚理性，主張人之異於禽類是因其具有推理能力，而非徒具人之形體，所有人在接受教育後都具備同等的理性，故應平等相待。個人基於理性，能為自己做最好的決定，追求自我的利益，所以應享有充分的自主權。個人意志不從屬於他人（如君王），個人自由亦不應受他人干涉；國家對個人保持中立無偏的態度，保障人人享有平等機會，以及個人的人身安全、財產和自由；國家的權力只在公領域運作，不應涉入私領域。只是他們論述中的個人，往往僅限於特定種族（白人）、階級（有產者）、性別（男性），女人被視為男人的附屬品，而非平等的公民。男性思想家被習俗賦予的性別優勢，終究成為其難以破除的性別盲點。

　　十八世紀英國的吳爾史東（Mary Wollstonecraft, 1759-1797）首先在《女權辯護論》（*A Vindication of the Rights of Woman*, 1792）一書中，將自由主義的理念推及至女性，強調女人與男人無異，皆具有理性思辨能力，是習俗和兩性差別教育造成了男女不平等。為消弭人為的不平等，女性應獲得同質

《女權辯護論》第一版書名頁，1792 年。

的教育，在人格和經濟上獨立自主。十九世紀英國的約翰・米爾（John Mill, 1806-1873）和其妻海莉・泰勒（Harriet Taylor, 1807-1858）主張，人除了衣食，最大的需求是自由，有自由才有尊嚴，才能感到人的價值。男女任何一方受到壓抑，都會阻礙人類進步，違反其主張的功利 (utilitarian) 自由主義乃是追求最大多數人最大幸福的原則。米爾首先在英國國會主張婦女投票權、全民義務教育和民意代表的比例代表制。同時代的美國婦運除了爭取女性投票、公開演講和參與公共事務的權利，婦運領袖史坦登（Elizabeth Cady Stanton, 1815-1902）更主張實質平等，應尊重性別經驗的差異性。曾為黑奴的婦運

者特魯思（Sojourner Truth, c. 1797-1883）則以其自身遭遇，刻畫出種族和性別的多重歧視。一九六三年傅利丹（Betty Friedan, 1921-2006）藉《女性迷思》說出美國中產女性困居家庭的苦惱，一九六六年組成「全國婦女組織」（National Organization for Women, NOW），「帶領婦女全面加入美國社會主流，與男性以完全平等的夥伴關係行使所有權利」。一九七〇和八〇年代，臺灣的婦女運動受自由主義女性主義的影響，如「先做人，再做男人或女人」、「人盡其才」、反對婦女保障名額、修改法律中的性別歧視等主張，都展現追求與男性平等的精神。

二十世紀後期，自由主義女性主義受到激進女性主義啟發，開始重視個人的多元差異和交叉位置，主張擴大公領域的範圍，提升國家照顧弱勢的責任和權力，例如家暴受害者。同時，有鑑於個人自我實現的機會深受經濟影響，也注重分配的公平性，倡議以補償性的制度，強化實質平等；在法律方面，則由修改性別歧視的法律，轉而以立法積極消除歧視、矯正不平等。早期的自由主義女性主義者鼓吹公領域對女性開放，卻未論及私領域的分工重組。一九八〇年代後，終於體認到齊家治國一肩雙挑之不易，而提出家務分工、彈性工時及減輕男性養家重擔等主張。其他女性主義者往往批評她們承襲了自由主義的盲點，如：一、過分崇尚男性價值，重視心智勝於情感與身體；二、強調個人先於社會，區分公私領域；三、注重抽象的、形式的平等，未顧及性別內部差異。然而，自由

主義女性主義者的性別身體和性別經驗有別於男性自由主義者，現實經驗的落差必然會發展出不同的性別視野。自十九世紀起，她們除了主張開發女性的智能，也重視鍛鍊體魄，視其為女性獨立自主的必要條件；二十世紀後，更要求公權力介入改善弱勢者的生存條件和私領域內的權力關係，以保障個人的自由選擇權；到了二十世紀後期，考慮到性別之內的種族、階級、年齡、性傾向等差異，主張國家應負起消除所有形式歧視的責任。

烏托邦社會主義女性主義／
馬克思主義女性主義

　　十九世紀的工業革命和法國大革命，使人類歷史產生了驚天動地的變化，也促生了平等、互愛、共享的社會主義思想。早期的社會主義女性主義思想的代表人物為德國的倍倍爾（August Bebel, 1840-1913）、美國的紀爾曼（Charlotte Perkins Gilman, 1860-1935）以及俄國的柯崙泰（Alexandra Kollontai, 1872-1952）等，他／她們主張人類社會為一有機整體，互相依存，所以應以合作的集體主義取代自私的個人主義；婦女應從個別的家庭中解放出來，直接參與社會生產工作，成為社會一分子，不再依賴個別男人；婚姻應以個人情欲為基礎，而不再是經濟的、社會的、消費的單位；並且以集體

化生活取代私人家庭和家務。

　　在本書中，黃淑玲以英國歐文社會主義為起點，介紹歐文（Robert Owen, 1771-1858）和湯姆士（William Thompson, 1775-1833）的廢除私產、提倡情愛自由等主張，及其未竟成功的公社實驗。馬克思主義者以為早期的社會主義過於樂觀，譏之為烏托邦，因此在二十世紀初期的中文譯名為「空想社會主義」。馬克思、恩格斯等人以「科學的」分析方法，特別是歷史唯物論（historical materialism），突顯人的生物性和社會性之間的辯證關係，說明人性並非一成不變，而是在特定歷史情境、生產活動中形成的，並且強調階級社會對個人意識形態和日常生活造成的結構性影響，這些觀點都對女性主義者有重要啟發。本章詳細說明馬克思主義中的意識形態、階級意識、異化、實踐等概念，並深入介紹恩格斯的《家庭、私有財產和國家的起源》一書，及其對女性守貞、處女情結等社會習俗的觀點。馬克思主義女性主義被批評為經濟決定論，同時忽略了女性投入一生精力的再生產活動。不過馬克思對自由的定義：不僅是個人生活消極的不受干預，而且個人需擁有充分的物質條件方有能力行使其法律權利，仍深切影響了其他派別的女性主義者。

存在主義女性主義

存在主義女性主義和西蒙・波娃可以說是二為一，一為二，本書曾考慮將其併入激進女性主義之章節，但後來決定單獨成立一章。其理由有二：一、《第二性》為女性主義空前巨著，影響深遠；二、向當代女性主義的啟蒙者波娃致敬。

二次大戰後百廢待舉，人們對戰禍感到厭惡、荒謬，存在主義適時於法國興起，重建人們劫後餘生的自信，相信人的努力能使明日世界比今日更好，學習接受現狀，戰勝精神創傷，明日之我也可以超越今日之我。存在主義代表人物沙特主張，個人在本質上是自由獨立的，在追求自由的過程中，他會遭遇其他人，其他人亦有其自我意識，所以人各有主體性。只是在個人的主觀意識中，視其他人為客體，所謂客體是具有已經定型的特質（identity），而非全然自由。只是被定型化的客體並不完全認同被對方設定的性質，他為了保持自己主體的獨立性，永遠企圖超越對方設定的特質去探索新狀況。因此，所有自由主體之間都存有無可避免的敵意，彼此視對方威脅了自己的自由，為了克服威脅，便設法使對方臣服，否定其自由，使之成為一個具有固定特質，相對於自己而存在的客體，也就是他者。

波娃應用這個理論來解釋男女的相對關係：在古早男女的自由之戰中，女人受到身體的拖累（如：懷孕、生育）而失去自主性，變成因男人而存在的他者，臣服於主體的客體。之後

一代代的女人都未能固守自己的自由，而自認失敗。因為女人未能克服敗績，而使得失敗顯得難以避免，看不到任何改變的可能。

波娃否認所謂女性特質是天生的。做為一個自由的主體，女人可以定義、創造自己的內涵。然而在她看來，即使第一波婦運締造了制度性的改變，例如女性取得投票權、受教權、財產權等，仍未能獲得充分自由。婦運者所創造的改變只不過是象徵性的騷動，她們得到的只是男人願意給的，因而仍處於被動的客體位置，被動地接受男人對她們的定義。波娃激進地主張，女人應當拒絕傳統女性角色，自由獨立生活，她自己便選擇不結婚，也不生育子女，但卻被批評過於認同男性價值，以及對婦女的真實處境和歷史了解不足。

在《第二性》一書結尾，波娃曾表明自己不是女性主義者，因她相信社會主義將解決婦女問題。一九七〇年代以後，波娃體會到，婦女需要主動改變自己的命運，不能完全依賴社會的改變，於是積極投入婦運，在法國墮胎尚未合法化的年代，她公開承認自己有墮胎經驗，並且出借住所供年輕女性墮胎。她自此肯定女性集體行動的力量，也更正面看待女人的身體。

在本章中，鄭至慧扼要介紹《第二性》的要點、存在主義的時代背景、思想脈絡以及重要概念，如意識、自我、無有、壞信念、他者等，並在此基礎上，闡釋波娃如何分析女人的命運、經驗及有關女人的神話，並且回應後人對波娃的批判。

激進女性主義 [2]

　　激進女性主義於一九六〇年代末誕生於美國，是女性主義所有派別中最極端的形式，也是婦女解放運動的論述基礎。受到共產革命的啟發，年輕的左派女性最初自稱激進分子（radicals），並不認同女性主義，反而稱婦運人士為反革命的改革派。費爾史東（Shulamith Firestone, 1945-2012）首先改變立場，認可早年第一波婦女運動，指出婦運有其激進的歷史，只是因政治因素而被埋沒。這些年輕女性於是自稱激進女性主義者（radical feminists），一方面連結十九世紀婦運的feminists, 一方面彰顯革命的激進立場，以示與改革立場有所區隔。

　　激進女性主義主張，女人所受的壓迫是最根本、最深刻的剝削形式，且是一切壓迫的基礎，原因如下：一、產生的時間最早，早到個人出生之前，早到家庭制度形成之初；二、流傳最廣，父權體制在當今社會無所不在；三、即使消除了階

2　Radical feminism 最初被翻譯成激進女性主義，1990 年代傅大為主張改為基進女性主義，理由是 radical 的字根是 root, 根的意思，基有根本之意，基進意謂根本改造，所以有些人開始用基進取代激進。但是基也有基本之意，貼近 fundamentalist, 基本教義派，radical feminism 的批判和革命精神卻是與 fundamentalism 的嚴守基本教條大異其趣。且激進是大眾熟悉的中文，激是指水流而下，遇到阻力，而水花飛濺、震盪，有急劇、猛烈之意，激進所隱含的激烈、激情的意象，貼切描繪了 1970 年代青春女性主導的婦女解放運動和急進又充滿激情的女性主義。

級，內化的父權價值仍繼續壓迫女性，這現象在過去的共產國家可得印證；四、因為最深、最廣，所以引起受害者質、量方面最大的痛苦，但壓迫者及受害者卻可能習焉不察；五、對女性受壓迫的了解，有助於了解其他形式的壓迫。縱觀歷史，幾乎所有的權力結構都由男性支配，以暴力為後盾。男性間雖也有權力落差，少數男人統治其他男人，但所有男性皆受惠於男性至上和女性受剝削的果實。激進女性主義者不信任男性控制的權力結構，無意在此結構內爭取平等，也不發展全國性組織，而是採取體制外路線，進行體制外抗爭，目標為根本改造社會。

麥金能（Catharine Mackinnon, 1946- ）曾表示，自由主義女性主義是自由主義應用於女性，社會主義女性主義是社會主義應用於女性，只有激進女性主義才是原生的女性主義，也是女性主義的原型，由此衍生其他派別，如女同志、精神分析、生態等女性主義。激進女性主義不套用已定型的社會理論，首先提出女性觀點的社會分析，解析父權體制、解構性別、大膽質疑文化常模，探究和實驗新的可能性，往往先實踐再建立理論，雖富有創造性，但較缺乏體系。

全新的女性觀點是激進女性主義對女性主義最大的貢獻，「個人的即政治的」翻轉了自由主義的公私之別，將隱藏於私領域、從未受到質疑、男駕馭女的權力關係攤在陽光下，變成可公開討論的政治議題。激進女性主義點出，個別女性在私領域遭受的不幸有其共同性，這些共同性指向社會結構

性的問題，開創了社會議題新的、性別角度的分析面向。「性政治」重新定義「政治」，政治不是指選舉，而是人與人之間的權力關係，性政治則是個別男人支配個別女人的權力關係。激進女性主義特別洞察父權社會中公私內外之別，指出以男性為主的「公領域」實則建立在女人無償、片面的勞務付出之上，也就是說，女人在家庭內外的照顧者角色，使得公領域男性無後顧之憂，因而造就了公領域。而公領域的權力和價值也早已透過法律和習俗，進入私人生活和個人心態，成為內化的價值，需要深入剖析，方能見其運作。激進女性主義基本上否定生理功能以外的性別分類，主張人有個別差異，但不應有性別角色之分，社會上存在的性別差異是由男性群體為自己的利益所創，對女性不利，因此女性應努力去除或超越這個分類。或是做個陰陽同體的完整的人，順其自然，破除人為的陰陽特質二分和對立；或是不與男性牽連，採取不同程度的分離主義，最徹底的方式是成為女同性戀者。退出父權體制、建立新社會的立場，在部分社會主義和性解放女性主義者看來，無異於放棄和父權鬥爭，轉而擁抱女性特質，因而稱之為文化女性主義。不過被點名為文化女性主義者無人接受此標籤，也根本上不同意以本質論取代社會建構論。

取回身體自主權是激進女性主義的重要主張，父權社會使用暴力逼迫婦女就範，控制女人的性、生育和勞務。強暴不是一時興起、個人對個人的暴力行動，而是掌權階級成員對付無權者的政治迫害，讓女人因害怕而屈從或不得不接受保護，加

害者與保護者都是男性，兩者有一種共謀關係。性侵害和性騷擾非僅是暴力或性欲發洩，更是性別歧視，應當從女性，尤其是受害者的觀點來界定。

精神分析女性主義

佛洛伊德是厭女症的代表性人物，和同時代的大部分男性一樣，他接受傳統的性別偏見，反對婦女運動，不關心、也不了解女性的處境。他的理論，如伊底帕斯情結、閹割恐懼、陽具歆羨，都是以男性經驗和男性身體為常模，套用在女性身上，據此指出女性的不足和自卑。他過於強調男女身體的外表差異，完全忽略社會因素對心理的影響，受到自波娃以來不同流派女性主義者的批判，包括米列、費爾史東、傅利丹等人，全部指向佛洛伊德以精神分析理論將父權價值正當化，混淆生物與文化，加強傳統男女角色的定型化。

不過，另一些女性主義者則正面使用佛洛伊德的理論，將眼光放在嬰兒期生活經驗，分析社會性別常模如何加諸於嬰兒，如何建構人類心理。例如，研究母職（motherhood）和人格發展關係的丁尼斯坦（Dorothy Dinnerstein, 1923-1992），看到母親（女性）獨自擔當育幼工作，成為嬰兒生活資源的唯一來源和愛恨情結投射的唯一對象，而主張以男女共同育兒來化解對單一性別（母親）的敵意。喬得羅（Nancy Chodorow）

則以客體關係理論（object relations theory）來改寫佛洛伊德的社會性別認同的概念。幼兒持續依戀母親，不是生物的必然，而是因為嬰兒由母親單獨照顧。為了避免歧視，並且提升女性的自我意識，她也主張雙親共同育兒，並且應提升女性的社經地位。米契爾（Juliet Mitchell）主張，佛氏的理論經過拉岡去除其中的生物決定論後，可被女性主義用來建構性別主體，讓人們看到，唯有在強制性別分化的文化中，閹割情結才成為成長過程中不可逃避的階段。其他女性主義者，如哈定（Sandra Harding）、弗來斯（Jane Flax）等人也都有效地運用精神分析去探索男性文化特徵和解構男性氣質。

劉毓秀先從佛洛伊德對性與性別的分析著手，引入拉岡的語言分析、鏡像期理論、象徵秩序等概念，接著介紹丁尼斯坦等人在佛氏理論基礎上對幼兒人格養成的詮釋，以及其他女性主義者，如布倫南（Teresa Brennan, 1952-2003）等如何在精神分析的基礎上，試圖創造陰陽均衡的文化。

當代社會主義女性主義

在二十世紀，社會主義女性主義受到激進派和其他流派影響，發現馬克思主義的經濟分析完全忽略了主要由女性無償承擔的再生產勞務，因此特別注重再生產自由、家務勞動、家庭工資等課題，採用歷史唯物論來探討女性受壓迫的原因，也將

階級觀念帶入性別體系分析。法國女性主義者戴菲（Christine Delphy, 1941- ）認為，許多女人錯誤歸類自己的階級屬性，不是認同父親就是認同丈夫，以致性別壓迫附屬於階級壓迫之下，戴菲主張女性自成一階級，她們的共同特性是都被依丈夫的階級分類。

在第六章中，范情介紹社會主義女性主義發展初期，用以分析資本主義和父權體制的雙系統理論及統合系統理論，前者以米契爾（Juliet Mitchell, 1940- ）和哈特曼（Heidi Hartmann, 1945- ）為代表，基本上認為資本主義和父權為兩套分別運作於公、私領域的社會關係，各自代表不同利益，二者互相結合，推助不同階級的男人團結，共同掌控女人的勞動力。因此需要分別分析資本主義和父權體制，以及二者的辯證關係，以便破解婦女受壓迫的原因。然而資本主義和父權體制並非兩套互相絕緣的系統，公領域的權威更時時介入私領域，當女性勞工不只是以女人或勞工，而是以女性勞工的身分被壓迫時，雙系統理論就顯得捉襟見肘。統合系統理論則以楊（Iris Young, 1949-2006）和潔格（Alison Jagger, 1942- ）為代表，她們整合資本主義和父權為一統合的概念來分析婦女的處境，以女性主義的歷史唯物論，補充馬克思分析中的性別盲點。楊的性別分工分析、潔格的異化和再生產理論都為馬克思主義注入新的、女性的觀點。

社會主義女性主義不只追求新的、平等的社會制度，更要根本改變人的意識結構和本能需求，使人的本能由宰制和剝

削的欲求中解脫出來，不只利用生產力削減異化勞動和勞動時間，並且以生命本身為目標，使知性和感性都得到充分開發，讓人類能夠享用自己的「生存」。在人的勞動力逐漸由資訊科技取代的此刻，如何生存已經成為不容忽視的新課題。新馬學者馬庫色（Herbert Marcuse, 1898-1979）將婦女解放運動視為當前最重要的社會運動，他並且預測，婦解具有演化成相當徹底的政治運動的潛力。

女同志理論

　　女同志運動可說是激進女性主義中最激進的部分，對女同志而言，對女人產生情欲已不只是性偏好，也是自覺的、政治的選擇，用以徹底挑戰異性戀體制的「正常性」和異性戀關係中的男性主控權。女同志以女人愛女人、女人認同女人的行動來擺脫男人的控制和定義，不再以男人為中心，也以女同志理論激發人們對性與性別、自然與文化的重新思考。詩人芮曲（Andrienne Rich, 1929-2012）提出「女同志連續體」（lesbian continuum）的概念，所有認同女人的女人都可以是女同志，不受限於性欲取向。詩人羅德（Audre Lorde, 1934-1992）則以黑人女性的經驗揭露婦運陣營內存在之差異政治，表面和諧下潛藏的排擠與漠視。她以「情欲小黃球」比喻女人自主的情欲（the erotic），蘊含性愛、生理、情感、心靈與智識的內在生

命能量與創造力；和男人定義的色情 (the pornographic)，將一切化約為性交與感官刺激，而無情感與力量可言，有著雲泥之別。法國小說家和理論家維蒂格（Monique Wittig, 1935-2003）主張，所有生理分類都是社會建構的成果，是壓迫機制創造了生理性別，而非生理性別創造了壓迫機制，一切性別差異都是異性戀思維的產物，為了突破異性戀機制的壟斷，她喊出「女同志非女人」的口號。魯冰（Gayle Rubin, 1949-）為情欲少數發言，批判異性戀霸權的性階層化，女性主義是性別壓迫的理論，不適用於處理性欲議題。巴特勒（Judith Butler, 1956-）以女同志的身分反對「自然化」性欲取向，也反對將之化約為性別，主張「反認同、反性別的性欲取向」（sexuality against identity, against gender），提出「性別操演」（gender performativity）理論，指稱性別是異性戀機制下強制而又強迫的重複，不僅由社會建構，也並不穩定。

在本章中，張小虹和鄭美里充分剖析了女同志與女同性戀之差異、社會性別與性欲取向的差異、本質論與建構論之爭、重要理論家的主張以及臺灣的女同志運動。

生態女性主義

生態女性主義雖是一種古老的生活態度和實踐，卻是一九七〇年代嶄新的名詞和社會運動，源起於全球各地婦女自

主性的行動，有時被稱為第三波婦運。生態女性主義在理論上總結各流派女性主義對人與人、人與自然之間宰制與附庸關係的檢討。魯瑟（Rosemary Ruether, 1936-）指出，西方意識型態將女人、身體與自然並列，並且強調文化超越身體及自然而具有優越性，使得男人對女人和自然的壓迫變得理所當然。丁尼斯坦（Dorothy Dinnerstein, 1923-1992）認為，人類嬰兒期形成的對母親（代表和控制所需的一切資源）的依賴，使我們對自然和女性都一方面欲占有和搾取，另一方面卻渴求和解與補償。女人也因為認同母親其兼具非人和超人的屬性，而接受這樣的命運。墨欽（Carolyn Merchant, 1936-）追溯前現代人視宇宙為一活生生的有機體及滋養的母親，對之懷有崇敬和不忍加害之心。科學革命後，宇宙成了機械性的存在，不再具有人性或精神力量，以至於由（男）人宰制。

對於啟蒙運動以後歐洲的男權至上和人類中心思想，生態女性主義者提出批判，抗議其產製生態災難以及漠視地球資源的有限性。她們以各種具體行動（包括護樹、吃素、節能）防止環境破壞和動物虐殺，追求世界萬物的永續共存。自然生態女性主義認為，女人本質上與自然親密，養育、關懷和直覺是女人的正面特質，應發揚女人與自然的聯繫，否認男性與文化的優越性，堅持自然與女性應和文化與男性相平等。更多生態女性主義者主張，女人和自然的關係是社會建構的結果，因此是可以改變的。在策略上，她們反對資本主義社會的發展模式與商品邏輯，主張整合生產與消費，避免過度消費，以達到去

工業化和去商品化的目標。她們強調身體力行和社區改造的重要，不僅在行動上實踐生活環保和參與式民主，也堅持以行動來體現其價值觀：互助、關愛、非暴力、非競爭、普遍性參與、整體性思考等。她們的保育觀點雖與深度生態學（deep ecology）有許多交集，但是對主流的生態保育運動仍保留不同立場，對其中的男性中心思想和性別歧視不予苟同，她們主張個人和政治層面的權力濫用才導致人際壓迫和環境受創，必須從個人和集體兩方面雙管齊下，加以改造，才能挽救人類和萬物共生的地球免於毀滅。

後現代女性主義

「後現代」本身是一個模糊的概念，「後現代主義」挑戰所有的權威、真相和表象，追求去中心化，肯定多元和差異，因而後現代女性主義本身的定義也十分多元與分歧。三位採用法文寫作的女性作家西蘇（Hélène Cixous, 1937-）、伊希迦赫（Luce Irigaray, 1930-）及克瑞絲緹娃（Julia Kristeva, 1941-）企圖解構以陽性價值為主導的社會／政治倫理，鬆動僵固的二分法思考模式，以多元、開放、包容差異的理念為女性的壓迫尋求解答和出路，三人的共同點在反轉女性的第二性劣勢處境，利用其邊緣、流動的位置做為反抗的據點，挑戰父權。她們的著作在美國學界受到歡迎，被稱為法國女性主義，也被視

為後現代女性主義的代表。不過選擇「代表」之舉就相當非「後現代」，而三人本身也未必承認自己是女性主義者。法國著名的女性主義者波娃和戴菲便因為三人強調性別差異、肯定女性特質，指她們的理念更接近本質論，而非女性主義。

西蘇提出陰性書寫的主張，女人透過書寫傳達自己的認知和經驗，突破父權崇拜陽具、定於一尊的框架，回歸充滿生機、無限寬廣的母性。她認為父權文化中所謂的雙性，只是徒具陰陽同體的外表，抹殺了女性異質，只有女人才是真正雙性的，以「另一種雙性」彰顯女性特具的多重主體。

伊希迦赫反駁佛洛伊德的陽具歆羨理論，認為此論調暴露了男性的惶恐，他們無法忍受女人在心態上根本無意擁有陽具。她主張男女的身體構造不同，性愛需求也不同，男人必須藉他者獲取滿足，女人則可以產生自體快感。她希望女性多方面發揮潛能，展現其如流水的豐沛能量，在彼此互為主體的互動中捍衛母系族譜，拒絕臣服於男性。近年她推廣瑜伽，整合身心靈，一方面維護個人主體性，同時與他者保持對等與互相傾聽的和諧關係。

克瑞絲緹娃則是否定女性這個概念，也反對陰性書寫將女性本質化，她將主體看成持續不絕的醞釀狀態，解構主體認同。不過她肯定母性，認為懷孕和養育可以使女性獲得愉悅，打破人我界線，消弭主體對客體的壓迫。

在第九章中莊子秀對三位的論述有相當深入而完整的介紹，也納入其他女性主義者對她們的批判以及辯護。

國家女性主義

　　各流派女性主義都不忘分析女性在父權的國和家之內的處境，從質疑父權、夫權開始，解析國家體制的父權本質。激進和生態女性主義者對於國家、政府或政黨的龐大組織存有疑慮，不僅本身偏向於採取獨立、分治的組織型態，也與政府和政黨保持距離。自十九世紀起，自由主義女性主義即選擇了在現有體制（包括各國政府及國際組織，如國際聯盟和聯合國）內改革的路徑，積極爭取與男性並肩參與政治運作。在現實情境中，北歐的國家女性主義指體制內女性主義者和體制外婦運者合作，建構對女性友善的福利國家的過程；前共產國家則泛指男性黨國領導者所制定的婦女政策；當下最廣泛認定的，當屬聯合國推動各國政府建立機制以提升婦女政經地位的種種措施。其最受矚目的手段包括：保障名額或性別比例制、婦女／性別政策機構、性別主流化，三者都是由上而下的變革，與由下而上的草根婦運相輔相成。

　　為了實現男女平等參與決策，性別比例制是提升婦女人數最快的方法。我國首先於一九四六年以憲法保障女性民意代表當選名額，二〇〇八年立法委員選舉首採比例代表制，各政黨不分區立委當選名單中，婦女不得低於二分之一。一九八〇年代，瑞典、荷蘭等國採行政黨提名性別比例制（party quotas），政黨在提名階段自動提升女性候選人的比例。一九九〇年代後，南美和亞非國家大量採用增加法定當選人數

的性別比例制（legal quotas），以三分之一為原則。仰仗性別身分當選的女性，並沒有法律義務為女性代言，或對女性群體負責，但仍被期望能夠為民意機關帶入女性視野，淡化公私領域的傳統界線。女性人數突增也可能對組織文化造成「性別衝擊」（gender shock），改變民意機關的政治體質。

一九七五年聯合國主辦第一屆世界婦女大會後，要求各國設立婦女政策機構，聚焦於女性議題，從理論上來說，機構內的女性主義官員可以結合女性民意代表與婦女運動者，形成內外並進、提升婦女地位的鐵三角，一方面從外部挑戰性別階層化，同時在政府內部進行改造。臺灣的婦女政策機構起步晚，但發展快速且權力獨大，一九九七年行政院成立婦權會，二○○○年發展成「行政權力中心」，民間委員權力大過正式文官，成為政府性別政策重要決策者。

一九九五年北京世婦會之後，「性別主流化」成為聯合國的指導性政策，要求各國政府將性別觀點納入所有政策和方案，在做決策前需分析對女男各有何影響。只是性別主流化意義模糊，因而各國各自解釋，各設目標。有些國家以主流化為手段，將性別平等推廣至政府各部門，提升女性地位；也有的趁機強調性別包括男女，而撤消了原有的婦權機制，反而削弱了女性立場；也有歐盟國家為爭取補助而機械化執行歐盟指定的性別主流化政策工具，並無實質效益。臺灣於二○○三年引入性別主流化，除了推進體制內婦運，也趁機創造出「多元性別」，一併帶入同志運動。「性別平等」一詞使用廣泛，但其

定義和內容卻鮮少經過民主、公開的討論，以致不同立場各自表述，形成權力角力的新場域，少了平等參與，成就了新的權威。

後殖民女性主義／第三世界女性主義

　　女性主義產生於西方白人中產階級的文化脈絡，難免有種族、階級、文化和時代的盲點，自一九八○年代起受到曾受英國殖民統治的非白人、英語系國家的女性主義者批判，指其為西方、白人經驗中心的帝國主義女性主義，不僅將婦女視為一元化之群體，忽略了第三世界被殖民的歷史處境，以及女性之間不同的政經利益，也無視前殖民時期第三世界國家中已存在的男女平等思想，將第三世界婦女視為純粹的受害者，不具任何反抗精神，而且過分強調性別和性欲。她們認為對第三世界婦女而言，女性主義以性別抗爭為焦點的做法過於窄化，爭取男女平等應同時反對種族歧視、經濟壓迫和軍事侵略，方能達到全球女性的真正解放。

　　黑人女性主義者柯林斯（Patricia Hill Collins, 1948-）以黑人女性經驗為核心，對照主流文化論述的歐洲中心主義及陽剛思維。她指出黑人女性同時承受種族、性別與階級的多重壓迫，多重壓迫的概念有助延伸思考不同身分的女性如何同時受制於資本主義、父權主義、種族歧視或異性戀中心主義。壓迫

不只是存在於結構的層次，也可從意識、文化脈絡及社會組織層次進行分析。個人可能同時是壓迫者、也是被壓迫者。後殖民女性主義另一重要概念為交織性（Intersectionality），黑人女性像是站在交叉路口，同時受到多重壓迫碾壓，各種壓迫需要同時處理。

西方國家常以其文化優越感拯救覆蓋面紗的伊斯蘭女人，或行割禮的非洲女人，並以此做為軍事侵略外國的藉口。第三世界女人並不像西方所想像的，是單一且同質的團體，即使在同一國家中，亦有社經地位、宗教信仰之異，需要同時具有文化意義與社會歷史的性別分析。史碧華克（Gayatri C. Spivak, 1942-）尤其關注「土著女性」的主體性，以及她們如何被消音。莫寒娣（Chandra Mohanty, 1955-）主張，第三世界女性主義者不應以共同的膚色、性別出發，而是應當基於對種族、階級和性別的共同思考方式，建立政治合作共同體，做為反抗強權的基地。芮曲（Adrienne Rich, 1929-）則提出定位政治（politics of location），提醒個人自省其受到種族、階級影響的性別想像，並且允許他者在其特定政治、地理位置上發言。

在本書最後一章，林津如詳敘二十世紀晚期後，受女性主義洗禮的非西方非白人女性對女性主義的回應與批判、女性主義者的自省，西方強權如何以拯救女性之名行帝國主義侵略之實，以及第三世界女性主義者如何發掘邊緣個體的自主性，跨國合作，聯合抵抗。

小結

　　一百多年以來，從西方、白人、中產女性省思自我處境開始，女性主義理論不斷演變、擴散、互融，探討如何以女性經驗來改造充斥暴力、歧視和偏見的父權體系，衍生出多元視角和性別、階級、經濟、文化、政治的多重分析。改造父權是一個遙遠的目標，但女性主義的批判和反省精神已使我們愈來愈能明辨各種差異和壓迫，並且學習尊重不同文化、社會脈絡下的個人，以互為主體的方式互相對待，擺脫優勢者的俯視姿態，克制將自己的價值強加在他者身上，開啟更多坦然、互相傾聽的對話。

第一章

追求自由、平等與獨立

——自由主義女性主義

顧燕翎

從自由主義出發的女性主義

　　十七、十八世紀歐洲的啟蒙運動挑戰了教會、君王的絕對權力，肯定個人自由和基本人權，彰顯個人的價值和獨特性，為人類歷史開啟了新時代，也孕育了自由主義，主導日後西方乃至全球政治、經濟、社會的發展和國家體制的變革。回顧過去，可以發現理想的落實畢竟需要通過複雜人性的檢驗；以白人、男性、富有資產者為中心的思考系統，無形中排除了其餘大部分的人類：女人、非白人、奴隸、無財產者等等，不僅過於偏窄，也與自由主義人人平等的理想有所牴觸，而在往後數百年形成政策的過程中被不斷檢討修正。不過自由主義的核心理念——自由、平等、理性、人權——至今仍被視為人類社會重要的基本價值，也啟迪了女性主義思潮和婦女運動。

　　然而，自由主義女性主義並非一套先驗完整、足以指導婦運路程的思想體系。早期的幾位代表性人物奠立其基礎論述，爾後一、兩百年中，懷抱熱情和理想的女性主義個人及團體，在實踐中反覆驗證論辯，不斷修正改變，賦予其新的時代面貌。

質疑男性統治的正當性

　　從啟蒙運動到自由主義，主導的男性思想家們，在其思

想體系中從未將性別視為重要議題。雖然他們偶爾會基於自由、平等的理念質疑家庭父權的神聖性，洛克（John Locke, 1632-1704）、伏爾泰（Voltaire, 1694-1778）等甚至曾譴責社會和法律對女性的不當對待，但他們普遍承認男女天生在生理和心智方面都有所不同，因此，男外女內的家庭分工和男主女從的權力關係是自然形成的（Randall, 1982:213；Rendall, 1985:7-8〔編注：表出自參考資料中此作者的某年份作品及頁碼〕）。洛克甚至認為妻子和女僕都不應持有財產權和公民權，她們的勞務所得屬於主人（Arneil, 1999:22）。男性思想家們一方面高呼自由、平等和天賦人權；另一方面，看在女性主義者海莉‧泰勒（Harriet Taylor, 1851/1970:107）眼中，卻將人類一分為二，「其中一半人被迫一生生活在另一半人的統治之下……一人服侍一人……一切為了他的利益和樂趣」。這種男統治女、男性享受女性無償勞務的傳統，不論稱為「性別系統」（gender system）或父權，都牴觸了自由主義所標榜的核心價值，受到所有派別女性主義的挑戰。自由主義女性主義雖源自自由主義，卻因為性別身體／遭遇的差異而不得不質疑男性統治／理論的正當性，也使得自由主義女性主義和自由主義產生了在性別觀點上的根本差異。

爭取平等權利

十八世紀的工業革命改變了農業時代的生產方式和場

所，導致家庭生活與工作地點分離，強化了男女的差異和區隔。社會輿論讚揚女性道德高尚，比男性純潔自持，鼓吹婦女安分守己留在家中，不要外出和男性競爭工作機會，卻無意間帶給婦女優越感和自信；而男主人不在場發號施令，也使得女人在家庭活動中培養出較大的自主性。男性思想家們肯定性別分工之際，也同時為女性的角色和活動畫下界線。中產階級白人女性卻在受到自由主義洗禮後，認同個人價值，與男性同樣渴求自由與人權，開始採用相同標準批判男人所訂下的界線（Rendall, 1985:32-34）。她們在自由主義脈絡中加入女性觀點，發展出自由主義女性主義，她們的行動集結成為世界第一波婦女運動。當家做主所培養的自信與反封建、爭民主的浪潮結合，加強了婦女們走出家門反抗男權的勇氣。她們以公民、妻子和母親的身分要求平等的教育權、財產權、參政權和離婚權（48，編注：全書此類數字均指前引著作的其他頁數），以男性既得的權利為標竿，尋求體制內的改革，並不直接挑戰父權家庭制度和正在興起的資本主義，所以在婦運中被視為改革派或平權派，有別於同時代的福音派和社會主義女性主義[1]。

消除性別盲點

　　擺脫君主和教會的專制是自由主義最初始的信念，讓個人得享充分的自由，為自己做最佳決定。人之異於禽獸在於人能

夠理性思考，可以為自己做選擇，也懂得協商、訂定合約，避免使用暴力手段爭奪稀少的資源。因此文明社會需要建立政府和法治來調解爭端，保障人民的幸福，但不應過分干預個人自由。十八世紀的男性思想家們雖然在理念上反對如君權、父權等絕對的權威，倡議以情感為基礎的伴侶婚姻（companionate marriage），卻看不到婚姻中男權對女性的壓迫。洛克一方面視婚姻為自由、平等雙方締結的契約關係，卻又認為男性因能力較強自然居於上方，女人「自願」順從丈夫來換取關愛。由於被統治者心甘情願，所以夫權合乎憲政體制。（Charvet, 1982:9-11）盧梭（Jean-Jacques Rousseau, 1712-1778）則主張男女之別在於性，女人生來就為了取悅男人，她在家庭中的妻、母角色也不容個人自由，因此教育女性的方式與男性不同，應從小施以賢妻良母的教育，長大後成為順應男性的好伴侶（13-14）。男性思想家的性別盲點受到自身的優勢位置屏蔽，而成為權威性的觀點，終有賴女性主義者一代接一代的反省、挑戰才得以突破。早期女性主義者不只以文字來表達追求個人自由的意願，拆解女性「自願」屈從的迷思，也以血肉之軀來衝撞網羅女性的體制，謀求法律的變革。

1　Banks（1981）指出十九世紀的女性主義有三個主要派別：平權派、福音派（evangelical feminism）和社會主義派。福音派為基督教的一個重要運動，此派女性主義教友肯定女性的妻、母角色，主張婦女壯大自身力量保護弱勢，包括兒童、貧窮人士和不幸婦女。福音派女性主義者是禁酒、反娼運動的主力。十九世紀社會主義女性主義是本書第二章討論重點。

在自由、民主、平等思潮中思考性別

一七七六年，美國宣告從大英帝國獨立，發表《獨立宣言》（*United States Declaration of Independence*），宣示生命、自由和追求個人幸福是生而為人不可剝奪的權利，政府為了保障這些基本人權而存在，政權的正當性取決於人民的同意。一七八九年，法國大革命推翻了絕對君主制，國民會議發表《人權和公民權宣言》（*Déclaration des droits de l'homme et du citoyen*），宣告人生而自由平等，政治結社的目的在於維護個人不可剝奪的自由、財產、安全與反抗壓迫的權利。可惜不論美、法，在法律上這些權利保障的對象都僅及於部分男性，所有女性皆被排除於外，因此也激起了女性主義者的抵抗，她們堅信女性應享有和男性一致的公民權利。

斷頭台與演講台：
德古熱與《婦女和女性公民權利宣言》

德古熱（Olympe de Gouges, 1748-1793）為法國劇作家，也是女性主義者。她出生於法南小鎮的中產家庭，丈夫過世後移居巴黎，活躍於文化沙龍，與知識分子交往。她積極主張社會正義和男女平等，反對奴隸制度，支持法國大革命，但也同情瑪莉皇后。一七九一年法國大革命期間，她逐條模仿國民會議的《人權和公民權宣言》，用嘲諷的語氣寫下了《婦女

德古熱
Olympe de Gouges
1748-1793

和女性公民權利宣言》（*Déclaration des droits de la femme et de la citoyenne*），主張女性應與男性相同，享有與生俱來、不可剝奪、不可侵犯的人權，可以參與立法、從事公職、公開表達意見、公開宣布子女父親的名字（她懷疑自己是私生女），非婚生子女享有同等繼承權等等。她的意見並未被國民會議採納，反而因叛國罪於一七九三年被公開處死。巴黎媒體批評她不守女人本分，太女性主義，又太愛管政治。她最常被引用的名言是：「女人有權上斷頭台，就有權上演講台。」她的立論影響了大西洋兩岸的女性主義者：吳爾史東在一八七二年寫下了《女權辯護論》（*A Vindication of the Rights of Woman*）；一八四八年美國婦女運動者所發表的〈傷心宣

言〉，就是以《獨立宣言》及《婦女和女性公民權利宣言》為藍本（Wikipedia 2017）。

不做籠中鳥：吳爾史東和《女權辯護論》

吳爾史東（Mary Wollstonecraft, 1759-1797）生於倫敦中產階級家庭，卻因父親不善理財而落入貧困和家暴中。她羨慕哥哥在祖父資助下得以繼續求學，她卻必須輟學，靠著做貴婦的私人祕書、家教，賺取微薄薪資，忍氣吞聲地過活，還得照顧生病的母親和結婚受虐的妹妹。後來獲得女性少有的機會進入倫敦一家出版社做編輯助理，她的才智才得以發展，學會思考自己的人生、反省女性的處境。她在工作中受到洛克派的政治改革者影響，反對貴族特權，主張自由平等。一七八九年法國大革命爆發，六千名婦女遊行至凡爾賽宮，要求麵包，震驚世界。吳爾史東於一七九二年發表《女權辯護論》，為女性請命，主張不僅應當改革壓迫女性的政治、社會結構，也應改善其日常的生活處境。她的鋒利批判在當時被視為離經叛道而未受重視，直至二十世紀後期，第二波婦女運動興起，才被後世譽為女性主義經典（Todd, 2011；Rendall, 1985）。

相同所以平等，相同才能平等

此書的基本論點是女男生而平等，女性的個體身分優先於性別身分。在書中吳爾史東以獨立的個體身分發言，而非隱身

吳爾史東
Mary Wollstonecraft
1759-1797

於妻、母角色之後。她指出,男女本質上沒有差異,女人能夠像男人一樣理性思考,所以應當享有平等的人權。女性之所以屈居劣勢,是其心智在社會化過程中被封閉,教她一心服侍男人,失去自我。吳爾史東觀察同時代上流社會女人空洞無聊的生活:「像籠中鳥,整日無所事事,只會裝飾自己的羽毛。」(Wollstonecraft, 1792/1975:146)「她們放棄鍛鍊心智和體能,全心全意追求外表美麗,只為了得到好的歸宿,這是女人出人頭地的唯一途徑。」(83)「要出人頭地……她們非得往上嫁,她們所有時間花在這件事上,像是一樁合法的買賣。」(151)當時人們將人人具備的理性與感性能力,在日常生活中切割成兩部分:公領域裡的世界大事由理性主導,

是男人的天地；女人生活在私領域，只容得下微不足道的小確幸（Donovan, 1985:24-26）。女人失去平等，是因為得不到相同的發展機會，補救之道在於給女人與男人相同的教育和機會。在男女的社會、經濟、法律地位都極為懸殊的年代，所謂平等是向男人看齊，而未及檢討男性價值是否有所缺失。

理性思考、強健體魄、獨立自主

吳爾史東發現傳統女性教育輕忽智能和體魄，以致女孩們只好從言情小說汲取養分，變得柔弱依賴、心智閉塞、情感用事。所以她主張女性應該得到充分的自由、接受與男性相同的教育、鍛鍊強健體魄、培養獨立自主的謀生能力，才不致仰賴男性為生。她特別看重獨立思辨的能力，女人能夠明辨是非便不會輕易上當、忘掉自身利害而變成性玩物：

> 擴大女性的思考能力她就不會盲目服從；但是有權勢的
> 男人要的是盲目服從，獨裁者和享樂主義者只要把女人
> 置於黑暗中，他們就得逞了，因為前者只要奴隸，後者
> 只要玩物（Wollstonecraft, 1792/1975:07）。

獨立思考的另一個重要性是女人因此可以分辨善惡，直接與造物主溝通，追求個人靈性成長，而不必透過男性中介。她寫道：「應當讓女性直接面對光的源頭，而不必從衛星閃爍的反光中去摸索心靈道路。」（142）女人需要獨立於男人，找

尋自己的力量和生命的意義，她需要獨處靜思才能有「堅毅的人格做重大決定」（149）。「我不希望女人控制男人，我希望女人控制自己。」（154）

吳爾史東期望女人走出家門，從事醫療、學術、商業等各行各業，獲得自食其力的尊嚴，在道德和經濟上獨立自主。她說：

> 多少女人把生命浪費在埋怨中，她們原本可以做醫生、管農場、開商店，堂堂站立，自食其力，而不必垂目低首，故做純潔善感（262）。

夫妻平權

但她也看到時代的局限，大部分女性仍會基於現實考量選擇持家育幼，而非進入職場，只是她們需以獨立個體的身分與丈夫為伴，享有平等財產權，理性教養子女（Charvet, 1982:21），並且在婚姻中夫妻互負貞操義務（反對雙重道德標準），男女實踐相同的性道德也是各地婦運在發展初期普遍公開爭取的權利。可惜吳爾史東難產早逝，只活到三十八歲，留下未完成的文稿，未及發展理論體系，也未及指出自由主義的局限。不過，她率先提出女性應獨立、自主、理性思辨，不只成為自由主義女性主義的核心價值，至今仍發人深省。

美國婦運

女性主義者自由、平等的論述激勵了十九世紀的歐美婦運，並且因為人數眾多，形成跨國合作，發揮了國際影響力。當時代表進步力量的婦運經常和反奴運動攜手爭取人權，一八四〇年，世界反對奴役大會在倫敦召開，美國有許多婦運人士與會，包括婦運領袖莫得（Lucretia Mott, 1793-1880）和史坦登（Elizabeth Cady Stanton, 1815-1902）。出乎眾人意料，所有女性不論膚色，皆不准上台發言，座位區也與男性區隔，女性不能進入大廳，只能坐在二樓包廂旁聽席，待遇比男黑人還差。兩人憤怒之下，誓言回國後召開女權大會。

《傷心宣言》：相同權利、相同責任

一八四八年，會議在紐約北部塞加福（Seneca Falls）召開，史稱塞加福女權會議（Seneca Falls Convention），發表字字血淚的《傷心宣言》（*the Declaration of Sentiments*，亦稱 *the Declaration of Rights and Sentiments*），控訴人類歷史是一部男性對女性不斷傷害與掠奪的歷史，目的在建立男統治女的絕對暴政：

> 他從未允許她行使不容剝奪的投票權。
> 他強迫她服從自己無權參與制定的法律。
> ……

他使她婚後在法律上喪失所有民權。

他奪取她所有財產權，包括她的薪資。

……法律允許丈夫成為她的主人，可以褫奪她的自由，對她行使懲罰。

……

他壟斷幾乎所有有利可圖的職業，她只能從事低薪工作。

他不讓她受完整教育，所有大學不收女生。

她可以進入教會與政府服務，但只能居於附屬地位……，女性不得任牧師，除了少數例外，不得在公共場合參與宗教事務。

……

他用盡方法摧毀她對自己力量的信心，壓低她的自尊，致使她自願過著依賴、卑屈的日子。

最後決議：男女有相同的權利和責任，利用一切正義手段促進一切正義事業。女性有權利投票、公開演講和參與公共事務。

投票權爭議

宣言的內容獲得與會者支持，幾乎全部無異議通過，唯獨婦女投票權引發激烈爭執，贊成與反對雙方勢均力敵，導致日後美國婦運分裂。雖然支持女性的財產權、教育權、工作

權，反對者卻認為投票權的主張過於激烈，破壞社會對婦運的觀感，反而會阻礙婦運的進程。當時的輿論普遍認為女性的位置在家中，女人可以關心地方事務，卻不宜參與軍國大事。以史坦登為例，她的先生支持她所有的女權主張，唯獨反對婦女投票權，因為他打算參選公職，必須保護自己的公開形象，但是史坦登堅持婦女投票權到底。此外，她以個人有追求幸福的天賦人權為由，呼籲立法讓女性獲得離婚權和子女監護權（the Elizabeth Cady Stanton & Susan B. Anthony Papers Project；Wikipedia 2017）。

史坦登：差異但平等

女性主義者一方面要求貫徹傳統自由主義中自由、平等的理念，不應該因性別而在實踐上有所區分，另一方面也意識到男性主導社會制度的性別盲點，必須調整制度才能提升性別敏感度。史坦登認為理性思考必須與真實生活連結，例如：司法判斷不應脫離個體的實質處境，她曾數度對紐約州議會演講，主張設立女陪審團，因為女人才會了解女人的動機。她也抨擊十九世紀歐美女性純潔柔弱、需要男性保護的風尚，直指家庭內的暴力往往比外面的還可怕。女性需要自立而非保護，需要參與建立好的、對女性友善的社會制度。政府應當立法讓人民免受暴力傷害，給予女性基本權利和自由，從小教育她們勇氣、自立和獨自面對生命。每個人最終都得獨自面對生命，為自己負責（Donovan, 2000:33-34）。

特魯思
Sojourner Truth
c. 1797-1883

我們要求婦女可以在她受轄的政府中、在她必須信仰
的宗教中發出聲音；在社會生活中有一席平等之地……
在各行各業中有一個位置……最重要的原因是她有自我
決定的天賦權利，每個人是自己最終的依靠。

特魯思：多重不平等

十九世紀美國婦女運動者常將夫妻關係比喻為主奴，妻
子像奴隸一樣沒有姓氏，必須從夫姓，沒有財產、沒有子女
監護權、可以被丈夫懲處和性侵……，比自由的黑人男性還
不如。黑人女性更因為性別和種族而居於雙重劣勢。特魯思
（Sojourner Truth, c. 1797-1883）是著名的布道家、反奴和婦女

運動者，也是一名逃逸的女性黑奴，她於一八五一年在俄亥俄州的女權大會上發表了一場動人的演講，挑戰女人的定義和白人文化中女人柔弱的迷思，也直指社會結構中除了性別，還有種族與階級歧視。

> 那位男士說男人要攙女人上馬車、扶女人跨水溝，給她們最好的座位。從來沒有人攙我上馬車、扶我過泥坑、給我最好的座位……我不是女人嗎？
> ……
> 我耕田、種地、收成作物，沒有男人比我行！我不是女人嗎（37）？

一八六七年南北戰爭前夕，特魯思特別指出，性別和種族的不平等需要同時處理，對女性黑人才有意義：

> 到處有人在談黑男人的投票權，從來沒有人說到黑女人的投票權……要是黑男人有了投票權，黑女人沒有，黑男人就會變成黑女人的主人，結果和從前一樣悲慘。
> ……
> 女人到外面去做清潔工……男人在家無所事事……女人回到家中，男人拿走她全部工資，開口大罵怎麼沒有煮飯（37）。

即使不再是奴隸，多重壓迫仍然存在：居於社會底層的有色女性需要在外辛苦勞動，也要在內操持家務，她們無從享受有閒白人女性的優雅生活，卻仍被主流文化洗腦，認同白人女性的價值，認為依賴、無助才是高尚行為，即使在戶外做粗工，也得吃力地穿上裙裝表現女人味（38）。若種族與階級的群體利益得不到保障，個人自由將如何行使？這些問題有待女性主義者從自由主義之外尋求答案。

最大多數人的最大幸福：
米爾和泰勒的《女性之臣屬》[2]

米爾（John Stuart Mill, 1806-1873）是十九世紀英國極具影響力的哲學家和經濟學家，家學淵源，師承效益主義經濟學家邊沁（Jeremy Bebtham, 1748-1832），自幼受父親嚴格教導，一心向學，自承是「思考機器」。二十歲時因工作過度精神崩潰，開始接觸文學，思索生命，也在知識分子聚會中遇到了已婚的泰勒（Harriet Taylor, 1807-1858），深受吸引，兩人展開了二十一年的戀情和對話。米爾承認泰勒對他往後所有的著作都影響深刻，甚至貢獻比他自己還大。歷史學家認為，米

2　此書被史家稱為十九世紀最具影響力之女性主義經典，出版六個月之內立即再二刷，美國也發行兩版，同時被翻譯為法、德、荷、義、波、俄等國文字，引發熱烈討論，但也飽受攻擊。（Collini, 2018）

米爾
John Stuart Mill
1806-1873

爾是受到泰勒的啟發，才能為古典經濟學家主導的自由主義思想添加溫度與熱情（Brinton, Christopher and Wolf, 1955:204）。泰勒的首任丈夫去世兩年後，兩人終於結為連理，共同生活了七年，直至泰勒過世。婚前米爾曾寫下結婚誓言，放棄所有法律賦予的夫權，他的妻子保有個人行動和財產支配的絕對自由，就好像沒有婚約一樣（Rossi, 1970:45-36）。

自由、獨立、法律平權

米爾在自傳中說，妻子死後，他在墓地附近買了一間小屋，長住於此，以完成她的遺願為人生目標。於一八六八年出版的《女性之臣屬》（*The Subjection of Women*）完成於泰

泰勒
Harriet Taylor
1807-1858

勒身後，以她生前發表的多篇文章為基礎，闡述夫妻平等的
理念。任何一方受壓抑都阻礙人類進步，違反效益自由主義
（utilitarian liberalism）追求最大多數人最大幸福的原則。書
中主張生而為人，不分男女，除了衣食外，最大的需求是自
由，有自由才有尊嚴、才感到人的價值、才能夠發揮個人的才
能，追求最大的幸福。個人的發展不應當受到出身的限制。

> 不只是對女人而言，對所有人都一樣，個人才能的自
> 由發展和充分發揮是幸福的泉源，被鐐銬限制則是痛
> 苦之源。然而這不僅是一個人需要的尊嚴感而已，除
> 了疾病、貧困、罪惡以外，能夠剝奪一個人生命樂趣

的，就唯有讓其才華找不到有意義的出口（239）。

⋯⋯

我們不應認定，生為女孩而非男孩就應當決定她一生
的位置，就好像生為黑人而非白人，或者生為平民而
非貴族，不應當決定一個人一生的位置一樣（145）。

十九世紀英國婚姻法以丈夫為一家之主，妻居於從屬地
位，該書對此提出批判，認為文明社會的人際關係已從以力服
人的特權關係，演進到互相協商的平等關係，個人的地位不
再由出身決定，而是可以憑藉自己的努力改善，人人努力向
上，為社會創造了最佳成效。可惜女人沒有自由，這是性別不
平等，也是社會整體的損失。女人因道德上和經濟上依賴男
性，而在家庭中受到壓迫，「吸引男人⋯⋯成為女性化教育和
人格養成的最高原則」（141）。而男人從小就感受到性別優
越，在家庭生活中培養出不正義的態度、自私自利的習慣，壓
榨女人（Charvet, 1982:34-36）。男主女從的關係未能改變，
除了不易動搖的傳統，也根植於男性不願放棄特權，米爾指
出「因為大部分男人還是無法忍受和女人平起平坐的想法」
（Rossi, 1970:181）。

書中主張，婚姻在法律上是由兩個獨立個人自願結合，不
應變成由一個人獨裁，卻未提出改變現狀的具體方法，僅指出
現實上男性較年長、經濟能力較強，多數婚姻形成男外女內
的分工。女性可以從理家育兒當中貢獻家庭、滿足個人的成就

感，並不一定要外出工作，不過她們在法律上應當有權利從事任何行業，享有財產權（Charvet, 1982:37）。米爾認為當時的社會男女機會不平等，因而無從比較能力高下，然而只要法律不設限，公平競爭，自然能形成優勝劣敗。有能力的女性可以享受成功，貢獻社會，也可從事公職，提升人民福祉（38）。

廢除婚姻制度、女性參與公職

與米爾相較，泰勒的婚姻觀更為激進，她認為應廢除所有與婚姻相關的法律，子女屬於母親，其生計由母親承擔，這樣不單在分手時少了財務爭執，女方也會謹慎決定生育次數，不致以「增加子女人數為手段，來強化她和餵養她的男人之間的連結」（Rossi, 1970:22）。泰勒更主張家務無法滿足個人的成就感，女性的生命力需要在公領域找到出路，所有公職和職業應全面對婦女開放：

> 很多女性成為妻子和母親是因為別無出路……
> 每一分用在女性教育改進、能力增長、職業技能提升的努力，都只會讓為數更多女性因為沒有生命選擇權而感受到傷害與壓迫。若說女性因為母職而失去積極參與社會生活的條件，不如說是社會禁止她們從事任何行業，只為她們留下母職一途（Taylor, 1851/1970:104）。

全民投票權、比例代表制

邊沁原則上同意全民都享有投票和受教育的權利，米爾則付諸行動，在一八六五年競選國會議員時，其政見就是婦女投票權。一八六六年，他首先在英國國會提案力推婦女參政權。米爾堅信人人皆有權利選擇自己的統治者。他進一步指出，全民投票應以全民基本教育為基礎，因而主張義務教育，必要時由國家負擔學費。不僅一人應有一票，他還質疑少數服從多數的概念，提出民意代表應採行比例代表制，讓政治上的少數分子也有代表和發言權，才不致被迫接受多數暴力（Brinton, Christopher and Wolff, 1955:205）。再者，多數中的多數仍可能構成全體中的少數，而形成少數特權的統治。他認為平等的民主制度應有更多元、更合乎比例的代表，避免少數人壟斷權力（Mill, 1861）。

追求平等奮鬥終身：包爾

婦女投票權

包爾（Alice Paul, 1885-1977）出生在美國東北部的基督教貴格會（Quaker）家庭，貴格會有別於其他教派，主張男女平等、公共服務。包爾自幼跟隨母親參加爭取女性投票權的聚會，留學英國期間積極參與由激烈派的潘斯特母女（Emmeline and Christabel Pankhurst）領導的婦女投票權運動，曾經在街頭被警察毆打、三度入獄、並因絕食被強制灌

包爾
Alice Paul
1885-1977

食。回到美國完成博士學位後,她開始以公民不服從的手
段,發動全國性的投票權運動,並成立全國婦女黨(National
Woman's Party)。再度忍受被毆打、入獄、灌食,終於在
一九二〇年領導修憲成功,美國女性得到了投票權(英國女性
於一九二八年獲得投票權)。

平等 vs 保護:男女平等修憲案

　　為了讓女人成為與男人完全平等的公民,全國婦女黨於
一九二三年再提平等權利修憲案(平權修憲案,Equal Rights
Amendment, ERA),雖然很快在參眾兩院通過,卻始終無
法得到四分之三州議會批准,但包爾每年仍透過個人關係持

（上）英國安妮‧肯尼（Annie Kenney, 1879-1953）和克麗絲
特‧潘斯特（Christabel Pankhurst, 1880-1958），舉著爭
取投票權的文宣。

（下）1912 年紐約婦女爭取投票權遊行。

續提案，直到一九七一年（Randall, 1982:303）。一九七〇年代，新興婦運團體全國婦女組織（National Organization for Women）成為推動平權修憲案的主力，仍功虧一簣，至今未能成功。

　　即使到了二十世紀中期，美國社會男主外女主內的角色依舊根深柢固，夫妻之間的關係仍是互惠多於平等；夫妻關係的常態是丈夫外出工作養家、妻子持家育兒以為回報（Freeman, 1984:47）。反對平權者站在保護婦女的立場，訴諸多數女性對改變現狀的恐懼，指平權修憲案將動搖傳統性別角色、無職業技能的家庭主婦將失去依靠、女人需和男人一樣服兵役、離婚得不到贍養費、男女公廁將共用……，而部分女性主義者對於取消（對母職和女性勞工的）保護性立法也有所疑慮，即使是老牌婦運團體女選民聯盟（League of Women Voters, 1920 年成立）在一九七二年以前也始終持反對態度（Randall, 1982:284），以致此案至今仍未能得到足夠的州議會支持，修法失敗。不過包爾始終不懈，終身未婚，全心致力於推動性別平等，於一九六四年成功遊說國會在民權法案（Civil Rights Act）中加入禁止性別歧視的條款（原本只有種族、膚色、宗教、祖籍四項）（Wikipedia 2017）。

二次大戰後的機會與挑戰：
福利自由主義和女權運動

從形式平等到實質平等

　　自由主義在第二次大戰後發展出新的形式：平等自由主義或福利自由主義（egalitarian liberalism or welfare liberalism），在財富重分配和制度重設計上，強化政府的角色：政府的存在不只要消極保障人民的自由，建構平等的法律，更要考慮到個人的家庭、階級背景不同，教育、財富差異，形式上的平等未必能保障公平競爭，因此應設計新的社會制度，讓每個人，特別是位居劣勢者，透過補償性或矯正性的法律或制度，在社會上獲得實質的平等。

　　然而戰後大量年輕男性從戰場回歸民間，女性被迫交還於戰爭期間從事的生產工作，輿論大力鼓吹女性結婚、回到廚房，她的幸福在家庭。中產階級、白人「幸福家庭」的形象透過媒體，特別是電視連續劇，傳遍全球，進入客廳[3]。

　　身為男性的米爾曾相信在適當條件下，家庭可以滿足獨立自主女性的自我實現；泰勒和吳爾史東等女性則持不同主張，號召女人走出家庭，從工作中獲取經濟獨立、人格尊嚴和自我滿足。經過婦女運動前仆後繼的努力，以及女性在兩次世界大戰中保家衛國的積極參與，男女平等成了國際議題。一九四六年聯合國成立，其下設立了婦女地位委員會

（Commission on the Status of Women, CSW），監督各會員國國內的性別平等進度，一九四七年首次會議中，決定了男女平等、消除歧視的方針：

> 不分國籍、種族、語言、宗教，提升婦女地位與男性平等，消除所有成文法、法定規範、非成文法解釋中對女性的歧視（CSW, 1947）。

二十世紀中期，大部分西方國家的婦女已爭取到離婚權、財產權、進入大學和職場的權利、投票權等法律上的平等。然而消除形式上的障礙，並不表示人人皆可有平等機會得以進入公共領域自由發展，女性更面臨教育和職場上性別分工和性別歧視的障礙。「自願」留守家庭的中產階級主婦即便擁有法律平權，也感到有志難伸的抑鬱。如此背景下，婦女運動再度集結，由美國擴及全球，史稱第二波婦運。此波婦運初期分為兩個重要陣營：一為以自由主義女性主義為基礎、爭取婦女權利的婦權運動；另一個則是向父權宣戰、企圖進行性別革命的女性解放運動，後者在理論上發展出激進女性主義，本書第四章將詳論。

3　臺灣一九六〇年代放映過的美式幸福家庭劇有妙爸爸（Father Knows Best）和神仙家庭（Betwitched）。

自由主義女性主義者追求體制內改革，因此也被稱為改革派，她們除了要求享有與男性平等的機會之外（形式平等），也要求政府重視男女生理和社會處境之異，調整制度、補救差異，讓女人得到與男人平等的發展機會（矯正式平等），因而催生各種提供女性優先機會的矯正性措施（affirmative action），例如入學、就業等。由於女人為家務所困，無法像男人一樣外出工作，政府應提供平價托兒服務，以減輕其育兒負擔；女人就學就業受到歧視，政府應立法禁止性別歧視，甚至補助學費；單親媽媽經濟困難，政府應提供就業訓練、給予經濟補助等。（臺灣於二〇〇二年及二〇〇四年通過之「性別工作平等法」和「性別平等教育法」皆在此脈絡下，促進性別地位實質平等。）然而若僅調整女性角色以及要求國家分擔女性的育兒工作，卻不要求男性改變，仍是延續傳統的性別分工[4]，也無法解決現實的社會問題。例如社會習俗認為，女人都應負擔無論有酬或無酬的照顧工作，此思維若無法改變，高齡社會照顧人力短缺的問題將持續難解。反之，若男女願意共同承擔公私領域中的照顧責任，所有育幼顧老護病的困境才可望緩和。（二〇〇九年勞動部開辦就業保險育嬰留職停薪津貼，規定每名新生兒父母可分別請領最長六個月的津貼，鼓勵男性請育嬰假，便是邁向實質平等的一個具體可行的政策手段。）

傅利丹
Betty Friedan
1921-2006

傅利丹：全國婦女組織（NOW）

擺脫主婦形象，發展志業

傅利丹（Betty Friedan, 1921-2006）本身是學業優異、事業受挫的美國中產家庭主婦。她在結婚十多年後，發現畢業於著名女校史密斯學院（Smith College）的同學也大多陷入相同困境。她們曾經寄託希望於美滿的家庭而放棄事業，結果在主婦單調重複的日子中失去了自我，與丈夫漸行漸遠，甚至

---

4 高社經地位的女性進入公領域發展，往往僱用低社經地位的女性代她履行持家的義務。

以離婚收場，落得一無所有。她於一九六三年將這些現象寫成《女性迷思》（*The Feminine Mystique*），一時洛陽紙貴，傅利丹也成為女性求助的對象。書中表達了當時美國中產階級、受高等教育的白人已婚婦女受困於家庭的苦惱，抨擊由男性主導的婦女雜誌，將女性塑造成心滿意足的家庭主婦或怨氣沖天的職業婦女，誤導女性嚮往主婦角色，與一九三〇年代婦女雜誌中呈現的獨立、自信大相逕庭。傅利丹延續泰勒、吳爾史東、史坦登等自由主義女性主義者的立場，呼籲婦女擺脫主婦形象，規劃人生、計劃生育、實現自我，政府應像輔導越戰退役軍人般，補助主婦進修，為重返職場做準備。她還建議已婚婦女放寬對家務的高標準要求，讓丈夫和孩子學習煮飯洗衣，自理生活（Tong and Botts, 2017:26）。

發展雙性化人格

《女性迷思》道出了白人中產主婦的不滿，但也受到其他女性主義者批判，提倡女性進入職場以改變人生，卻未要求男性分擔家務，也未看到早已在職場底層拼搏、備受壓榨的眾多女人、為她們發聲。後來傅利丹自己也發現，即使是中產階級女性，也很難同時做好全職的妻子、母親和職業婦女。一九八〇年代的「女超人」在職場和男人拚比完美的工作表現，但男人回家有妻子侍候，「女超人」回家後，卻又要與完美的全職主婦比美，她的日子一點也沒有比一九六〇年代的主婦好過。於是傅利丹於一九八一年出版《第二階段》（*The Second*

Stage），不再要求女性以傳統男性價值為標竿、遵循其行為模式，如強調「階層化權力、個人權威、發號施令和工具理性的領導模式」，而是要求男性調整其角色，向傳統的女性特質傾斜，學習溫柔、被動。換言之，男女都應培養當時心理學界主張的雙性化人格特質，既剛強又溫柔，雙方攜手改變社會價值、領導風格、組織結構，謀求事業和家庭的平衡，讓男女都能在公私領域感受到自在和成就（Tong and Botts, 2017:29-30）。

重申相同權利、相同責任

　　《女性迷思》出版次年，美國國會通過了民權法案，加入了禁止性別歧視的條款，法院卻不願執行，激怒了女性主義人士，傅利丹等人於一九六六年組成「全國婦女組織」（National Organization for Women, NOW，簡稱全婦組），重申百年前塞加福女權會議相同權利、相同責任的主張，其目標設定在：

　　帶領婦女全面加入美國社會主流，與男性以完全平等
　　的夥伴關係行使所有權利和責任（Friedan, 1967）。

　　全婦組被公認為美國第一個公然挑戰性別歧視的團體，一九六八年發表「權利法案」，主張男女平等、政府支持家庭及育兒、重視貧窮女性化的現象、墮胎合法化：

一、儘速通過平權修憲案。

二、保障男女就業機會平等，禁止種族歧視。

三、保障女性於生產後回復原職，不損失年資和福利，產假有福利給付。

四、家庭及育兒開支納入減稅額。

五、政府為學前到青春期兒童設立社區型育兒設施，開放全民。

六、保障女性享有與男性平等的教育權，包括就學、政府訓練以及就學貸款、獎助學金等。

七、貧窮婦女有權獲得與男性相同的就業訓練、住屋、家庭津貼，不因在家照顧子女未外出工作而差別對待；修改漠視女性尊嚴、隱私、自尊的法規、制度。

八、尊重婦女生育權，刪除刑法對避孕的限制和墮胎罰則。（摘自 Morgan, 1970:513-514）

看見多元差異和交叉位置

　　全婦組的成員以自由派為主力，以上各項原則聚焦於女性的就業和教育權，爭取以法律來保障與男性平等的實質機會，特別照顧到貧窮女性的需要，要求政府投入資源促進改變，以實現男女平等的理想。但組織中的保守派、激進派和女同志卻極為不滿，保守派反對避孕和墮胎合法化[5]，女同志不滿未提及性愛自主權，激進派則認為遺漏了家暴、性騷擾等重

要議題（Tong and Botts, 2017:24）。一九七〇年，全婦組的「團結婦女全國代表大會」正式肯定女同志，同意所有性教育課程應納入女同志性愛。

　　數十年來各派主張互相激盪，女性內部差異主體浮現，發展出更大包容性。不僅女同志力量壯大，組織的決策團隊也納入各色人種、女同志、雙性戀、跨性別女人等等（25-31）。全婦組除了持續在政府體制內遊說，也組織大規模的遊行示威，如抗議紐約時報求職廣告區分男女版面、抗議選美、爭取墮胎合法化及各州核准平權修憲案、反對對女性施暴等等。全婦組檢討初期向男性看齊和認同主流的立場，不斷自我調整，重視女性個人身分的多元差異（diversity, 如年齡、膚色、種族、階級、宗教、身體能力、性別認同、性傾向……）和交叉位置（intersectionality, 一個人可能同時具有多重身分，如黑人、女性、穆斯林），細緻看見個別差異、維護平等權利，二〇一五年，改寫組織目標如下：

　　以交叉的草根性行動提倡女性主義理想，帶動社會改變，消除歧視，爭取和保護所有年齡女性在社會、政治、經濟生活上的平等權利。

5　因為反對第八條生育權（包含墮胎合法化），全婦組的保守派人士退出組織，另組「婦女平等行動聯盟」（Women's Equality Action League），以消除法律和教育的性別歧視為目的，以訴訟為手段，爭取女性在軍中、社會保險、學校等平等處境。https://www.britannica.com/topic/Womens-Equity-Action-League

力求實質平等、消除歧視的國際婦運

聯合國婦女地位委員會

　　長達半世紀的婦女投票權運動是性別平等的第一步，經過兩次世界大戰，各國婦女陸續取得投票權。第一次世界大戰後，國際聯盟（The League of Nations, 1920-1945）在婦女團體要求下，於一九三五年成立了「婦女法律地位研究委員會」（Committee for the Study of the Legal Status of Women），研究各國女性的政治、民權和經濟地位，以便訂立國際性的婦女平權公約，卻不幸因第二次世界大戰爆發而中斷。戰後聯合國於一九四六年成立婦女地位委員會（CSW），負責促進性別平等、增強女力，每年召集各國代表與會。在婦委會規劃下，聯合國通過了婦女政治權利、婚姻（國籍權、結婚年齡等）、工作同值同酬等公約，於一九六七年整合為《消除對婦女歧視宣言》（*Declaration on the Elimination of Discrimination against Women*），一九七九年大會再通過更具約束力的《消除對婦女一切形式歧視公約》（簡稱消歧公約，*Convention on the Elimination of All Forms of Discrimination against Women, CEDAW*）。

消除對婦女一切形式歧視公約

平等、不歧視、國家有責

消歧公約的三大原則「平等、不歧視和國家有責」是自由主義女性主義全球化的具體成果，保障女性在公領域的平等參與和私領域的安全，包括參政、教育、就業、健康的權利；消除傳統文化、習俗的性別偏見；並特別提升農村女性（也是全球人數最眾、經濟最弱勢的女性）的地位。公約的基本精神在於貫徹實質平等：機會平等、取得機會的平等（透過法律和制度的保障）、有平等實效（效果禁得起檢驗）（UN Women 2017）。

消歧公約為國際間定期、公開討論性別議題創造了多層次意見交流的平台。在反覆討論間促進了改變，也保留了差異。公約內容在聯合國大會通過、各國政府批准之前，容許在國內討論，保留某些條款；之後各國也可以對其他國家的性別政策表示意見或提出譴責，形成國際壓力。各國每四年向消歧委員會（由二十三位票選產生的獨立委員組成）提出國家報告。民間團體可以同時提出與國家不同調的影子報告，發揮監督功能。受委屈的個人也可以直接向委員會提出申訴，藉此可提醒政府在施政中，應衡量不同處境女性的生活實況。消歧委員推派代表就各國的報告做出結論，交由政府檢討，下次報告時回覆（UN Women 2017）。

保障名額（quota）

婦女獲得了投票權，然而男性仍然掌握政治資源和競爭優勢，女性無法產生代表參與決策。為了扭轉情勢，保障名額便是一種有效的矯正手段，中華民國是世界上首先在憲法中保障女性民意代表當選名額的國家。不過保障名額制度也被質疑偏厚政治家族的女性、既得利益者、或在語言、性傾向上占優勢的女人，邊緣、弱勢者仍未能推出代言人。而為了保障某一部分人的參政自由而侵犯另一部分人的參政自由，使得勝選者因性別而被排除，也被批評為性別歧視（或反向歧視，reverse discrimination），違反人人平等的原則。

不過保障名額的確可以快速縮短性別代表性的落差，被聯合國肯定為一種有效的暫行性措施（消歧公約第四條第一款）（UN 1993），而在國際間推廣，也從政治擴及到教育、經濟等領域。[6]

平等之路

在國際社會內，各國接觸頻繁，制度和行為互相參照，全球婦運形成的國際平權標準往往會影響在地行為。根據恩格哈特（Englehart）等人（2014）的研究，在聯合國的諸多人權公約中，消歧公約居於邊緣地位，其強制力不如其他公約，而且婦女地位與傳統文化盤根錯節，改變可能曠日廢時。然而在檢視了許多量化研究後發現，其他公約在各國政府簽署後，普遍未見成效，反倒是消歧公約的成果不容忽視，其中以女性政

治權的提升特別顯著，因為政府易於在短期內以修法方式主導，以符合消歧公約的條款，例如修改憲法，禁止歧視（模里西斯）；擴大性別平等機制（史瓦帝尼）；給予婦女投票權（科威特）、甚至設立國會議員的婦女保障名額（摩洛哥）等。其次是社會權（如消除性別偏見和刻板印象、給女性教育機會），由於移風易俗爭議度高，改變個人的態度和行為需要時日，成果不如政治權顯著。經濟權則不因簽署合約而有所改變，因此被認為沒有成效。作者們表示，經濟權直接影響到男性個人的經濟利益和資源分配，所以阻力最大。即使在高度開發國家，男女薪資仍有差距；在開發中國家，女性的生產力雖

6　挪威於二○○二年首先立法要求所有上市公司的董事中女性不得少於 40%（當時全國女董事不到 7%，但女性就業率高達 80%），並訂下七年之限，否則公司將被迫解散，這是全世界前所未有的強勢作為，也只有挪威完成目標（另一個國家是冰島，但其人口僅三十餘萬，公司很少）。其他跟進的國家如西班牙、荷蘭、義大利、馬來西亞等都未能採用同樣嚴格手段，皆未達標。挪威在此之前，曾經採用過其他方法，如政府監控、網絡會議、建立女性管理人才公開資料庫等，卻都成效不彰。根據事後研究，挪威因女性就業率高、政府長期推動性別平等、左派勢力較大、政治人物言出必行等因素，雖然在執行初期遭受抵制，仍能順利推展。公司為了網羅足夠法定人數的女性，變得更廣泛求才、更為國際化，引進不同背景和經驗的人才，而女性決策者一旦到達關鍵人數，如三分之一，便不再感到孤立無援，可以有效運用其影響力。通常女性更願意進行有意義的討論，更認真問問題，也更能改變現狀（Birkvad，2016）。

然被用來做為經濟發展策略，卻仍得不到與男性同等待遇。臺灣的「男女工作平等法草案」從一九八七年開始研討，一九九一年送進立法院，二〇〇一年以「兩性工作平等法」通過，與其他法案相較，亦屬耗時費力。

《消除對婦女的暴力行為宣言》

有鑑於「男性以暴力為最終手段迫使女性屈從」為性別不平等的根源，聯合國於一九九三年通過《消除對婦女的暴力行為宣言》（*Declaration on the Elimination of Violence against Women*），做為消歧公約之補充。宣言將「人人享有平等、安全、自由、人格完整和尊嚴的權利和原則普遍適用於婦女」，其適用範圍不區分公私領域：「任何基於性別的暴力行為，不論發生在公私場合，對婦女造成或可能造成身體、性或心理傷害或痛苦的」，政府都應當立即採取一切政策手段予以消除。該宣言將暴力發生的場合分為家庭、社會和國家三個層面：

家庭：毆打、性凌虐、因嫁妝引起的暴力行為、配偶強姦、陰蒂割除和其他有害於婦女的傳統習俗、非配偶的暴力行為和與剝削有關的暴力行為；

社會：強姦、性凌虐、性騷擾和恫嚇、販賣婦女和強迫賣淫；

國家：國家所做或縱容發生的身體、性或心理方面的暴

力行為，無論其在何處發生（如拘留所、戰場）
（UN 1993）。

然而性別暴力是男性權力的基礎，已成為許多國家風俗、傳統、宗教的一部分，所以當聯合國要求各國譴責對婦女施行的暴力時，受到部分國家抵制（Wikipedia 2018）。有些自由主義女性主義者也從選擇權的觀點主張尊重多元文化的差異，女性只要未受暴力脅迫，可以自由選擇割除陰蒂或從事色情行業（Meyers, 2004:213；Cudd, 2004:58）。自由主義女性主義者普遍反對立法限制色情，但也有人主張政府應限制暴力色情，以免傷害女性的平等地位（Laden, 2003:148-149；Watson, 2007:469；Spaulding, 1988-89）（參考本書第四章 204-209 頁有關性暴力）。

批判與改變

回顧兩百多年來全球婦女運動和婦女地位的改變，自由主義女性主義者屐痕處處，影響深遠。但因其在自由主義思想和正式組織架構內尋求改革，而非進行顛覆性的性別革命，因此也受到其他女性主義者批判：身心對立、個人主義、認同男性、未挑戰公私界線、異性戀中產白人中心。只是自由主義女性主義所採取的女性觀點，根本上有別於傳統自由主義的男性

觀點，加上女性主義本身批判與自省的特質，一步一步改造體制的結果，終將超越傳統自由主義的想像。

身心對立、抽象的個人主義

潔格（Alison Jaggar, 1942- ）（1983）指出自由主義推崇的理性、自由、獨立自主的個人不可能性別中立，必定是無償享受女性勞務的男性。人的一生從出生到死亡，勢必階段性依賴他人照顧才得以存活，不可能遺世獨存。只是在性別分工的社會，照顧工作被劃分為女人的天職，男性思想家不必為日常瑣事分心，才有時間和心力從事純粹抽象的思考，發展出我的心靈才是唯一存在的唯我主義（solipsism），崇尚理性思考，漠視血肉之軀的需求和群體的價值，主張個人先於社會存在，為了個體的自由，政府應當盡少干預個人活動和社會價值，自由主義的唯我觀導致重心靈、輕身體（Tong and Botts, 2017:31-32）。

然而在現實生活中，女性很少是抽象的個人，女性主義者的反抗，起源於日常生活的不幸：求職謀生不易、學習機會被剝奪、無法脫離痛苦的婚姻、失去孩子的監護權……。生存在男性宰制之下的女性渴望的自由獨立並非孤立、不受干預的生活，反而是希望公權力介入，改善外在條件，保障個人的自由選擇權。女性的自由選擇權，常因經濟原因（如貧窮女性化）、就學、就業的性別歧視和刻板印象（對某些弱勢族群

特別嚴重，如新移民女性）、文化的單一價值（如職業區隔、性別特質）等因素而受到嚴重限縮，女性個人無力對抗這些外在環境的限制，需仰賴公權力建立實質平等的制度才可望消除。至於內在的自我設限，則應發掘女性缺乏自主性的心理因素，提升判斷力和想像力，使其自由發展自我和實驗生活，否則女性的生命選項仍將落入既定的框架（Meyers, 2004:213；Cudd, 2004:58）。

自由主義女性主義者並不認同自由主義對肉體的貶抑，從十九世紀的吳爾史東，到二十世紀後期的消歧公約，都一再強調鍛鍊體魄和運動健身是女性自立自強的必要條件。在婦運中反覆出現的議題，如避孕、墮胎、性自主等等，都與女人的身體和生理息息相關。對於自由主義女性主義者而言，身與心從來不是對立的概念，反而是增強女力的一體兩面，理性思考也非全然抽象的運作，還包括解決問題的能力。吳爾史東認為，輕忽智能和體魄發展的教育使女性心智閉塞、感情用事、忘掉自身利害而變成性玩物，所以應當擴大女性的思考能力。漢普頓（Hampton, 1993）則提醒，女性在親密關係中，應合理分配自己的利益與對方協商成本效益，避免親密關係中的不正義，才能建立雙方皆能自主的美好生活。

認同男性價值

艾需台（Elshtain, 1982）批評自由主義女性主義仿效男

性，追求個人利益和權利、競爭求勝，忽略社會責任和群體權益，她指出自由主義女性主義有三大缺失：一、宣稱女人只要下定決心就可以變得像男人一樣；二、宣稱大部分女人都想要像男人一樣；三、宣稱所有女人都應立志效法男性價值。她表示大部分自由主義女性主義者過分相信男女的差異乃是受到文化塑造，擔心女性的不平等地位會被生物決定論合理化。反之，艾需台肯定女性傳統角色的豐富內涵，指出在競爭激烈的資本主義社會中，男性在公領域的活動未必是快樂充實的，男人反而需要學習女性經營親人與朋友關係的能力（Tong and Botts, 2017:33-34）。艾需台（1982:251-253）也對於社會主義女性主義所主張的育兒和家務公共化有所保留，認為這樣的生活會使人際關係變得淡薄和工具化，對於許多女性（特別是勞動階層和篤信宗教者）的自我認同而言，不肯定其妻、母的角色，也是一種傷害。

近數十年來，自由主義女性主義者積極討論家庭和職場勞務的設計。職場中大部分工作的設計都是假設工作者不必負擔照顧責任，結果造成不論在哪一個層級，肩負照顧的人都比不需負擔者缺少選擇。（Alstott, 2004:97）因此，自由主義女性主義者主張，政府有責任確保照顧者的個人自由不致因需要照顧家人而被過分干擾。政策建議包括親職假、政府補貼的高品質托兒服務、彈性工時、照顧者津貼等。也有人提倡除了女人和政府外，男人也應當共同承擔照顧責任，不論家庭外或家庭內都不應根據性別分配工作，成年家人應共同分擔有酬

和無酬的生產和再生產勞務；兒童自小在家中應養成性別平等的觀念（Okin, 1989:99-100, 171）。但也有人不同意由政府來推廣或標準化某一類型理想的家庭生活，而應留待公民社會、教會、家庭等各自去自由想像和實驗（Alstott, 2004:114；Anderson, 2009:131）。

未挑戰公私界線

古希臘時代的公民社會公私界線森嚴，女性被排除於公共政治之外。十九世紀，米爾儘管指出排除女性（公民的妻子，不包括奴隸和女僕）的做法並不符合自由平等的原則，而極力主張女性應享有平等的參政權，卻仍相信大部分女性是「自願」留在家中做主婦。他未能察覺公私區隔的存在，已為女性的公共參與預設了障礙。相形之下，吳爾史東以降的女性自由主義女性主義者，大都力圖引導女人跨越邊界，進入公領域展現才能。二十世紀後期的自由主義女性主義者開始深入探究公私二分的陷阱，派特曼（Carole Pateman, 1989:120）指出，在個人主義和平等主義的表象下，其實暗藏著男人宰制女人的不平等社會結構。公領域的社會契約是男性間的兄弟（平等、非父權）合約，其實是建立在性別契約的基礎上。而性別契約也是男人之間的約定，規範他們如何近用女人、建立個人的私領域以及其中的父權統治（Arneil, 1999:56）。所以社會契約雖是男性家長間平等的合約，其先決條件卻是不平等

的、父權的性別契約。性別契約與社會契約攜手鞏固了男性家長的堡壘，也就是家庭，他在其中享有統治權，公權力不得介入，其統治基礎是女人無條件的服從和法律的認可。

激進女性主義和社會主義女性主義者對於消除公私界線和家庭提出許多主張（本書第四與第六章）。自由主義女性主義者並不主張消除公私界線或者家庭，而是從爭取個人自由的角度出發，改寫性別契約和社會契約的內容，以平等為原則，促使公領域對女性開放，並且改變私領域內的權力關係：一方面要求政府介入傳統私領域的運作（如育幼、顧老、消除家暴等），讓女性在私人關係中也享有自主性和人權；另一方面要求政府減少干預女性個人的自主權和選擇權（如墮胎、性傾向、性自主等）。有些人進一步主張，女人有權保有自己的祕密、姓名和不被打擾的自由，例如在申請工作時不填寫自己的婚姻狀況，被性侵後不必被迫揭露自己的性史，在公共場所不必告訴搭訕的男人自己的名字和電話，暗夜可以自由在外面行走，在家內也能享有時間獨處等等（Allen, 1983；Gavison, 1980；Arneil, 1999）。其他女性主義者批評，自由主義女性主義在體制內漸近式的改革，缺少結構性分析，簡化了問題。

中產白人異性戀中心

自由主義女性主義從西方、白種、中產階級、異性戀女人的起點開始，爭取與男人平等的權利，逐漸獲得不同地域、膚

色、階級的女性認同，也加入了更多元的性別經驗和觀點，以公私領域為例，美國的非白人女性看到了與白女人不同的意義（Arneil, 1999:62）：

一、公領域不僅排除女人，也排除非白人男性，他們曾經沒有投票權，也不能進入白人公共空間。白女人向白男人爭取婦女投票權時，黑女人則和黑男人聯手向白男人爭取黑人投票權。她們需要對抗的是多重壓迫而非單一壓迫，因此常需要考慮行動的優先次序。

二、男外女內有文化差異，例如某些非裔女性早已常年在家庭以外從事最底層、最無保障的勞動，因此當中產白人女性爭取與男性平等的工作權，卻未必是底層、有色女性渴求的解放。對她們而言，貧窮可能是更大的不幸。

三、非白人女性除了從事家務，還要在白人家中做奴隸或僕役謀生，當中產階級白人女性走出家庭、進入公領域後，她們的家務負擔往往由低薪的非白人女性填補，家內勞務的價值持續被貶低。最後，性別分工的重擔由社會中最弱勢的女性來承受。

四、白人女性可經由婚姻進入白人男性的親密生活，非白人女性則少有同樣機會。兩者與白人男性權力中心的距離落差很大（Hurtado, 1989）。

平等、自由的原則看似簡單，但若要真正落實到每個人，成為公共政策，需要詳細的資料、複雜的分析，以及在相關施政各層面細緻地執行，最後的制度性改變可能會超出性別的範疇。聯合國的消歧公約肯定平等原則，要求締約國採取「一切適當措施，包括制定法律，保證婦女得到充分的發展和進步，其目的是為確保她們在與男子平等的基礎上，行使和享有人權和基本自由。」（第三條）消歧委員在檢視各國的申訴案件時，以平等和沒有歧視（「基於性別而做的任何區別，排斥或限制」，第一條）做為標準。以性別做為基礎，加上交叉位置（intersectional perspective）的觀點，將申訴人其他的身分和因素（如種族、貧窮）同時納入考量，並據以做出建議，要求締約國針對此個案牽連的相關問題做制度性變革[7]。

願景

平等機會、相同權利、獨立自主、消除歧視，是自由主義女性主義者和主流社會對話時，所採用溫和的、自由主義的語言。加入體制取得位置，以漸進的步驟消除性別盲點，推動新的政策和視野，並不使用革命語言訴求結構性變革。然而，女性主義的基本立場在於挑戰男性的絕對權力（以及任何絕對權力），和自由主義的物質基礎不同，自由主義女性主義對個人的定義，建立在「性別身體」之上，因此其社會分析和政策建

議必有別於自由主義。漸進的改變逐步累積之下，便可能對原有的制度造成巨大改變。再者，女性主義源起於對男權的批判和自我反省，自由主義女性主義在漫長的發展歷程中，受到社會主義、激進、後殖民女性主義等的衝擊而擴展了視野和成員，更為包容差異，也增加了交叉分析的能力，而其務實的、體制內的路線或許可為中介，拉近女性主義的理想和政治現實間的距離。

期望不同流派的女性主義同步發展，互相對話、互相啟發，也自我反省、自我修正，開創不同位置女人的發言機會，各自表達對美好生活的想像，在彼此合作和相互傾聽的基礎上，探求女性主義和人類生活的新可能、新境界。

---

7   Campbell（2016）在研究中敘述一個加拿大原住民女性失踪、被謀殺的申訴案：聯合國消歧公約委員分析性別、種族、社經地位如何交叉作用導致對原住民女性的暴行：偏鄉地區貧窮的原住民女性習慣搭便車，增加了受害風險。加上她們居住環境差，缺乏教育和就業機會，生活別無選擇。兩種因素相加使得她們難逃暴力。因此委員建議加國政府改善原住民女性社經條件，加國提出了減貧計畫，但委員發現該計畫並未針對原住民女性的特殊需求，於是建議加國：一、警方認真看待原住民女性失踪報案，尊重報案人。二、加強警察和司法人員對原民文化的認識。三、政府提供資金聘請律師協助原住民女性。四、進行全國性調查釐清歧視和施暴原住民女性的系統性原因。五、政府持續與原民代表合作。

參考資料

Allen, Anita L. 1983. "Women and their privacy: what is at stake?" in *Beyond Domination: New Perspectives on Women and Philosophy*, ed. Carol C. Gould, 233-49. Towota, NJ: Rowman and Allanheld Publishers.

Alstott, Linda 2004. *No Exit: What Parents Owe Their Children and What Society Owes Parents*. New York: Oxford University Press.

Anderson, Elizabeth 2009. "Toward a Non-Ideal, Relational Methodology for Political Philosophy: Comments on Schwarzman's Challenging Liberalism," *Hypatia* 24: 130-145.

Arneil, Barbara 1999. *Politics and Feminism*. Oxford: Blackwell.

Birkvad, Ida Roland 2016. "The secret behind Norway's gender quota success," http://kjonnsforskning.no/en/2016/10/secret-behind-norways-gender-quota-success (10/21/2017)

Brinton, Christopher and Wolff 1955. *A History of Civilization*. New Jersey: Englewood Cliffs.

Campbell, Meghan 2016. "CEDAW and women's intersecting identities: a pioneering approach to intersectional discrimination," Oxford University Working Paper 2(3): 33. https://ohrh.law.ox.ac.uk/wordpress/wp-content/uploads/2015/07/Working-Paper-Series-Vol-2-No-3.pdf. (10/21/2017)

Charvet, John 1982. *Feminism*. London: J.M. Dent & Son.

Clark Nicola 2010. "Getting Women into Boardrooms, by Law," *The New York Times*. http://www.nytimes.com/2010/01/28/world/

europe/28iht-quota.html (10/21/2017)

Collini, Stefan 2018. J.S.Mill on the Subjection of Women. http://www.historytoday.com/stefan-collini/js-mill-subjection-women (01/08/2018)

CSW 1947. Short History of the Commission on the Status of Women. http://www.un.org/womenwatch/daw/CSW60YRS/CSWbriefhistory.pdf (10/21/2017)

Cudd, Ann 2004. 'The Paradox of Liberal Feminism: Preference Rationality, and Oppression.' in *Varieties of Feminist Liberalism*. ed. Baehr, Amy R. Lanham, 37-62. MD: Rowman and Littlefield..

Banks, Olive 1981. *Faces of Feminism*. Oxford: Martin Robertson.

Donovan, Josephine 2000. *Feminist Theory*. New York: Continuum.

Elshtain, Jean Bethke 1982. *Public Man, Private Woman*. Princeton University Press.

Englehart, Neil A. and Melissa K. Miller 2014. "The CEDAW Effect: International Law's Impact on Women's Rights," Journal of Human Rights 13:22-47.

Freeman, Jo 1982. "Women and Public Policy," in *Women, Power and Policy*. New York: Pergmon.

Friedan, Betty 1963. *The Feminine Mystique*. New York: W.W.Norton. 李令儀譯（1995），《女性迷思》，台北：月旦。

── 1967. "The National Organization for Women's 1966 Statement of Purpose" http://now.org/about/history/statement-of-purpose/ (10/21/2017)

── 1981. *The Second Stage*. Summit Books. 謝瑤玲譯（1995），《第二階段》，台北：月旦。

Gavison, Ruth 1980. "Privacy and the limits of the law." Yale Law Journal, 89(3): 421-71.

Hampton, Jean 1993. "Feminist Contractarianism." In *A Mind of One"s Own*. eds. Antony, Louise and Charlotte Witt, 227-56. Oxford: Westview.

Lloyd, S.A. 1998. "Toward a Liberal Theory of Sexual Equality." *Journal of Contemporary Legal Issues* 9: 203-224.

Hurtado, Aida 1989. "Relating to privilege: seduction and rejection in the subordination of white women and women of color". Signs: Journal of Women in Culture and Society, 14(4): 833-855.

Jaggar, Alison M. 1983. *Feminist Politics and Human Nature*. Torowa, NJ: Rowman & Allanleld.

Laden, Anthony Simon 2003. "Radical Liberals, Reasonable Feminists: Reason, Power and Objectivity in MacKinnon and Rawls." *Journal of Political Philosophy* 11: 133-152.

McClain, Linda 2006. *The Place of Families: Fostering Capacity, Equality and Responsibility*. Cambridge: Harvard University Press.

Meyers, Diana 2004. *Being Yourself: Essays on Identity, Action, and Social Life*. Lanham, MD: Rowman and Littlefield.

Mill, John Stuart 1861. "John Stuart Mill on Proportional Representation." http://bostonreview.net/archives/BR23.1/jsmill. html (10/21/2017)

—— 1869 "The Subjection of Women," in *Essays on Sex Equality*, ed. Alice S. Rossi. Chicago: The University of Chicago Press.

National Women's History Museum 2017 "Alice Paul." https://www. womenshistory.org/education-resources/biographies/alice-paul

(10/21/2017)

NOW 2017. "History of Marches and Mass Actions". https://now.org/about/history/history-of-marches-and-mass-actions/(10/21/2017)

—— 2017. Structure and bylaws. http://now.org/about/structure-and-bylaws/bylaws/

Nussbaum, Martha C. 1999. *Sex and Social Justice*. New York: Oxford.

Pateman, Carole 1989. *The Disorder of Women*. Cambridge: Polity Press.

Randall, Vicky 1982. *Women and Politics*. Chicago: The University of Chicago Press.

Rendall, Jane 1985. *The Origins of Modern Feminism: Women in Britain, France and the United States, 1780-1860*. Macmillan.

Rossi, Alice S. 1970. "Sentiment and Intellect: The Story of John Stuart Mill and Harriet Taylor Mill," in *Essays on Sex Equality*, ed. Alice S. Rossi. Chicago: The University of Chicago Press.

Spaulding, Christina 1988-89. 'Anti-Pornography Laws as a Claim for Equal Respect: Feminism, Liberalism, and Community.'*Berkeley Women's Law Journal* 4: 128-165.

Taylor, Harriet 1851/1970. "Enfranchisement of Women." In *Essays on Sex Equality*, ed. Alice S. Rossi. Chicago: The University of Chicago Press.

The Elizabeth Cady Stanton & Susan B. Anthony Papers Project. http://ecssba.rutgers.edu/docs/seneca.html

Todd, Janet 2011. "Mary Wollstonecraft: A 'Speculative and Dissenting Spirit'" http://www.bbc.co.uk/history/british/empire_seapower/wollstonecraft_01.shtml (10/21/2017)

Tong, Rosemarie and Tina Fernandes Botts 2017. *Feminist Thought.* Westview Press.

UN 1993. "Declaration on the Elimination of Violence against Women." http://www.un.org/documents/ga/res/48/a48r104.htm (10/21/2017)

UN Women 2017. "Convention on the Elimination of All Forms of Discrimination against Women." http://www.un.org/womenwatch/ daw/cedaw/(10/21/2017)

Watson, Lori 2007. "Constituting Politics: Power, Reciprocity and Identity." *Hypatia* 22: 96-112.

Wikipedia 2017. "Declaration of Sentiments" https://en.wikipedia.org/ wiki/Declaration_of_Sentiments

—— 2017. "Equal Rights Amendment" (10/21/2017)https://en.wikipedia. org/wiki/Equal_Rights_Amendment#Opposition_to_the_ERA (10/21/2017)

—— 2017. "Olympe de Gouges". https://en.m.wikipedia.org/wiki/ Olympe_de_Gouges (10/21/2017)

—— 2018. "Declaration on the Elimination of Violence against Women" https://en.wikipedia.org/wiki/Declaration_on_the_Elimination_of_ Violence_Against_Women

第二章

烏托邦的追尋與失落

——烏托邦社會主義女性主義／馬克思主義女性主義

黃淑玲

西方女性主義最早的兩大思潮源自於自由主義與社會主義，前者爭「女性平權」，後者重「婦女解放」。西方第一波婦運時，自由派女權思想位居主流，若干學者每論及女性主義的淵源，往往局限於此流派，遺忘了曾在十九世紀初活躍一時的烏托邦社會主義女性主義（Taylor, 1993:xvii）。直到一九六〇年代第二波西方婦運爆發，新馬克思主義[1]（neo-Marxian theories）在學術界方興未艾，始再度促成當代社會主義女性主義的興起，其精神直追十九世紀烏托邦社會主義女性主義，但實質理論卻深受馬克思主義影響。有些女性主義學者甚至直指法國聖西門烏托邦社會主義派女性主義是現代激進派女性主義的鼻祖（Moses & Rabine, 1993:10）。本章將介紹自十九世紀烏托邦社會主義與馬克思主義哲學中掀起的女性主義思潮。它們美在替人類編織無窮新希望，但付諸實踐時卻總捉襟見肘，甚至帶來災難。

　　社會主義女性主義（socialist feminism）與馬克思主義女性主義（Marxist feminism）的區別何在？學者的定義相當不一致。本章採取布萊森的劃分（Bryson, 1992:234），社會主義女性主義泛指自十九世紀初葉以來，凡主張必需透過社會、政治與經濟結構等全面性社會改造方能達成婦女解放的女性主義思潮。此廣泛定義下，馬克思女性主義也算是社會主義女性主義的分支。本章所指的馬克思女性主義，特指馬克思與恩格斯有關解放女性的論述，尤其著重恩格斯《家庭、私有財產與國家的起源》一書。一九六〇年代後對恩格斯展開修正的

馬克思女性主義，例如有關家務與資本關係的辯論，將於第六章裡處理。限於篇幅，本文也略過二十世紀初英美女性主義者具有社會主義色彩但對後代影響不大的論述。

本章分四個部分進行，首先簡介十九世紀以來社會主義與女性主義間的關係轉變，再介紹烏托邦社會主義與馬克思主義誕生的時代脈絡及當時女性面對的政治、法律與工作的處境。其次，陳述烏托邦社會主義的女性主義理念。最後，討論恩格斯分析婦女受壓迫之理論，以及現代社會主義女性主義對恩格斯與馬克思之針砭。文末回顧傳統馬克思女性主義在中國與前蘇聯實施的情形。

社會主義與女性主義的關係轉變

社會主義與女性主義一直關係密切，但存在著緊張與矛盾。「女性主義者」（feminist）一詞最早以法文出現，正

1　由盧卡其（George Lukacs）和葛蘭西（Antonio Gramsci）分別發展，後經阿圖舍（Louis Althusser）和波蘭扎斯（Nicos Poulantzas）繼續發揚光大的西方馬克思主義，有別於東歐史達林的馬克思教條。新馬思想深具濃厚人道精神，脫離經濟決定論範疇，強調意識形態的自主性與重要性，主要以馬克思在一八四四年於巴黎完成的《經濟與哲學手稿》（*Economic-Philosophic Manuscripts of 1844*，在一九三二年首次出版，一九五九年始有英文版）為主，其中的「異化」（alienation）觀念對女性主義有深厚影響。

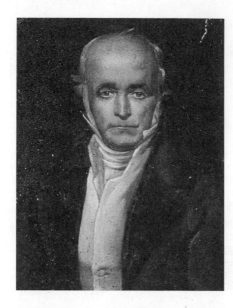

傅立葉
Charles Fourier
1772-1837

是法國烏托邦社會主義者傅立葉所創。傅立葉想像在一個
以互助為原則的社會裡所孕育的新女性,在致力於改造社
會的同時,自身也獲得改造(Rowbotham, 1992:8)。早在
1808 年他即揭示:「每個時代社會有所進步與變遷,乃由
於婦女獲得自由所促成。當婦女的自由減少,社會也跟著退
化。」(Tristan, 1838/1993:207;Anderson and Zinsser, 1988:371)
英國烏托邦歐文社會主義理論家威廉・湯姆士(William
Thompson, 1775-1844)也發出類似的見解:「比較各國已婚
婦女的地位,顯示一個社會整體的快樂與夫妻間的權利與責任
之平等狀況成正比。」(Taylor, 1993:29)

　　活躍於一八五○年之前的烏托邦社會主義與之後的馬克思

主義，齊聲譴責中產階級自由主義派的女權思想目標狹隘，只要求零碎的改革，僅爭取婦女的政治法律權利，而不思改變社會經濟結構。這兩個時期的思想家皆主張資本主義與私有財產制度是婦女受壓迫的根源，必須實現社會主義，婦女解放方可能獲致。但兩個時代的理論家對於婦女受壓迫的解釋卻有頗大的歧見。烏托邦社會主義思想家認為，男女不平等與家庭、婚姻、政治及資本主義等各種社會制度牽絲扳藤，深信兩性的解放必需徹底翻轉所有的傳統社會制度，包括製造人際間支配與附屬關係的男性霸權，以及製造兩性對立、扭曲人性的家庭婚姻制度（Taylor, 1993）。一八八〇年之後，男性勞工組織成為全球重要的政治運動組織，馬克思主義者追求革命的首要策略是階級鬥爭，強調資本主義與階級制度就是壓迫婦女的唯一根源。於是，性別壓迫被化約成經濟問題，婦女問題被納入階級與國家問題的範疇，婚姻、生育與家庭制度的不平等與壓迫皆被視為芝麻小事。烏托邦社會主義所追求的奮鬥目標，也就是兩性新秩序皆在兩性聯合對付階級敵人的戰爭中被犧牲（Taylor, 1993:x-xiv；Bryson, 1992:232）。

自十八世紀以來，女性一直在國際社會主義運動中扮演重要角色，但她們要求推翻性別壓迫的熱望，只有某些時候得到男同志的重視。直至西方第二波婦運誕生前，儘管左派社會主義運動始終帶有性別偏見，但仍然提供女性主義者最友善的生存空間（Anderson & Zinsser, 1988:375）。各國社會主義政黨常由女性黨員提出婦女地位、婚姻、避孕與離婚等議題的

討論，但她們之中也有人深信這些「婦女問題」都是資本主義制度導致的「社會問題」，一旦拔除資本主義腫瘤，社會主義國度建立後，這些「社會問題」將隨風而逝（Anderson & Zinsser, 1988:382）。

強調階級問題高於婦女問題，甚至視其為婦女受壓迫的唯一成因，這項馬克思主義看待婦女問題的傳統立場也出現在一九六〇年代美國新左派（New Left）學生運動[2]。當時男學生掌控學運決策權，派遣女學生跑龍套、製作三明治，外加性伴侶的角色。女學生台面上要求公開討論性別壓迫，卻惹來一陣譏笑：婦女解放根本是芝麻小事，豈可與種族、階級、反戰等重大議題相提並論（Ferree and Hess, 1985:59-61）？

一九六〇年代，激進、憤怒的女大學生與左派決裂，成為美國第二波婦運一支新興力量，而另一支力量則是已進入社會體制的中年職業婦女精英所成立的全國婦女組織。從左派學運出走的女學生後來發展出兩派女性主義思潮，一派是嶄新瑰麗的激進女性主義，反撲馬克思主義，另一派仍信奉馬克思歷史唯物論，主張婦女受壓迫乃是依循經濟與社會制度發展軌跡，資本主義是現代婦女受壓迫的一個主因，同時擷取風靡一時的「青年馬克思」（新馬）人道主義，也接納激進派與心理分析學派的部分理念，融合而成「當代社會主義女性主義」，盛行於一九七〇、一九八〇年代英美學院，一度儼然是當代女性主義洪流的主支（參閱第六章）。

羅伯·歐文
Robert Owen
1771-1858

十九世紀烏托邦社會主義與
馬克思主義興起的社會脈絡

「社會主義者」一詞（socialist）首次出現於一八二七年英國羅伯·歐文（Robert Owen, 1771-1858）發行的刊物。在一八五〇年之前，社會主義在英國指的就是歐文主義（Owenism）。早期的社會主義思想家認為，締造社會主義社

2　新左派有別於一九三〇年代的舊左派（Old Left）。兩個時代的知識分子對社會的批判基本上都反對資本主義社會。新左派的主要成員是白人大學生，反對美國傳統社會制度，譬如大學、軍事、種族歧視、物質崇拜、經濟帝國主義、保守的性規範等，唯一不反對的是大男人主義（Feree and Hess, 1985：59）。

會的先決條件是胸懷平等正義的社會主義者。遲至一八三二年，「社會主義」一詞（socialism）才首度出現在法國聖西門（Claude-Henri de Saint-Simon, 1760-1825）追隨者的刊物上，其意指「一種新創的社會制度，重視社會性、合作、友善；反對自私、競爭、個人自利自足；社會嚴格控制財富累積與私人財產；經濟平等或至少以社會認定的才德（merits）或需要來分配報酬」（Crick, 1987:29）。這股欲遏止資本主義制度、尋求社會新秩序的思潮，誕生於十九世紀前葉，歐洲正從農業社會轉型到工業資本社會，政治體制極度騷動，思想上受到十八世紀啟蒙運動的影響，社會瀰漫著重視實驗、相信理性、強調人性可由社會環境決定的樂觀主義。

工業革命是促成社會主義萌芽的第一個重要歷史事件。一七六五年，瓦特發明蒸汽機，人類社會邁入以機器操作生產的時代，商業與小型手工業作坊的資本逐漸集中到少數擁有足夠資金購買昂貴機器設備的資本家手裡，導致農奴、小農、工匠與店主（後兩者稱小資產階級，petty bourgeoisie）等陸續失去傳統謀生工具，被迫進入大城市，在工廠與煤坑中賺取微薄工資，忍受長時工作、危險、不衛生的惡劣環境，連七、八歲幼童也不能倖免。加上資本主義出現週期性經濟恐慌與蕭條，資本家在完成一項交易後往往任意解僱工人，工人隨時面臨失業危機。馬克思因而指責資本家是狼人、吸血鬼（Bender, 1988:2；柯崙泰，1994/1920s:57-9）。

一七八九年的法國大革命，是鼓舞社會主義思想萌發的第二個歷史事件。十八世紀末，法國等西歐社會主要由貴族、資

產（中產）和勞工（無產或普羅）階級組成。法國大革命推翻路易十六之後，世襲貴族階級沒落，掌握金融、工業與商業權勢的中產（資產）階級崛起。中產階級手握社會財富，經濟上要求開放自由市場，政治上則要求限制君主權力，實施以私人財產（且有性別、宗教之限制）為核發條件的選舉權。雖然中產與勞工階級聯手發動革命，成功削弱貴族與教士的政治權力，但革命果實完全由中產階級接收，無產的勞工階級無法享有選舉權，共享中產階級的「民主」政治（Bender, 1988:3）。

遭到背叛的還有積極參與革命的法國婦女，「自由、平等、博愛」的施及對象並不包括女性，一七八九年國民議會頒布《人權和公民權宣言》並未賦予女性自然權與政治權。當時活躍的政治活動者與劇作家德古熱指控該宣言忽視男女平等。一七九一年，她提出《婦女和女性公民權利宣言》與之抗衡，要求賦予女性同樣權利（第四章 38-39 頁）。她悲歎：「唉！女性、女性，何時妳們不再盲目，妳們到底從革命中得到什麼利益？」[3]（Rowbotham, 1992:28）

3　不同階級婦女因不同的切身需要，參與革命的目標也不一樣。無產階級婦女參加革命是因為需要麵包與職業，她們的迫切之需是希望制定穩定麵粉等穀類價格的法令（Rowbotham, 1992:30）。當時飢餓失業的婦女在一份要求工作的請願書上寫道：「我們要求婦女有職業，這並不是為了顛覆男子的威信，我們是為了要獲得生存保障，極簡樸的生存下來而已。」（柯崙泰，1920s/1994:88）中產階級婦女則要求就業機會及教育法律的權利，革命後獲得一些市民權，包括離婚權、女兒監護權、妻子的財產權、女兒的平等繼承權等（Rowbotham, 1992:28-30）。路易王朝復辟之後，一八一六至一八八四年間，再度禁止離婚（Anderson and Zinsser, 1988:379）。

法國大革命雖然終告失敗，不到二十年間，共和政府垮台，拿破崙恢復帝制，但它所宣揚的「自由、平等、博愛」革命思想傳遍國際，天賦人權與人人皆具理性等觀念深入人心，眾人逐漸掙脫舊時代思想，不再認為政權更迭僅是統治階級間的戰爭，相信透過教育、革命，阻礙社會進步的壓迫、貪婪與無知終歸消失，人類將邁入黃金時期（Crick, 1987:24-25）。

　　一七九六年法國大革命後，原初的社會主義者巴博（Gracchu Babeuf, 1760-1797）已提出廢除私有財產方可能建立政治與經濟平等的論述。到了十九世紀前半葉，主要的社會主義倡議者在英國有歐文，在法國有聖西門和傅立葉。歐文認為競爭是罪惡之根，小孩應該在嬰兒時期就被教育自私與競爭是罪惡的，合作與服務才是美德。傅立葉抨擊教會與資產階級家庭中存在的剝削與虛偽本質，倡導土地與財產共有，興建以農業為主的小型社區。聖西門則繪製一個由精英治理的工業社會，沒有私有財產制，社會地位不依財富而定，階級對立消失，人人經由平等教育機會而晉升精英階層（Bender, 1988:3-9）。

　　自一八三〇年到一八四八年之間，歐洲社會主義思想逐漸從玄談轉變成政治運動。這時由資產階級以自由主義作為後盾，向貴族階級挑戰的民主革命大抵完成，然而勞工階級的生活卻益形惡劣，勞資階級對峙轉趨尖銳。馬克思

和恩格斯在一八四八年發表《共產黨宣言》（*Manifest der Kommunistischen Partei*），譴責自由主義漠視勞工階級的生活慘況，合理化資產階級民主改革的道德性，製造社會已然平等的假象。他指控自由主義的民主其實是「富人所有、富人所享、富人所治的政治」（Stromberg, 1993:603）。

馬克思和恩格斯承認在理念上深受歐文、聖西門和傅立葉的影響，但稱呼他們的立論是「烏托邦社會主義」（utopian socialism and communism）[4]，因為他們出生於資本主義成熟之前，未見資產階級與無產階級對立擴大，以為共產社會的建立端賴整體人類發揮理性本能。馬克思認為烏托邦社會主義是天真的樂觀主義。他依據客觀的科學方法（自稱自己的立論是科學社會主義），也就是辯證歷史唯物論，推斷勞資階級對峙，將是未來社會改造的主要動力。在歷經多次循環性的商業蕭條與經濟危機後，資本主義將發生永久性崩潰，而引爆無產階級革命（Engels, 1888/1988:46-9；Marx, 1848/1988:83-4）。

4　社會主義者與共產主義者原本是互通的字眼。馬克思在《共產黨宣言》始區分兩者（Bender, 1988:5）。馬克思認為共產主義以創導勞動階級革命為目標，而歐文、傅立葉及其他各式各樣矯正社會弊端的思想都是由中產階級主導，尋求中產階級支持的運動，稱之為社會主義（Bender, 1988:49）。日後歐文等其他社會主義逐漸消跡，馬克思思想日益普及，恩格斯晚年稱馬克思思想是社會主義。蘇聯革命之後，列寧再度賦予社會主義和共產主義不同的定義，分別指涉馬克思主義社會的前後期階段（Sowell, 1985/1993:46）。

許多論者認為馬克思的出現，適時整合了一盤散沙似的社會主義理論。泰勒則以女性主義立場提出批判，認為社會主義從烏托邦發展到馬克思不見得是一種進步。烏托邦社會主義堅持唯有兩性在知性、權利、財富皆達到平等後，社會主義追求人性全面改造的目標方能實現。馬克思主義則悖離這項理念，罔顧性別壓迫，強調階級剝削才是社會不平等的根源（Taylor, 1993:286）。

十九世紀婦女的
婚姻、家庭、工作與法律處境

　　欲了解烏托邦社會主義的濃厚女性主義色彩，我們需要簡短回顧十九世紀初歐洲婦女的婚姻、家庭、工作與法律處境。以下討論主要以泰勒描寫的英國情形為主。

　　首先，從歐文到恩格斯，社會主義思想家皆反對歐洲貴族與中產階級的婚姻制度。泰勒指出，當時中產階級批評貴族將婚姻視同財產買賣，歌頌自己中產階級的婚姻乃是基於愛的結合。然而，中產階級婚姻號稱以浪漫愛為基礎，實質上帶有明顯的強迫性，中產階級女性並沒有財產繼承權，結婚的主要考慮因素仍是經濟。中產階級一方面譴責貴族與勞工階級性關係淫亂，自傲恪守基督教的性道德規範，結婚必經英國國教批證，不准離婚，強調男女守貞，妻子服從丈夫。然而，現實中

惟獨婦女需要恪守貞節，忍受男女雙重性標準。當時勞工階級則仍然普遍採用習慣法婚姻（common-law marriage），離婚程序相當簡單，無意也買不起昂貴的教會證書。中產階級卻以不道德之名，試圖強迫勞工階級接受教會婚姻，引起勞工階級男女不同的回應。資本經濟下，男性勞工的就業機會不穩定，無意受到婚姻束縛，往往導致勞工階級婦女必需承擔未婚生子的後果。而勞工階級婦女基於經濟理由，則樂於接受中產階級的婚姻觀（Taylor, 1993:34、202-5）。

第一波女權運動先驅常以女性比擬黑奴，當時英國已婚婦女的法律地位突顯女性更像是不存在的幽靈，丈夫全面掌控妻子的勞力、財產與身體。女性沒有公民權、政治權、子女監護權（丈夫過世，子女由夫家親屬監護）或財產繼承權（妻子的工作收入都歸屬於先生）。離婚極難獲得法庭批准。只要棍棒厚度不超過丈夫的拇指頭，毆打妻子是合法的。女子若通姦，一旦法庭准許分居，即喪失贍養費。男子通姦則不受處罰，尚可追捕因他通姦而出走的妻子（35）。對當時女性而言，兩性關係與財產權是合二而一的問題。幾位出眾的烏托邦女性領導者都遭遇過慘痛的婚姻生活及隨之而至的經濟拮据[5]（379）。

在工作上，資本家貪圖廉價的女工和童工，因而威脅到男性勞工的薪資與就業機會，男性勞工因此排斥女性進入工會。男女勞工的關係出現階級上合作、性別上衝突的矛盾。女工常將婚姻壓迫與工作剝削相提並論，指責先生、男工、資本

家三者一樣壞，抱怨男性勞工絲毫不關心女工的福祉。泰勒認為這種現象顯示當時兩性在工作市場上的競爭關係，直接影響到夫妻間的權力關係。男性勞工以身為家庭麵包的提供者為由，要求享有優先僱用權，極力壓低女工的薪資，尤其在經濟不景氣與失業危機嚴重時愈是理直氣壯。一言以蔽之，男性勞工欲藉由控制女工的薪資，操縱家中的權力（94-107）。

迥異於十九世紀中葉自由派女權運動，工運是歐文運動的主軸[6]，爭取兩性薪資平等是歐文女性主義者關心的焦點，這點顯示出兩個時期女性主義者不同的家庭背景。參與一八五〇年代女權運動的婦女大多出身中產階級，父親和丈夫是商業或專業人士。而一八二〇年代至四〇年代的歐文女性主義者，則多半來自小資產或上層勞動階級家庭，一旦寡居、未婚或逃離丈夫，就得負起養家餬口的責任。女性無法進入男性控制的專業或商業領域，只能棲身於女傭、織工等比其出身階級更低的行業。換言之，一旦失去與男性（丈夫及父親）的攀附關係，女性的階級地位即刻變得模糊，實質上是跌入底層勞動階級。歐文女性主義者的慘痛人生經驗讓她們極度認同勞工階級，並認知到女性被壓迫是每個階級的現象（73、279）。

從自身在家庭上、婚姻上、工作上、法律上所受的諸多壓迫，歐文女性主義者深深體會到男性之所以能在家庭中作威作福，關鍵在於擁有經濟上的優勢，這種認知使她們皈依歐文主義，認為廣大勞工婦女的悲苦只能在社會主義裡得到解脫。

烏托邦社會主義女性主義思潮
（1820s-1840s）

　　十九世紀曇花一現的烏托邦社會主義並不是一個整合的運動，有關女性主義的各家論述不盡相同，也稱不上嚴謹，但基本上有幾個共同訴求：廢除私有財產制、組織公社、革除婚姻家庭制度、提倡情愛自由、打破男女分工。這些早期社會主義家都是啟蒙運動的信徒，斥責聖經揚稱女人天生劣根之說，相信人性受到社會環境之扭曲（Taylor, 1993:26）。歐文運動領導者之一，薇勒（Anna Doyle Wheeler, 1780-1848）明白表示：「我不憎恨男人，我憎恨的是制度。」（31）以下討論烏托邦女性主義的理念，仍以英國歐文社會主義為主。

5　歐文主義者安娜·薇勒（Anna Doyle Wheeler, 1785-1848）和愛瑪·馬玎（Emma Martin, 1812-1851）都帶著小孩逃離丈夫。芳妮·萊特（Fanny Wright, 1795-1852）的丈夫（也是一位社會主義者）直到她死前還在打官司，尋求掌控她的財產，包括她的稿費和演講費。法國芙羅拉·特俐斯坦（Flora Tristan, 1803-1844），因父母的婚姻被判無效，而成為私生女，無法承繼貴族父親的遺產，遭到情人的父親否決婚姻。另嫁他人後，婚姻不幸福，死於丈夫槍下。馬玎和特俐斯坦都曾為了餬口，當過女工。

6　參與歐文運動的民眾主要是上層的勞動階級為主（upper working class, 即所謂可敬的〔respectable〕工匠，勤勉、不嗜酒、負責地養活妻小），小部分是下層中產階級，富人為數極少。

革除婚姻家庭制度、廢除私有財產制

　　歐文主義的創始人羅伯·歐文認為，婦女受壓迫肇因於三個製造社會衝突與扭曲人性的制度：宗教、婚姻家庭以及私有財產制。宗教宣導人性不完美，創造無知迷信，鼓吹結黨分派。家庭是男性權力的來源，滋養自私的個人主義，教導眾人只愛家人；婚姻制度讓女人成為男人的財產，阻止眾人追求真愛。私有財產制導致財富成為社會權力的基礎，鼓吹眾人爭權奪利。資本主義推波助瀾，加深眾人自私競爭的習性，整體社會無法團結（Taylor, 1993:149-50）。另一位歐文主義理論家威廉·湯姆士對婦女受壓迫的分析已有幾分激進派女性主義的味道（Bryson, 1992:33）。湯姆士強調，男性個人的自私心理是婦女受壓迫的磐石。相對於女性屈從，男性自私、好主宰的性格，完全是在家庭與婚姻關係中養成的，男性再將這種習性帶入資本主義社會（36-8）。簡言之，歐文主義認為婦女受到壓迫源自舊社會結構（傳統宗教、資本主義、私有財產致、教會婚姻、家庭制度）導致人性的迷失、衝突、競爭及自私自利。婦女解放的到來不在於女性獲得與男性同等的權利，而是整個社會制度都需要革故鼎新，人的情感、性格與欲望都需要重新歸正[7]。

　　資本主義賦予私人財產一種神聖不可剝奪的權利，資本主義所依據的基本原理就是私有財產制。自由主義女性主義者如吳爾史東並不反對資本主義與私有財產，僅主張從法律、政治

與教育改革上爭取女性在婚姻與家庭上的平等權利。湯姆士則質疑這種策略的可行性，認為資本主義講究競爭，與兩性平等的境界是不相容的。在資本主義社會中，地位與權力主要來自個人的財富多寡，女性即使獲得法律與選舉權，在追求財富上仍無法與習於競爭的男性並駕齊驅（Taylor, 1993:55-6）。互助的共產社會提供兩性平等的基礎，廢除私有財產制，男性便無動機壓制女性，女性也不會因經濟需要屈從男性，以愛情為基礎的婚姻方有可能（17, 36-8）。

打破男女分工、情愛自由

中產階級「男主外、女主內」的兩性分工，是歐文主義者攻擊的另一項社會制度。歐文等人主張婦女應該從事生產工

7　歐文組織的刊物取名《新道德世界》（*The New Moral World*），稱當時的社會是「無德舊世界」（the old immoral world）。在許多信徒的心目中，歐文主義代表一種新宗教（Taylor, 1993:26）。歐文女性主義著作對後代影響最大的是《半數人類的哀懇》（*Appeal of One-Half of the Human Race*, 1825），這是湯姆士與薇勒經常交換意見的成果，駁斥自由主義思想家米爾（James Mill, John Staurt Mill 之父）。米爾反對婦女與勞工階級擁有投票權，堅持父親、丈夫與中產階級更適合替婦女與勞工行使這項神聖的權利。湯姆士駁之：「所有婦女，尤其是已婚婦女……求助無門，形同丈夫的奴隸，得不到相同的享樂機會，只能感受到痛苦和窮困，她們比任何一群人更需要政治權利。」（Taylor, 1993:23）

作，男性也須擔負家務勞動，幼兒則由社會集體照護（或至少有社會機構提供協助）。女性從事生產勞動，離開丈夫時不致於失去經濟依怙（Bryson, 1992:28）。

不過，烏托邦社會主義最引起大眾興趣的主張是倡導離婚自由、情欲自由、廢除婚姻。這種「驚世駭俗」的言論激起教會等社會勢力的強烈反彈，歐文與傅立葉等人不得不收斂對中產階級婚姻制度的攻擊，轉而低調處理性愛問題。歐文主義者的信念中，自由表達情欲是自由社會的基礎（Bryson, 1992:28）。男女之間真實的愛是一種至高的道德，是人類「通往世界樂園之鑰」，所以當情愛已然消失，以宗教之名將兩人拴在一起，導致通姦與娼妓的婚姻制度才是不道德的。歐文主義者甚至認為小孩若非愛之結晶，則其先天體質較劣（Taylor, 1993:44）。不同性別的歐文主義者對性愛態度仍有所不同，男性強調性愛的愉悅面，女性則擔憂懷孕與母職，對性愛自由抱持較保留態度。泰勒指出，歐文本人及許多追隨者其實都是忠實的一夫一妻者，鼓吹情愛結合靈與肉[8]，若將 "free love" 譯為「具有追求純粹感官快樂」，似乎不符歐文的主張。傅立葉與聖西門的法國門徒在性自由的主張與實踐上相對開放許多。

社會主義有關婚姻與離婚的論點，常被教會與其他反對勢力炒作成鼓吹男性雜交及拋棄妻子，而女性社會主義者則被貼上娼妓標籤（Taylor, 1993:183）。到了一八四〇年代，社會主義與「情欲自由」（free love, 意謂未婚或婚外性關係）

已被視為同義詞（Anderson & Zinsser, 1988:379）。現實中，男性社會主義者在實踐情欲自由上較有恃無恐，有些女性社會主義者享受情愛自由，有些人的性生活則非常傳統（381）。

實驗公社（共同村、結社）

在鄉村設立公社並不是烏托邦社會主義原有目標，在舊社會重建新社會才是社會主義的遠景。創立鄉村公社是因為堅持和平改造社會，從事新的生產方式，進行財富分配。經由生活環境改造個人，重建新人類關係模式。公社像一個大家庭，期望個人把對核心家庭的愛與責任擴展到每一個公社人員（Taylor, 1993:241-43）。

多數的歐文公社坐落在鄉村，經濟生產主要是農業與家庭製品，成員包括夫妻、單身者，數十人左右（然而，歐文的理想公社是一個容納二千人的相連大房子）。公社成員清晨六點起床，女性輪流負責煮飯，沒輪值的女性與男性一起去田野工作。早上八點用餐後，回到田野工作，直到晚餐。夜晚大夥唱歌、跳舞、上課。男女自由選擇伴侶，離婚與再婚相當

---

8 泰勒認為當初如果歐文不隨性愛自由論者（sex libertarians）起舞而過度強調性愛愉悅，也許不會逼走勞工階級女性。勞工階級女性畏於經濟資源匱乏與性愛可能帶來的懷孕，寧可選擇教會提倡的婚姻制度，換取丈夫提供經濟安全保障（Taylor, 1993:202-5, 213）。

簡易，只需遵循辦理程序。公社成員一起照顧小孩，極重視「小小社會主義者」的教育，教導其互助合作的重要性。

　　一八二〇年至一八四〇年間，英、法、美等國出現六十多個傅立葉與歐文公社，屹立最長的達六年，絕大部分在短時間內解散（Bryson, 1992:29）。以歐文公社為例，諸多原因造成公社實驗失敗。首先，公社的經濟一直有困難，生產過剩，缺乏市場。其次，領導者管理不善，社員間發生尖銳衝突。公社窮於應付生存，沒有精力進行真實的社會主義實驗。再者，家庭勞役集體化的結果是造成一團紊亂，製造大量苦差事，比起處理小家庭家務還要辛苦。性別平等實踐方面，領導幹部幾乎清一色是男性，女性仍負責家務，工時雖比男性長，工資卻僅有男性的一半（Taylor, 1993:238-61）。

　　這些公社在一八四〇年代紛紛解散，歐文運動也告沉寂。歐文運動的銷聲滅跡和當時社會大環境息息相關。西歐資本主義並未如預期般不穩定，福利措施與勞工法律減緩階級衝突，歐文運動遂逐漸失去勞工階級的支持。十九世紀自由主義女性主義者米爾曾說過，烏托邦社會主義將因其劃時代的兩性平等立論而流芳百世（Taylor, 1993:xiii）。歷史軌跡卻不是如此發展，馬克思社會主義執牛耳後，烏托邦社會主義中鮮明的女性主義思潮卻被後代遺忘了百年之久，直到西方第二波婦運興起，才再度獲得青睞。然而，對當代女性主義理論發展真正具有影響力的卻是馬克思和恩格斯。

馬克思主義女性主義

　　若干學者認為，馬克思對當代女性主義最大的貢獻在於歷史唯物論，指出與其他社會制度一樣，每個時代的家庭與兩性關係只是該歷史時期的產物（Bryson, 1992:68）。另有論者認為，馬克思思想體系中唯一具有現代意義的是異化概念（Donovan, 1992:68）。巴瑞特（Michèle Barrett, 1949- ）則指出「馬克思主義女性主義」的重要性在於女性主義者可以吸取馬克思對自由主義一針見血的批判，覺悟婦運奮鬥目標在追求女性及全人類之解放，絕非零碎的政治改革（Barrett, 1987:59-60）。更有女性主義者質疑婦女議題並非馬克思主義的核心，引用或修正馬克思理論如何可能符合女性主義利益，甚至呼籲，馬克思不是女性主義者，何必緊抱著他不放（Di Stefano, 1991；Johnson, 1990）？

馬克思理論對現代女性主義的影響

　　現代女性主義借重馬克思理論主要有：歷史唯物論（historical materialism）與其相關概念，如人性（human nature）、意識形態（ideology）、階級意識（class consciousness）、假意識（false consciousness）、異化（alienation）、實踐（praxis）與價值決定論。

歷史唯物論、人性

　　西方自古一直存在著唯心論（或譯為觀念論 idealism）與唯物論（materialism）之辯。唯心論將理念或意識視為是歷史變遷的唯一動力。馬克思受到十八世紀唯物論者赫爾巴哈（Baron d'Holbach, 1723-1789）及十九世紀唯物論者費爾巴哈（Ludwig Feuerbach, 1804-1872）的影響，認為人類受社會環境塑造，否認理念的優位或自主性（Sowell, 1985/1993:109, 345-46）。一八四五年至一八四六年間，於馬克思與恩格斯合寫的《德意志意識形態》（*Die deutsche Ideologie*）中，首次出現了較有系統的論述，馬克思根據辯證法及哲學唯物論，發展出其歷史理論，被後世稱為歷史唯物論。

　　歷史唯物論主張，每個歷史時期的生產方式構成特定的社會經濟結構，制約著當時的政治、社會與精神生活[9]。用馬克思的術語：物質因素（技術與經濟）是歷史的基本動力（base），政治、法律、道德、宗教與哲學等意識形態、理念與社會制度則是豎立在此基礎上的上層建築（super structure）。馬克思認為物質生產力發展到某一階段，生產關係將爆發不可避免的矛盾而導致社會革命。下層經濟基礎迭變之後，龐大的上層結構也遲早會發生變革（Marx, 1859/1983:159-60）。

　　自由主義認為人生而孤離，競爭與利我的動機出於天性。馬克思則認為人類先天具有社會性，若無自然界與他人，個人就無法表現出人性。而人之有別於禽獸，正在於眾人

能夠互助合作，與物質環境間進行創造性的交互作用。眾人有意識地從事體力活動，有目的地運用物質世界來滿足生活需要。當新的需要湧現，眾人便創造新的生產工具，製造新的產品，以滿足需要。換言之，歷史唯物論否認人性本質是永恆的與普遍的，主張人類的需求、興趣及能力皆是歷史社會的產物，隨著古代原始社會、封建主義社會、資本主義社會及社會主義社會的殊異生產方式而更迭、創新（Marx & Engels, 1945-46/1970:42-65）。

馬克思指出人類生產方式由簡入繁，社會分工益形細密，生存需要之外的剩餘物質於是產生。分工制度產生支配他人勞力、分配他人勞力所得的權力，也產生了所有制。在原始社會，人類只求滿足最根本的生活需求，也只發揮最低潛能。資本主義的巨大生產力雖提供眾人發揮潛能的機會，但以剝削為目的的生產關係卻使這種可能性無從實施。無產階級的貧窮，是現代工業生產組織所導致的人為剝削與壓榨的結果，而非資源匱乏所造成。資本主義社會鼓勵並酬賞個人間的無情競爭，追求個人利益，所以人人自私利我。資本家受到私有財產的奴役，工人則為了生存與消費而想賺取更多金錢，工

9　生產方式（mode of production）包括兩部分：(1) 生產關係（relationships of production）指涉每一種生產體系，都有其特定的生產組織方式，規範著人與人之間的社會關係，譬如地主與農奴，資產階級和勞工階級。(2) 生產力（forces of production）指涉原料、人力、工具、技術。生產關係與生產存在著辯證關係，彼此互相影響。

作的目的不是為了發揮人性潛能。馬克思因此斷言惟有廢除資本主義，工人重新掌握生產工具，個人方能自由發揮體力與智能，工作才具有社會意義，人性不再受扭曲而獲得解放（Marx & Engels, 1945-46/1970:42-57, 64-65, 91-94）。

　　雖然馬克思與恩格斯指出人類社會最早的分工制度就是家庭兩性分工（sexual division of labor），丈夫支配與剝削妻子勞動力，妻子如同丈夫之奴隸（Marx & Engels, 1945-46/1970:52-53），也指出家務勞動受到貶抑，但他們並未進一步分析家庭性別分工如何剝削女性，又如何造成人性的異化、限制與扭曲（詳見後文）。

　　當代社會主義女性主義學者如哈特曼（Hartmann, 1981）、潔格（Jaggar, 1983）、楊（Young, 1986）、哈特沙克（Hartsock, 1987）等人抨擊馬克思歷史唯物論失之偏頗，重視一向由男性控制的公領域生產活動（production）與生產關係，卻輕忽私領域中的兩性關係與再生產活動（reproduction, 如家務、育幼、性與情感支持等）。她們提出所謂的「女性主義歷史唯物論」（feminist historical materialism），分析生產、再生產活動的辯證關係，剖析父權與資本主義體制共謀共生的物質基礎，在階級剝削外，還有家庭分工制度賦予男性權力，控制與剝削女性再生產勞動力。女性提供男性家務、育兒、性、情感支柱等勞力服務，也參與生產經濟活動，卻沒有享有經濟、政治、教育等相同資源。此外，社會主義女性主義借用馬克思「人的社會存在決定了他的意識，而非意識決定了

他的存在」的立論（Marx, 1859/1983:160），主張經濟物質生活深深制約了女性的心理與思想，而性別分工制度與公私領域之劃分，造成性別不平等的經濟處境。因此對於自由派女性主義所強調，心志精神領域是婦女受壓迫主因的論點提出抨擊。

階級、階級意識和假意識

　　階級、階級意識、假意識是馬克思解釋社會現象的重要概念。馬克思在《共產黨宣言》中宣稱，資本主義社會將逐漸分裂成敵對的兩個階級：資產階級（或稱中產階級）與無產階級。其階級概念有三個面向：第一，從人與生產資源的關係來界定階級：資產階級擁有生產工具，無產階級缺乏生產資源，僅能出賣勞力維生[10]。第二，勞資階級的社會關係建立在資方對勞方的經濟剝削。第三，勞工階級與資產階級存在敵對的階級意識。勞工的經濟處境與資產階級有著天壤之別，在物質利益、生活方式與文化嗜好上皆壁壘分明，這種「真實的」階級意識將喚醒勞工們從自身利益看世界，產生同為一體，團結起來抗爭資產階級（張德勝，1986:266-67）。

　　相對於階級意識，假意識（false consciousness）形容工人在強勢的意識形態影響下，以致無法產生真實的階級意識。馬

10　馬克思並沒有預見資本主義的發展將創造大量的管理、技術、專業、服務人員等今日的新中產階級。新中產階級與勞工階級同樣沒有生產工具，但擁有專業知識、技能，在生產過程中與勞工階級占有不同的分工位置。

克思認為社會中主要的或強勢的意識形態都是支配階級藉以捍衛利益的工具。「執掌物質生產工具的階級，同時也控制了精神性的生產工具。因此一般說來，那些缺乏精神性生產工具的人其所持的理念也是附屬於支配階級的」（Marx, 1945-46/1970:64，引自 Giddens, 1971/1994:82）。舉例來說，為鞏固自身利益，防堵工人萌生階級意識，資產階級散播自由主義的平等、自由與社會福利等觀念。工人受到迷惑，將不平等現況看成是自然的、不可避免的。

馬克思階級理論只強調勞資生產關係，無視男女勞工的利益衝突問題，也沒有處理家庭主婦的階級位置，更不論女性就業與否，依據父親或丈夫的階級來決定女性的階級位置。即使有這些缺點，女性主義者仍大量採用馬克思的階級概念，例如以「女性階級」（sex class）一詞（Firestone, 1970），分析男女之間的剝削與支配關係，呼籲女性擺脫認同父權體制的虛假意識，發展我群受到壓迫的真實意識（Donovan, 1992:67-8）。

異化

黑格爾是第一位探討異化問題的近代哲學家。在馬克思早期作品中，一八四四年的《經濟與哲學手稿》，有對於異化觀念最清楚的論述。異化的簡單定義是：當一個人對於原本親密關聯的自我、他人、自然、事物、工作、生命活動都感到疏離，就是退回到禽獸似的生存狀態，生命也失去了意義。馬克思討論資本主義之下勞工異化處境包括了四個面向：工人與

生產活動異化、工人與自己製造的產品異化、工人與一起從事生產工作的同事異化、工人與自己的人類潛能異化（Ritzer, 1989:136-42）。

馬克思主張，資本主義機械化生產模式將工作零碎化，工人被非人化，從一個富有創造力的自由主體淪為缺乏生命的客體，就如機器、物質、建築物，都是提供資本家製造商品以獲利的材料，有如動物似施展體力，無法發揮潛能。工人被剝奪了參與生產過程的滿足感，對於產品的設計或用途全無置喙的權力，與生產的商品既無關係，對於工作也失去興趣與動力。馬克思說：「肉體的強制或其他的強制一旦停止，眾人就會像逃避鼠疫那樣逃避勞動。」（Giddens, 1971/1994:38）這種疏離感使工人失去活力。工作原是個人發展潛能之源，然而在資本主義社會下，工作反而成為剝奪人性的劊子手。馬克思認為，資本主義宛若是極端拜物的新宗教，人則沉溺其中。經濟環境則造就了階級性格，勞工發展知性受阻，資本家則貪婪、虛偽、麻木不仁。馬克思相信，改變這種人類異化困境，惟有摧毀資本主義，公共化生產資源，廢除分工制度，個人就不再拘囿特定工作活動而喪失發展潛能的機會（Marx, 1844/1983:131-146；1867/1983:444-47；1945-46/1970:52-57）。

當代社會主義女性主義者引用異化概念，探討再生產活動中女性處境，出現兩種相互牴觸的觀點。馬克思認為，只要不是自願的分工……人的活動就成為與自己敵對的力量，奴役自己，己身不能駕馭（Marx, 1845-46/1983:177，省略處為筆

者標明）。援此，潔格（Alison Jaggar, 1942- ）認為強制性的兩性分工制度使得女人與家務勞動、女人與身體、女人與男性間的親密關係一概處於異化的狀態。女人做這些工作滿足他人需要，這種別無選擇的工作就是異化的勞動（Jaggar, 1983:78-9）。哈特沙克（Nancy Hartsock, 1943-2015）卻認為，女性的家務勞動具有使用價值，養育小孩洋溢著愛、關懷，所以再生產活動讓女性具有主體性與個體性，更能達到身心合一（也就是非異化）的境界（Hartsock, 1987:237）。

勞動價值論

馬克思在資本論中區分三種經濟價值：使用價值（use value）、交換價值（exchange value）與剩餘價值（surplus value）。如前文提到，馬克思認為人類為生存與大自然互動，須與其他人互助合作生產所需物品。在原始共產社會，物品製造僅提供自己和周遭的人直接使用，沒有商品價值，僅具有「使用價值」。使用價值是主觀的，效用因人因地而異，是以質（quality）而論。物品如果不是為了滿足自己或周遭人的需要而製造，而是為了在市場上作為金錢交換，具有的是「交換價值」。這些具有交換價值的商品被剝奪了屬於個人獨特的使用價值，其價值的差異在於量（quantity）而非質。「使用價值」與「交換價值」的另一項差異是：具有使用價值的物品是眾人在非異化的狀態下製造的，工廠商品則是處於異化情境的勞工所生產的（Donovan, 1992:72；Marx, 1867/1983:437-444）。

馬克思的勞動價值（labor-value）理論，認為工人的勞動力（labor power）創造出超過其勞動力本身的價值，這中間的超額價值就是「剩餘價值」（surplus value）。例如，資本家要求工人工作十小時，但僅支付六小時價值的工資（即製造商品所需的本錢而已），侵占未支付四小時勞動力工資所產生的剩餘價值及連帶利潤。馬克思稱必要勞動與剩餘勞動之比率為「剩餘價值率」或「剝削率」（Giddens, 1971/1994:96）。

　　針對馬克思的勞動價值理論，女性主義者在一九七〇年代曾一度爭辯馬克思與恩格斯所忽略的問題，如婦女家務勞動與資本主義之關係、家庭主婦階級定位、再生產活動具有「使用價值」之外是否也產生「剩餘價值」等議題（詳見本書第六章）。

實踐

　　當代女性主義也深受馬克思主義認識論（epistemology）及強調實踐概念（praxis）的影響。馬克思認為，十九世紀中葉的德國社會仍很落後，抽象的批判政治無益於改變現狀，惟有結合理論與實踐才能解決問題（Giddens, 1971/1994:31）。「實踐」意指人有意識地從事特定活動來改變世界，譬如革命行動，這是馬克思唯物論哲學不同於其他德國唯物論者的創新之處。馬克思主張認識世界與改變世界乃一體兩面，行動者從認識環境、改變環境的過程中持續自我革新。一個理念是否具有客觀的真理性，不是理論層次的問題，惟有在實踐中得

知：「人應該在實踐中證明思維的真理性，亦即思維的現實性及力量。」（馬克思，1845/1994:76）

馬克思主義將認識論運用到實際革命運動上，鼓吹勞工自覺遭到壓迫，產生階級意識。自覺喚醒（consciousness-raising）正是一九六〇年代美國婦運剛興起時常用的運動策略。女性組成小團體，檢視個人經驗與結構壓迫間的關係，提高女性意識。女性主義者也致力發展女性文化，例如重新詮釋工作的意義與目的、設立防治強暴中心、創立集體公司、改變個人兩性關係等等（Donovan, 1992:88），這些都是婦運的和平革命手段，與自由主義派婦運從事的法律抗爭相輔相成（Hartsock, 1987:157）。

女性主義者也師法馬克思主義的認識論與本體論，發展女性主義立場（feminist standpoint）的婦女研究與婦女解放之方法論。例如，史密斯（Dorothy Smith, 1926-）指陳，傳統社會學理論係以男性經驗為基石，所以發掘女性經驗，作為研究社會與發現社會問題的本體論，乃是女性主義社會學者的當務之急（Smith, 1987）。哈特沙克則主張，性別分工制度導致男女殊異的認識論與本體論，男性因從中獲利而看不清楚，惟有女性能洞察性別社會關係的真相。她呼籲婦運看重女性再生產活動，從女性的特殊經驗，樹立人類解放的女性主義視野。她批評馬克思所勾劃解放人類的共產社會乃是一項錯誤，因其完全根基於男性勞工經驗，但男性勞工與再生產活動疏離，追求抽象男性特質（abstract masculinity），攻擊自然，你爭我奪，

無法體驗「非異化」的人性。從事家務、撫育小孩，女性從這些具有使用價值的工作中，感受到身心結合、與自然永續相處，產生注重人我關係及尊重生命的意識。這種女性主義唯物觀才是瓦解父權意識形態的基石，人類有可能首次建立沒有分隔與對立的社會（Hartsock, 1985:231-247；1987:175-76）。

恩克斯的《家庭、私有財產與國家的起源》

《家庭、私有財產與國家的起源》（*The Origin of the Family, Private Property, and the State*）於 1884 年出版。恩格斯以馬克思的歷史唯物論與經濟理論為基礎，配合大量原始部落的人類學資料，尤其是摩根所著的《古代社會》（*Ancient Society*），寫成本書立論。恩格斯強調歷代女性的婚姻家庭地位與社會政治權利總是受到經濟地位制約，而經濟地位則受到生產方式的影響。

恩格斯認為，氏族共有財產是原始共產社會兩性與階級平等的基礎，生活與生命領域不在家庭而在群體，物品大家共有，小孩屬於群體。社會組織以母系家族為中心，男主獵事，女主家務與採集。兩性分工但享有平權。私有財產制改變了兩性的社會、經濟、政治、家庭、婚姻及性關係。生產資源的開發是這一切的轉變的主因。

人類第一次生產力躍進是家畜馴養，隨後發展出紡織、農耕、藝術等技術，生產力逐漸超出基本生存需要，剩餘價值產

生，牛群變成商品，用來交換其他財貨，私有財產制於焉誕生[11]。根據當時的兩性分工原則，男子接管牛群（商品）與奴隸（勞動力）。交換用商品隨著生產力擴大而益增，其重要性凌駕女性負責生產之家用物品。男性掌有財富，家中地位超越女性，冀望財產由子女繼承，不願傳給甥輩[12]，家庭制度遂從母系轉變成父系。這項轉折如何發生，恩格斯表示這是一個歷史謎團，惟可確定，「喪失母權是歷史上女性的一大挫敗」（Engels, 1884/1972:120）。

女性喪失母權後，婚姻制度從群婚、對偶婚姻（paring marriage）[13] 發展到一夫一妻制或一夫多妻妾制。一夫一妻（或多妻）的父權家長制（patriarchal family）（如聖經中的閃族、古羅馬人）是人類社會首次出現由男性獨占優勢的家庭制度，男性掌控家庭後，將家庭與氏族隔離，把氏族共享財貨劃歸為個人私人財產，成為女性最大的致命傷。一夫一妻家庭取代氏族成為社會主要經濟生產單位，原屬公眾事務的家務管理喪失了公眾性（public character），成為妻子提供丈夫的個人服務。兩性分工不再具互惠性，丈夫支配妻子勞力（37），女性與孩童就如那些具剩餘價值的農牧產品，成為男性的私有財產。

確保父系子嗣血統純正，是一夫一妻制的另一個功能，女性身體變得具有交換價值，供男性性欲與生產繼承人之用。對女人而言，生育意義由往昔為群體生養新成員，轉為替特定男性孕育繼承人（Sacks, 1975:217）。女性的性自由也被剝奪，

所謂「一夫一妻」，夫妻間獨占性關係其實只針對女性，已婚女性若想重享群婚時代的性自由將遭到嚴厲懲罰。

十九世紀資本主義社會，家庭與生產領域不再合一，家庭不再是社會主要經濟生產單位，核心家庭成為主要家庭型態，男性出外工作，繼續在家中占有優勢。女性被排除在經濟生產活動之外，必須依賴丈夫，地位益形低落。「毋須有明文法律特權，兩性分工制度足以讓丈夫在家裡成為資產階級，妻子則淪為無產階級。」（137）

十九世紀中產階級堅信婚姻需以浪漫愛為基石。恩格斯指出這項信念虛妄多於事實。當時女性沒有法律繼承權，經濟無法獨立，擇偶動機仍多考量經濟實利，與愛無干。恩格斯有句名言：「妻子與妓女本質上沒有兩樣，差別僅在對象數目；娼妓零售出租，妻子一次賣斷。」（122, 128, 138）馬克思在

11　恩格斯所謂「私有財產」，在前資本主義社會，指具有生產潛力的家畜及農地，不包括人人擁有的鋤頭等工具。何以在生產力轉躍時刻，是男性而非女性得利？恩格斯解釋，在原始社會兩性分工的原則下，主家務的女性擁有屋內物品，負責獵取食物的男性擁有打獵工具。按照分工習俗，男性接管了牛群與奴隸。學者質疑恩格斯的邏輯不對，如果女性是原始社會的家長，新的生產工具理該歸由女性掌握（Jaggar, 1983:72）。

12　恩格斯似乎認定原始社會從母系轉為父系是自然發生的，推測男性擁有財富後，心理產生變化，在乎起自己的子嗣。

13　蠻族攻陷西羅馬時仍盛行對偶婚姻制度。對偶婚姻的性關係相當鬆散，但不貞妻子仍受較嚴厲的處罰。男女皆可提出離婚，也可再婚，離婚後，孩子歸母親撫養（Engels, 1884/1972:102-12, 132）。

特俐斯坦
Flora Tristan
1803-1844

《共產黨宣言》中，形容資本主義社會下的女性處境猶如娼妓，中產階級女性屬於某特定中產階級男性的「私娼」，而無產階級女性則是所有中產階級男性共享的「公娼」（Marx, 1848/1988:72）。不過，馬克思顯然特意忽視一個事實，勞工階級也是嫖客。

在恩格斯眼中，勞工階級女性進入工廠，賺取薪資，經濟獨立，擇偶能以感情為本，也不怕離婚，丈夫即消失其優越性。恩格斯雖然觀察到勞工家庭中的暴力問題，仍將其歸咎於一夫一妻制傳統陋習（135），而不認為勞工階級存在性別壓迫。但這種論述迥異於聖西門女信徒特俐斯坦（Flora Tristan, 1803-1844）的經驗與認知。特俐斯坦有句名言：「婦女是普

柯崙泰
Alexandra Kollontai
1872-1952

查特卿
Clara Zetkin
1857-1933

倍倍爾
August Bebel
1840-1913

羅中的普羅」，「被壓迫最慘的男性也能壓迫另一個人類——他的妻子」（Anderson and Zinsser, 1988:378）。

　　恩格斯主張，男性擁有私有財產、女性被排除在經濟制度外，這是一夫一妻制度最大問題，因此婦女解放之道，不是廢除一夫一妻家庭制，而是摧毀私有財產制與兩性分工。恩格斯提出幾項具體解決策略：一，讓女性參與公共生產行業；二，讓育幼成為國家之事；三，公有化生產資源、取消生產工具私有制度。恩格斯強調，這些策略是建立自由平等的婚姻家庭制度所需的物質基礎。女性惟有擁有基本經濟保障，就不須為了經濟生存而結婚，婚後也毋須容忍丈夫暴力。也惟有愛情成為一夫一妻婚姻的唯一基石，娼妓制度方可能消失（137-139）。

　　早期自由主義女性主義視女性為受到男性壓迫的單一群體，倡言應廢除男性政治與法律特權。恩格斯之後的傳統馬克思女性主義者，如柯崙泰（Alexandra Kollontai, 1872-1952）、倍倍爾（August Bebel, 1840-1913）和查特卿（Clara Zetkin, 1857-1933）皆駁斥這是資產階級女權者製造的虛假意識，她們既看不清自身處於奴隸狀態，更不知勞工階級女性的生活疾苦。俄國的柯崙泰批評，中產階級女權運動強調女權與階級壓迫無關，所以始終與政治運動分離（柯崙泰，1920s/1994:101-2）。德國馬克思女性主義者倍倍爾和查特卿皆主張階級解放優先於性別解放，與其浪費精力攻擊男性，當務之急是促使中產階級女性明瞭她們的命運與勞工休戚與共（Bryson, 1992:123-4）。

女性主義者評論恩格斯與馬克思

現代女性主義者對《家庭起源》一書展開諸多批評，如以偏概全、資料錯誤、邏輯不通、無法證實母權社會存在、歷史演化論弊病等問題。理論方面的批評主要有兩部分：第一，馬克思與恩格斯認定男性的生產活動是人類唯一經濟生產活動，顯然對女性再生產勞動深具偏見，也不認為男性應共同擔負再生產工作。第二，婦女受壓迫被簡化為階級經濟剝削，否認純然的性別壓迫，忽略父權結構對個人心理機制的影響。

男性中心的歷史唯物論：漠視再生產活動與兩性分工之生物決定論

恩格斯於第一版《家庭起源》序言指出，生產人類本身的再生產活動，以及製造食衣住行與生產工具的生產活動，都是改變人類歷史的動力（Engels, 1884/1972:72）。然而，誠如潔格指出（Jaggar, 1983），論及歷史唯物論與經濟勞動，馬克思與恩格斯並不認為再生產勞動算得上是經濟生產，重要性遠低於商品生產活動。雖然恩格斯同情再生產活動遭到貶抑，歷史唯物論卻完全忽略再生產活動，並以生物決定論解釋，兩性分工乃因生理差異而自然形成（Marx, 1845-46/1983:176），因而錯誤詮釋了性別壓迫與女性人性本質。據人類學資料顯示，男女在農業社會並肩耕作，女性也參與生產活動，男性的體力或女性的生育力並非決定兩性分工的主因

（Sydie, 1987:99-100）。

再生產活動可以細分為：一、燒煮食物、清潔住屋、提供情感與性生活，更新勞工的人力；二、繁育小孩，包括生育、撫養、社會化小孩、生產新勞工。歷史上女性雖一直擔任前者大部分與後者全部的工作，再生產活動的儀式與規範仍因時因地而有所不同。《家庭起源》一書欲證明生產方式與生產關係如何影響女性性關係與生育社會規範，卻未解釋兩性分工制度（亦即，女性屈從於男性的物質基礎）之形成過程，反而認為兩性分工乃是由生物性所決定，不會因不同生產模式而改變，故不值得作政治分析（Jaggar, 74-75）。潔格進一步指出，馬克思認為人性本質的形塑──人的需要、能力與興趣──是透過生產勞動實踐產生變化。勞動主要是指與男性相關的工作，亦即物品的生產與交換。女性再生產活動不被認為是商品生產，不被看成是勞動或社會生產力的一部分。猶有甚者，再生產勞動被當作是生物性過程，就像動物的本能活動，不算完整的人的「實踐」。簡言之，女性被排除於歷史唯物論的辯證關係外，也不被視為具有完整的人性。潔格的結論是，馬克思以成年男性為中心，論述有關人類本性之潛能與本質（Jaggar, 79）。

馬克思理論不重視再生產勞動，沒有提出兩性分工的歷史解釋，也不處理女性人性本質問題，因而無法掌握女性受壓迫的廣度與深度，遑論提出一套解放女性的遠景與策略。潔格主張，有必要分析人類再生產活動的歷史過程，以及研究再生產

活動的生物性及社會組織之間的辯證，才能洞察兩性分工不可避免的生物性部分，以及有多大的改變可能性（Jaggar, 76）。

性別盲的經濟決定論：忽略意識形態與純性別壓迫

恩格斯與馬克思理論主張階級是社會分化的唯一根源，對立的社會關係也只有出現在生產、分配及控制剩餘價值的生產活動中，以階級關係與資本主義解釋性別壓迫，因此無法解釋當代女性進入生產領域後，性別分工問題懸宕，家務照護與職業工作的雙重負擔為何仍落在女性身上。就業市場中女性在薪資、升遷及工作機會受到歧視，在恩格斯理論中也無法找到有力的解釋。

其次，在馬克思與恩格斯理論中，人只以階級關係存在著，不是具有性別意識的女與男，所以對於婚姻暴力、性暴力、娼妓問題等「純性別」壓迫問題淡化處理或視而不見，暗示婚姻暴力、娼妓制度等都將隨著女性也從事生產勞動而自動消失。然而今日女性即使獲得經濟自主，性物化女性與男性對女性的暴力並未有所減緩。潔格指出，馬克思理論須解釋純性別壓迫的物質基礎為何，以及何以女性進入生產領域後這個現象依然嚴重（Jaggar, 222）。

總之，恩格斯以經濟決定論解釋性別壓迫成因，忽略父權意識形態自主運作的力量，缺乏社會結構制約個人心理的分析，所以無法解釋在前資本主義、資本主義或後資本主義社會中，性別壓迫為何同樣存在。

恩格斯策略失敗的驗證：前蘇聯與中國

馬克思曾預言，資本主義發達國家將爆發革命成為共產社會，鄙視當時帝俄仍處於農民社會，未料俄國卻成為共產黨掌權國家的首例。前文提到的柯崙泰，她是蘇聯、也是世界第一位女部長（社會福利部），上任後指陳，舊有父權意識形態不會在共產制度帶來新經濟社會而立即消失，仍須致力改善家庭與性關係中的女性處境，積極推動由下而起的兩性平等思想。當時蘇聯共產黨正進行政治整肅，疑懼柯崙泰的政策，一年後她即遭撤換。八年後，史達林取消社會福利部，宣稱婦女問題已獲得解決（Bryson, 1992:131-44）。

中國女性主義學者李小江嚴厲批判共產黨所主導的婦運。她主張二十世紀中國女性解放運動從來就不是女性自己的事，而是「父性的女性主義」。五四運動時期，崇尚自由主義的男性，提倡西方女權思想，主要反對封建主義禁止婚姻自主，有利解放自己；接受共產思想的男性則主張，民族革命足以涵蓋女性解放的目標。一九四九年後，中國共產黨抨擊西方女權思想是資產階級玩意，透過國家政策動員婦女為其所用。李小江認為，共產黨統治下的中國女性雖獲得形式上的法律平等，經濟上也能獨立，但她們從未經過自發性女權運動洗禮，並沒有產生「理性自省」的覺醒意識，因而「難以成為精神上自主自立的真正主體」（李小江, 1995:9）。

美國人類學者鄔爾芙（Margery Wolf, 1933-2017）在《暫緩革命》（*Revolution Postponed*）一書提出類似於李小江的觀點。她批評中共高喊「婦女撐起半邊天」只是口號，改善婦女生活、讓婦女加入生產行列、打破性別分工的政策，只要碰到經濟衰退或農民反對就轉彎。一九五〇年代新婚姻法遭到農民（尤其是婆婆）頑強抵抗。一九六〇年代文革時期，高喊女性須超越狹隘的家庭角色與責任，擔負更多的社會與政治責任。到了一九八〇年代，鄧小平實施經濟的改革則強調，國家經濟現代化需要婦女暫置本身權利，放棄工作，回家照顧小孩。鄔爾芙的結論是，當初若由男女共同或女性主導共黨革命，共產黨高層就不會陷入不自覺的沙文主義，任意操縱中國女性，一再暫緩共產主義解放婦女革命理想（Wolf, 1985:17, 25）。

簡言之，前蘇聯與中國共產黨曾一度採取恩格斯處理婦女問題的藍圖：國有化生產工具、分配婦女進入生產工業，以及國家提供育幼措施。但恩格斯的預言沒有實現，階級解放不等同婦女解放，這些婦女政策無法改造父權文化，父權意識形態牢牢網住共產黨員與社會大眾，一旦國家取消形式上的男女平等政策，女性立即失去由國家提供的平等物質基礎，再度陷入資本主義社會不利女性的生活處境，譬如中共以嚴刑峻法壓制販賣婦女、性交易、色情產業，這些問題在實行資本主義經濟後卻又興盛起來（阮新邦、羅佩、霖賀玉英，1998）。

結語

　　自由派女權運動與馬克思解放女性運動是第一波西方婦運兩大思潮，曾在日治時期的臺灣知識精英圈引起回響。兩派思潮與婚姻、經濟、教育與參政等女權議題文章出現在當時號稱唯一民間喉舌的臺灣民報。楊翠（1993）指出，在當時論者雖仍將婦女解放與殖民解放、階級解放共列為三大解放運動，實際上婦女解放依附於後兩者，缺乏主體性，重要性瞠乎其後。參與運動的女性很少自組婦女團體，大多投身其他運動。論者咸認女性必須加入統一陣線，以加速民族與階級解放。可見當時台灣左派可能依隨恩格斯的思維模式，認定社會解放後，婦女自然得到解放，但在革命大業成功前，婦女唯一的角色，是需要被動員的革命人力。

　　國民黨政權嚴密管制馬克思書籍長達三十多年，馬克思主義表面上似乎在臺灣學術圈中消蹤滅跡，倡導男女平權的女性主義思想也只有呂秀蓮的拓荒者出版社與李元貞等人組成的婦女新知雜誌。一九八七年解嚴後，倡議性與服務性的婦女團體紛紛成立，偏重修法，陸續制訂家庭暴力防治法、性犯罪防治法、性騷擾防治法、民法親屬編修正、兩性工作平等法、性別平等教育法、兒童及少年性交易防制條例等等。一九九〇年代後期，始見劉毓秀等人創立彭婉如基金會，推動北歐社會主義女性主義，呼籲國家推行全體女性就業與托育長照公共化政策，打破公私領域性別分工制度。二十一世紀臺灣社會因急速

老化，婦女生育率屢創新低，女性就業率並未因此提升，失能老人人數又不斷遽增，女性的家庭照顧責任已嚴重影響到性別平等，因此實行北歐社會女性主義政策，已成為部分臺灣婦運者的共識。

本章詳細討論十九世紀烏托邦社會主義與馬克思女性主義的異同。兩派皆強調公有化生產工具、育幼集體化、以及婦女參與生產行列，是女性解放的必要社會經濟條件。但兩派對於女性受壓迫的根源與解決之道的立論卻大相逕庭。

烏托邦女性主義者強調，婚姻家庭是造成兩性對立與人性扭曲的最主要社會制度。男性在婚姻家庭關係中養成支配妻兒的習性，將這種支配性格帶入公領域，更加重資本主義社會崇尚競爭與剝削的本質。所以婦女解放的關鍵不僅只在取得與男性同等的權力，更在改變所有社會制度，將人類受到扭曲的情感、性格、欲望重新歸正。恩格斯與馬克思則主張女性屈從起源於資本主義，卻漠視男性支配他人的個人欲望，及造成性別支配關係的社會組織與父權意識。馬克思與恩格斯雖也強調人性解放，但只看到階級不平等及男性勞工受到剝削的異化處境，並沒有意識到性別不平等也是一種社會關係的剝削與人性異化的狀態。

無論是烏托邦主義或馬克思主義都拋給女性主義者一項基本命題：婦運目標只是要爭取女權，或者也要改造經濟、政治及其他社會制度，進行階級與種族革命（Barrett, 1987:60）？北歐女性主義強調女性充分就業，實施托育與長照公共化，也

鼓勵男女平均分擔家中再生產工作，北歐國家是當今全球最為平等國家。這證明烏托邦與馬克思主義給女性主義的重要遺產：公共化再生產工作，促進女性就業，消除性別分工是婦女解放的先決條件！

參考資料

水田珠枝，梁祥美摘譯（1991），〈芙羅拉・特利斯坦簡介〉，《女性人 5》，台北：女性人研究室，頁 161-170。

李小江（1994），〈序文〉，李小江、朱紅、董秀玉主編《性別與中國》，北京：生活、讀書、新知三聯書店，頁 1-8。

（1995），〈婦女研究在中國大陸的發展及前景〉，張妙清、葉漢明、郭佩蘭合編，《性別學與婦女研究 —— 華人社會的探索》，台灣：稻鄉，頁 1-20。

阮新邦、羅佩、霖賀玉英（1998），《婚姻、性別與性：一個當代中國農村的考察》，新加坡：，八方文化企業公司。

楊翠（1993），《日據時期台灣婦女解放運動：以台灣民報為分析場域》，台北：時報文化。

張德勝（1986），《社會原理》，台北：巨流，頁 269-321。

黃瑞祺（1994），《馬克思論方法》，台北：巨流。

Anderson, B. & Zinsser, J. 1988. *A History of Their Own (Volume II)*. New York：Harpar & Row.

Barrett, M. 1987. "Marxist-Feminism and the Work of Karl Marx." In *Feminism and Equality*, ed. A. Phillips, 44-61. Oxford, UK：Basil Blackwell.

Bender, F. 1988. "Historical and Theoretical Backgrounds of the Communist Manifesto." In *The Communist Manifesto*, ed. F. Bender, 1-39. New York：W.W. Norton.

Bryson, V. 1992. *Feminist Political Theory: An Introduction*. New York：Paragon House.

Carver, T. 1991. "Reading Marx：Life and Works." In *The Cambridge Companion to Marx*, ed. T. Carver, 1-22. Cambridge University Press.

Clough, P. 1994. *Feminist Thought：Desire, Power, and Academic Discourse*. Oxford,UK：Blackwell.

Coontz, S. & Henderson, P. 1986. *Women's Work, Men's Property：The Origins of Gender and Class*. London：Verso.

Crick, B. 1987. *Socialism*. Milton Keynes, England：Open University Press.

Di Stefano, C. 1991. "Masculine Marx." In *Feminist Interpretations and Political Theory*, eds, M. Shanley & C. Pateman, 146-163. Cambridge, UK：Polity.

Donovan, J. 1992. *Feminist Theory: The Intellectual Traditions of American Feminism* New York：Continuum.

Engels, F. 1884/1972. *The Origin of the Family, Private Property and the State*. New York：International Publishers.
1888/1988, "Preface to the English Edition of 1888, Manifesto of the Communist Party." In *The Communist Manifesto*, ed, F. Bender, 43-53. New York：W.W. Norton.

Ferree, M. & Hess, B. 1985. *Controversy and Coalition: The New Feminist Movement*. Boston：Twayne.

Firestone, S. 1970. *The Dialectic of Sex*. New York：Jonatha Cape.

Giddens, A. 1971. *Capitalism and Modern Social Theory*. 簡惠美譯
（1994），《資本主義與現代社會理論：馬克思、涂爾幹、韋
伯》，台北：遠流。

Hartmann, H. 1981 "The Unhappy Marriage of Marxism and
Feminism：Toward a More Progressive Union." In *Women and
Revolution: A Discussion of the Unhappy Marriage of Marxism and
Feminism*, ed, L. Sargent, 1-41. Boston, MA：South End Press.

Hartsock, N. 1987. "The Feminist Standpoint：Developing the Ground
for a Specifically Feminist Historical Materialism." In *Feminist
Methodology*, ed, S. Harding, 157-180. Bloomington IN：Indiana
University Press.

1985. *Money, Sex and Power*. Boston：Northeastern University
Press.

Jaggar, A. 1983. *Feminist Politics and Human Nature*. Totowa, NJ：
Rowman & Allanheld.

Johnson, L. 1990. "Socialist Feminism." In *Feminist Knowledge:
Critique and Construc*t, ed, S. Gunew, 304-331. London：
Routledge.

柯崙泰（Kollontai, Alexandra），1920s/1994，《新婦女論》，香
港：新苗叢書譯本。

Leacock, E. 1972. "Introduction." In *The Origin of the Family, Private
Property and the State*, ed, E. Leacock, 7-67. New York：
International Publishers.

Marx, Karl 1844 Economic-Philosophical Manuscripts of 1844, 131-
152.

1859. A Contribution to the Critique of Political Economy, 158-161.

1867. Capital, Volume I, 432-503. (In 1983 *The Portable Karl Marx*, ed, E. Kamenka. New York：Penguin Books.)

1845.〈關於費爾巴哈〉，頁 75-78；

1859.〈政治經濟學批判序言〉，頁 155-60。（收入馬克思、恩格斯，《馬克思恩格斯全集》。黃瑞祺編著（1994），《馬克思論方法》，台北：巨流。）

1888. Manifesto of the Communist Party (In 1988 *The Communist Manifesto*, ed, F. Bender, New York：W.W. Norton.)

Marx, Karl & Frederick Engels 1845-46/1970. *The German Ideology*, ed, C.J. Arthur. London：Lawrence & Wishart 1970.

Moses, C. & Rabine, L. 1993. *Feminism, Socialism, and French Romanticism*. Bloomington, IN：Indiana University Press.

Ritzer, G. 1989. *Sociological Theory.* 馬康莊、陳信木譯（1998），《社會學理論》，台北：巨流。

Rowbotham, S. 1992. *Women in Movement: Feminism and Social Action.* London：Routledge.

Sacks, K. 1975. "Engels Revisited：Women, the Organization of Production, and Private Property." In *Toward an Anthropology of Women*, ed, R. Reiter, 211-324. New York：Monthly Review.

Smith, D. 1987. "Women's Perspective as a Radical Critique of Sociology." In *Feminist Methodology*, ed, S. Harding, 84-96. Bloomington, IN：Indiana University Press.

Sowell, T. 1985. *Marxism: Philosophy and Economics.* 蔡伸章譯（1993），《馬克思學說導論 —— 哲學與經濟學》，台北：巨流。

Stromberg, R. *An Intellectual History of Modern Europe.* 蔡伸章譯
（1993），《近代西方思想史》，台北：桂冠。

Sydie, R.A. 1987. *Natural Women Cultured Men: A Feminist Perspective on Sociological Theory.* Buckingham, UK：Open University Press.

Taylor, B. 1993. *Eve and the New Jerusalem: Socialism and Feminism in the Nineteenth Century.* Cambridge, MA：Harvard University Press.

Tristan, F. 1838/1993. "Peregrinations of a Pariah." In *Feminism, Socialism, and French Romanticism*, eds, C. Moses & L. Rabine, 204-217. Bloomington, IN：Indiana University Press.

Tong, R. 1989. *Feminist Thought: A Comprehensive Introduction.* Boulder, CO：Westview.

Wolf, M. 1985. *Revolution Postponed: Women in Contemporary China.* Stanford, CA：Stanford University.

Young, I. 1980. "Socialist Feminism and the Limits of Dual Systems Theory." In *Socialist Review* 10(2-3)：169-188.

第三章

拒絕做第二性的女人

——存在主義女性主義

鄭至慧

西蒙・波娃（Simone de Beauvoir, 1908-1986）的《第二性》（*Le Deuxième Sexe*），是存在主義女性主義的代表作。這部巨著於一九四九年在法國出版，全面探討自古以來女人在男性掌控的世界中淪為他者的處境，也就是第二性，挑戰所有本質論的女性主義與反女性主義（antifeminism），提出「女人不是生成的，而是形成的」（One is not born, but rather becomes, a woman.）（de Beauvoir, 1947:301），主張沒有永恆固定的女性氣質或女人的宿命。儘管女人這樣一個「與全體人類一樣自由而獨立的存在，卻發現自己在這世界上為男人逼迫，不得不採取『他者』（the other）的身分」（xxi），但透過存在主義所強調的誠實面對自我與處境，勇敢地做抉擇，努力改變處境，女人仍然可以重新定義自己的存在，進而全面參與塑造過去一直由男人所塑造的世界。

波娃在《第二性》中所論述的三個主要方向，至今仍是女性主義的主要討論範圍，即：

一、性別差異的起源
二、性別差異及不平等的內容及衍繹
三、兩性應如何生活

在極缺乏性別研究基礎的環境下，她對女人進行跨領域的研究，不僅從生理、心理、經濟、歷史各方面來分析女人在男性世界中所經歷的現實，更深入質疑文學、宗教、政治、工

作、母職、性等眾多領域中的女性處境，其論述的深度與廣度都是劃時代的，許多女性主義者因此才充分了解女人的「他者」，也就是被男性貶為異類的處境，對每個女性個體的影響有多麼深遠。而後起的其他流派女性主義者就算提出新的本質論，或要「談任何女性主義問題，都不可避免地要與波娃進行對話」（Tong, 1989:195）。如今存在主義的信徒或許不多，《第二性》卻始終是女性主義中不可或缺的經典文本。如果新世代的女性主義者不見得讀過這本磚頭巨著，最大的原因可能是它已說服了世界，以思想啟迪了一九六○年代以來的全球婦運，書中的諸多觀念都已成為我們思想的根源與共識，顯得像日光、空氣與水一樣自然，彷彿一直存在。

但實情當然並非如此。一九八二年，窮十年之力採訪波娃的史瓦茲（Alice Schwarzer, 1942- ）在寫成《拒絕作第二性的女人 —— 西蒙・波娃訪問錄》（*Simone de Beauvoir heute*）之際時曾說：「……甚至在《第二性》出版三十三年後的今天，它仍是論述新的女性主義最周詳、最深刻的理論性著作。……即使西蒙・波娃不出現，婦運仍然會存在。但是我以為，沒有她的話，婦運的基礎還不會如此穩固，尤其在理論方面，恐怕仍然在一步步摸索的階段。」（史瓦茲，1982:19）的確，波娃擔負的工作猶如一個文藝復興時期全方位且跨學科的通儒。在婦女研究分工日細的今天，這種作品恐怕很難再現江湖了。但我們或許仍應想想：產生這種巨著，需要多少思考的自由，多少信心、多少對知識的好奇、多少勤奮的工作？波

西蒙・波娃
Simone de Beauvoir
1908-1986

娃晚年回憶：「那個時候，我一起床，就急忙走向書桌，甚至連一杯茶都不喝，已經開始寫作了。那是一種熱情。」那時二次大戰剛結束，女人在戰爭期間負擔起「男人的工作」，獲得經驗及自信。戰爭一結束，她們就被趕回家裡，再度屈服於「女人的本分」之下。就是在那段時期，西蒙・波娃揭起反抗的旗幟，完全是孤軍奮戰（19）。

西蒙・波娃這個人和她的時代

波娃於一九四〇年代後期著手撰寫《第二性》。當時，

二次大戰期間被號召走出廚房、報效國家的女人，被迫讓出「男人的工作」，重拾「女人的本分」，生育、母職與妻職。然而，另一方面，百廢待舉的戰後社會亟需更多包括女性在內的勞動力，卻以性別分工或男女同工不同酬，來降低女性在工作上對男人的威脅，女人卻還未能組成以性別為主體的抗爭行動。

　　波娃認為，工業革命以來，女性出外就業是婦女解放的有利契機，然而女性就業也突顯了女人最基本的問題：必須調和其生育角色與勞動生產的角色。她自己早在二十一歲時，就和交往不久，但默契良好的伴侶沙特（Jean-Paul Satre, 1905-1980）相約拒絕婚姻與生育子女。在波娃看來，自古以來生育陷女人於奴役，且妨礙她參與塑造世界。但當時的法國仍禁止避孕器具的銷售與宣傳；至於女人自主墮胎的權利，更在世界各地都未獲認可（僅有納粹主政前的德國，及一九三六年前的俄國曾短暫認可）。宗教界當然也秉持其一貫主張，嚴屬禁止墮胎。天主教教宗更宣稱在母親與嬰兒的生命取捨之間，應犧牲母親。然而在法國，非法墮胎與生產的數目幾乎相當。波娃認為，隨著婦產科學及人工受精的進步，女人終將成為自己身體的主人。

　　對波娃而言，女人處境的改善有賴於兩個併發因素：一為擺脫生殖的奴役，將生育權操之在我，科技已促成此一歷史性時刻的來臨；另一則是參與生產勞動，不受父權基地，也就是家庭的禁錮。她認為工業文明的興盛，使個人財產的

重要性超過以往在家庭中傳承的田地產，因此女人不必再依附於配偶，有利於獨立，而離婚率高漲正說明了這一點（de Beauvoir, 1947:132-6）。

儘管如此，女人的社會及政治地位仍有待大幅提升。在當時的法國法律上，男人仍是一家之主，已婚女人的法律地位雖較戰前有所改善，但一九四二年修改的法條仍然自相矛盾：「已婚女人享有完整的法律權利。這些權利只受婚姻契約及法律限制。」由此可見丈夫與妻子的平等尚未實現。

在政治權利上，美、英、法等國均從十九世紀前葉或後葉開始爭取投票權，也都經過半世紀以上的辛苦戰鬥。一九二〇年，美國最早立法賦予女性投票權，法國則遲至一九四五年。蘇俄的情況看來較好，一九三六年的憲法已明文規定女人與男人享有完全相同的經濟、公職、文化、公眾生活及政治權利，但隨著女性全面投入公眾生活，這個原本揚言要改變家庭觀念的國家，卻又興起女人的家庭角色究竟應如何的疑慮，性道德再度變得嚴苛，墮胎又遭禁止，離婚幾無可能。女人雖因參與政治及生產勞動而獲得尊嚴，但又為國家嚴密控制，承受在外工作與家務勞動的雙重負擔。蘇俄女人的這種處境，在當時堪稱全球絕無僅有，曾使波娃因未能深入研究而引以為憾（143）。

戰後新成立的聯合國也開始關心兩性平等，要求所屬國家確認並落實。在波娃看來，這是一個轉型期，女人開始有機會融入過去一直由男人打造的社會。但古老的傳統仍頑強地支配

著女人的實際處境，而新的文明才剛略有輪廓。女人似乎擁有許多前所未有的可能，但主流意識形態仍然宣傳著千萬年來的女性神話：女性的天職、女人的本分、獨特的女性氣質、女性生理決定論等等，使女人在抉擇時陷於矛盾，甚至在新的可能性之前退縮。這是個需要全面檢討傳統以便進入新時代的時刻，單一議題的婦女運動（如爭取投票權）已不能因應新時代婦女的需要。但要赤裸地揭開被奉為神聖的婚姻、母職的面具，要從最細微的心理、文化、日常生活層面暴露無所不在的父權謊言，也非得有波娃這樣執著於知識、有勇氣反抗女人的命運，選擇不婚、不生育，與男友關係密切卻各自獨立，甘冒天下之大不韙的優秀女性不可。正如史瓦茲所說：「在黑暗的五十與六十年代，新的婦女運動尚未誕生，《第二性》就像是我們這些正要覺醒的婦女之間彼此傳遞的暗語。而西蒙・波娃本人、她的一生、她的作品都成了一種象徵；象徵著即使是一個女人，也可能突破所有的阻礙，衝破習俗與偏見的限制，按照自己的意願過這一生。」（史瓦茲, 1982:8-9）

存在主義的時代背景

自從沙特與波娃相繼於一九四三、一九四四年發表重要的哲學作品《存在與無有》（*Being and Nothingness*），及《庇呂斯和西奈阿斯》（*Pyrrhus et Cineas*）以來，存在主義

的新穎與戰後的喜悅混合在一起，新的思想激起了巨大的好奇心，人們對原本無人理解的詞彙「存在主義」報以異樣的熱情，進而使這一哲學出人意表地滲透到巴黎各個角落，甚至變成一種時髦。媒體更渲染報導所謂的存在主義地下室舞廳、酒吧、咖啡廳、存在主義歌手，乃至存在主義長髮；連波娃和沙特愛吃的美食都成了存在主義的名小吃。譽之所至，謗亦隨之，不僅天主教與馬克思主義強烈抨擊，波娃和沙特各自保有獨立生活的伴侶關係也飽受攻擊。

其實波娃與沙特的存在主義既有哲學發展的脈絡，又在戰爭及戰後特定境況中醞釀，是這些感性纖細又敏於思考的法國知識分子，在歷經奴役、監禁、屠殺、逃難、被占領的屈辱及戰後的反挫之後，奉獻給戰火餘生者的一種公眾哲學。戰爭造成災禍與扭曲，使人普遍產生厭惡心理及荒謬感，如連夜噩夢般揮之不去，而存在主義正是要人類既接受現狀，更戰勝精神創傷，敢於正視自己的厭惡心理，同時篤信自我是可以改變的，明日之我可以超越今日之我；世界也是可以改變的，一切端賴個人（弗蘭西斯，1994: 第八章）。

與女性主義相關的存在主義概念

存在與他者

　　波娃與沙特等人的存在主義與德國哲學家黑格爾（Georg Wilhelm Friedrich Hegel, 1770-1831）、胡賽爾（Edmund Husserl, 1859-1938）與海德格（Martin Heidegger, 1889-1976）頗有淵源。黑格爾將心靈（psyche）形容為「自我異化的」（self-alienated），存在主義據此來描繪人的意識（consciousness）。黑格爾在《精神現象學》（*Phenomenology of Spirit*）一書中，認為人的意識統轄著分裂為二的兩種存在形式，其一為有超越性的（transcendental）或「在看的」自我（observing ego），另一則為固定的（無自我超越能力的）自我（fixed self），或稱「被看的」自我（observed ego）。前者如同一個觀看者，具有主體性，能行超越自我的行動；後者如同物體或被物化的人，是被觀看的客體，所以僵化不變，不可能自我超越（Hegel, 1807:115）。沙特則將黑格爾這套觀者與被觀者的雙重自我稱之為 pour-soir（英譯：for-itself）與 en-soi（英譯：in-itself），劉崎譯為「自覺存在」與「自體存在」（劉崎，1967:147）。「自體存在」意指人與其他萬物皆具備的物質性存在，就如人的身體或其他動、植、礦物，各有其客觀，固定的物性，可經由視、聽、嗅、味、觸覺來感知。「自覺存在」則為人所獨有，它是行使視聽等感知行動的主體，本身不具物

質性，但沙特認為它又確實存在。

　　要充分了解自覺存在，可以設想我在某個時刻忽然自覺到手的存在。於是當我看自己的手時，「我」既等同於這隻物質性的手，因為它畢竟是我的，而不是別人的，但「我」又不止於只是這手，因為這有感知能力的「我」畢竟多於、也異於這手，這個「我」便是我們稱之為「心靈」的精神性存在。至於區分我的心靈與身體，區分我的自覺存在與自體存在的，是什麼呢？沙特認為，很弔詭的，正是「無有」（nothing）。因為自覺存在永遠與自體存在共生，就如「皮之不存，毛將焉附」；雖然它們之間永遠存在著因存在層面不同所形成的緊張，存在著矛盾與辯證的關係。

　　這種辯證關係在於：心靈永遠企圖超越那個定型、物化的身體，但又需要身體作為一個客體，來對比出心靈的存在。類似的辯證關係，也存在於自我與他人之間。在黑格爾的學說中，便認為心靈需要視身體為「他者」、為異類，而自我又需要視他人為異類，來證實自己的存在，確定自己的主體性。但自我與他者的關係卻遠非平等的，反而呈現出主子與奴隸的關係，就如主子認為自己是獨立且為自己而活的，卻認為奴隸是依賴且為主子而存在的。波娃後來就延伸了這個觀念，闡述男人需要視女人為他者，來鞏固自己的存在。

　　海德格也設想自我與外界眾生之間處於辯證關係，但他探討的衝突層面卻有別於黑格爾。海德格稱自我為「親在」（Dasein），它恆常處於做「真我」（authentic self）與做「俗

眾」（das Man, 或稱 they-self, 可譯為「芸芸眾生之一」）的衝突中。真我必須是有個體性的，在道德上勇於面對無限的可能性而求自我實踐，面向未來，求創新與超越。但在我們日常的公眾生活中，並不能陶養出真我，反而常常只「自居於類似眾人之一」，很少警覺到自己的個體性（唐君毅，1967:94-6）。海德格認為，在這「俗眾」的層面上生活，是一種不真實（inauthentic）的、墮落的生存形式，宛如接受了廣告或意識形態的洗腦，或接受了群眾的獨裁，讓普遍性取代了真實的個體性。這時真我必須「發現自己」，也就是要重新面對將自我真實化的可能，如此真我才呈現出追求終極潛能的自由。這份實踐自我的道德驅力，就是存在主義的基本要義。

儘管如此，人的「親在」卻會受外在公眾領域中那種不真實的生存形式所吸引，因為「親在」害怕它自己「本來無一物」（non-being）的性質，因此將自己物化，逃遁到日常生活中人人都如同從塑模中取出的標準個性。一旦進入這種安穩狀態，「親在」就逐漸趨向異化，對自己的潛能視而不見，失去了真實性與可能性。但到這時，「親在」反而又開始焦慮。

這種焦慮或怖慄（dread）是存在主義理論中另一項基本要義，它提醒「親在」：你沒有盡力發揮自己的潛能。換言之，焦慮是「良知的呼喚」。這種存在主義式的罪惡感，使「親在」脫離它對俗世的耽溺，走出那種因隨波逐流而不思不想的墮落狀態。因此焦慮既起，個人便又成為有獨特個性的自我，看清真實與不真實的存在之區別。對海德格而言，良知就

是看清自己之所當為，也就是成為真實的自我。

由上所述，我們已看到自我始終受著兩種存在形式的拉扯。不真實的存在如物體般不變，而真實的存在卻是有能力向未來的方向演進、變化的。正因為有變化，所以非本質，海德格稱其為「無有」（non-being）。

沙特挪用了海德格的這些觀念，據以構思他的《存在與虛無》（L'Être et le Néant），提出自我的兩個面向：自覺存在與自體存在。前者是有自我超越能力的、有創造性的、朝向未來的，後者是物化的、僵固的，因此是不真實的；前者是無物、無有的，後者是存在的。《存在與無有》的書名便源自此。

前面已提過以「我看我的手」來體會自覺存在與自體存在的關係。自覺存在始終在尋求自我實現，拒絕像自體存在一般僵固如物；但自我實現又永無完成的一天，因為如果完成了，它便又淪為僵固，淪為自體存在了。沙特認為，人類的自由或解放就來自自我創造的潛力。在不斷自我改變的過程中，自我永不定型，永遠非物，永遠「無有」，永遠在變動、形成（becoming）中。自由也正來自「無有」，也就是無本質，它驅使人類創造自我，而非安於無思不想的存在。而自由的特色，就在不斷更新其重塑自我的義務。

但即使自由是人貴有自我的特徵，在存在主義看來，自由卻絕非福祉，反而形同魔咒。因為只要一個人有意識、有自覺，就無法擺脫做選擇的自由。更糟的是，存在主義者還不信人類有其天性，於是更沒有什麼本質來幫助人決定自己該做個

什麼樣的人了。就如杜斯妥也夫斯基所說的：「假如上帝不存在，則任何事情都會被允許。」這正是存在主義的起點（沙特, 967:278）。

存在先於本質

沙特的名言是「存在先於本質」，簡單地說，意指人類不具備永恆、客觀、共同的人性本質。當然，這等於是說，無所謂人之初，性本善或本惡。換言之，我們原與低等生物無異，直到我們有意識地行動起來，也就是做選擇、做各種決定、反省或創新，這才創造了自我的內涵，給自己下了定義。人是自由的，因為他／她本來什麼也不是，也從來沒有律令規定他／她應該成為什麼樣。

沙特這般詮釋自由與無本質的因果關係，使其與馬克思主義與自由派都大異其趣。西洋哲學可說從來就是本質論的，基本上認為本質具有普遍的、抽象的，以及形式的特性，致力於探討這些永恆不變的本質，不論是柏拉圖所說的理念世界（理念才是真實的，而存在世界卻是虛幻的）；或黑格爾所說的：「絕對理性」才是宇宙本體；或是基督教宣稱的：上帝照祂的形象造人，上帝的形象就是人的本質，先於人而存在，正如工匠造刀時，刀雖然不存在，但心裡已有了刀的概念。即使到後來，上帝的概念已遭到質疑或摒棄，但本質論者仍訴諸永恆不變的人性，正如社會迷思強調永恆不變的女性氣質（陳鼓

應，1967:8-11）。

波娃及沙特則是至死不渝的非本質論者。他們肯定每個人的未來是開放的、有無限可能的，個人的任何行動包含了環境的力量與個人的主體性。波娃比沙特更強調環境的力量對個人抉擇的影響力，並在這一點上影響了沙特。但不論環境如何，人仍然有做抉擇的自由與義務，因為即使不做任何抉擇，也是一種抉擇，而且，當我們選擇了 A, 就意味著放棄了其他的可能性，這造成失落感及心理負擔。我們因此感到怖慄、痛苦，以及接近反胃（nausea）的感覺。如果有人說她們從不曾感受到這類痛苦，那麼沙特立刻予以當頭棒喝：「你有了壞信念（bad faith）！」

「壞信念」是存在主義及其女性主義的另一關鍵詞，其意涵類似自欺、錯覺。自欺有許多種，最典型的一種是扮演「我別無選擇」的角色。沙特愛舉的例子，是法國咖啡館裡那種完美侍者的角色，他們每一個都像翻模製造出來的機器，以人人如一的標準答案與表情去應付各種狀況，倒不是真的在於職業上有此需要，而是為了逃避人生的不確定狀況。儘管除了這種侍者的模式，他還可以成為很多其他模樣的侍者，但做個「與眾相同」的侍者，畢竟要穩當得多。壞信念就發生於當自我感受到隨自由而來的無本質與前途未卜時，自甘放棄選擇權與自我定義，以逃避沙特所說的「可怕的自由」。換言之，有意識的「自覺存在」想成為無意識的「自體存在」，藉此逃避創造性的人生，遁入像物或像芸芸眾生一般的角色（Tong,

波娃與沙特

1989:197-8）。存在主義神學家梯力奇（Paul Tillich, 1886-1965）指出，決心過真實的生活其實是很艱辛的，多數人情願不要（Tillich, 1952）。

　　另一種自欺，沙特舉的是一個年輕女人的例子。在她與男友的交往中，她一直想不做決定，但關鍵的時刻終於到來，也就是男友握住了她的手。如果她不動，表示她「有意」；如果她抽回手，那就會破壞氣氛。這時，自欺解救了她，她好像將靈魂抽離了肉體，一方面口中繼續說著高貴靈性的話語，一方面假裝手和她無關，既不同意也不反對地留在男友手中。這樣就掩飾了她是個自由主體的事實，好像她只是個任由他人決定的物體（Tong, 1989:198-9）。

他者

他者（the Other）是沙特的另一論點，與存在主義女性主義最有關聯。前面提過，黑格爾認為心靈需要視身體為他者，自我需要視他人為他者，以便定義自己為主體。因此「他者」便被賦予了帶貶意的語義，而非價值中立的代名詞。沙特沿用並擴展了黑格爾的觀點，認為意識還有第三種存在形式，也就是 Mit-sein, 或稱 Being-for-Others。這是一種與他人相處時的意識，其作用是：本來一心一意「為自己」的自覺存在，卻弔詭地必須從直接間接地將別人視為他者來確認自己的主體性。由此便產生了自我與他者的權力衝突：每個人都要藉由掌控他人、矮化他人來證明自己的自由與超越，就如「奴隸是主子的真理」。到頭來，自我便視他者如同「非我族類」，將之物化、刻板形象化，甚至將自我不希望具備的屬性，全部投射到他者這個垃圾桶裡。當族群、階級、宗教對峙時，弱勢者便如此成為宰制集團眼中的罪惡淵藪、代罪羔羊。

有趣的是，沙特在界定自覺／自體存在、自我／他者關係時，已隱然將男性的屬性皆歸諸這一配對關係的前者，而將女性屬性歸諸後者，並應用於分析反猶／猶太關係。但這位男性大師終究沒有研究在歷史及世界上被視為他者的最大族群，也就是女人。這份重要工作畢竟要等女性存在主義大師波娃來完成。

第二性

在《第二性》的導論中，波娃從存在主義的基本理念切入，開宗明義指出：己／他之別（Self / Other）是人類思想的一個基本類別（de Beauvoir, 1947:xiv），而從一開始，男人便為自己正名為「己」，女人則為「他」（xxxiii）。這個論點完全是波娃獨立發展出來的，但其思考背景包括了：黑格爾所指，人類意識中永遠對他者懷有敵意；沙特所說的自我與他者彼此物化，以及自我在集體他者（collective others, 例如所謂「輿論」或社會規範）的強力凝視下，將他者的意識內化成虛偽的自我，也就是「自體存在」；還有李維史陀（Claude Lévi-Strauss, 1908-2009）所說，對二元對立的領悟標示人類由自然過渡到文明。如果他者對自我構成威脅，女人即對男人構成威脅；如果男人希望保持自由，就必須使女人屈居次位，臣服於男人；男人為了要成為自覺存在，便將女人貶抑為只具自體存在。女人自然不是唯一受壓迫的族群，但波娃指出，在其他的己／他關係中，人人皆知己／他是相互的認定，性別之間的己／他關係卻有所不同。第一，種族或階級的壓迫都具備特定的歷史條件，而且有時會情勢反轉，就如在本國行種族歧視者一旦到了外國，會發現自己變成了「外國人」（xx）。女人則一向受制於男人，從無例外。其次，女人還將男人異化女人的觀點內化，認同男尊女卑。

女人的命運

要了解女人所受的壓迫為何如此獨特，波娃首先探討女人是如何成為第二性的。《第二性》一書共分二卷，卷一為〈事實與迷思〉，卷二為〈女人今日的生活〉。卷一的第一部即為「命運」，分別重審生理、心理分析及歷史唯物論者所提出的性別不平等之肇因。

作為存在主義者，波娃當然不會採信任何一種決定論，包括生物決定論。她認為生物學歸納出的男女有別雖屬事實，但還得看社會如何根據本身的需要來加以詮解。儘管女人在生殖上擔任第一線的角色，儘管「事實」上男性體力強於女性，或者異性戀性交中男性扮演主動角色，但如何評估這些現象，仍由社會決定。

波娃認為，女人的生殖功能確實與她要發展及保持自我產生衝突，而男人則否。因為透過精子，男人得以超越自我，創造新生命，但在射精時，精子已離他而去，成為一個異己；因此男人在超越的同時，又恢復了個體性。女人卻透過外來物而受孕，她先被侵入，招來外來的房客，使她既是自己，卻又異於原先的自己，這種異化是不發生在男人身上的。可是，波娃又認為，這並不表示女人的自我就注定要少於男人，因為女人畢竟不只是身體，因她除了自體存在，還有自覺存在。「關於女人在世上的處境，身體是極重要的因素。但僅僅身體並不足以定義女人；生命的真相唯有透過自覺的個人在行動中、在

社會中呈現。生物學不足以回答我們眼前的問題：女人為何是他者？」精確的問法應該是：女人為何被社會選來扮演他者（Tong, 1989:203）？

　　波娃接著往心理學，尤其是心理分析學尋求答案。基本上，她發現佛洛伊德並不太關心女人，只是在研究男性的基礎上對女性進行修正。她認為，佛洛伊德過於簡化的以「陽具歆羨」來解釋女人注定屈於劣勢，因為女人羨慕的並非真正的「那話兒」，而是社會賦與「有屌者」的物質與心理特權。佛洛伊德學派認為，女人因缺乏象徵權力及優勢的陽具，也就是權杖，而得居於低社會地位。波娃覺得這種說法流於生物化約論（biological reductionism）。但稍後的女性主義精神分析學者如米契爾（Juliet Mitchell, 1940-）指出，波娃對佛洛伊德的批評有誤讀之嫌。米契爾認為，佛氏旨在描繪當時他所處的社會對兩性的差別待遇，並非肯定此一原則。米契爾還認為，波娃將意識形態的陽具與生理的陽具區分，正與佛氏的真正主張不謀而合（Okely, 1986:99）。

　　波娃欣賞佛洛伊德才華洋溢的大膽主張：性是人類行為的終極解釋，但她也認為這種說法過於簡化。佛洛伊德學派指出，男人的性快感在進入生殖器官期後便只集中於陽具，而女人卻需由陰蒂快感進展到陰道快感，波娃認為這是佛氏的重要發現。佛洛伊德認為，女人掙扎於從陰蒂快感向陰道快感演化，前者是嬰兒期即有的，大約與她認同父親（男性）的階段同時，反映著女人的「男性」（virile）傾向；後者是青春期

後才發展的，象徵她的「女性」傾向。女人要發展出陰道高潮，才算「正常」，這也意味著她將從由女人處得到愛，轉為由男人處得到愛。這種二階段式的性演化，使得女人比男人易陷於演化不完全，而產生神經質。換言之，要定義女人，就要從女人意識到自己的「女性」（femininity）開始（de Beauvoir, 1947:54）。

然而，可以想見要讓波娃相信性是一切的根源是不可能的。首先，波娃與沙特的存在主義不能相信佛洛伊德學派的「無意識」之說。存在主義認為，所謂人有無意識的行為，無異於容許人逃避責任。對沙特而言，不僅我們的決定與行動是有意識的，連感情也是有意識的，只是有時我們不承認罷了。佛洛伊德說，人有無意識的期望被無意識地壓抑了，沙特卻說這不過是虛偽、自欺（壞信念），我們只是拒絕承認自己的行為動機。其次，波娃認為，精神分析用情結（complex）、傾向（tendency）等意念來描繪人生的戲劇，是將無意識內在化了（interiorizing the unconscious），像是說人生都在內心進行，要一窺全劇也只能進入人心中去探索（Tong, 1989:199）。但在波娃看來，生活是人與世界的關係（de Beauvoir, 1947:54），任何行動都同時包含了環境及人的主體性，所以要談女人如何為其意識所定義，必須看她如何從身處的社會中形成其意識。

總之，波娃認為，佛洛伊德未能解釋女人為何成為他者。佛氏承認陽具的權力來自父親高高在上的權力，也就是男

性，但男權至上的根源為何？佛氏也坦承並不明瞭。

接著，波娃轉向檢驗歷史唯物論，從經濟觀點探討女性淪為他者的原因。馬克思主義認為物質條件是人類歷史的基本事實，掌握生產工具者形成統治階級，壓迫以工作維生的階級。在這樣的階級社會中，絕大多數女人和男人皆受壓迫。除非生產工具轉為公有，各種形式的壓迫才能徹底消除，包括：階級、種族、國家、性別等。

但波娃認為，當我們從資本主義轉向社會主義後，男女之間的關係並不會自動轉變。《第二性》成書後的歷史發展已證實了波娃的看法。她認為：若非人心中有壓迫他者的欲望，那麼私有財產制也未必就是使女性受壓迫的始作俑者（58-67）。

那麼，對存在主義者波娃而言，女人變成他者的原因究竟何在？首先，如前所述，當我們肯定自己為主體及自由人時，他者的觀念就隨之而起，我們從此視他者為威脅。女人便是如此經由男人的定義而成為他者。至於男人為何掌握了定義權？波娃雖不信生理決定命運，卻相信人透過身體與世界聯繫，而女性的生殖功能使她享有較少的自由。從史前開始，性別分工的現象就一直存在，分給女性的工作中有重大部分是重複的維持性工作，接近自體存在的恆定不變，無創造性。而男人的身體不像女人那樣受懷孕、生產、月經等阻礙，他的性行為也不受懲罰，所以男人有較多的自由去探索、發明，甚至拿生命去冒險。透過這些行動，男人感知自己是主體，卻感知女人猶如只會生育的物。人（男人）之所以高於禽獸在於他們會

玩命，而創造生命卻是禽獸也能做到的；因此兩性之間，優勢劃歸給了能殺生的那一性，至於「給生命」的女人就被貶入他者的領域。男人「征服了自然與女人」（72）。

波娃認為直到二十世紀中葉，女人仍然處於「他者」這個基本角色，例如家庭主婦，在波娃看來，是被拋擲到呆板重複的生活中，不可能投身於創造性、超越性的計畫。她們只能認同丈夫的行動，並假想那也是她們的成就。

由於男／女處於自覺／自體存在的辯證關係，兩性就都受到自欺，也就是壞信念的誘惑。當男人視女人為自體存在時，便將他對存有（Being）的欲望投射於女人，由此產生了神化女性的諸多刻板觀念。例如，視女人為地神（Earth Goddess）化身。另一方面，男人又可視女人為難逃一死的肉身象徵，此時女人就是可怕甚至可恨的了，由此又衍生出以女人為邪惡他者的刻板印象，如女巫、潑婦等。這兩種態度都是自欺，藉著視女人為他者，來逃避自己本是「無有」（nothingness）的人類共同處境，這是不實的企圖超越。

女人的自欺通常表現在否定自己作為自由創造主體的潛力，以及接受客體或他者的角色，也就是前面提過的「逃避自由」。波娃認為人有放棄自由、變為物體的欲望，但這在存在主義倫理中，是一項道德的罪過，可是對女人而言，這又常是阻力最小的一條路。這條路好走，是因為可以避免「承擔真實存在的壓力」，然而，明明是主體，卻接受他者的角色，往往引起沮喪與精神分裂（xxiv）。

波娃曾譴責女人接受自己被定義為他者，無異於參加了男人的共犯結構。但她也指出，真正的理由在於女人各自分散，從未集體認同女性的「我們」。同時，女人也迷惑於成為被保護者的明顯好處。男人為君，女人為臣，君主會在物質上保障臣子，並負責在道德上為她存在的方式自圓其說，女人就不必為自己的生活負責了（Donovan, 1985:124-5）。

　　作為一個真正的存在主義者，波娃仍然堅信女人可以做道德的選擇，而且，如前所述，波娃認為這樣的歷史時刻也已到來，女人已開始出外工作，甚至可以選擇不婚、不生育。但即使外在情況已出現對女人有利的契機，女人在伸張主體性時，仍然承載遠多於男人的焦慮。譬如，她首先就要面臨「失去女性特質」的焦慮。「女人有獨立的成就，是與其女性氣質相衝突的，因為『真正的女人』必須是客體，是他者。」（de Beauvoir, 1947:246）此外，由於男人仍居優勢地位，女人不由自主地會想取悅男性，因此在選擇時，往往不按自己的真性，而是按照「男人會怎麼想」。女人的真實處境逃不過男人對她的定義，也就是波娃所言，男人創造的女性神話（myth）。這些神話像空氣般無所不在，卻令人常常感覺不到，有必要全盤審視，戳破人類歷史上的最大謊言。

神話

　　神話可以用來交代難以解釋的現象，簡化複雜的事理，或將不合理的現象合理化。神話也是意識形態的構成要素。在分析過生理、心理、經濟及歷史因素對女性的影響後，波娃花了更多心力，分析男人如何創作神話／意識形態來對女人耳提面命，使她們安於其位。就從各民族的創造神話看來，大多數都反映出共同的信念：女人的他者角色是自然、永恆的，不像奴隸還有翻身的機會，可以反客為主；男人也永遠不需像奴隸主那樣，感知他和奴隸彼此瞪視，互為對方的他者；因為女人之為男人的他者是絕對，而非相對的。就以基督教的〈創世記〉為例，女性始祖夏娃就是後於男人被造的，用來造她的物質既不是與亞當相同的黏土，也不是另一種殊異的東西，而是男性始祖亞當的一根肋骨。她的產生不具獨立性，上帝並非為造她而造她，而是為了給亞當一個伴，「為男人」才是她的起源與目的。總而言之，她不基本（inessential）、不重要，但有了女人，才得以襯托出男人的完滿。波娃指出，男人不希望變成女人，但也少不了女人。男人希望從女人得到他們缺少的東西，也就是如同自覺存在渴望自體存在的確定存在，像人總是對土地或自然懷著複雜的感情，而且往往是愛恨兩極。同樣地，男人對女人也有崇拜與恐懼兩面，她是生命的來源，又是黑暗的力量，是月經、處女等所代表的危險的性力。這種種神話常是互相矛盾的，於是男人又歸因於女人的複雜曖昧。然

而，這難道不是因為「他者」的觀念本就指向曖昧嗎？男人負面地定義一個本該正面定義的人，也就是女人，無怪女人永遠成不了一個穩定的觀念。波娃認為，唯有在提倡全人類平等的社會主義意識形態中，在馬克思理想的真正民主社會中，才會消弭他者的分類，也才能拒絕將任何族群視為他者，不論是偶像或是邪惡。女人也必須更肯定自己是主體，她們承載的他者奧祕才會逐漸消失（157-223）。

波娃也對五位西方經典男作家創造的女性角色詳加解讀，開啟日後女性主義文學批評的先河。她探討這些男人如何根據各自的自我形象，分別塑造配合他們的理想女性。他們筆下的女人雖各自不同，甚至大相逕庭，例如布魯東（André Breton, 1896-1966）喜歡像兒童的女人，斯湯達爾（Stendhal, 1783-1842）則喜歡聰明有教養、不羈的女人，但這些女角的共同點在於：作家要求她們遺忘或否定自我（284）。波娃批評最力的是孟特爾蘭（Henry Monterlant, 1895-1972）及勞倫斯（D. H. Lawrence, 1885-1930），前者筆下的女性，其存在似乎只為了讓男人覺得自己雄姿英發，後者的女角則放棄自己的一切心願，好讓她的男人能隨心所欲。對這兩個作家而言，女人的自我犧牲猶如神聖的義務（Tong, 1989:265）。

波娃還用了不少社會人類學的跨文化研究資料，分析各種舉世皆然的神話，例如儀式性的月經禁忌、厭惡或敬畏孕婦處女等，她的分析在當時都具有振聾發聵的力量。長久以來，幾乎從未有人系統地指出，即使神話表面上看來是抬高女性的身

價（如奉之為大地之母），但仍是將女人非人化，且掩飾了女人毫無權力可言的事實。更糟的是女人對神話中的理想形象或負面形象並不能嗤之以鼻，因為在社會中，男人仍有權力用社會角色來控制女人。大多數女人就此被徹底蒙蔽，以為神話所反映的就是身為女人的真實意義（de Beauvoir, 1947:168-170）。

在波娃寫作《第二性》的時代，她發現因為女人已走到了轉捩點上，最新的女性神話也應運而生。例如當時流行的一些話語：「女人失落了。女人到哪兒去？今天的女人根本不像女人！」這類「真正的女人不見了」的神話，反映出男人（及用男人的眼睛視物的女人）一方面願意接受男女平等，一方面又不能放棄女人這個他者角色。所謂「真正的女人」，意指「有女性特質」，這在波娃看來，與獨立自主是不相容的，因此許多女人顯得角色失調，波娃稱之為開始要活得像個「人」之際的學徒期（xxxv）。在《第二性》的第二卷，她便詳細分析「女人今日的生活」。

女人的經驗

在卷二：〈女人今日的生活〉中，波娃企圖從女人一生各階段的實際經驗，來呈現她們如何被塑造成女人。本卷一開始，就是波娃的名言：「一個人之為女人，與其說是天生

的，不如說是『形成』的。沒有任何生理上、心理上，或經濟上的定命，能決斷女人在社會中的地位；而是人類文化的整體，產生出這居間於男性與太監中的所謂『女性』。唯獨因為有旁人插入干涉，一個人才會成為『他者』。」（301）

波娃比沙特更重視人之處境的重要性，並影響了沙特，顯示出她並非如許多人至今仍樂道的「波娃只是沙特的附庸」。沙特在《存在與虛無》的初版中，認為每個人都是完全自由的，或至少可以運用個人的自由，而波娃卻堅持，在有些情況下，人無法運用自由，或自由只是迷思，後來沙特也參考波娃的觀念，做了修正（119）。也是波娃指出，社會角色是自我用來控制他者的首要機制（Tong, 1989:206），透過代代相傳的社會化過程，女人被塑造成被動、陰柔的女性角色。

在《第二性》的卷二中，我們可以窺見波娃身為一個法國資產階級女性在兩次世界大戰間成長的經驗。她從兩性的嬰兒期開始，對性別身分歧異的形成詳加探討，並對浩瀚的性別行為提出犀利獨到的描述，其洞察力至今仍令人震驚。例如她對小女孩開始察覺女生不能站立撒尿、少女沉迷於寫日記、喜歡森林曠野……都有極有趣的分析，很能啟發讀者重新審視某些自己以為理所當然的行為。

從嬰兒期、青春期到性啟蒙，在這段性別身分的形成期中，波娃認為，正是他人的介入，使女孩「甚至從嬰孩時起，她顯得性別早已決定」。如果孩子只是單獨存在，並且不必顧及他人，她／他幾乎不會想到性別問題，只會以同樣的

好奇心、同樣不在乎的態度探索自己的身體。至於為什麼在「我們今日的生活」中，性別顯得早在嬰兒期就已決定？那不是因為有什麼神祕的天性，將被動、賣弄風騷，與母性命定給她，而是因為旁人對這孩子的影響力自始就是一個要素，於是從幼年起她便受到訓練，而學得了她的要職（波娃, 1947:1, 6-7）。

　　波娃認為，身體是使孩子了解世界的工具。我們經由眼睛、雙手來理解宇宙，自然也察覺到男女性器官的差異。在討論精神分析學說時，波娃就已提出，所謂陽具崇拜並不因為男人先天有陰莖，而是由於社會賦予陰莖不尋常的權力。波娃此處在意識形態之外，更進一步大量的分析經驗性事實。

　　然而，弔詭的是，堅決反對生物決定論的波娃，不時被批評為「與生物決定論不謀而合」。例如她指出，透過周圍其他人的態度，男孩似乎把陰莖當作另一自我，比本人還要聰明、伶俐、詭計多端。從解剖學的觀點說來，陰莖倒真的頗適合這角色，它突出身外，像個天然小玩物、某種洋娃娃（de Beauvoir, 1947:306）。但儘管波娃明確指出女孩、男孩對生理的感覺皆受外界影響，例如母親或保母鼓勵男孩以陰莖為榮，卻不引導女孩重視陰部，但她在解釋社會或生理因素時，卻往往顯得模稜兩可。例如她說，陰莖因為在體外，可見可摸，男孩得以將自己身體之神祕與威脅投射在外，又可以握著玩比尿柱粗細之類的遊戲，因此陰莖對男孩是「可與自己辯證的『另一自我』」，他能大膽地採取主觀態度；那被他所

投射為自己之物，變成了自主性、超越性與權力的象徵」（I, 18-19）。雖然他可能害怕被閹割，但波娃認為，相較於女孩對其內部的惶懼而言，男孩的這種恐慌比較容易壓服。從一開始，女孩自己就覺得比男性晦暗，她的生殖器像「不能拿在手裡的信封」（I, 12），她極度關心在自己內部生命的混沌奧祕，這種恐慌常能持續終生。又由於小女孩不能像男孩那樣，把自我投射於陰莖，她往往選擇以身外之物，也就是洋娃娃為「另一自我」。但洋娃娃是個被動之物，因此，當男孩在陰莖中找尋自發之自我，小女孩則認同娃娃，夢想自己像娃娃一樣被撫抱，被打扮，並自我陶醉。波娃在此似乎暗示某種程度的生物決定論：只有男人能「自然地」透過身體，行超越性的活動（如日後以陰莖之勃起與射精為挑戰）。

在波娃之後的女性主義者，許多已對女性生理採取較主觀正面的看法，強調女性之「有」（史瓦茲, 1982:108-9）。而波娃則認為，不論如何，在女性當時的處境中，隨著青春期到來，乳房腫脹、月經來潮，都迫使女人愈來愈發現自己可恥的「他者性」。由教育及社會，女孩學到她必須取悅他人，表現被動性的女性特質，才能博人歡心，因此在她自主的存在與他者的身分間始終有著衝突（波娃, 1947:I, 21）。當她日趨成熟，對男性的優越，觀察得也愈清楚。女人的未來千篇一律地指向做妻子與做母親，因此小女孩對性的神祕特別關心（和男孩的性好奇有所不同。波娃指出，男孩最關心的，並非他們將來做丈夫或做父親的角色），但壓抑偏頗的性教育又讓女孩常

陷於惶恐。就在似懂非懂的年齡，身體的變化使女孩愈來愈意識到女性命運的逼近，藉著每月汙濁的不適與模糊的愧疚面對著她。「如此她步向未來，負著傷，屈辱地，有罪地。」（I, 83）

進入青春期，少女愈來愈覺得在「做人」與「做女人」之間有矛盾。人的自然傾向是視自己為自主之至要人物，但做女人卻意味著脆弱、無用、馴服；她還必須開始打扮，必須壓抑自我，而代之以長輩教給她的故作優雅。少女的問題是：如果我只能朝「他者」的身分去成長，她就得下決心去放棄她的自我。因此她徘徊於（相對來說）較獨立的童年期與成年婦女的屈服期之間。比較起來，少男的生命旅程就容易得多，因為在他「做人」與「做男人」之間並無矛盾，透過獨立自由之自我表露，他同時獲得社會價值與男性威望（1, 93-95）。

少女逐漸意識到，她未來的情節是固定的，也就是結婚。她逐漸放棄許多競賽，如在學業上全力以赴，而期待經由婚姻，取得女人僅能享有的社會尊嚴，但隨著性感覺的強化，少女對未知的性又飽受多於少男的困擾。波娃認為，基本上，原因仍在於男女處境不同，即社會上定義性行為是男得女失的，所以女性對「戳入」懷著被侵入的恐懼，甚至陷入自虐，也就是，因將自我屈服於他人而覺自己有罪，於是自動加倍自己的屈辱與奴役，來懲罰自己（I, 178）。

波娃也指出，在男性慣於掌控、女性習於被動的處境中，床成為男人的展技場，而女人在性交中感覺到被物化的沮

喪，因此她的性感覺被這種處境損害，絕非做愛技術改善就能修復。若希望女性的性感完滿發展，有待雙方建立一種相互的關係，男人要放棄其特權地位，女人要克服其被動，各自承認互有給予與取得，也就是自我與他我互相確認（I, 180）。

如果說，女人從少女邁向成人之際，性行為使她更加體認到自己的他者性，那麼，在波娃看來，婚姻和母職則更制度性地加害女性。女人從婚姻中得到的，是「鍍了金的庸俗，沒有野心，缺乏熱情，在悠長的歲月中重複地過著毫無目的的日子，讓生命悄悄地滑向死亡」（II, 34）。社會性神話宣揚女人婚後的自得、安定與安全，但波娃認為，女人付出的代價更高，因為她犧牲了自由，也被榨乾了追求偉大的能力。這種代價，波娃認為對任何女人都是得不償失的。「當女孩時，整個田野都是她的家園，森林也屬於她。如今，她被約束在一個有限的空間裡，自然界縮小到幾盆天竺葵，牆壁阻斷了視野。但她要征服這些局限。藉助貴重的骨董，她擁有了遠方的異國和古老的時光；她以丈夫代表擁有人類的社會，她還有孩子，那是她未來全部的寄託。」（II, 37）

但比起妻職，更加妨礙女人自我發展的是母職。波娃反對社會上瀰漫的錯誤成見：一，女子一生的榮耀在於養兒育女；二，孩子在母親的懷抱中必定是幸福的。首先，她承認撫育兒女至成年可以是一種積極的投入，但她又不客氣地指出：懷孕可不算是行動（activity），只是自然的功能。前面已經提過，從受孕到懷胎十月，女人因外物（精子）入侵而感覺

自我異化，同時，懷孕更使女人無法自由規劃自己的命運。女人除非真的對撫育工作有興趣，便不該生孩子；而且其心理及物質條件必須足以擔當這份工作，包括孩子應大部分由社區集體照顧，以使母職與從事職業相容。母親若把自己寄託在孩子的未來上，她仍然是個沒有獨立人格的依賴者；新女性要像男人般參與社會生活，找尋生命的意義，除非她發現了生命的意義，她不該同意將新生命帶到世界上來（II, 130-136）。

但在波娃的時代，現實中仍然大量存在「人們一方面輕視女性，另一方面對母親表示敬意」的過分欺騙（II, 132）。女人被世界拒絕，因此以孩子為其他可能成就的替代品，造成母子關係的扭曲。最初，母親覺得掙脫了客體的處境，因為她從孩子身上尋找到一個他者，正如男人從女人處找到他者。但孩子漸漸長大成為自覺的主體，需索無盡。當他注視母親時，又將母親轉為客體，成為煮飯、洗衣、照料、付出，以及犧牲奉獻的機器。母親被化約為物、為客體後，出於深切的挫折感，不免也要操縱兒童。在波娃看來，許多母子、母女關係對孩子都有傷害性，但社會並未正視所謂「壞」母親的處境多麼辛苦，私下蘊藏著多少欲望和反抗心（II, 116-119）。

至於女人的職業角色，波娃基本上是寄予厚望的：「藉著工作，女人大部分能縮短和男人的差別；唯有工作，才能保障具體的自由。一旦她停止做男人的寄生蟲，那些因為她們的依賴而產生的制度就會瓦解；她和世界之間不再需要男人做為媒介。」（III, 88）

就像此刻我們身處的臺灣，和波娃同時代的大多數職業婦女無法逃離傳統的女性世界，有時她們的處境甚至比留在家裡的妻子與母親更糟。除了工作的職責，社會也要求職業婦女仍然「像個女人」。也就是她們還要負起「保有女性氣質」的職責。就以服裝來說，職業男性幾乎不需操心，所有的衣服都是為他們行動方便而設計的；但女人的絲襪、高跟鞋等，卻是既脆弱，又是為了要她行動不便而設計的。但女人為了獲得社會的認可，又不得不追求穿著這種服裝的外表。若她想同時活得像個男人也像個女人，衣著和家務就會增添許多工作和疲勞；如果想成為十足的女性，她會發現自己遠不及有閒有錢的女人，能夠花時間去美容購衣，職業女性在這方面只能算是個業餘從事者。如果她反抗傳統呢？她會討厭她的性別，但「討厭她的性別亦毀損她身為人類的尊嚴。男人是有性別的人，假如女人想作為一個完整的人，和男人平等，她必須是個有性別的人。拒絕女性特質，即放棄她一部分的人性」。更甚者，「凡是不去遵照社會認定的女性特質的女人，從性別的觀點來看，她的身分貶值了，進而影響到她的社會地位」（III, 91-92）。

　　總之，即使女人在經濟上不必依賴男人，並非在道德、社會、心理上就與男人一樣。兩性的成長過程不同，社會以不同的眼光對待男女，女人看世界也和男人不同。波娃說，身為今日的女人，是人類追求獨立的一個特殊例子，她們才僅達到目標的半途（III, 91）。大多數的女人，不管是母親、妻子、職

業女性，總或多或少地同意扮演女性化的角色，經濟及心理因素當然起了特別重要的作用。有些女人扮演的女性角色更為極端，如妓女、視神為愛人而自覺為神之器物的女神祕主義者，以及自戀者。

波娃在〈卷二：女人今日的生活〉的第四部：合理化（Justifications）中，有專章討論自戀者。常有人說女人都是自戀狂，波娃本人則僅贊成：各種條件使女人傾向於自戀。主因在於社會使女人不能從事自我定義的活動，而容許女性從事的活動又不能使女人滿足，受挫的女人只得轉向自我，從她的「內宥性」（immanence, 超越性的反義詞）中尋求真實的存在，從而極端重視自己的面貌、身材、服裝、氣質，因她無法掌握其他可資重視的目標。

在自戀中，她成為自己戀慕的對象，也成為自己的客體，就如梅吉羅斯基夫人（Mme Mejerowsky）所說：「我愛我自己，我是我的神！」但波娃指出，一個人同時感覺自己是主體及客體，是虛幻的，因為就存在主義理論而言，自覺存在與自體存在絕不可能合而為一。而自戀者所獲得的滿足也絕非自給自足的，反而得依賴外界對她的肯定，例如她多麼美麗，多麼女性化，而制定這些標準的正是男人，是波娃所謂「輿論的暴政」。自戀者的自我價值永遠不來自她從事的女性化行動，就如化妝的行為不產生價值，價值其實是來自社會對化妝造成的女性氣質之認可（III, 6-33）。

從妻子、母親到自戀者，這些角色的悲劇性在於，這都不

是女性自己創造出來的。父權社會中，男人透過結構與制度來建造女人，女人只能期待被認可，而不能自我建構。但如前所述，這個制止女人自我創造的社會已開始鬆動。由於女人和男人一樣沒有本質，她不必繼續保持被男人形塑的模樣，她可以成為主體，主動參與社會，重新定義或根本廢除各種過去的角色。女人將像男人一樣不再安於自體存在。男人應該開始了解，女人也要成為自覺的存在，「為自己」，而不只「是自己」。

這當然不是一蹴可幾的事，但波娃認為，就像讓黑人去選舉，他們就會變成值得獲得選舉權；給予女人責任感，她就知道去承擔。重要的是，女人若真要擺脫第二性／他者的地位，就必須設法抗衡處境中諸多不利於她的力量。

波娃心目中，男女平等的世界「是很容易想見的，因為那正是俄國革命所允諾的：女人和男人完全一樣被教養和訓練，就業條件相同，工資相同。性愛自由成為被認可的習俗，但性行為不再被視為一種可以得到報酬的服務，女人必須用其他方式去賺錢供養自己；婚姻建立在自由的約定之上，並依雙方的意願而解除；母職是自願的，也就是說，節育和墮胎必須合法化，婚內與婚外的母親及孩子享有完全相同的權利，產假由國家支薪，並由國家負責照顧」（III, 150）。

歸納波娃的論述，創造社會主義式社會、施行性別平等教育、女人就業，可說是追求具體平等的策略。波娃一向強調女人的經濟自主，但經濟自主必導致道德、社會和文化方面的

改變。而男人／壓迫者當然不會無緣無故變得非常慷慨，但「有時因為被壓迫者的反抗，有時甚至是特權階級本身的演化，都創造新的情況，於是男人基於本身的利益，給女人部分的解放，接下來就靠女人繼續向上了」。到了真正兩性平等的時候，男女將互相承認對方為主體，同時，各自依然是對方的他者，但彼此尊重，而非片面地貶抑女性（de Beauvoir, 1947:810-814）。

對存在主義女性主義的商榷

讀者當已注意到，本章花了相當多的篇幅介紹存在主義的一些基本觀念及關鍵詞，如自覺存在、自體存在、超越、內宥等。許多批評者認為，這些觀念並非直接源於女人的生活經驗，而是哲學家抽象思考的產物，因此《第二性》不是大多數女性親近的。教育程度較差的女人或許會因敬畏那些高深的字眼而同意波娃，卻並不表示波娃說服了她們（Tong, 1989:211-2）。

其次，批評者認為波娃所探討的女性真實經驗太以她自己為中心，也就是法國白人資產階級的觀點，並暗示這是舉世皆然的女性經驗。這裡面自然包含了波娃本人的局限與偏見，但也包括了例如人類學對異文化研究的局限。在《第二性》出版後的半世紀，我們當然已有更多資料去認識女人之異與同

（Okely, 1986:158-61）。

另一個引起最多爭議的論點，則是波娃對女人身體的態度傾向負面。艾許譚（Jean Bethke Elshtain, 1941-2013）認為，波娃的存在主義使她視身體為頑強且無法擺脫的客體，限制了意識主體的自由，特別是身體一死，意識、主體性、自由也告終，所以身體代表死亡的力量。波娃在回憶錄中記載了她如何向身體宣戰，譬如她如何壓抑性衝動，或想整夜不睡，以及當她逼近老年時如何恐慌。

存在主義對身體的敵意，導致波娃對女性身體抱持特別不信任的態度。她認為，女性的自我要靠拒絕生殖來完成，男性卻不必付出如此的代價。在性交過後，男人的身體絲毫不變，但女人如果因性交而受孕，她就不是原來的人，甚至形同非人了。波娃用令人怵目驚心的文句來描繪「孕婦落入大自然的圈套，她是植物也是動物，是一堆膠質，是孵卵器，是卵；她令年輕而腹部平坦的兒童們害怕，她使年輕人輕蔑地嘲笑，因為她是人，是有感覺有意識的自由人，卻成為生命經過的工具」（波娃, 1947:II, 94）。

艾許譚認為，波娃對身體，尤其是對女性身體的嫌惡，使她不遺餘力地攻擊婚姻與母職，認為這兩種制度純粹是壓迫性的。如果將徹底拒絕婚姻與母職當作運動策略，將使許多對身體持不同態度的女性望而卻步。譬如許多人並不認為身體只代表死亡的焦慮，它也代表生之喜悅；或有些女人認為懷孕、生產及親自授乳是有價值的經驗，還有人會反對崇奉心靈而鄙視

身體的態度，質疑自體存在為何天生就是有缺陷的存在模式呢（Elshtain, 1981:306-7）？

波娃另一屢受質疑的論點，是她太全面接受以男性為常模的價值觀。艾許譚指出，波娃對女性身體及性格多所抱怨，可解讀為對男性身體及性格的肯定；波娃怨嘆人們將女性與自然聯想在一起，相對地，卻肯定男人與文明的配對聯想（Evans, 1985:57）。伊凡斯（Mary Evans）則指出，波娃對兩性行為的描述太過二分，而且二分法中又秉持著有層級的價值觀，以至認為傳統男性的活動（如運用理性、獨立行動等）必然優於傳統女性（如照料兒童及維持日常生活），其間的高下之分幾乎等於較高級與較低級的文明（57），因此波娃宣稱，由於女人的處境，她無法達到「人類的崇高境界，諸如正義、豪俠、大公無私」，而「『摩登』女性接受男性的價值，為自己與男人一樣從事思想、行動、工作、創造為榮」（波娃，1947:II、253）。

同樣值得注意的是，波娃要女性接受男性的價值，卻未相應要求男性接受女性的價值。她認為新女性可刺激男性接受更平等的兩性關係，卻未具體要求男性調整角色，也從事家務與育嬰。她期待女童接受性別平等的教育，但也不曾提出對男童教育的改革方向。

針對上述的批評，或可再補充說明。首先，波娃的哲學語彙確實需要較多的存在主義訓練，才能盡數理解。但存在主義並非袖手談心性的哲學，而是行動的哲學，重要的是掌握它積

極克服處境的勇氣，對自己也對世界負責任。當《第二性》引發諸多不同階層讀者來信時，波娃對此特別高興，就連她曾以為沒有出路的中年家庭主婦也寫信告訴她：我們並非沒有希望，我們還是可以鬥爭的（史瓦茲，1982:77-9）！

《第二性》出版後一星期，即售出二萬二千冊，一九五三年英譯本出版後，更催生了美國第二波婦運。臺灣節譯自英文譯本的中文版本於一九七二年出版[1]，是當時唯一全面探討女性處境的巨著，現在許多婦運工作者都深受啟迪，可以說也大大影響了臺灣的婦運，特別是從一九七〇、八〇年代之交即投身婦運者嚴以責己、反抗女性氣質、全心投入工作的作風。

至於波娃對身體的看法，她在晚年曾稍做讓步，認為新一代主張女性身體值得驕傲，孕婦不應被視為可笑等都是好的，但依然反對「女性身體決定她存在模式」的主張（Simons, 1979:342）。

自一九七〇年代直接投身婦運後，波娃在局部問題的認知上，還有其他改變，例如：她意識到自己以前在男性世界中一枝獨秀，事實上是接受了男人突出個別女性，作為象徵性點綴的策略，其實女人應該拒絕被這樣利用。又譬如相對於她早年太內化男性價值，晚年波娃則明確指出：女性主政、掌權，應有新的創造，但可別又掉入本質論的錯誤結論，以為這都是「因為身為女性」才創造出來的。

1　二〇一三年臺灣由貓頭鷹出版了法文直譯完整版。

由此我們可以看到波娃對反本質論的忠誠不渝。事實上，她曾點名批判多名被她歸為本質論者的法國女性主義者，如西蘇（Hélène Cixous），來克列克（Annie Leclerc），伊希迦赫（Luce Irigaray）等人。波娃將其視為非女性主義或反女性主義者，對她們頌讚女性因處於他者地位而具備獨特價值的理論加以駁斥，認為那是「要女性永遠安於不利的地位」；她也批評女人應該格外重視和平、生態的主張，認為那也是「男女各有其分」的遺毒。此外，她晚年更強調女性集體行動的力量，並主張不妨以激烈行動改變社會（參閱史瓦茲，1986）。作為一個存在主義者，她親自示範了至死都能激進，都能改變自我的榜樣。

參考資料

西蒙・波娃（1947/1992），《第二性》第一卷、第二卷、第三卷，台北：志文出版社。

克洛德・弗蘭西斯等（1992），《西蒙・波娃傳》，台北，志文出版社。

沙特（1967），〈存在主義即是人文主義〉，鄭恆雄譯，《存在主義》，台北：臺灣商務印書館。

唐君毅（1967），〈海德格〉，陳鼓應編，《存在主義》，台北：臺灣商務印書館。

愛麗絲・史瓦茲（1982/1986），《拒絕作第二性的女人》，台北：
　　婦女新知雜誌社。

陳鼓應（1967），〈存在主義簡介〉，陳鼓應編，《存在主義》，
　　台北：臺灣商務印書館。

劉崎（1967），〈沙特〉，陳鼓應編，《存在主義》。台北：臺灣
　　商務印書館。

de Beauvoir, Simone 1947/1953. *The Second Sex*. H.M. Parshley, trans.
　　& ed. New York: Knopf, Inc.

Donovan, Josephine 1985. *Feminist Theory*. New York: Frederic Ungar
　　Publishing Co.

Elshtain, Jean Bethke 1981. *Public Man, Private Women*. Princeton, N.J.:
　　Princeton University Press.

Evans, Mary 1985. Simone de Beauvoir: *A Feminist Mandarin*. London:
　　Tavistock.

Hegel, G.W.F. 1807/1977. *Phenomenology of Spirit*. Oxford: Clarendon
　　Press.

Heidegger, Martin 1927/1962. *Being and Time*. New York: Harper.

Okely, Judith 1986. *Simone de Beauvoir!* Virago/Pantheon Pioneers
　　series.

Sartre, Jean-Paul 1956. *Being and Nothingness*. Hazel E. Barnes, trans.
　　New York: Philosophy Library.

Simons, Margaret A. and Jessica Benjamin 1979. "Simone de Beauvoir:
　　An Interview" in *Feminist Studies* 5, no.2.

Tillich, Paul 1952. *The Courage to Be*. New Haven: Yale University
　　Press.

Tong, Rosemarie 1989. *Feminist Thought*. London Unwin Hyman.

第四章

顛覆一切壓迫的根源

——激進女性主義

顧燕翎、王瑞香

婦女解放運動

　　激進女性主義（導言 17 頁註 2）是女性主義所有派別中最極端的形式，也是婦女解放運動（婦解）的論述基礎。婦解誕生於一九六〇年代末期，正值美國新左派運動風雲際會之際，以芝加哥、紐約、華盛頓、波士頓等大城市為基地。與同時期爭取男女平權的婦女權利運動（婦權運動，以 NOW 全婦組為代表）（第一章 63-64 頁）相較，婦解成員平均年輕了一個世代，屬二戰後出生的嬰兒潮世代，她們多半參加過學生運動、黑人民權運動（civil rights movement）或婦權運動，試圖在新左陣營[1]的社會分析和新社會藍圖中加入女性觀點，卻遭到以男性為主的組織否定。但婦權運動倡議與男性平等、融入主流的主張，對她們而言又缺乏革命性，婦解並無意爭取與男性平等，而想根本改造社會，因為「在不公正的社會裡，平等沒有意義」（Freeman, 1968）。

　　新左派的個人權力關係論述和參與式民主曾打動了年輕、追求理想的女性，黑人權力運動（black power movement）[2] 對「白人至上」的分析，和黑人主體性的建立也啟發了她們回歸女性、檢視自身所受到的壓迫和「男人至上」[3]。但一九六〇年代中期，美國政治情勢改變，導致新左派走回老左派的政治路線，關注於階級、種族、越戰，否定性別角色、婚姻、家庭、生育等「個人議題」。加以女性在組織中居於次等地位、被要求提供勞務和性服務、甚至被公開貶抑，致使她們決心擺脫男性，建立獨立的組織[4]，創造以女人

1　新左派意指一九六〇年代前後，美歐各地興起的左派社會運動團體，包括學生運動、民權運動、反戰運動等。這些團體除了傳統左派的階級鬥爭外，尚關注對抗其他形式的壓迫，諸如種族、階層體制等，主張平等的參與式民主。

老左派將集體的階級鬥爭置於個人需求之上，要求個人為組織的理想犧牲。新左則鼓勵個人透過運動追求自我實現，其政治論述涵蓋人際關係，以致其中的女性主義成員認為可以公開討論性別角色、婚姻、家庭、性事等個人層面的議題。然而隨著一九六五年至一九六七年，美國政治情勢的改變，民權運動（civil rights movement）不再黑白融合，發展成為黑人權力運動，黑人開始爭取主導權、發展主體性，批判白人至上（white supremacy），甚至採取武力對抗。以白人為主的新左團體則轉而聚焦於拒絕兵役和學生運動，女性再度被邊緣化，個人層面的議題再被認為沒有政治意義，新左走回老左派對政治的定義，關注階級、種族、越戰中的「真正」受壓迫者，婦女和學生運動則被批評為中產階級的運動（Echols, 1989:23-50）。

2　發展於黑人民權運動後期，採取分離主義路線（發展黑人企業和社區）和武力抗爭手段（Smith, 2018:38）。

3　「男人至上」不僅指男性的優越感或某種態度，而是男統治女的權力系統，使男性在物質和制度層面都占上風。社會改革不足以動搖這系統，需要更根本的革命。但由男性領導的左派並不支持性別革命，所以女性需要發展自己的組織和理論。

4　一九六七年，兩百個左派政治團體於勞工節在芝加哥舉行「全國新政治大會」（National Conference for New Politics），訴求各派大團結，主席卻在討論會議結論時，拒絕將性別平等工作小組的決議納入議程。五位憤怒的女青年衝向講台，主席竟拍拍其中一人的頭說：「下去吧，小女孩，我們有比婦女解放更重要的事要討論。」這個「小女孩」費爾史東（Shulamith Firestone）後來成了激進女性主義重要的理論家，出版了婦運經典《性的辯證》。經此激怒，芝加哥一群年輕的女性，在芝加哥大學政治系研究生傅里曼（Jo Freeman）位於芝加哥西區的公寓組織了定期討論會，發展理論與行動，開啟了婦女解放婦運，她們在芝加哥成立的第一個婦解組織叫 Westside Group（西區團體）。

為中心、屬於女人的理論（by women and for women），以對抗男性宰制、尋求女性的解放和社會的根本變革。

實踐與理論並重

激進女性主義主張，女人所受的壓迫是最根本、最深刻的剝削形式，且是一切壓迫的基礎。歷史上所有的權力結構都是由男性支配，以暴力為後盾，雖然男性間也有權力差異，少數男人統治其他男人，但所有男性皆受惠於男性至上和女性受剝削的果實。由於婦女受壓迫是其他種族、經濟、政治等壓迫的根源，必須加以根除，否則它將繼續生長出各種壓迫的枝椏。消弭婦女所受之壓迫，將創造一個新形式的革命性變化，其規模遠勝先前所知任何變革。這些女性自稱激進女性主義者（radical feminists），一方面連結十九世紀第一波婦運的feminists[5]，一方面彰顯革命的激進立場，以示與改革立場有所區隔，而 radical 字源有「根」（root）的含意，因此激進女性主義也譯為基進女性主義。

激進女性主義者不信任由男性控制的權力結構，採取體制外路線、進行體制外抗爭，例如不進行國會遊說、而到選美會場抗議販賣女體。後來也提供體制外服務、經營女性企業，如設立女性診所、受暴婦女庇護所、墮胎診所、出版社、

書店、藝廊等（參閱 Ferree, Marx and Martin, 1995; Bell and Klein, 1996）。她們的組織普遍規模小、各自獨立，不發展全國性的架構；而其女性主義理論則是建立在實際的生活經驗之上，實踐與理論並重，先實踐，再建立理論（MacKinnon, 1996；Bell and Klein, 1996:xix, 14）。其實踐雖並不一定都成功，卻非常具有理想性和實驗精神。例如，為了力求組織內部權力平等、沒有主從、層級關係，紐約的「女性主義者」（The Feminists）從成立之初，便以抽籤方式來決定所有工作的分配，包括對外發言[6]，後來開會時也規定每個人相同的發言次數（Echols, 1989:176-180; Donovan, 2001:157）。但無結構性組織往往因權責不清，資源分配無章法，而形成情感統治、少數人專制或無法決策，而難以長期有效運作。

　　一九六〇年代晚期到一九七〇年代中期，激進女性主義團體活動頻繁、論述亦豐，之後運動型態的組織逐漸式微，抗議活動減少，但組織和論述的影響力已遍及全球。一九七〇年出版了幾本代表性著作，如米列[7]（Kate Millett, 1934-2017）的

5　一九六〇年代美國左派女性最初自稱 radicals, 而非女性主義者。她們多半受到古巴、越南等國女性共產黨員的啟發，並不認同女性主義，稱婦運人士為中產階級反革命改革派。在激進女性主義陣營中，費爾史東首先認可第一波婦運，指出婦運有其激進的歷史，只是因政治原因而被埋沒（Echols, 1989:44）。

6　只是媒體仍然認定某些人為領導人，這也導致內部衝突。

7　米列是作家、教育家、藝術家和行動者，在一九六〇年代，同時是全婦組和紐約激進女人的成員。

《性政治》（*Sexual Politics*）、費爾史東[8]（Shulamith Firestone, 1945-2012）的《性的辯證》（*The Dialectic of Sex*）、摩根[9]（Robin Morgan, 1941-）的女性主義文獻選集《姐妹團結力量大》（*Sisterhood Is Powerful*）、葛瑞爾[10]（Germaine Greer, 1939-）的《女太監》（*The Female Eunuch*）不僅都立即成為暢銷書，也都翻譯成多國語言。《姐妹團結力量大》彙集了來自七十個國家（大部分為第三世界）的著作，並被紐約公立圖書館選入「二十世紀最有影響力的一百本書」。一九七〇年代後，美國和世界各地都相繼成立許多婦運團體和婦女研究組織，甚至女性主義大學。一九八二年，婦女新知雜誌社也於臺北成立，成為臺灣第一個女性主義團體，認同激進女性主義，建立非層級性組織，以集體名義出版書籍。在美國，激進女性主義的論述及其年輕成員稍後進入改革派的婦權團體，帶入新議題和新方向，影響了它們的決策與行動；而左派女性也受其激勵而更具有女性意識（參閱 Ferree and Martin, 1995；Bell and Klein, 1996）。

　　激進女性主義站在女性主體的位置探討和分析問題，或許其理論不夠周詳嚴密、未能提出立即有效的方案、而女性中心的立場也被批評過於狹隘，卻賦予了政治新的定義，指出女性的共同階級屬性，揭發了父權的暴力本質。其核心議題，如個人的即政治的、父權體制、解構性別、女性的性與生殖等，也為全球婦女運動開創了新願景和新戰略。以下將分別加以討論。

個人的即政治的

「個人的即政治的」（The personal is political）[11] 已成為半世紀以來婦女運動和所有受壓迫者的口號。這原為「紐約激進女人」（New York Radical Women, NYRW）的成員漢妮許（Carol Hanisch, 1942-）一篇文章的標題，收錄在該組織於一九七〇年出版的《第二年筆記：一九七〇年婦女解放運動》（*Notes from the Second Year: Women's Liberation*）中。此文取自漢妮許一九六九年的演講，她到佛羅里達州鼓勵美國南方女人組織婦女解放團體，互訴心聲，發掘共同處境，同時也反駁左派女性批評婦解只關注於個人小事，例如批判主流社會對女性性活動、容貌、墮胎、育兒、家務的要求和限制，卻不關心越戰、拒服兵役等政治大事。漢妮許告訴聽眾不要輕易自責，以為所有不幸都是個人的問題，應當參與組織，從討論和

8　費爾史東曾是芝加哥西區團體的成員，一九六七年搬到紐約後，與其他年輕女性共組「紐約激進女人」，後來又相繼組織了「紅襪」（Redstockings）及「紐約激進女性主義者」（New York Radical Feminists, NYRF）。

9　摩根也是紐約激進女人的創建成員之一，「姐妹團結力量大」一詞於一九六八年由紐約激進女人成員 Kathie Sarachild 所創，後來成為婦運口號。根據牛津字典，"herstory" 一詞為摩根所創。

10　葛瑞爾沒有參與美國的婦運，她出生於澳洲，《女太監》最初在倫敦出版。

11　作者說這個標題是編者所下，但當時參與的人，如費爾史東等，則認為是集體的命名。

互相對照中看見女人真實的社會處境，發揮集體謀求改變的力量。她說：

> 在團體中我們很快發現個人問題是政治問題，當下並沒有個別解決的方法，唯有以集體力量尋求集體解決之道（Hanisch, 1970/2000:114）。

她也呼籲自以為具有政治意識的女人，應當設法了解為什麼別的女人無意參與行動，「或許行動本身有問題，或許我們自己也弄不清楚為什麼要採取這些行動」（116）。

漢妮許終身投入無酬的婦女解放運動，靠打工維生。二〇〇六年，她為這篇已成為婦運經典的文章加上引言，說明此處的「政治」不是指選舉，而是人與人之間的權力關係。當時左派男女認為個人私事應當私下解決，若私下解決不了，在革命成功後的美好新社會中自會迎刃而解。漢妮許和紐約激進女人當中的有利女人路線者（Pro-Woman Line）[12] 則主張，對女人的處境應採取現實的、唯物論的（materialist）分析，揚棄心理、形上的解釋，將個人的鬥爭轉換為集體的戰鬥，挑戰男人至上。她並不認為女人應當放棄個人的戰鬥，雖然有時候個人抗爭非但無效，且可能招致更大的打擊，但反抗仍屬必要。運動處於低潮時，個人能做的也只有個別、零星的反抗，努力往前推進一小步；即使運動壯大了，壓迫的發生也往往在四顧無人之處，仍有賴個人採取行動。只是個人力量畢竟

有限，要終結男人至上，需要比我們至今所見更大的運動能量（Hanisch, 2006）。

「個人的即政治的」翻轉了自由主義政治的公私之別，將隱藏於私領域、從未受到質疑、男性單方受益的權力關係攤在陽光下，變成可供公共討論的政治議題。揭露男性所看重的「公領域」實則建立在女人無償、片面的付出之上。同時，公領域的權力和價值也早已進入私人生活和個人心態，難以抵擋（Thompson, 2001:7）。激進女性主義主張，任何人的權利或尊嚴都不應以剝奪他人為代價，而且若男人之間沒有平等，女人也不可能享有平等，所以性別只是起點，目的在追求跨越種族、階級、宗教……全面的社會變革[13]。

解析父權體制

從男性主導的運動裡撤退的激進女性主義者發現，資本主義並非是女性受壓迫的根源，父權體制、或男性宰制才是。

---

12 對應於主張左派政治路線者。

13 一九七〇年出版的《姐妹團結力量大》（*Sisterhood is Powerful*）和一九九六年的《激進者言：收回女性主義發言權》（*Radically Speaking: Feminism Reclaimed*）這兩本重要的選集中，文章和作者都呈現了激進女性主義的全球性、跨種族、階級、宗教的特色，而非如批判者指稱都是白人女性。後者且收錄了顧燕翎的有關台灣婦運的論述。

米列（Kate Millett, 1970:34）將父權體制定義為：占一半人口的女性被另一半的男性宰制，年輕男性被年長男性宰制，其間雖有例外，卻遍及政治、社會、經濟面向。布萊爾（Bleier, 1984:162）進一步指出，父權體制貫穿了公私領域，保障男權，並依男性的社經地位和種族分配權力，其運作形式則因時代而有所差別。

個人及社會層面：米列的《性政治》

在個人層面，父權誇大男女的生理差異，以確保男性的支配角色和女性的附屬角色。社會化的過程促使兩性順從社會規定的氣質、角色和地位。米列所指的「性政治」，是父權的主要支柱，這是一套人際權力制度，藉由個別男人支配個別女人而存在。男女間的關係，一如政治生活男人之間的關係，是一種支配與附屬的關係。在米列看來，男性與女性的關係是所有權力關係的典範，但它藉性關係來表達，通常被拿來與愛相提並論，而非權力（Millett, 1970:32-33）。社會透過經濟、心理、法律等途徑使女人附屬於男人，但這種控制的最終形式是在私密的、個人的層次上，在無人處。

在社會層面，透過學校、教會、家庭的教導和潛移默化，男性支配女性的意識型態被合理化、被加強，女性亦內化了這套想法，自認不如男性。這套意識型態強而有力，使男性輕易得到女性表面上的同意。社會利用女性畏於被視為不正

米列和李德（Robert Oliver Reed）1991 年上英國的談論性節目。

常、不可取之心理，使她們接受僵硬的性別角色規範並服從父權制度（45-81）。倘若女性不從，或摒棄女性氣質，不願屈從附屬，男性便採用強迫和暴力方式來使之就範。米列指出，父權體制充滿了威脅恫嚇，洞悉世態的女人了解，若要在父權社會生存，最好舉止合於規範，否則可能遭到「殘酷野蠻的待遇」（43-46）。

物質基礎

物質基礎可分為經濟層面和身體層面。在父權的經濟結

構中，女性非但在職場中並未享有與男性同等的工作機會和報酬，還需要在家庭中從事無償勞務，且因家務不在市場交換，被認為沒有價值，也不計入社會生產勞動，女性因此成為婚姻中的弱勢和經濟上的依賴者，在家庭中沒有發言權，也受限於法律而離婚不易（經濟層面的分析，是第六章社會主義女性主義的重點）。身體層面則涉及婦解的核心議題：女人的身體、性和生育，卻由男性擁有和占用。國際販運人口集團將女體當做提款機、已婚婦女無權控告丈夫強暴、法律嚴苛規範和控管女人的避孕、墮胎和性活動（Bell and Klein, 1996:17）。

被閹割的性別：葛瑞爾的《女太監》

葛瑞爾（Germaine Greer, 1939-）的《女太監》於一九七〇年出版，直接指出女人被男人閹割，女人真正的性稟賦（sexual nature）和完整人格原和男人一樣主動敢為，卻受制於社會「永恆的陰柔」（Eternal Feminine）的理念（Greer, 1972:58）。她攻擊這種刻板印象，尤其是它所包含無性的形象，女人必須可愛而被動像洋娃娃、年輕、皮膚光滑、肌肉有彈性、沒有性器官（60）。這個形象的邪惡之處在於它不僅壓制性能量，還影響到其他方面的生活與行動，因此它所閹割的不僅止於性。

從搖籃時期，家庭就發揮壓抑心理的巨大力量。但到了青春期，女孩才變成太監，學會放棄自主權、尋求他人指引，採

取被動態度。葛瑞爾主張廢除父權制核心家庭，因它是建立在私有財產制度的男性利益上，也就是由男人的合法子嗣繼承財產。一旦核心家庭廢除，終生一夫一妻制也將消失。她主張婦女發展她們的性，並表現在整個人格裡，以快樂原理取代強制與強迫的行為。因為快樂的本質具自發性，意謂拒絕規範、接受自我管理原則。她鼓勵女人，雖然我們不知道新的、自由的性生活規則會是如何，但一定要勇於試驗，不能坐等社會革命，現在就應起而反抗，因為婦女是最受壓迫的階級。摧毀父權家庭才能摧毀威權國家的下層結構，繼而實現社會主義。

性別階級：費爾史東的《性的辯證》

費爾史東（Shulamith Firestone, 1945-2012）主張父權制的歷史基礎是「物質的」，即男女的生理事實：生殖功能之不同成為不平等的根源，造就了性別階級（sex class）。馬克思、恩格斯的歷史唯物論只把注意力放在食衣住行的生產上，而未注重再生產（生殖），實則再生產關係才是社會的基礎。她表示，消除經濟的階級有賴位於下層的無產者起而革命，掌控生產工具；消除性別的階級，則有賴位於下層的女人起而革命，掌握生育工具，不只是她們身體的所有權，還有生殖科技與掌控生養的社會機制。所以婦女解放運動設定的目標並非是去除男性特權，而是在消滅性別，使得男女生殖器官的差別，不再具有任何文化上的意義，不再產生性別分工。生養小

費爾史東（中）與傅里曼（左），1998 年拍攝。（© Jo Freeman）

孩由整個社會分擔，生物家庭瓦解（Firestone, 1970:11-12）。

費爾史東的論述表面上看來很像生物決定論，也因此受到許多批評，如巴瑞特（Michèle Barrett）、艾森斯坦（Hester Eisenstein）、歐布萊恩（Mary O' Brien）等人，但她的立場似乎更屬於生物超越論，並非臣服於人的生物性，在此意義上費爾史東可說是前瞻而激進，此書第一章中她就指出：

> 「自然」並不一定是「人」追求的價值……我們不能繼續用自然為理由來維持歧視女人的性別階級系統……這已經變成政治問題，要了解這問題，需要比周詳的歷史分析更大的工程……沒錯，是人的生物性創造了男性統治婦女和兒童的條件，可是當今男性已經逐漸擺脫了生物性的束縛，他們為什麼沒有理由放棄統治權（Firestone, 1970:10）。

退出父權體制：戴力的《女性生態》

戴力（Mary Daly, 1928-2010）是天主教徒、哲學家和神學家，對父權的批判不遺餘力。她在一九七三年出版的《聖父之外》（*Beyond God the Father*）一書中論道，基督教的整套象徵系統本質上是壓迫女性的。接下來的幾本書中，她又創造了精巧的雙關語和新詞來制服語言中的父權特質。一九七八年的《女性生態》（*Gyn / Ecology*）一書，則融合詩、歷史、哲學、文學批評與謾罵於一爐，她認為所謂「現實」乃藉由語言建構起來，因此她採取激烈摧毀或解構語言的方式來呈現女性實存的真實樣貌，重獲女性語言的力量，並稱之為「新字詞」之旅（voyage of "new Words"）。如 Gyn / Ecology 由 gynecology 而來，原意為婦科醫學，戴力將之轉換為：有關選擇當主體而非調查對象的「自由的」女性的學術。

戴力在《女性生態》中指出父權制無所不在：

> 父權制度本是盛行於整個地球的宗教……所有宗教
> ——從佛教、印度教到回教、猶太教、基督教，到
> 世俗的封建制度、楊格學說、馬克思主義、毛澤東
> 思想——均是父權制度這座大廈的下層結構（Daly,
> 1978:39）。

她指出，父權制度的基本祕方是其寄生性，男性對婦女精力的需求是一種戀屍癖（他們愛的是被迫害成行屍走肉之人），而基督教的主要訊息是施虐受虐狂，而這正是父權制度結構的格式及基本內容。印度的寡婦自焚殉夫、中國的纏足、非洲的陰蒂切除與陰道口縫合術、歐洲的焚燒女巫等都是「虐待儀式」，被男性學者以價值中立的語言和概念化的論述正當化了，卻未揭露這些行為的殘酷性，因此，父權制度的學術是虐待性儀式的延伸與持續。

　　戴力建議婦女退出一切父權的制度：教堂、學校、學術組織、家庭和異性戀等，進行驅魔，從驅除虐待性儀式帶來的「心靈／精神／肉體汙染」開始，重建「認知／行動／自我本位」，創造認同女人的新環境，形成女性生態，不過其心理意義大於實質意義。

解構性別

　　基本上，激進女性主義認為，在生理功能以外，性別分類不具有任何價值，主張人有個別差異，但不應有性別角色之分，社會上存在的性別差異是由男性群體為自己的利益所創，對女性不利，因此女性應努力去除或超越這個分類。早在一九四九年，波娃即已指出性別差異在男性主導下製造了女性的附屬：

……為什麼兩性之中只有一個性別確立為唯一的本質者，他和相對應的另一個性別之間的「相對性」則完全抹除，並且將這個對應的性別看做是絕對的他異？對男性擁有這種絕對權力，女人為什麼不加以駁斥？

……如果說做為非本質者的女人永遠無法成為本質者，這是因為她們自己沒有著手運作這項轉換……沒有真正將自己設立為**主體**（波娃，1949/2013:52）。

一九七〇年代初期，激進女性主義者視性別制度為女性受壓迫的主要根源，解決之道可簡單分為兩個取向：一是排除性別，拒絕兩極化的性別區分，最初採用的名詞是陰陽同體（androgyny, *anér, andr-* 指 man；*gunē, gyné* 指 woman）；一是不與男性牽連，拒絕異性戀制度，採取分離主義，女同性戀主義是最徹底的方式。

陰陽同體：傅里曼的「悍女宣言」、魯冰的無性別社會

傅里曼（Jo Freeman, 1945-），於一九七〇年首先提出陰陽同體的說法，她以玩笑的口吻寫下「悍女宣言」（ "The Bitch Manifesto," 1970/2000:227）。悍女令人不安，因她同時具備男性和女性特質，不受傳統性別角色規範，選擇自己的生

活方式，表現得太不像女人。傅里曼指出，男人是人，女人最多是男人的影子，還必須服侍他、討好他。悍婦誰也不服侍、誰也不討好，她們要做完全的人，不做影子。然而陰陽仍是出自於男女二分、主體與客體對立的概念，只不過將兩種相異相反的特質置於同一個身體上，未必能夠融合並存，而且可能創造了難以達成的新標準，變成新的束縛。悍女主體性的自主積極，常被認為偏陽剛少陰柔。埃科爾斯（Alice Echols）即批評傅里曼的陰陽同體過於男性化，不可能成為女性的典範，不受婦女歡迎（Echols, 1983）。

魯冰（Gayle Rubin, 1949-）在一九七五年發表的〈交易女人：性的政治經濟學〉一文中指出，從自然角度來看，雌雄之間雖有許多特徵有平均差異，但也有很大的疊合。互斥的性別絕非自然差異造成，而是壓抑了許多共同點的結果。這樣的制度不只壓迫女性，也因堅持將人格劃分成兩半而壓迫了所有人。此外，父權社會親屬系統的形成是基於男性之間交換女人，女人如同被交換的物品。資本主義利潤的累積也有賴性別分工下，女人無償從事再生產工作（Rubin, 1975）。她期待婦運不只消除女性所受的壓迫，也消除強迫的性傾向和性別角色，創造無性別之分的社會。

傅里曼
Jo Freeman
1945-

從肯定陰性價值到回歸自然：佛蘭曲的《權力之外》

　　佛蘭曲（Marilyn French, 1929-2009）屬於傅利丹所描繪
一九五〇年代苦悶的中產家庭主婦，一九六七年離婚後展開
新人生，成為學者和作家，一九七七年出版的小說《女人的
房間》（*Women's Room*）暢銷全球，二〇〇二年出版世界婦
女史巨冊《從黃昏到黎明》（*From Eve to Dawn*），她預期
二十一世紀黎明將到來，平等與合作將取代專制教條。

佛蘭曲在一九八五年所出版的《權力之外：女性、男性及規範》（*Beyond Power: On Women, Men and Morals*）一書中，從人類社會演化過程探索父權制度及男女特質的形成，論證支配性權力（power-over）是支撐父權的奴役性意識型態，而共享快樂（pleasure-with）則是可以破解父權的解放性意識型態。支配權力意指團體或個人對其他所有人的支配，是陽性世界的基礎，這個世界只容納對它有用的價值。共享快樂意指團體或個人肯定其他所有人的能力，是陰性世界的基礎，這個世界能容納所有的價值以及完整的人所應具有的經驗。雖然佛蘭曲指出，快樂是陰性和陽性世界共同的價值，事實上她認為快樂屬陰性，一如權力是陽性的。她想像的陰陽同體人結合了傳統女人和傳統男人的優點，倘若這些特點在以母親為中心的社會裡發展出來。例如，權力本身並不壞，只有當它以支配權力出現時才是壞的，當它以擁有能力（power-to）的權力出現，那麼權力便意味自由。能力性的權力是有建設性的，可以創造快樂；支配性的權力則是破壞性的，給別人帶來痛苦（French, 1985:505）。

　　佛蘭曲心目中的理想社會裡，「愛、同情、分享與滋養」的陰性價值，和「控制、結構、占有與地位」的陽性價值受到同等珍視，不過她更為看重陰性價值（Tong, 1989:100），且所謂陽性價值需經語意轉換才具有正面意義。

　　在此書的最後，她揚棄自己過去主張的陰陽同體，因為終於看清傳統的陰性特質，不論正面（如慈悲、溫柔）或負面

（如小氣、虛榮），都是男性建構的父權牢籠。女人需要找回自己，回歸野性、原始、被父權文化定義前的自然狀態（Tong and Botts, 2017:46）。

拒做女人：激進女同志的「認同女人的女人」宣言

因為父權社會將女人塑造成男人背後的影子、支撐主體的客體、男性雄風的發洩器皿，某些激進女性主義者走向與男人徹底決裂的分離主義，來擺脫被男人指派的次等地位、創建自己的主體性。紐約「激進女同志」（Radicalesbians）宣稱：她們是女同志、不是女人。她們不要花費力氣和心血去改造男人，而是認同女人、愛女人，政治性地選擇和女人（而非男人）成為性伴侶，從事以女人為主體的文化革命，建立一個沒有強制認同、不壓抑個人表達的自由自在社會，在一個身心自由解放的社會，同性戀和異性戀等人為的分類都不存在了（Radicalesbians, 1970/2000）（第七章 313-314 頁）。

一九七○年，這篇開啟了美國女同性戀運動的宣言（*The Woman-Identified Woman*）最初以影印的形式發表，批判異性戀女性主義者雖促使父權社會些許讓步，卻未能動搖其根本；也指出女同性戀不只是情愛與性欲的另類選擇，也必須在政治和心理層面不遵守男性所定下的反應模式，才可能成為獨立自主的個人。艾特金森（Ti-Grace Atkinson, 1974: 131-134）指出，女同性戀為婦運最激進分子，並提出「女性主義是理

朵金
Andrea Dworkin
1946-2005

論，女同性戀主義是實踐」的口號。她說，同女與男人沒有性
關聯，也不受制於傳統異性戀的種種約束，特別是婚姻制
度，可以根本、徹底思考變革的可能。邦曲[14]（Charlotte
Bunch, 1986:129-130）不認為異女是完全合格的女性主義者，
因為「異性戀的真正本質、定義與性質就是男人優先」。而
「女同性戀主義是對男性至上的意識型態、政治與經濟基礎的
威脅」。

追求無性別社會的極致：維蒂格與朵金

　　原籍法國的女同志理論家維蒂格（Monique Wittig, 1935-
2003）亦不願被稱為女人，（因為她不屬於男人，）自稱激進
女同性戀者（radical lesbian）[15]。她認為性別、種族……如同

階級，都是歷史而非自然的產物，宰制者將歷史自然化，將不必然的社會關係轉變成自然秩序，掩蓋了其間的對立衝突。如果要全面破除「女性」受壓迫的現實，必須先消除「性別」此一基本範疇（the category of sex），建立無性別的社會。女同性戀是唯一存在於性別分類之外的觀念，因為同女通過拒絕異性戀以逃避、甚至挑戰異性戀霸權，而異性戀霸權正是區分性別範疇的陰謀者與受益者（許維真，1999:307-310）。

美國的女同志女性主義者朵金（Andrea Dworkin, 1946-2005）也主張人類是有多重性別的物種，它的性取向沿著不固定的連續體伸展，其間被稱為男性與女性的元素並未涇渭分明。當下人類的生理實體本身是社會的建構，符合男性利益，性別革命應以創造沒有強制、沒有性別偏見的新人類、新社會為目標，在一個沒有強迫和約束的世界，人們可以不必靠謊言活下去（Dworkin, 1974:184-193）（參閱第七章女同志理論）。

---

14 邦曲為著名的作家、學者、婦運者，紐約羅格斯大學（Rutgers University）婦女全球領導力中心（Center for Women's Global Leadership）的創辦人。

15 參閱 https://www.google.com.tw/search?q=%E7%B6%AD%E8%92%82%E6%A0%BC&rlz=1C1CHMO_zh-twTW585TW585&oq=%E7%B6%AD%E8%92%82%E6%A0%BC&aqs=chrome..69i57.30371j0j4&sourceid=chrome&ie=UTF-8。（3/4/2018）

文化女性主義？

退出父權體制、建立新社會的立場，經社會主義女性主義者狄格（Elizabeth Diggs, 1939-）於一九七二年標誌為文化女性主義後，不斷受到複製。埃科爾斯（Echols, 1989:5-7）指出，激進女性主義於一九七五年後整個轉向，從與男性至上角力轉變為開創女性的反主流文化（counterculture），從改造社會退而改變自我。戴力被點名為文化女性主義的代表人物[16]，認定女人完全善良，男人完全邪惡，在人類漫長的歷史中，女人一直是男性暴力無辜、無力的受害者（Eisenstein, 1984:111-113）。批評者指出，文化女性主義者放棄政治鬥爭，轉而擁抱女性異質，發展分離自足的女性文化，因此屬於本質論[17]。

雖然有部分激進女性主義者有興趣討論男女究竟是否有本質上差異，也有些人相信女性天生優於男性，進而轉入了以女性為主的靈性、和平或生態運動，但她們並未標榜文化女性主義（Lienert, 1996:167）。而戴力及其他激進女性主義者致力於書寫女性歷史、文學，創作女性藝術、電影，重新以女性經驗和視角定義、創新文化，並不意在退守一隅，而是建立基地，意圖全面進攻。

被改名為文化女性主義的同時，「激進女性主義」的名稱似乎被一批倡導性虐戀（施虐和受虐）的女同性戀者占用，她們原自稱「性激進派或性虐戀（sado-masochism, S/M）女同志」，以與「主流的或文化女性主義女同志」區隔，後來則以

激進女性主義者自居，反過來指責原來的激進女性主義者為擁抱、緊守女性優越特質的本質論者（Lienert, 1996:161）。

然而，被點名的激進女性主義者無一人接受文化女性主義的標籤，她們不承認逃避衝突，也從未以本質論取代社會建構論，她們認為父權無所不在，所謂男性文化和女性文化也非天生如此，而是人為的創造（156）。戴力指出，激進女性主義者想要的是境外之旅，在父權體系外發現和創建新世界（Daly, 1979:1）。這種超父權運動並非遁走來世，而是活在當下，發現生命，在現存體系以外尋找力量和靈感（1987:7）。至於文化女性主義，因無人承認，湯普生（Thompson, 1991）認為只是少數社會主義和性解放女性主義者創造出來、用來劃清界線的稻草人。利內特（Lienert, 1996）指出，這些批評激進女性主義的人並不承認男性宰制女人，她們在頌揚性虐戀之際實則頌揚了宰制與附從，卻反過來指責那些說男性宰制有問題的人為本質論者。

---

16 其他被指名的著名女性主義者尚包括摩根（Robin Morgan）、巴瑞（Kathleen Barry）、葛里芬（Susan Griffin）、芮曲（Adrienne Rich）、朵金（Andrea Dworkin）、布朗米勒（Susan Brownmiller），與雷蒙（Janice Raymond）（Lienert, 1996:157）

17 本質論指的是承認在文化塑造以前，男體和女體便存在。生物決定論則是指我們的生物性（例如懷孕）決定了我們的命運或生命角色。這兩者之間的差別經常被混淆。女性主義者大部分反對從生理觀點分析男女角色，因為若天生注定，社會運動便沒有意義了。（Lienert, 1996:156）

解放女體

身體是構成一個人最核心的部分，卻是女性最不由自主的部分。十九世紀第一波婦運的兩位領導人和好友史坦登（Elizabeth Cady Stanton, 1815-1902）與安東尼（Susan B. Anthony, 1820-1906）在私人書信中互吐苦水，女人結了婚卻不能做自己的主人，這使得所有的改革都顯得微不足道：若不能保有我的身體權，投票權和財產權又有何意義？（Hasday, 2000:1425）不過，直到婦女解放運動，女性的身體和性才成為女性主義的論述重點。

婦女健康運動

歐洲在中古世紀獵殺女巫，壓制女性從事醫療行為，將醫療變成男性的、科技導向的專業，女性只能成為醫生的助手，成為聽命做事的護士或者聽話的病人。激進女性主義者為了取回女性的身體自主權，從一九六〇年代末期推展婦女健康運動、提升大家對自己身體的認識和健康意識、掌握和享受自己的性生活、爭取避孕和墮胎的自主權，同時發展婦女健康中心、推廣自我療癒[18]、出版書籍如《我們的身體和我們自己》[19]（*Our Bodies, Ourselves*）（Bell and Klein, 1996:22）等等。近期則有人主張醫學研究應有性別意識，增加對女性身體和疾病的研究[20]，如乳癌研究，而非將大部分研究經費只用於男性的疾病和治療。

身體自主

在父權社會中，男人以暴力逼迫婦女就範，相當「正常」。女人被分化為「好女人」和「壞女人」兩大類，彼此互相對立。巴瑞（Kathleen Barry, 1979）指出，被強暴、淪為性奴隸（郵購新娘、從事性觀光業的女人），或被殺害的女人，通常都被標示為「壞女人」，而其遭遇也用來鞏固社會規範，警示「好女人」不得逾矩，以免落入相同下場。所以身為女人，即使未直接受暴力侵害，也生活在性暴力的陰影下。巴瑞相信女人需要認識、指證性暴力的真相，若因暴力威脅而不敢面對真相，進而否定其存在，將失去與它對抗，尋求出路和改變的可能。

長久以來，女人的生育功能受到控制，變成男人傳宗接代和政府人口政策的工具。從第一波婦運開始，西方白人中產女性費盡心力爭取避孕和墮胎合法化、第三世界女性卻被強迫結

18　參閱 https://www.womenshealthspecialists.org/

19　波士頓婦女健康組合（Boston Women's Health Collective）原為一小規模的女性自覺團體，交換各自的身體和性經驗，之後合輯成小冊子，發展成書，很受歡迎，這本教導女人如何掌握和享受自己的身體和性的暢銷書，至二〇一七年已翻譯成三十一種語言。一九七五年，台北的《婦女雜誌》（1968-1994）將此書譯成中文，卻削弱了女人的自主性，改名為《妳的身體和妳自己》，並且刪除了其中較為激進的部分。https://www.ourbodiesourselves.org/history/（3/11/2018）

20　參閱 https://www.ncbi.nlm.nih.gov/pmc/articles/PMC3313880/

絮和墮胎。一九九〇年代後，商業利益與生殖科技結合，體外受孕和代理孕母形成新的醫療產業，女性的身體變成新商機。科技的進展進一步產生了跨國的生殖旅遊業（reproductive tourism）[21]，貧窮女性的身體成為世界嬰兒工廠中的生產工具。為了抵抗生殖科技對女性身體的控管剝削，女性主義者自一九七〇年代中期，成立了「抵抗生殖與基因工程女性主義國際網路」（Feminist International Network of Resistance to Reproductive and Genetic Engineering, FINRRAGE），做為第一和第三世界婦女交換資訊的平台，了解基因工程與生殖科技對不同地區女性目前和未來的影響[22]。反對生殖科技的雷蒙（Janice G. Raymond, 1993）表示，女人做為一個階級，宣示身體主權有其重大意義，目標並非將自然和科技對立，而是拒絕將控制權交給男人、交給國家、交給鼓吹女人揚棄身體主權的性自由派人士。

性

性（sexuality）是激進女性主義的關鍵議題。因著「男人天生具有侵略性和支配性，女人則被動順從」的臆斷，男性對女性的暴力在性的實踐上被正常化和合法化。既然「男支配，女順從」是性這個根本領域的規範，遂也成為其他各種情況的規範。因此，除非異性戀關係完全平等，否則女人絕無可能在政治、經濟、社會上與男人平起平坐；然而，若以男人的

性來解釋女人的性，平等的異性戀關係便不可能達成。

　　麥金能（Catharine MacKinnon, 1946-）更直接指出，性是男性權力的所在，性和性別都是權力問題。她指出，性對於女性主義的意義，就如同勞動對於馬克思主義的意義，是最貼身、最屬於自己的，卻最被奪走（MacKinnon, 1982:516-533）。女人的性為男人而存在，而男人的性並非為女人而存在，是顯而易見的事。只要想想，「娼妓制度為誰存在？」、「色情為誰存在？」、「誰強暴誰？」、「誰性騷擾誰？」、「誰毆打誰？」等問題即可了然。因此，不同於自由主義女性主義（只要有正確的法律與制度，異性戀關係會是平等的），也不同於社會主義女性主義（只要有正確的經濟制度，異性戀關係將不會是剝削的、疏離的、壓制的），激進女性主義者相信，除非性能重新構想，重新建構，否則女人將永遠附屬於男人。女人一生中遭逢太多與性相關的議題：性交、懷孕、生育、性騷擾、性暴力、色情、性交易……，然而在婦運興起前，卻未能受到重視而成為社會議題。

21　借腹型代孕是指，代孕者只出借子宮，不提供卵，胚胎在體外受精後，由醫師植入子宮。在技術上可切斷子女與代理孕母的基因連結，委託者因此得以選擇只使用異族的子宮，可另尋精卵來源，生下符合自己期待的孩子，進而產生了具競爭力的國際市場，價碼也隨各地生活指數而層級化（顧燕翎，2014）。

22　參考 http://www.finrrage.org/

強暴和娼妓制度

　　激進女性主義者將強暴視為讓女人害怕而屈從的政治手段，它不是一時興起、個人對個人的暴力行動，而是掌權階級成員對付無權者的政治迫害（Mehrhof and Kearon, 1971）。

　　布朗米勒（Susan Brownmiller, 1935-）在一九七五年所出版《違反我們的意願》（*Against Our Will: Men, Women and Rape*）一書中，搜集了有關強暴的資料來建立強暴史。她指出，從歷史上來看，強暴的法律制裁往往是一個男人賠償另一個男人的財產損失，因此，強暴的意義與「女人是財產」的觀念相互連結。此外，強暴也是戰爭的正常成分，男人視強暴為征服的必然獎賞。她認為，女人在戰爭中被強暴，不因她來自敵方，而是因為她是女人因而是敵人。這本書戳破了一直以來的強暴迷思：強暴的動機是男性難以自制的性欲，而非暴力；女人在性事上有天生的受虐傾向，容易招致男人性侵，然後隨便、高興地喊著被強暴了。布朗米勒指出，強暴的動機是權力，不僅父權文化認可，而且是成就男子氣概的重要手段（Brownmiller, 1975）。「強暴犯是第一線的雄風突擊隊，世界上最長久的戰役中的恐攻游擊手。」（209）

　　葛里芬（Susan Griffin, 1943-）認為，強暴犯的罪行對多數男人有利，因為大多數男人都在利用女人對強暴的恐懼。他們可以大言不慚地說：女人需要他的保護以免受其他男子的傷害，女人對男人的需要因而得到強化（1979:3-22）。只不過

保護者通常也可能變成強暴犯，被熟識者性侵的案件常多過陌生人 [23]。

麥金能反對以男性觀點來界定女性的性侵害，主張將強暴看成性別歧視，從女性觀點，特別是受害者的觀點，來界定：

> 政治上來說，我認為只要一個女人有性關係，而她認為她被侵犯了，這就叫做強暴。……並不是……要把所有的男人都當成強暴犯……。我們必須藉由讓女人自問「我是不是被侵犯了？」來改變男女間關係本質的定義。對我而言，強暴並不是由「我們認為什麼叫做被侵犯」來加以定義的，而這就構成了女人不去控訴強暴的性別不平等文化的一部分（陳昭如，2015:58）。

麥金能從結構觀點思考性的權力關係，強暴的重點不是當事人說要（同意）或不要，而是強制是否存在（65）。

---

23 根據行政院性平會的統計，二〇一六年台灣性侵害通報案件中兩造關係為熟識者超過七成。https://www.gender.ey.gov.tw/gecdb/Stat_Statistics_Query.aspx?sn=gf3WynP6rAPKkY5hP%2fkPAg%3d%3d&statsn=MQZTmSHUmk%2bS6zy0iQEyUQ%3d%3d&d=m9ww9odNZAz2Rc5Ooj%2fwIQ%3d%3d 2018/3/14
根據聯合國二〇一三年統計，全球三十五％以上婦女經歷過親密伴侶的性或肢體暴力或者非親密伴侶的性暴力。http://evaw-global-database.unwomen.org/en

相同的邏輯也適用於性的買賣，女人因為處於男人性物的結構位置而被買賣，所以是性剝削體制選擇了女人，女人並沒有主動的選擇權（65）。麥金能指出，娼妓制度是一種奴隸制，奴隸沒有自由，即使主人好心給奴隸較人性的待遇，也不該成為可以被自由選擇的「工作」。她和朵金提出罰嫖不罰娼的主張，於一九九九年被瑞典制定為法律，稱為瑞典模式，挪威於二〇〇八年、冰島於二〇〇九年，以及加拿大於二〇一四年也相繼採行（67）。

　　一九七〇年代後，激進女性主義的強暴論述開始影響各國的法律，不僅陸續認定強暴有罪，聯合國人權委員會在一九九三年決議，強暴在戰爭中屬犯罪行為，婚姻強暴和約會強暴也逐漸被認定為犯罪行為[24]。二〇一六年刑法修改後，在臺灣妨害性自主罪亦適用於配偶之間。

　　不過主張性自由的女性主義者認為，固然不應忽略父權結構性的壓迫，但只談女性的受害，將忽略女人在性方面的主動性和選擇權，無意間加深了女人對性的害怕和絕望（Vance, 1984:1）。二〇一四年，哈佛大學學生推動校方制定了以受害者為中心的性侵害及性騷擾處理條例，受到法學教授哈利（Janet Halley, 1952-）反對，認為過於寬鬆，程序不正當。她不同意女性主義呈現的女性無辜、易受傷害的弱者形象，她思考如此「客體化女人，抹去女人的主動性，對嗎？」史丹佛教授道爾博（Michele Dauber）則說：「以女人在現實生活中的真實經驗，她們的確經常受到傷害。」給她們工具阻止性

侵害並非降低她們的主動性，而是加強她們主動應變的力量（Bazelon, 2015）。

性騷擾與暴力色情

一九七五年，康乃爾大學的女職員們聲援一位被上司性騷擾而離職的女同事，校方指稱她是因個人因素離職。小職員們聚在一起談各自不愉快的職場經驗，卻找不到現成的詞彙，最後想出了「性騷擾」一詞（Zacharek, Dockterman and Edwards, 2017:48）。

麥金能將性騷擾區分為交換條件和敵意環境兩種類型，男人（特別是職等較高者）利用女人在職場上的劣勢給予性的壓迫，同時利用性的劣勢加強經濟壓迫。所以在法律上她不將性騷擾看成是個人的道德操守問題，而是性別權力問題和性歧視：女人為了求生存而忍受性剝削（MacKinnon, 1987）。

布朗米勒指出，對抗強暴的首要行動是消除暴力色情和娼妓制度，因色情和性產業的存在，助長了一種群眾心理：男人有強大的性衝動，必須立即得到滿足，因此需要女人聽話配合。色情剝掉女人衣物、玩弄女人身體來壯大男性自尊，是不折不扣的反女宣傳（Brownmiller, 1975:390-393）。麥金能（MacKinnon, 1987:176）如此定義色情：

---

24 http://time.com/3975175/spousal-rape-case-history/

透過圖片或文字描繪的性露骨的婦女附屬狀況，這也包括女性被非人化為性對象、東西或商品；享受痛苦或羞辱或強暴；被綑綁起來、切割、毀害、瘀傷，或肉體疼痛；擺出性屈服、奴役或展示的姿態；身體被裁剪得剩下部分、陰道被東西或動物插入、在故事情節中被貶抑、受傷、受折磨；看起來骯髒或低人一等；流血、瘀青、疼痛都呈現性意涵。

魯冰從性解放的觀點指出，反色情運動再創了一種保守的性道德，在其架構裡，長期、親密、不分 T 婆、一對一的女同性戀關係位居性階層的頂端，異性戀被貶到中間地帶，底層則是娼妓、變性、性虐戀等。它譴責的是非例行的性活動，而不是例行的壓迫、剝削和暴力，引導女人將缺乏人身安全的憤怒歸罪於無辜的個人、活動與社群（Rubin, 1984）。其他的反反色情者批評，反色情女性主義將男女性愛兩極化，視男性暴力、好色，女性則是溫和、柔順，是犯了本質論的錯誤。

改變的時候到了

激進女性主義最受批判之處，在於將人按照生物性別區分為男女兩性，而且指控男性以暴力壓迫女人就範，卻沒有考慮文化和歷史差異，例如有些女性自願切除陰蒂，以表達文化和

族群認同，是為展現其自主性，而非受害者。激進女性主義根據實證研究指出，女性身體受到傷害是事實，只是我們需要問「為什麼這麼做？」、「可以改變嗎？」（Bell and Renate, 1996:34）。巴瑞（Barry, 1979:254）認為，男人使用暴力是因為沒有人制止他們。女人因為害怕受處罰才不敢揭露父權及其機制（Cline and Spender, 1987；Bell and Klein, 1996）。

法國女性主義者戴菲（Christine Delphy, 1984:144）指出，社會性別是父權意識型態的產物，先有社會性別，才會區分生理性別。個人的生理差異原沒有社會意涵，因男女的階層化區隔後，生理差異才被轉化為男女截然不同的社會實踐（social practice）。激進女性主義者雖同意男女生理構造不同，但不同意男性因此擁有權力，可要求女性提供性勞動、情感勞動、家務勞動，並且絕對服從。在社會的性別分類中，女性有能力生育子女，男性有能力性侵和施暴女性，而且也實際這麼做了，在男人和女人的意識中這些事實必定存在，而且是跨文化的。但這樣的意識可以改變，近兩百年來的婦女運動便是女性集體追求改變的歷史證據，其間也獲得更多男性支持（Bell and Renate, 1996:34）。

雖然被性解放人士指責為過於保守，在二〇一七年底，反對性暴力終於透過媒體和網路成為全球群眾運動（#MeToo）。各行各業的女人，包括知名的藝人、大學教授、矽谷工程師、採草莓的女工、旅館服務生、餐廳洗碗工、神職人員等陸續挺身而出，訴說自己被騷擾或被強暴的經

驗，她們說不想再等待了（Zacharek, Dockterman and Edwards, 2017）。著名電影製作人、國家級部長、大公司主管、總統候選人皆因曾經施暴而紛紛中箭落馬，聲名掃地。二〇一八年，日內瓦車展、各國新車發表會和 F-1 一級方程式賽車都宣布，將減少或不再僱用年輕裸體的女模，而以汽車解說員取代；美國時代雜誌（*TIME*）選擇這些不再噤聲的女人為二〇一七年度風雲人物；各國領袖齊集的達渥斯經濟論壇，將兩性工作平等和協助女性成為領導者列為重點項目……

以動員力和影響力來看，這波二十一世紀的女性覺醒，堪稱第三波全球婦運。在影視女星們擔綱之下，充分顯示婦運不再只是少數「極端」分子的白日夢，更加貼近了群眾和市場。好萊塢明星們藉著金球獎和奧斯卡頒獎盛會，向全世界傳達拒絕做第二性的訊息，並集資發起「時候到了」（Time's Up）運動，協助和保護低職等、貧窮、孤立無援、獨自工作的女人、男人、跨性別者進行法律訴訟，爭取合理的工作環境和人性尊嚴，姐妹情誼（sisterhood）克服了恐懼感，發揮了巨大的集體能量。

不過，換個角度來看，性活動因其本質上的私密性，經常發生在個人的一念之間，發生在沒有公權力監督之處，因而存有外人難以介入和判斷的灰色地帶。當我們企圖在性的範疇運用法律手段來扭轉女性被動、被定義、被客體化的歷史位置時，或許也需要考慮灰色地帶中，各種其他權力關係運作的可能性以及文化的誤差。所以後來哈佛大學在積極保護性

侵受害者時，校方也同意替被指控的一方聘請律師（Bazelon, 2015），讓真相得到釐清，或者至少減少誤告。

激進女性主義所追求「沒有謊言、沒有壓迫的世界」，或許因為人性、因為物質世界的限制而難以實現。但設法讓不同社會位置的男女能互相看見、互相聽見，或許能夠減少一點謊言和壓迫。

參考資料

許維真（1999），〈女人不是『天生』的〉（綜合改寫自維蒂格的文章「女人不是『天生』的」和「性／別」），《女性主義經典》，顧燕翎、鄭至慧主編，台北：女書文化，頁 307-310。

陳昭如編（2015），《性平等論爭：麥金儂訪台演講集》，台北：台大出版中心。

顧燕翎（2014），〈母親、子宮、精卵、血統、市場的糾葛與迷思：代理孕母全球化現象下思考臺灣〉。http://feminist-original.blogspot.tw/2014/12/blog-post_46.html3/12/2018

Atkinson, Ti-Grace 1974. *Amazon Odyssey*. New York: Links.

Barry, Kathleen 1979. *Female Sexual Slavery*. New York: New York University.

Bazelon, Emily 2015. "The Return of the Sex Wars," *The New York Times Magazine*. https://www.nytimes.com/2015/09/13/magazine/the-return-of-the-sex-wars.htm (3/16/2018)

Bell, Diane and Renate Klein 1996. *Radically Speaking: Feminism Reclaimed*. Melbourne: Spinifex.

Beauvoir, Simone de 1949. *Le Deuxième Sexe*. 邱瑞鑾譯（2013），《第二性》，台北：貓頭鷹。

Bleier, Ruth 1984. *Science and Gender: Critique of Biology and its Theories on Women*. New York: The Athene Series, Pergamon.

Boston Women's Health Collective 1969/1973/1992/2011. *Our Bodies, Ourselves*. New York: Simon and Schuster.

Brownmiller, Susan 1975. *Against Our Will: Men, Women and Rape*. New York: Simon and Schuster.

Bunch, Charlotte 1986. "Lesbians in Revolt," *Women and Values*, ed. Marilyn Pearsall. Belmont: Wadsworth.

Cline, Sally and Dale Spender 1987. *Reflecting Men at Twice Their Natural Size*. London: Andre Deutsh.

Daly, Mary 1978/1979. *Gyn/Ecology: the Metaethics of Radical Feminism*. Boston: Beacon.

—— 1987. *Websters' First New Intergalactic Wickedary of the English Language*. Boston: Beacon.

Delphy, Christine 1984. *Close to Home: A Materialist Analysis of Women's Oppression*.

Diggs, Elizabeth 1972. "What Is the Women's Movement?", *Women: A Journal of Liberation*, 2(4): 11-12, 20.

Dworkin, Andrea 1974. *Woman Hating*. New York: E.P. Dutton.

Echols, Alice 1983. "The New Feminism of Yin and Yang," *Powers of Desire: The Politics of Sexuality*. ed. Ann Snitow, Christine Stansell and Sharon Thompson. New York: Monthly Review

Press.

Echols, Alice 1989. *Daring to be Bad: Radical Feminism in America 1967-1975*. University of Minnesota.

Eisenstein, Hester 1984. *Contemporary Feminist Thought*. London: Unwin Paperbacks.

Ferree, Myra Marx and Patricia Yancey Martin 1995. *Feminist Organizations: Harvest of the New Women's Movement*. Temple University Press.

Firestone, Shulamith 1970. *The Dialectic of Sex: The Case for Feminist Revolution*. New York: Bantam.

Freeman, Jo 1968 *The Voice of the Women's Liberation Movement*.

——1970/2000. "The Bitch Manisfesto," *Radical Feminism: a Documentary Reader*. ed. Barbara A. Crow. New York University Press.

——2012. "In Memory of Shulamith Firestone," http://www.jofreeman. com/feminism/firestone.htm (3/28/2018)

French, Marilyn 1985. *Beyond Power: on Women, Men and Morals*. New York: Summit Books.

Greer, Germaine 1970/1972. *The Female Eunuch*. New York: Bantam.

Griffin, Susan 1979. *Rape: the Power of Consciousness*. San Francisco: Harper and Row.

Hanisch, Carol 1970/2000. "The Personal is Political," *Radical Feminism: a Documentary Reader*. ed. Barbara A. Crow. New York University Press.

——2006. "Introduction to The Personal is Political." http://www. carolhanisch.org/CHwritings/PIP.html (02/15/2018)

Hasday, Jill Elaine 2000. "Contest and Consent: A Legal History of Marital Rape," *California Law Review* 88(5):1425.

Lienert, Tania 1996. "On Who is Calling Radical Feminists 'Cultural Feminists' and Other Historical Sleights of Hand," *Radically Speaking: Feminism Reclaimed.* ed. Diane Bell and Renate Klein. Melbourne: Spinifex.

MacKinnon, Catharine A. 1982. "Feminism, Marxism, Method and the State: An Agenda for Theory," *SIGNS: Journal of Women in Culture and Society* 7(3): 515-544. MacKinnon, Catharine A. 1987. *Feminism Unmodified: Discourses on Life and Law.* Harvard University Press.

——1991/1996. "From Practice to Theory, or What is a White Woman Anyway?" *Radically Speaking: Feminism Reclaimed.* ed. Diane Bell and Renate Klein. Melbourne: Spinifex.

Mehrhof, Barbara and Pamela Kearon 1971. "Rape: An Act of Teror," *Notes from the Third Year*. New York Radical Women. 80.

Millett, Kate 1970. *Sexual Politics*. New York: Garden City.

Radicalesbians 1972/2000. "Woman-Identified-Woman," *Radical Feminism: a Documentary Reader.* ed. Barbara A. Crow. New York University Press.

Raymond, Janice G. 1993. *Women as Wombs*. Australia: Spinfix. 嚴韻譯（1999），〈連結生殖自由主義與性自由主義〉，顧燕翎、鄭至慧主編，《女性主義經典》，台北：女書文化。

Rubin, Gayle 1975. "The Traffic in Women: Notes on the "Political Economy" of Sex," ed. Rayna R. Reiter, *Toward an Anthropology of Women*. Monthly Review Press. 157-210.

—— 1984. "Thinking Sex: Notes for a Radical Theory of the Politics of Sexuality," ed. Carole Vance, *Pleasure and Danger: Exploring Female Sexuality*. Routledge & Kegan. 張娟芬譯（1999），〈性的聯想：情欲政治的激進理論〉，顧燕翎、鄭至慧主編，《女性主義經典》，台北：女書文化，1999。

Smith, Jamil 2018. "The Revolutionary Power of Black Panther," *Time* Feb. 19.

Thompson, Denise 2001. *Radical Feminism Today*. SAGE Publications Ltd.

Tong, Rosemarie and Tina Fernandes Botts 2017 *Feminist Thought. Westview Press.*

Vance, Carole S. 1984. *Pleasure & Danger: Exploring Female Sexuality*. Regents of the University of California.

Willis, Ellen 1984. "Radical Feminism and Feminist Radicalism." *Social Text* 9/10:91-118.

Zacharek, Stephanie, Eliana Dockterman and Haley Edwards 2018. "The Silence Breakers," *TIME*. 2017 年 12 月 18 日：20-57。

第五章

探測陽具的版圖

——精神分析女性主義

劉毓秀

精神分析跟傳統科學（醫學和心理學）迥然不同，精神分析（psychoanalysis）的創發，是陽具理知中心的（phallogocentric）[1]，是傳統實證科學撞上逸出了範疇的陰性、非理知中心之法則及樣態，所激盪產生的新知識。它的新，不僅在於其內容，也在於其法則和樣態，也就是說，它至少不全然是陽具理知中心的。

事實上，精神分析的誕生，就是傳統醫學（神經科醫學）跟女人（歇斯底里症女病人）在百年前不期而然的對話所促成的[2]。百年來，兩者的對話持續進行，形成女性主義的重要的肌理，其內容包羅廣闊，開拓且深化女性主義有關性意識、性別認同、性別特質、母性／母職、主體性、主客關係、生態、再現等議題的論述。

本章第一部分將簡介精神分析最重要的兩位理論家，佛洛伊德（Sigmund Freud, 1856-1939）與拉岡（Jacques-Marie-Émile Lacan, 1901-1981），第二部分則嘗試扼要地說明百年來女性主義與精神分析的對話。

兩個主要的理論家：佛洛伊德與拉岡

佛洛伊德

精神分析這個奇詭的知識領域，從一開始就注定要跟女性

佛洛伊德
Sigmund Freud
1856-1939

1　「陽具理知中心」（phallogocentrism）一詞，是結合「理知中心」（logocentrism）和「陽具中心」（phallocentrism）二字而來。法國哲學家 Jacques Derrida 指出，「陽具理知中心」揭舉「理知中心和陽具中心之間的共謀。……父之理（paternal logos）的豎立／勃起（erection），跟陽具作為『特權意符』（the privileged signifier，拉岡用語），所指的是同樣的一套系統」（見 Culler1982:172）。陽具（phallus）指的主要不是肉體的器官（penis, 陰莖），而是其擬像及此擬像所含攝的文化／社會意義；更重要的是，陽具是整套陽性或男性中心體系所賴以建立的基礎意符。

2　其中，最早且最重要的一位「對話者」之一——Josef Breuer 醫師（他跟佛洛伊德合寫《歇斯底里症的研究》）的歇斯底里症女病人 Anna O.——日後成為德國的女性主義者及社會福利制度推動者，本名叫做 Bertha Pappenhein, 她把精神分析治療稱為「談話治療」（Anna O. 的病史見 Freud and Breuer, 1895b）。

和晦暗的非理性結下根深柢固的「緣分」，也因此注定會具有傳統科學無法認可的特質。這一切，可說是因為它的誕生是來自於這兩者的不期而遇，也就是女性／非理性與傳統科學。

一百多年前，有一個名叫佛洛伊德的維也納開業神經科醫師，由於歇斯底里症女病人難解的身體疼痛症狀的帶領，而意外闖入一個科學研究未曾到達、以往科學或思辨法則無法適用的領域，那便是潛意識的世界。其後，在這個潛意識被發現後的人類身心廣袤世界中，佛洛伊德泅泳於此達四十餘年，嘗試解開其運作機制之架構及其形成的祕密。他陸續發表許多震驚世人的描述與推測，諸如幼年性活動（infantile sexuality）、伊底帕斯情結（the Oedipus complex）、閹割情結（the castration complex）等等。所有這些東西，皆與性（sexuality）和性別（gender）息息相關，激發百年來女性主義陣營的熱烈回應，共鳴與駁斥兼而有之，至今未曾稍歇。

佛洛伊德跟歇斯底里症女病人的接觸是雙重的。首先是身體的症狀，也就是這些女病人身體部位的症狀，譬如，Elizabeth von R. 的腳及膝蓋的疼痛（Freud and Breuer, 1895:135-138）；其次是女病人的述說，也就是治療過程中女病人對於病況及病史的陳述。譬如 Elizabeth von R. 說，她的腳是在照顧臥病的父親期間開始疼痛。在此期間，她犧牲了休息、睡眠及社交生活。此外，父親過世後，有一次在單獨跟二姊夫共處時，她的膝蓋及腳突然痛得站不起來。佛洛伊德在確定這些病人並無器官上的疾病後，分析出致病的機轉。譬

如，Elizabeth von R. 的病例顯示，家世單薄又無兄弟的她於適婚之齡喪父，失去經濟的依靠和社交的機會，因而在不自覺中暗戀生性溫和的二姊夫。經由某些身心運作機制（也就是佛氏日後所發現的「被壓抑物回返」的機制），Elizabeth von R. 將其孤立無援、不敢／不能勇往直前追求所愛的情境寓於「裹足不前」的象喻，然後將此象喻回復為它的原始情境，或字面狀態，也就是「（因為腳痛而）無法站立或行走」。如此，「腳痛不能走路」的歇斯底里症狀發揮了一石二鳥的功效，Elizabeth von R. 一方面藉此阻止自己將欲望付諸實行，而另一方面，她又將她的欲望隱密且安全地包藏於其症狀之中。

佛洛伊德發現，歇斯底里症的身體症狀和病人的述說之間，形成超乎常理的對話，顯示人的身心運作具有以往的科學／哲學方法論所不能解釋的機制。類似這樣的身心運作機制，成為佛洛伊德往後關注的重點。其後二十年間，佛洛伊德致力於對夢、筆誤、笑話、精神官能症、妄想症、各種「正常」與「變態」性傾向等等進行觀察、分析和寫作。一九一四年，前述的觀察和描述，大抵已呈現出完整的圖像[3]，於是佛洛伊德開始著手寫作一系列重要的後設心理學（metapsychological）著作，嘗試就心靈運作機制及其形成因素建造理論架構。這套理論架構有幾個重點，首先是所謂的雙

3　其中，對於罹患精神官能症的「狼人」病史的寫作（這是對於幼年性活動、夢或潛意識活動、閹割情結的重要描述），是完成於1914 年年底。然而為了保密的顧慮，此文於四年後才正式發表。

重與三重「心靈地形誌」。

「雙重心靈地形誌」將心靈描述為由「潛意識」和「意識（及前意識）」這兩部分所組成；而「三重心靈地形誌」，則將心靈視為由「原我」、「自我」和「超我」三者相互作用而形成的。前述心靈地層或地形的形成，是壓抑（repression）的作用所造成的；壓抑的力道則是來自活命和倫理道德的考量。會讓生命無法存活，以及會招致道德非議的因子，都會被壓抑在潛意識裡，無法進入意識的領域。受壓抑物（the repressed）被跟它原先所含有的心靈能量，即驅力能量[4]，分隔開來，存藏在潛意識裡；至於後者，即心靈能量，則被導向不受壓抑或不受禁制的路徑，推動身心活動。

以上的心靈結構，其形成的關鍵性因素和力量到底是什麼？佛洛伊德認為，小男孩在人生初期會愛上給他溫飽的母親，並因此怨恨占有母親的父親，形成「伊底帕斯情結」[5]。其後，伊底帕斯情結引發的陰莖刺激所導致的自慰、尿床等「調皮」行為，會招致責罵與禁止；這些斥責與恐嚇，在小男孩看到女生（例如姊妹）的性器官時，會發揮力道萬鈞的效果，使得小男孩害怕跟這一切麻煩顯然有關的小雞雞（這給予他巨大快感的器官是他所珍視的）會遭受危難，譬如會被割掉，變得跟女生一樣，如此形成「閹割情結」。在閹割情結的作用之下，男孩會放棄對母親的愛戀；他對父親的態度則由怨恨轉為認同，內化父親的權威，在幼弱的自我核心裡形成超我，如此，自我受到鞏固，變成強壯穩固，有能力控制原我或

本能衝動，伊底帕斯情結因此得以解除。

　　其後，男孩進入性快感的潛伏期，專致於接受教育，吸收並繼承文化遺產，繼續強化他的超我，並進一步鞏固他的自我。如此男孩／男人逐漸發展出社會關懷、正義感，以及思辨與行為能力，既能克制自我，又能研判情勢適時行動，以使原我的願望以合於情理法的方式達到滿足。如此，男孩發展出主動、剛強的男性或陽性特質（masculinity）。

4　驅力的德文原文為 trieb，佛洛伊德著作全集英文標準版譯為 instinct（本能）。但是，拉岡指出，trieb 並非本能需求。本能需求產生之後，會觸發心靈中存藏的原初滿足經驗之記憶印記，然後於此記憶印記的指引之下，展開尋找滿足的活動；由於原初滿足的情境——也就是人生最初期的母子共生、需求與滿足之間毫無距離的狀態——已然不可復得，因此任何的需求都注定會觸動已被壓抑了的記憶印記，因此激發並解放（即脫離原初滿足記憶）的能量，會被用以推動無盡的追尋，這動力便是佛洛伊德所稱的 trieb。據此，trieb 被重新譯為 drive（驅力）。而驅力所含有的動能，便被稱為「驅力能量」。一般認為，驅力能量是後設心理學（metapsychological）上的一種理論概念，似乎並無生理學上的物質基礎；但是，事實上佛洛伊德曾經指出，此類能量「是由化學物質（chemical products）所組成，而這些化學物質的種類可能相當的多」（1895b）。佛洛伊德的這種說法似乎預言了日後關於神經傳導物質的發現，正如他已被證實預言了荷爾蒙和神經胞突的存在。

5　在古希臘神話故事中，從小被人收養的伊底帕斯國王於不知之中犯下弒父娶母的大罪。佛洛伊德認為，這正是人們幼年的戀母恨父情結在神話中的展現，因此他以神話的主人翁之名為此種情結命名。

至於女孩的發展，跟男孩並不對等。佛洛伊德發現，她們仍在人生初期最先愛上的也是給她溫飽的母親，並且發展出陰蒂快感；這段期間，小女孩和小男孩一樣，會有自慰的行為，而她自慰的部位，是跟陰莖對等的陰蒂[6]。在這個階段，小女孩的性向和行為與小男孩無異，是主動且具有侵略性的，直到有一天她看到了男生的性器官，赫然發現就這個快感來源的器官而言，顯然她遠不如男生。女孩的自愛（self-love）立即受到無可回復的打擊，從此她要經歷雙重的轉變。

　　首先，就性的層面，她會放棄自慰陰蒂，壓抑性欲，並將性快感區從陰蒂移向陰道，形成被動的性欲模式，並且因為性欲受壓抑而容易產生性冷感。其次，就性別地位和愛的對象而言，「陰莖優於陰蒂」的發現會使她瞧不起女性，包括她自己和母親，並且她會把沒有陰莖一事怪罪於母親，因此她對母親的態度由愛轉為懷恨；同時，她會形成「陽具歆羨」（penis-envy），欽佩擁有陰莖的男性，並且把對母親的愛轉向父親／男人，並在性別特質上轉為認同母親。

　　閹割情結迫使男孩放棄伊底帕斯情結，卻引導女孩進入依戀父親的階段，這便是女性模式的伊底帕斯情結。由於「已被閹割」的發現使女孩處於無可損失、無須努力而且毫無憑藉的窘境，因此女孩既乏動機與力量去徹底解除伊底帕斯情結。影響所及，女孩無法形成強大的超我與穩固的自我，一方面容易耽溺於私情與一己好惡，缺乏社會關懷及正義感，無法好好發展思辨與行為能力。另一方面卻害怕不被愛，因此總是努力遵

守父親／男性訂下的道德準則，並專注於容貌，形成女性模式的自戀。在這個過程中，原本跟小男孩一樣主動且具有侵略性的「小男人」（佛洛伊德如此稱呼小女孩）發展出陰柔被動的女性或陰性特質（femininity），長成正常的女人。

至於佛洛伊德理論中的兩性關係，則是跟世代關係巧妙結合。女孩轉向愛戀父親／男人之後，她的陰莖歆羨會轉變為生小孩的欲望，而當成年後的她如果生得一個帶有陰莖的孩子，她的陰莖歆羨便能得到替代的實現，而且，她幼年受壓抑前的主動性願望，也能移轉到兒子身上，變成對兒子的期待與支持。這說明何以母子關係是所有人際關係當中，最能免於愛恨糾葛（ambivalence）的一種。至於男性，他的戀母情結會使他受具有母儀的女性吸引，但他孩子的母親最愛的不會是他，而是他的兒子。如此，兩性的婚配，以及後代的生育和教養，這人倫建構、世代延續的大業，得以一併達成。至於夫妻關係，如果要臻於穩定的理想狀態，前提便是它必須轉化為母子關係，而這也是世間夫妻關係基本模式之中的一種。

6　佛洛伊德認為，這個時期（伊底帕斯期）的小孩不易得知陰道的存在或作用，小孩只懂得自慰陰莖或陰蒂，加上「閹割情結」強調的是這兩個對等器官的有／無與大／小，必然導致獨尊男性器官，如此形成「陽具至上」，也就是男性和男性器官至上。因此之故，佛洛伊德稱小孩的此一發展時期為「陽具期」（the phallic phase，臺灣心理學界將此詞譯為「性蕾期」，一來不足以充分表達佛洛伊德原意，二來也顯示臺灣科學界「為男性諱」心態）。又，佛洛伊德以快感區的發展順序為小孩發展階段命名，依序分別為口腔期、肛門期、陽具期、潛伏期、性器期。

以上的理論顯示，人的心靈架構及其運作機制，並非天生而然，而是在複雜的生物、社會、文化因素交錯影響下，逐漸形成的。此外，佛洛伊德也強調生物性別（即具有男性或女性性器官）和陽性特質、陰性特質之間並無必然關聯。他認為，男孩女孩都可能以不同的程度同時認同父親和母親，並且愛戀父親和母親，造成人基本的雙性傾向（bisexuality）。前述四種因子會以多寡不同的程度配置，正常的情況是男孩傾向於有較多認同父親／男人、愛戀母親／女人的成分，女孩則反之，但是，相反的配置也是可能發生的，如此便會形成同性戀、雙性戀、陽剛的女人、陰柔的男人等情況。

　　佛洛伊德理論還有個必須在此一提的重點，那便是前述尊奉父之律法的心靈架構之形成過程，不僅在每一個個人的生命歷程中不斷被重複，更是人類社團曾經走過的路。正與個人心靈一樣，人類社團在史前時期經歷弒父的階段，並於其後兄弟共治的過程中，為了防止搶奪母姊導致秩序崩潰，而藉亡父之名立下禁止亂倫的約定，如此奠立了文明的基石。整體人類文化和個人心靈是平行對等的，因此佛洛伊德稱呼個人的心靈中父的權威被確立、伊底帕斯情結得以解除之前的時期為「個人的史前史」。如此，父的權威和價值，以及隨之而來的一切，包括內發的壓抑、理法的壓制、欲望的受挫及女性的受貶抑等，都具有強大的必然性與必須性。雖然佛洛伊德對因此引發的「不滿」（discontents），尤其是侵略欲的無限擴大，感到無比憂慮。這大抵便是晚期佛洛伊德的立場，一方面以《文

明及其不滿》（*Civilization and Its Discontents*, 1930）質疑現存文化體制，另一方面又以《摩西與一神教》（*Moses and Monotheism*, 1939）表達對父權體制的肯定。

佛洛伊德在精神分析探索的早期，將焦慮等沉重的精神負擔，以及因此引發的精神病變，歸咎於壓抑。他以改革家的口吻呼籲解除壓抑，語氣之強烈，比諸他的早期理論的信仰者、性革命提倡者賴希（Wilhelm Reich, 1897-1957）不遑多讓。但其後他對後設心理學理論的發展，以及將此理論放諸人類文明大架構中觀之的努力，卻使他得到底下的結論：基本上，壓抑是果而不是因，它對人類文明的發展、人類社會秩序的維護，具有重要關鍵性。

從婦運及性與性別角色省思的角度而言，佛洛伊德理論具有下列幾項意義：一、正如精研佛氏理論的伊希迦赫（Luce Irigaray, 1930-）指出的，「佛洛伊德描述的是實際的情境」（Irigaray, 1985:70），也就是他所處的時代與社會的實際情境，如此，佛洛伊德理論能夠幫助我們了解男尊女卑文化在心靈結構之形成與運作層面的狀況；二、前述了解會導致父之功能的解碼，這解碼將發揮很大的作用，包括「父之功能的完全消除」[7]（Girard, 1977:190）；三、佛洛伊德理論顯示，生

7　在此必須說明，於 Girard 提出此種說法的二十餘年後的今天，父權或父之功能雖已被大幅度解除，我們卻赫然發現，歧視女性的情況照樣存在，甚至變本加厲。原來，父權並不是歧視女性的唯一元兇（參見本文第二部分「女性主義與精神分析的對話」）。

物性別、性傾向、性別特質三者間並沒有必然關聯，這對「男女天生有別」的頑固迷思以及強制異性戀機制（compulsory heterosexuality），不啻致命的一擊；四、佛洛伊德和他的理論詮釋者拉岡，把底下這個高難度的問題留給女性主義者：男性／陽具至上觀（male supremacy 和 supremacy of the phallus）以及閹割情結和壓抑之為（現有）文化、社會、主體誕生的關鍵，這點有沒有改變的可能？

關於最後一點，佛洛伊德理論的重要詮釋者與闡發者拉岡，將會提出出人意表的闡述，將重點移至心靈運作場域與文化／社會架構的意符法則層次。這項轉化使得扎根於父權體系的精神分析理論，在今天急遽符碼化、父之功能已經大幅度消除的時代，仍然具有不容忽視的相關性。

拉岡

佛洛伊德理論跟父權體系間相互佐證的關係，可想而知必會遭到從文化／社會觀點出發的種種批評，包括婦運陣營的駁斥。對於這類批判，拉岡揮出戈登結（編注：指無人能解的死結）上的一刀，認為它們未能搔著癢處。他堅稱「問題之所在，不是人跟語言的社會現象面向之間的關係……而是如何重新揭開佛洛伊德所指出的潛意識運做法則」（Lacan, 1977a：285）；根據拉岡的理論，這法則便是語言的法則，或表意（signifying）的法則。這套法則所構成的語言體系，是以陽

拉岡
Jacques-Marie-Émile Lacan
1901-1981

具作為「特權意符」（the Privileged signifier）。陽具的意符、潛意識，以及尊父之名的整套體系，三者呈現互相重疊的關係。至於尊父之名的體系，拉岡則稱之為「象徵秩序」（the symbolic order），它涵蓋（西方）現有文化中的一切事物，包括語言、文化、典章制度、社會習俗等等。

對於陽具、潛意識、象徵秩序三者之間的關聯，底下擬從拉岡舉出的一個具體事例著手（見 Lacan, 1977a：103-104），嘗試加以說明。佛洛伊德曾觀察到，他的一個一歲半的孫子就像那個年紀的幼兒一般，喜歡把一個線軸扔到看不到的角落，然後再把它找回來。他以無比的專注玩這個遊戲，樂此不疲。佛洛伊德注意到，這個遊戲跟小孫子的母親有關，

而且，每當小孫子把線軸扔掉的時候，他就發出一連串「喔喔」的聲音，而找回線軸時，他則「啊啊」地叫著。佛洛伊德發現「喔」的聲音代表德文的 "fort"（「不見了」），而「啊」則代表 "da"（「在那裡」），如此他解出小孫子的這個遊戲玩的是「母親不見了／出現了」。佛洛伊德解釋，小孫子「自己表演他所能掌握之物的消失和回復」，以此補償他的「偉大的文化成就，即放棄驅力的滿足」（Freud, 1920:15）。

佛洛伊德把「放棄驅力的滿足」（即放棄擁有母親、一有需要就能立即得到滿足的母子共生狀態的願望）視為「文化成就」，也就是人脫離自然或生物狀態的成就。這項成就的內涵是小孩「自己表演他所能掌握之物的消失和回復」。小孩會用毛毯、玩具熊（或像佛洛伊德的小孫子用線軸）代替母親，並以此對抗他對失去母親或母子共生狀態的恐懼感，在這個過程中，他將進入語言的世界。就像佛洛伊德的小孫子，用「喔」跟「啊」兩個音元分別代表「無」與「有」，而這兩個音元是從周遭眾人使用的既有語言中擷取的，這語言是整個文化／社會的疊影，如此，小孩將循線進入語言體系和文化社團。小孩的需要（need）將不再直接通向滿足，他會說出來，用要求（demand）的形式表達。事實上，小孩開始說話，發出要求，即表示他已經經歷原初共生體的喪失（loss）、不復存在（absence）；如此產生的分裂（split），導致小孩開始說話，主體（subject, 也是話中的主詞）因而誕生。這樣的過程，注定人將無法一勞永逸地找到能帶給他滿足的客體

（object）。這是因為事實上人已無法回到需要立即滿足的胎兒時期，或母子共生狀態。需要和要求間必然存在的差距，意味的是完全的滿足是不可能的，因此它會推著他追求滿足，永遠不斷地尋找下一個客體，如此形成人的欲望（desire）的「矛盾、歧岔、不可測等等特質」（Lacan, 1977a：286）。

　　需要、要求、欲望之間的關聯，還可以從另一個角度看。佛洛伊德（1895b/1900）推論，幼兒的需要得到滿足的經驗，會在心靈中留下記憶意象（mnemic images），例如，孩子飢餓時得到母親的哺乳。當同樣的需要再度出現時，幼兒會遵循原始心靈的運作法則，也就是「快樂法則」（the pleasure principle），藉最簡便的方式獲取立即的滿足，也就是直接觸動心靈內部的相關記憶意象以激發幻象。但幻象並不能解除需要與不愉快，這樣的經驗會修正心靈結構，使它產生壓抑幻象、辨別真假、判斷情勢的新功能，心靈運作的新法則由此產生，也就是現實法則（the reality principle）。幻象以及其他引發不快之感的經驗受到壓抑，形成潛意識。我們必須注意的是，受壓抑物並不是客體本身，而是滿足經驗在心靈中留下的記憶意象。壓抑的作用使載錄這些意象的神經元所含有的能量降至最低，以便一方面不致於因為能量過強而引發幻覺，另一方面又能在心靈裡保有其記憶，以作為比對之用，讓心靈活動有以按圖索驥，循線找到通向滿足的途徑。至於從受壓抑的記憶意象脫離而去的原有強大能量，則會成為推動欲望的驅力，在記憶印記與語言兩相交疊而成的表意系統（the signifying system）裡，沿著表意軌鍊（the signifying chain）移動，不斷探索新的客體，尋求滿足，或進行文化創造活動，將欲望昇華。

　　欲望的不斷移動，或心靈能量的位移，遵循的是存藏在潛意識裡的印記相互連接的法則，也就是表意的法則、語言的法則。如果說有欲望這麼一回事，那是因為有潛意識，也就是語言，其結構和效用皆超乎主體的操控，因為在語言的層面，總是有某些東西超越意識之外，使欲望的運作有容身之處。欲望、潛意識能量以及語言本身，搭乘著形諸語言的要求，藉組合（combination）與替代（substitution）、壓縮（condensation）與錯置（displacement）、隱喻（metaphor）與隅喻（metonymy）等方式，駛上不斷蜿蜒開展的表意軌鍊（Lacan, 1977a：285），於此，意符召喚出意指[8]，意指又因其與不可復得的欲望原初對象（即存藏於心靈裡的記憶意象所指涉的原初滿足經驗之客體）之差距，而被「還原」為意符，繼續召喚新的意指。在這流動的、自成體系的語言／潛意識體系中，自我消融了，踰越了意識的範疇，成為包容整體文化的語言的主體／主詞，這主體／主詞是自我（ego）的眾多認同（identifications）之總和，也是這些無以統合的認同的消融（Lacan, 1988：167），熔鑄成為那無所不在、無以確定而又無以取消的既鉅且微的象徵秩序。主體／主詞的這種本質，說明語言現象是「它在大它者（Other）內裡說話」（Lacan, 1977a：285），「信息是從大它者的位置發出」

（286），說話的並不是「我思故我在」的固守意識的自我，而是滑脫到他方去了的「它」，或原我（在德文原文中，原我寫作 das Es, 為「它」之意）。如此，拉岡打破了自限於意識範疇的西方哲學與科學傳統。對於人類文明的這項激進貢獻，應該歸功於牽著佛洛伊德的手，帶領他走入精神分析領域的歇斯底里症女病人們！

上述的語言／潛意識體系，是以陽具作為關鍵意符，「它正是被用以設定所有意指的整體效果的那個意符」（285）。陽具的這種功效，是來自於閹割情結。於此，拉岡把他的欲望之說，銜接到佛洛伊德的閹割情結理論。閹割恐懼內化父的權威，尤其是他的亂倫禁制令，由是形成超我，對戀母願望施以穩固的壓抑，如此產生固若金湯的潛意識，這便是心靈的地下發電廠，提供著源源不絕的心靈動能。這動能的原有內涵被壓抑了，於是被迫游離，不斷推動心靈的活動，沿著表意環鍊，不斷製造新的意義，尋找新的客體或其替代物。

也就是說，尊父之名的文化／社會中的種種活動，包括創造與更新的努力，都是在一個超強的表意環鍊上進行的，這表意環鍊的流暢，以及其動能的強大，都是來自於陽具這個

8　意符／意指關係是拉岡理論重點之一。此一概念來自語言學家索緒爾（Ferdinand de Saussure），他指出符號（sign）是由意符（signifier）和意指（signified）組成，此兩者互相對應；意指是符號的概念元素，意符則是其符徵。拉岡修改索緒爾理論，將重心放在意符，認為意符先於意指，後者不過是意符所造成的效果（Evans 1996:186）。

「特權意符」。女性所展現「閹割已遂」的可怖情境，證諸其空缺、不成形與可恥[9]足以賦予陽具一個獨特的位子，成為一個幾近純粹的意符，以無比強烈的方式同時指涉「有」與「無」這對基礎位元，具有足夠的力量催生並支撐強勁的表意活動。

較早期的拉岡傾向於毫不保留地肯定陽具所支撐的體系，他稱呼這個體系為象徵秩序，因其特徵在於象徵作用，也就是語言符號以及文化／社會元素的互異互換與互相指涉。拉岡認為，象徵作用能夠將原本卡死於人我之間（即個別的自我之間）、極易陷入愛恨情仇而不能自拔的線性雙方關係（拉岡稱此為「鏡像關係」或「想像層次」），藉著父親[10]、律法、語言的介入，撐開為較為寬闊自由的三方（多方）關係。拉岡和佛洛伊德一樣，目睹人的侵略性愈演愈烈，他因此特別注重象徵作用解除「你死我活」的鏡像關係的功能。

拉岡非常清楚奠基於陽具的象徵秩序對女性不利，而且也是女性所不樂意接受的。但是，較早期的他認為她們對此只有忍受一途，因為象徵秩序是必然且必要的。這是因為這個時期的拉岡十分依賴李維史陀的學說，他將語言法則中的替換等同於父系親族之間的交換女人。然而，較晚期的拉岡經歷了隱約可見的改變。

在著名的《第二十講：論女性性意識及愛與知識的極限》（1998/1972-1973）中，拉岡對於現存象徵秩序及兩性關係表現出嘲諷的態度。他宣稱：「對說話的存有（the speaking being, 即進入語言及象徵秩序的人）而言，兩性之間並不曾形成什麼關係。」（66）愛是什麼？不過是說話的存有以存藏在潛意識最底層的原初客體之記憶意象為起點，受由此意象脫離的能量推動，循著表意環鍊不斷移動的狀況。男人把愛的對象（女人）拿來跟大它者（此為潛意識與表意環鍊的所在）以及神混在一起，如此，女人變成了男人藉以融合大它者和至高的神靈的橋樑。女人無知，她們把愛投向她們所認定的知者，也就是崇尚理知的男人。而對於男人，愛卻是陽性靈魂跟陽性靈魂之間的「男性戀」（84），跟兩性關係並無關聯，女人只不過是其間的工具。「女人被視為與靈魂無關，以便後者有以誕生」，如此，女人一方面被連接於神，另一方面卻被界定於知識和道德的卑位，不僅無知，而且道德有所缺憾。「談論女人即誹謗女人。嚴格的說，歷史上流傳的有關女人的最著名事蹟，都是最誣謗女人的一些東西。」（85）

拉岡為女性的打抱不平，對現有體系的嘲諷溢於言表。他甚至不惜明白批判他素來所宗法的佛洛伊德。他指出，變態的是男人，對此佛洛伊德是最清楚不過的了，但「可笑的是他起初將變態歸諸女人，去讀讀《性學三論》！這證明男人只在伴

9　根據拉岡分析，空缺、不成形正是人生初期正成形中──以及每一個人一輩子不斷成形中──的主體最害怕之事。

10　根據精神分析理論，他介入於母親和小孩之間，打破母子共生，使小孩有機會長成個體，並進一步藉著伊底帕斯情結和閹割情結的作用引導小孩進入文化社團。

侶身上看到可用以自戀地支撐他自己的東西」（86-87）。拉岡把現有文化對女人的惡評歸諸於男人的投射[11]。而將男人對女人的愛拿來分析，則可發現兩性關係並不存在。挑動男人的，其實是虛設的欲望動因，拉岡稱之為「小客體」（objecta），這是原初共生體在分裂出主體時的殘留物，跟大它者實則並無關聯，男人只不過是拿女人做中介，自戀地將小客體接合於大它者，如此產生一方面愛女人、一方面直通至高的神靈的幻想（fantasy）。「這便是愛的行動……它是男人作為說話的存有的多形變態[12]」，男性性快感並未如一般所相信的那樣匯集於性器官並通向客體（女人），兩性關係不過是男人的幻想。

另一方面，拉岡重新提出困惑著佛洛伊德的問題：「女人想要什麼？」他指出，佛洛伊德宣稱只有陽性（masculine）的原欲，而沒有陰性的，這意味著「一個理當不應受輕忽的領域，也就是那些選擇做女人的所有人的領域」受到了忽視（80）。而女人是什麼？無知無言的女人，「必然為事物的本性所排除」，而這事物的本性其實「就是文字的本性」（73）。意指是意符所製造出來的，事物的本性為文字的本性所決定；以陽具為特權意符的語言，以及其所製造出來的所有物事，必然會產生排除女人的效果。因此拉岡說出令人費解的名言：「女人並不存在。」事實上，女人一方面受陽具所指涉的體系所含括，另一方面卻有一部分逸出男性中心的體系，以至於從這個體系的角度看，她是「非整體」（notwhole）。女人，也就是選擇歸為女性這一邊的人，不一定是生物上的女人，有一部分從男性體系逸出去，享有「超乎陽具〔所指涉的範圍〕之外的愉悅」（jouissance beyond the phallus），這愉悅相對於陽具功能所指命的愉悅而言，不是互補的（complementary），而是多出來的（supplementary）、非所有（not-all），兩者並無法像一般所相信的那樣形成一個整體。拉岡認為，唯有女性模式超乎陽具的愉悅，才能帶領人走出自限且縛人的自我，成就更寬闊的我與人；拉岡借用海德格的用語 "ex-sistence"（走出自我而愉悅地存在）來描述這種境界。

我們必須注意的是，排除女人的是陽具所指涉的一切，而這正是「女人本身當今正忙著抱怨的事」（73）。女人的抱怨顯然是有效用的，至少拉岡就認為我們已處在「轉捩點」上，可以預期事情最後「將依人口統計的方式（demographically）解決」（86）。我們注意到，拉岡說的

11　投射（projection）是一種防衛機制，把自己拒斥或不願承認的特質、情感、願望等等，從自己身上推得一乾二淨，並歸諸於他人。

12　多形變態（polymorphous perversion）是人生初期流竄於身體各部位（口腔、肛門等）的快感，這些快感被閹割情結所導致的壓抑禁制，此後快感便統合於性器官。多形變態之所以被歸為「變態」，是因為佛洛伊德依據傳統分法，將一切不以生育為目的的追求性快感的行為，都視為「變態」。（雖說如此，佛洛伊德卻致力於解釋這些行為，揭露正常性行為與變態行為之間的連續性，使得後者變為可理解，甚至可接受。）

是「依人口統計的方式」，也就是男女人口的比例（拉岡也指出這比例大抵是一半一半）。拉岡的意思是不是說，唯有如此我們才有可能使那被陽具排除了的一切也能有其再現（representation），變得有知有言？而對射精播種、讓現存再現體系——這個令克瑞絲緹娃（Julia Kristeva 1941-）願意高呼「父權萬歲」（引於 Oliver, 1993:176）的豐麗文化／社會體系——有以誕生的陽具這個特權意符，我們應如何看待？「不存在」、「非整體」、「非所有」的女人，又要如何催生她們自己的表意體系？女性的再現會對現有象徵秩序的內涵和架構發生什麼樣的影響？這便是拉岡留給當今女性主義陣營的問題。

女性主義與精神分析的對話

佛洛伊德陣營裡的回應

　　佛洛伊德關於性及女性特質的理論，可想而知必會引起劇烈反應，歷史學家布爾（Mari Jo Buhle, 1943-）對於女性主義與精神分析關係史的研究顯示，女性的回應對精神分析理論的發展產生了深刻影響。譬如，安德烈亞斯－莎樂美（Lou Andreas-Salomé, 1861-1937）於一九一二年加入佛洛伊德陣營，她最感興趣的是女性的性。就在兩年之後，佛洛伊德發表

〈論自戀〉，論及性別差異，認為女人性器官的成熟似乎會使她退化到人生初期的自戀狀態，變得注重容貌、對外在社會事務不感興趣。但是，安德烈亞斯－莎樂美對此發出反駁，認為對女人而言，重點不在自戀或自愛，而在女人的性與愛使她回到原初的人我、內外融合狀態（Buhle, 1998:64）。

佛洛伊德的弟子亞伯拉罕（Karl Abraham, 1877-1925）於一九二〇年以一些女病人的案例發表論文，認為女性的陽具歆羨若不能正常解決，就會促發想跟男人爭平等的欲望。他的一位女病人荷妮（Karen Horney, 1885-1952）（也是佛洛伊德的弟子）為文反駁，她指出陽具歆羨不過是基於男性自戀的錯誤想法。這惹來佛洛伊德親自出面干預，在一九二〇年代寫了一連串專文，反覆闡述閹割恐懼和陽具歆羨，如何決定男女兩性的性與人格發展。此舉不但未能解決爭論，反而開啟了為時甚久的對峙。佛洛伊德、亞伯拉罕、朵伊契（Helene Deutsch, 1884-1982）、波拿巴（Marie Bonaparte, 1882-1962）等人相信陽具歆羨的影響力，佛洛伊德甚至說它顯示「生理即命運」，而荷妮、瓊斯（Ernest Jones, 1879-1958）、克萊恩則強調陰道的優先性，其中，荷妮甚至提出男人有「子宮歆羨」的說法（Buhle, 1984:67-84）。

第二波婦運初期的反擊

一九三〇年代之後，涉獵精神分析理論的歐陸學者及社會

改革者，紛紛移民至美國和英國，精神分析的影響力也隨之擴散，使性、親職（尤其是母職）、性別角色、人格發展成為往後數十年間的談論焦點，吸引了人類學家、小兒科醫師、文化評論者、電影編導以及廣大閱眾的加入，尤其是幼兒的母親。這些談論承襲精神分析陣營內部的對峙，加上政治經濟情勢以及其他學說發展的影響，產生複雜的變異和組合，形成文化與人格批評的風潮。其中有關女性的部分大致可以分為兩個對立陣營，一邊主張女性獨立自主，另一邊認為女性應該留在家裡做賢妻良母，相夫教子。後者逐漸占了上風。布爾的史學研究指出，到四〇年代末期，連原本主張多元性別角色的米德（Margaret Mead, 1901-1978）也轉向了，甚至說母職是女人的「生物性角色」（Buhle, 1998:196）。

第二波婦運就是在這樣的背景下展開的，毋怪乎美國第二波婦運的大將和重要理論家們，包括傅利丹、米列、費爾史東，不約而同對佛洛伊德發出猛烈的抨擊。傅利丹在她影響舉世女性生涯規劃的《女性迷思》一書中，指責佛洛伊德建立在陽具欽羨之上的理論是「為男性的性唯我論」，將女人看做生來就是為了愛男人、滿足男人的需求並獲取男人的愛。這種看法在經過發揚之後，影響極大。傅利丹認為，普遍困擾著二十世紀中葉美國女性的「賢妻良母迷思[13]之影響力，即是得自佛洛伊德思想」（1963:103）。米列也在影響深遠的《性政治》一書中，直指佛洛伊德理論為「混淆生物與文化、生理與地位」；而倘若小女孩真有什麼荒誕不經的陽具欽羨，那也是

因為小女孩生長在男性至上的文化／社會中，早已習於羨慕男性的一切（1970:187）。

　　費爾史東，跟另外兩位女性主義者一樣，在她的經典著作《性的辯證》一書中，花了一整章駁斥佛洛伊德，她們都認為他的理論產生太大的負面影響。「最能代表二十世紀美國的文化潮流，可能非佛洛伊德著作和由此衍生的諸學派莫屬了」；經由課程、精神治療、大眾文化，「沒有一個人不暴露於他對人類生命的看法」，以至於佛洛伊德主義成了「我們的現代教堂」（1970:46）。精神分析對女性主義的傷害何在？費爾史東認為，兩者事實上共享同一塊土壤，那便是前一個世紀的性壓迫和性壓抑，而且，基本上兩者處理的也是同樣的素材，那便是父權家庭和文化。但兩者的方向卻截然不同，女性主義致力於消除父權，精神分析卻「被用於一個反動的目的，將男人和女人社會化，套入一個人造的性別角色系統」。如此，精神分析「成功地遏阻父權家庭受到第一波打擊所造成的巨大社會不安及角色混淆」；也就是說，「精神分析被用以消解女性主義反叛」，它藉著吃掉女性主義來壯大自己（1970:71-72）。衡諸精神分析所衍生的眾多學派及大眾文化對婦運的打擊，費爾史東的強烈抨擊實是師出有名。

13　"feminine mystique"為「賢妻良母迷思」之意，此間譯本將它譯為「女性迷思」，恐有誤導之嫌。傅利丹在此書中抨擊賢妻良母角色，引導女性紛紛追求事業的發展。

育兒安排與性別認同

在對佛洛伊德發出的隆隆砲聲當中，有另一種聲音逐漸出現了。這是從第二波婦運所開啟的女性主體角度，對精神分析的重新詮釋與運用，其代表人物為丁尼斯坦（Dorothy Dinnerstein, 1923-1992）和喬得羅（Nancy Chodorow, 1944-）。她們所提出的雙重育兒（dual parenting, 即由父母共同育兒）之說，以及對於母子關係、主客體關係的詮釋，於理論和實務上產生重大影響。譬如，當今北歐各國推動父親育兒的政策，即是受了喬得羅理論的影響[14]。而丁尼斯坦對精神分析理論的運用，也間接催生了日後盛行的生態女性主義。丁尼斯坦著重佛洛伊德理論中的母子關係，也就是對於給他溫飽的母親，幼兒會投以愛和認同，而同時他也會把因延緩滿足而生的挫折與怨恨投向母親。丁尼斯坦認為，這種因母親（而非父親或父母共同）育兒而形成的母子共生，以及其分離過程，會對男女關係，以及廣泛的主體與客體關係，包括階級關係、人與自然的關係，產生決定性的影響。丁尼斯坦援用克萊恩（Melanie Klein, 1882-1960）的理論來發展她對兩性關係、人類文明及其改善之道的看法。

佛洛伊德透過精神官能症患者幼年經驗的回想，建構主客關係及性發展的理論。他的女弟子克萊恩則藉由對幼兒的直接觀察，來驗證並修改佛洛伊德的看法。她發現，嬰兒的哺乳經驗並不是全然愉快的，嬰兒「可能擔心乳汁來得太快或太

慢，或當他最想要喝奶的時候找不到乳房」。嬰兒「希望擁有永不匱乏的恆在的乳房」，並且覺得「母親是全能的，必須靠她遏阻一切內發的和外來的痛苦」；嬰兒於是會把生命必然出現的挫折歸罪於母親，對她投以毀滅性的怨怒。如此，小孩經歷「分裂」（splitting）的機制，覺得「存在著一個好乳房和一個壞乳房」，幼兒若要正常成長，就必須進行「修補」（reparation），「動員愛的感情，以對抗毀滅的本能」，以便將好乳房和壞乳房融合為一個獨立的客體（Klein, 1957；引於 Dinnerstein, 1976:96-97）。

丁尼斯坦發現，克萊恩所描述的幼兒與母親的關係是來自「父權家庭的性別角色安排」，它使母親成為嬰兒所能仰賴的唯一對象，如此所形成的女性權力「成為絕對權力的最初且最深刻的原型……這種集中於一個性別、在人生一開始就施加於兩種性別的權力，是太強大而且危險的力量，不能隨它任意操控成年人的生命；對每一個由母親養大的人而言，設法圍堵它、控制它、駕馭它成了一個攸關存活的需要與任務」（Dinnerstein, 1976:161）。男性和女性會採取不同的策略，男性由於害怕落入幼年完全仰賴母親／女人的無助狀態，因而會否定排斥女性，女性則害怕自己會擁有她曾經懼怕的無邊權力，而甘心甚至去尋求被男人統馭。

14　見劉毓秀，1999。

在深受核武威脅的年代寫作的丁尼斯坦，順著佛洛伊德在《文明及其不滿》中的理路，以及布朗（Norman O. Brown, 1913-2002）、芒福德（Lewis Mumford, 1895-1990）等人的修正和發揮，指出男人掌控的欲望促使他們輕感情重理性，喜歡操控客體，偏重發展科技與武器，對自然和人類本身造成毀滅性的威脅。

丁尼斯坦提出的解決方法很簡單，雖然她並未說明如何實行：讓男人參與育兒，承受幼兒的愛恨投射，以便徹底改變幼兒及成人的主客關係，包括性／性別關係、人與自然的關係，以及男人和女人本身的心性。

喬得羅跟丁尼斯坦類似，強調由女人全權育兒是不良的安排，但是她的角度不同於後者。喬得羅（1974/1978）循著佛洛伊德理論，主張幼兒的前伊底帕斯期依賴含有兩種成分：其一為幼兒對母親的認同，其二為口腔期「吞吃」式的主客關係模式導致對哺乳／照顧者的強烈依戀與依賴。喬得羅指出，在絕大多數的社會中，幼兒持續依戀生身之母，這「不是因為生物的必然，而是意味著嬰兒由女人（通常是母親）負責照顧」。由於父親比母親少在身邊，男孩必須以負面的方式達成男性認同，即「壓抑他所認定的內在女性特質，並貶抑、汙衊外在世界中跟女性有關的一切」，而將他認為較優等的文化／社會事務視為男性領域。至於女孩的性別身分，則迥異於男孩，它是直接延續自對母親的原初認同與依戀，無須經過拒斥與斷裂；影響所及，一方面女性人格具有較多且較深的客體連

結，使她們的生命充滿對異性、小孩及其他女人的「深刻原發關係」，另一方面，她的自我疆界也較為模糊薄弱。由於彼此迥異的社會化歷程，男性會追求自立與成就，而女性則傾向於育養和盡責。

喬得羅認為，以上所描述的性別分化具有雙重缺點，一方面會導致歧視、拒斥女性，因為這是男性認同的必要條件；另一方面，自我界線的模糊，與自我的薄弱，甚至嚴重喪失，會從母親到女兒代代相傳。要改善這種惡性循環，可以採取兩個做法。其一為提升女性的地位，因為喬得羅發現，在女性社經地位崇高的社會中，女性雖沒有清晰牢固的自我界線，卻能發展出強有力的自我感與自我價值意識。其二為「雙重育兒」，其要點為：第一，女兒和兒子必須不只認同雙親中之一者；第二，兒子必須在承擔育兒責任的父親身邊成長，而女兒身旁必須有一位擁有重要的角色與受認可的領域的母親。這樣的安排使男孩不再需要藉否定女人與女性特質來建立性別認同，而且，兩種性別的小孩都能發展出充分個人化的穩固自我。

性意識的解構與嘉年華

性是精神分析理論的中心題材，女性主義很早就開始回應精神分析的這一面向。布爾記述，佛洛伊德曾於一九〇九年受邀到美國麻州克拉克大學介紹精神分析理論。女權、性自由與母性的提倡者高德曼（Emma Goldman, 1869-1940）在聽過佛

高德曼
Emma Goldman
1869-1940

洛伊德的演講後，隨即發表文章，闡述精神分析與女性主義的相通之處。她指出，佛洛伊德將女性的智能劣勢歸罪於「為了達成性壓抑而加諸於她們的思想壓制」（引於 Buhle, 1998:2），因此，她認為精神分析知識有助於女性創造自主意識[15]。

第二波婦運的激進派女性主義者科德（Anne Koedt, 1941-）則有著迥異於高德曼的看法。科德直接切入陰蒂／陰道快感之辯，激發既巨且微的影響。科德於一九七一年為文抨擊佛洛伊德所傳揚的「陰道快感迷思」，指出陰道是一個敏感度極低的器官，其作用在於作為產道，而非性快感器官；終其一生，女性的性快感器官都是密布感覺細胞、敏感度甚高的陰

蒂，而絕非如佛洛伊德所言，會於成長過程中由陰蒂移轉到陰道。科德強調，由於陰道距離陰蒂相當遠，陰莖對陰道的插入無助於女性快感；就達到女性性快感的目的而言，異性戀、同性戀、自慰並無二致。於文中，科德引出佛洛伊德女弟子波拿巴於一九五三年發表的文章：「有些女人的陰道與陰蒂距離過遠，陰蒂快感過於固著，在這種情況下，就可以藉手術的方法達到陰蒂與陰道的融合，以便促進正常的性愛功能」（引於Koedt, 1971）。科德對這種說法大加撻伐，嚴斥陰道快感之說傷害女性的身心。

科德簡明扼要的述說隨著女性意識覺醒團體的傳播，迅速擴及世界各地，對男性的性優越發出致命一擊。男性無助於女性快感之說，對女同性戀運動發揮催化的作用。此外，異性戀陣營也採取救亡圖存之舉，使原本流行的有關「（女性的）性冷感」的論述很快地被「（男性如何）前戲」的論述所取代。

佛洛伊德認為成年女人的性快感器官是陰道，而非陰蒂。科德針對這點發出反擊，斬釘截鐵地說陰蒂才是女人的快感器官。德國女性主義者塞希特曼（Barbara Sichtermann）（1983/1986）對此提出溫和的批判，認為此舉正是著了佛洛

15　在此必須加以說明的是，佛洛伊德早期傾向於主張解除性壓抑，但在這一方面他於中、晚期有重大且複雜的轉變。關於這點，女性主義陣營實有需要加以釐清，並採取明確的立場，因為內在的壓抑與外在的壓制兩者的配置，關係著人格（即原我／自我／超我）的結構，而且，男女兩性處境現況迥異，所需的調整大不相同（參見劉毓秀，1997）。

伊德的道，陷入陰道、陰蒂孰是孰非的無益論辯；她認為，科德所說陰道缺乏感覺細胞，以致生產時實施切開手術甚至不必麻醉，或史瓦茲（Alice Schwarzer）以衛生棉球不會刺激性欲來說明陰莖插入沒有作用，這類說法都是無稽之談。事實上，陰道口非常敏感，而且，從生理學上而言，陰道和陰蒂形成同一個反應單位。

我們記得，老早就有一些人，譬如荷妮的小兒科醫師朋友穆勒（Josine Müller, 1884-1930），曾經指出，即使年紀相當小的女孩的陰道也會產生愉悅的感覺[16]。強調母性的荷妮，以穆勒的觀察來駁斥陰道快感是後來才發展出來的說法，而偏重性自由的科德則乾脆完全否認陰道快感，只承認陰蒂快感的存在。由此我們可以看見女性主義知識其實深受意識形態的影響。而我們必須了解，這些從女性主體角度所主張的知識，儘管方向相反，卻都是對女性有利的：在經過女性主義者們陰蒂／陰道快感爭辯的洗禮後，今天的女性愈來愈普遍自覺到原來我們的陰蒂是很敏感的，而且，我們的陰道也富於反應[17]！

類似科德的論法，跟芮曲（Adrienne Rich, 1929-2012）、維蒂格（Monique Wittig, 1935-2003）以及其他人的女同性戀理論產生共振，加上早先已有的馬庫色（Herbert Marcuse, 1898-1979），賴希（Wilhelm Reich, 1897-1957），傅柯（Michel Foucault, 1926-1984）等人，跟精神分析對話所啟動的性解放與解構性別和性傾向的理論，將會導向性意識的無限解構與多元化，形同一場性意識的嘉年華，而以酷兒理論或性別扮

裝理論為其代表。譬如，為了打破李維史陀、佛洛伊德等人所界定的傳統性別認同，巴特勒（Judith Butler, 1956-）認為應該對它進行「諷刺的模仿」（parody, 例如男、女同性戀者對於異性戀性別角色的模仿），其任務在於「對性別（gender,即文化性別）進行激進的繁殖，藉以重複並錯置（displace）具有重複、複製作用的性別常規」（1990:148）。哈洛威（Donna J. Haraway, 1944-）則提倡一種「後性別世界」，在那兒住著「合成人」（cybogs），他們踰越各種疆界、將文化象徵打散並組合形成「後現代的集體的個人的自我」（Buhle,1998:347）。

布爾舉了一個生動的例子說明前述理論的極端實踐狀況。受教於加州大學聖塔克魯茲（Santa Cruz）分校婦女研究的一位年輕女孩如此描述她的性意識／性別認同／性別特質狀況：

> 我是超文化性別，猶太人，男孩，女同性戀。我的生物性別是女人。我覺得我的文化性別是男人：我認同男性特質（masculinity）的社會建構；我常常希望我的身體看起來像男孩，我很傷心我有大奶奶，卻沒有那話兒；我喜歡被人誤認為男孩；我很高興我的女同

16　Buhle, 1998:75。
17　在這些辯論普及之前，女性甚至普遍不知陰蒂的存在，更遑論感受其快感功能。

性戀朋友和愛人們叫我小男孩。但是我不是男人。
我不認為我是男人。我的文化性別是男人，我從事
於建構我的男性文化性別，但是，我感到受傷害，
因為我是一個跨越性別界線的女孩。（引於 Buhle,
1998:348）

這樣的發展，雖然或許能如巴特勒等人所期待的「混淆性
別的二元性，並暴露其根本的不自然」（Butler, 1990:149），
卻反而更加突顯「性別的中心性（the centrality of gender）」，
誠如布爾所批判的（1998:348）。而且，這種由理論所繁殖
的性別雜混，正如前面所引的自述顯示的，容易傾向於貶抑
女性特質（femininity）並遏阻女性團結，其間的深沉因素，
可能是下一節將討論的再現、主客關係與性別特質之間的關
聯。此外，這也顯示女性主義有需要發展某種「功能性的本質
主義」或「反反本質主義」（Elizabeth Grosz 語，引於 Buhle,
1998:350），以便婦運能夠團結女人，使女人不至於被性意識
的無限多元化所分化。

再現與主客關係的難題

米契爾（Juliet Mitchell, 1940-）、羅斯（Jacqueline Rose,
1949-）、蓋洛普（Jane Gallop, 1952-）等人從拉岡的理論著
手，找到精神分析與女性主義的接合點，進入「一連串難題的

網路：性差異、欲望、閱讀、書寫、權力、家庭、陽具中心主義和語言等等的難題」（Gallop, 1982:xi）。根據布爾的史學研究，這個方向的探索「引導其理論家們走進了死胡同」。她引用 Teresa L. Ebert 於其一九九六年的《遊戲式女性主義及其後》（*Ludic Feminism and After: Postmodernism, Desire, and Labor in Late Capitalism*）一書中的看法，說明在晚期資本主義社會，欲望成了主要的物質主義力量，生產跨國利益，並允諾真正不受限制的個人自由；佛洛伊德認為人有能力昇華欲望，以此推動文明，但是，現在卻只剩欲望留了下來，一種據說跟性無關的欲望（Buhle, 1998:356-357）。

布爾的史學研究終止於此，顯示精神分析對女性主義的影響，總合來說是負面的，其最終功能是促成欲望的商品化，以及對女性認同的無止境分化。布爾忽略了精神分析女性主義理論一個重要的新發展，那便是布倫南（Teresa Brennan, 1952-2003）（1992/1993）從心靈能量的量與流動角度出發，我們不妨稱之為「心靈能量流體力學」，對於主客體關係所做的闡述。

佛洛伊德推論，嬰兒在心靈中銘印喝奶飽足的記憶意象之後，下一次飢餓時，心靈為了尋求立即的滿足，會直接將能量一古腦兒貫注到喝奶的記憶意象，引發幻覺。布倫南詮釋佛洛伊德的說法，認為造成主體的分裂的，就是幻覺所形成的內在心靈跟外在現實的差距；其後，幻覺的壓抑進一步鞏固此分裂，並且將適量的能量固定在被壓抑了的記憶印記。

而被壓抑的記憶印記所載負的客體原型，或原初客體，便是母親（的乳房）。布倫南援引克萊恩的理論，認為母親，或女人，以及跟母親一樣具有育養生命的無邊法力的大自然，會成為無助的小孩／人類忌妒、模仿、掌控、侵略的對象，從中建構自我。在此現象中，拉岡看到黑格爾的主子與奴隸的辯證，以及他者意識或內在他者的毀滅；這是因為主體是恆常分裂的，它為了得到滿足而掌控客體，將侵略與死亡驅力施加於客體。克萊恩所描述的壞乳房幻想，以及克瑞絲緹娃所說的（對母體的）「棄卻」（abjection），指的就是這回事。

　　人生初期幻覺的存在是建構客體的第一步；（幻覺等的）壓抑則會將穩固的能量貫注於被壓抑物，形成強固的心靈結構，不斷幻想、思考，試圖找到那永遠找不回來的原初客體。布倫南順著拉岡的說法指出，西方在十七世紀之後，思辨法則（心物二元論等）的劇烈發展使心靈的結構益加細緻、密封，這樣的心靈「在能量的層次是密封的，無法感知人我、物我之間的能量連結（energetic connections）」（1993:12），而能量的流動卻是活生生存在著的，它增強掌控者的自我，卻削弱被掌控者（主要是女人和勞工）的自我。現在，加上西方科技之助，掌控者的自我能量無限增強，導致整個世界變成了「由客體構成的世界」，而活生生的大自然也在這過程中被消耗掉了（1993:14）。

　　布倫南還做了另一項非常重要的提醒，那便是以上的發展是一種「從父權封建社會到性別歧視的資本主義（a sexist

capitalism）」、「從只有有限的科技到擁有能夠更精確地滿足欲望的科技之社會」的發展（169）。很諷刺的是，這是跟西方自由民主制度同步進展的。男人爭權的民主自由潮流打破佛洛伊德在《圖騰與禁忌》、《摩西與一神教》中描述的父權體制，破除父與神的權威，由兄弟（地位平等的男人們）分享權力，高唱個人自由，建立「沒有任何人必須負責任的性別歧視系統」（172）[18]。父權被大幅度破除了，取而代之的是男人們不再受限制的爭相發展，以及隨之加劇的對客體（女性及大自然）的剝削。

18　Kate Millett（1970）指出，父權具有雙重結構：男人統御女人，在上位的男人統御在下位的男人。於十八世紀下半葉開始展開的世界性民權運動，便是男人推翻父權的前述第二重結構（即「在上位的男人統御在下位的男人」）的運動。緣由於此，肇始於民權革命的現代國家的立國者、制法者眼中的「生而自由平等」的「人民」，乃是男人（男性家戶長），並不包括婦女。不僅於此，民權運動的政治動員力量主要來自中產階級男性家戶長為了方便其經濟活動而進行的集結，因此，資本邏輯成為現代國家的基本運作法則。如此產生的現代國家，可想而知，其法律、制度、生活模式自然是處處歧視女性的；它雖被稱為自由民主國家，實施責任政治，卻沒有任何人必須為女性權益的受侵奪而負責任。這一切都是因為到二十世紀末為止，民權運動在解除父權的第二重結構的同時解放了資本，卻未解除最基本的第一重結構，即男性對女性的統御。如此形成 Brennan 所控訴的「性別歧視的資本主義」；Brennan 從女性主義的角度借用精神分析理論，為性別歧視和資本主義的緊密結合提出一種心靈能量流體力學與心物互動模式的解析。

和丁尼斯坦一樣，布倫南關切的是母子關係和主客關係，而且也顯露同樣的生態關懷。她跟丁尼斯坦的不同之處在於，透過拉岡對佛洛伊德理論的深入發掘與考察，她以相當唯物主義的能量概念來檢驗主客互動，以及主體內部構成單元的互動。據信，隨著神經醫學與生化科學對於人體傳導物質研究的進展，佛洛伊德理論有關心靈能量運作法則的推論（見Freud, 1895a），或許能夠得到證實，如此，或許能夠進一步觸及他一再提及的心靈現象底部的「岩盤」（bedrock），而且，我們或許將清楚地看到：原來主客之間、身心之間並不是斷裂的，而是重疊的、延續的。

　　拉岡在《第七講：精神分析的倫理》（1992/1959-1960）中指出，康德的理想主義哲學、薩得（Marquis de Sade, 1740-1814）描寫施虐的文學作品，跟佛洛伊德的精神分析之間有一脈相傳的關係。在這背後，雖然拉岡沒有點明，但是我們可以一眼看出存在著男性主體爭自由的運動。

　　女性主義者因而可以循線指明其間的關聯。卡麥隆（Cameron）和福瑞澤（Frazer）（1996a/1996b）提醒我們注意這項事實：薩得的施虐小說是十八世紀晚期理想主義美學的表現，它跟性謀殺（sexual murder）之社會現象的興起有必然的關聯，因為施虐小說這種文藝作品[19]使性謀殺「不再是孤立偶發的異常行為，而成為具有文化意義的作為」，經由文化管道的呈現與宣傳，被納入個人與集體的表意體系，使任何個人都能選擇從事之。

佛洛伊德所說的欲望的昇華，或拉岡所說的欲望在陽具所啟動的表意軌鍊上的錯置移動，也就是再現（representation），在兄弟共治的民主資本主義體制下，形成男性主體或自我在文化層次的恣意剝削他者。卡普拉（Susanne Kappeler）藉著引用康德來暴露他的馬腳：康德於《判斷力批判》（*Critique of Judgement*）一書中說，在美感的領域，「再現是全然決定於主體，不僅於此，是決定於其對生命的感受」（引於 Kappeler, 1996:303）。康德所宣稱的超然、無私、普同云云，是純然的謊言。而且，在美感的領域，再現即（男性主體）性欲的表現，因此再現即色情，正如卡普拉的另一本書名《再現的色情》（*The Pornography of Representation*, 1986）所指明的。

　　現有的再現體系，以及再現法則，因而是男性中心的、不利於被當作客體的女性的。這是可被改變的嗎？女性有什麼辦法可以找到自己的再現法則，建立自己的再現體系？這對性別權力及主客關係將有什麼影響？對精神分析理論涉獵頗深的克瑞絲緹娃、伊希迦赫與西蘇，針對這些問題提出說明及解決辦法（第六章〈後現代女性主義〉）。

　　在再現的層面，試圖打破男性中心再現體系的努力面臨著一個根本的難題，那便是現有表意系統是以陽具為基礎意符的「事實」或說法。女性主義應如何面對陽具這個基礎意符？它

19　佛洛伊德將文學藝術創作解釋為不法欲望的昇華；拉岡則視之為欲望在表意軌鍊上錯置移動的表現。

真的是整個信史紀元的基礎嗎？它是否法力無邊？追求性別平等的女性主義有辦法破解它或越過它嗎？而且，在二十一世紀資訊科技與跨國資本同步發展的時代，建立在陽具的「有」與「無」之表意位元之上的人工智慧跟人結合而成的合成人的表意活動，已臻於自律（autonomous）之境，對於這種極度科技化的再現，女性主義又能夠像哈洛威那樣毫無疑慮地擁抱嗎？

意義與方向

　　對精神分析理論頗有涉獵的西蒙·波娃，以及接受過精神分析科班訓練的強悍女性主義者伊希迦赫，雖然覺得精神分析無法擺脫父權的局限，卻認為它有助於洞察父權文化／社會及女性心性。就此種功能而言，女性主義面臨的難題之一，是精神分析理論本身對心靈、語言、性與性別等奧祕現象的解釋極其駁雜奧窅，不易掌握。

　　譬如，研究女性主義與精神分析百年交鋒史的布爾，針對拉岡有關女性的理論下結論道：「女人，總而言之，是男人建構出來的，是他的閹割情結的產物。」（329）這種詮釋恐怕是出於對拉岡的嚴重誤解。其實，拉岡說的是，雖然每一個女人都有被陽具功能所決定的部分（至於男人則是全然為陽具功能所決定），但是，陰性特質之為陰性特質，關鍵就在於它越過了陽具所指涉的自成整體的範疇，因此，從陽性的角度觀

之，女人就是「非整體」或「非所有」。陽性之人的欲望繞著其主體自身的餘留物，也是其欲望的起因，即拉岡所稱的小客體打轉；陰性之人大為不同，她的欲望不為小客體所啟動，因此能夠走出她自己。如此而得的愉悅，便是拉岡所說的「超乎陽具的愉悅」。

類似布爾的詮釋，將陰性特質視為全然為男性所建構，意味著對位於女／陰性特質的一方的人們，或者每一個人身上的女／陰性特質的極度否定。這種歧視陰性特質的傾向，恐怕是肇始於民權運動的婦運，得自於民權運動陽性本質的遺傳。

丁尼斯坦、喬得羅、布倫南等人則結合女性主義與精神分析，嘗試拿陰性特質制衡陽性特質獨大的當今世界文化傾向。其中，較為晚近的布倫南循著拉岡的足跡，找回佛洛伊德早期有關心靈能量的理論。布倫南將陽性特質的獨大詮釋為自我的能量貫注大量增強，大幅削弱心靈結構中其餘部分（如原我）的能量及週遭人物的心靈能量；這樣的世界，也就是當今的世界，是布倫南稱之為「自我的紀元」，而這是一個自我極盡能力侵奪客體的時代。布倫南強調，心靈能量的消長，跟經濟力的消長，是互為因果的。因此，布倫南主張，改善之道在於塑造仁民愛物、各方平等的連結，而且，這也必須是在心靈能量及經濟力層面的連結。精神分析女性主義理論發展至此，可謂周全深入，證明精神分析的知識和（反傳統方法論的）方法論，能夠有助於推動追求平等的運動，包括婦女運動。

參考資料

劉毓秀（1997），〈文明的兩難：精神分析中的壓抑及其機制〉，《思與言》第 35 卷第 1 期。

—— （1999），〈北歐的兩性三重角色及其形成〉，於《兩性平等教育季刊》第七期，台北：教育部。

Brennan, Teresa 1992. *The Interpretation of the Flesh: Freud and Femininity.* London and New York: Routledge.

—— 1993. *History After Lacan.* London and New York: Routledge.

Buhle, Mari Jo 1998. *Feminism and Its Discontents: A Century of Struggle with Psychoanalysis.* Cambridge, Massachusetts: Harvard University Press.

Butler, Judith 1990. *Gender Trouble: Feminism and the Subversion of Identity.* London and New York: Routledge.

Cameron, Deborah, and Frazer, Elizabeth 1996a. "The Murderer as Misogynist?" In *Feminism and Sexuality.* Eds. Stevi Jackson and Sue Scott. Edinburgh: Edinburgh University Press.

—— 1996b. "On the Questions of Pornography and Sexual Violence: Moving Beyond Cause and Effect." In *Feminism and Sexuality.* Eds. Stevi Jackson and Sue Scott. Edinburgh: Edinburgh University Press.

Chodorow, Nancy 1974. "Family Structure and Feminine Personality," in *Woman, Culture, and Society*, ed. Michelle Zimbalist Rosaldo. Stanford University Press.

—— 1978. *The Reproduction of Mothering: Psychoanalysis and the Sociology of Gender.* Berkeley, Ca.: the University of California Press.

Culler, Jonathan 1982. *On Deconstruction: Theory and Criticism after Structuralism*. Ithaca, N.Y.: Cornell University Press.

Dinnerstein, Dorothy 1976. *The Mermaid and the Minotaur: SExual Arrangement and Human MalaiSE*. New York: HarperCollins.

Evans, Dylan 1996. *An Introductory Dictionary of Lacanian Psychoanalysis*. London and New York: Routledge.

Firestone, Shulamith 1970. *The Dialectic of SEx: The CaSE for Feminist Revolution*. New York: William Morrow.

Friedan, Betty 1963. *The Feminine Mystique*. New York: Norton.

Freud, Sigmund, and J. Breuer 1895a. *Studies on Hysteria in The Standard Edition of the Complete Psychological Works of Sigmund Freud (SE), vol. 2*. London: The Hogarth Press.

Freud, Sigmund 1895b. *Project for a Scientific Psychology*. SE vol. 1.

── 1900. *The Interpretation of Dreams*, SE vols. 4/5.

── 1905. *The Three Essays on the Theory of Sexuality*, SE vol. 7.

── 1908. "'Civilized' Sexual Morality and Modern Nervous Illness", SE vol. 9.

── 1911b. "Formulations of Two Principles of Mental Functioning," SE vol. 12.

── 1914. "On Narcissism: An Introduction," SE vol. 14.

── 1915a. "Repression," SE vol. 14.

── 1915c. "The Unconscious," SE vol. 14.

── 1923. *The Ego and the Id*, SE vol. 19.

── 1924a. "The Dissolution of the Oedipus Complex," SE vol. 19.

── 1925b. "Some Psychical Consequences of the Anatomical Distinction Between the Sexes," SE vol. 19.

—— 1930. *Civilization and Its Discontents*, SE vol. 21.

—— 1931. "Female Sexuality," SE vol. 21.

—— 1933. "Femininity," SE vol. 22.

—— 1939. *Moses and Monotheism,* SE vol. 23.

Irigaray, Luce 1985. *This Sex Which Is Not One*. Ithaca, N.Y.: Cornell University Press.

Kappeler, Susanne 1986. *The Pornography of Representation*. Cambridge: Polity Press.

—— 1996. "Subjects, Objects and Equal Opportunities." In *Feminism and Sexuality*. Eds. Stevi Jackson and Sue Scott. Edinburgh: Edinburgh University Press.

Klein, Malanie 1957. *Envy and Gratitude*. London.

Koedt, Anne 1971. "The Myth of the Vaginal Orgasm." In *Radical Feminism*, eds. Anne Koedt, Ellen Levine, and Anita Rapone. New York: Quadrangle, 1973.

Lacan, J. 1977a. *Ecrits. A Selection*, trans. Alan Sheridan, London: Tavistock.

—— 1977b. *The Four Fundamental Concepts of Psychoanalysis,* trans. Alan Sheridan, New York: Norton.

—— 1988a. *The Seminar of Jacques Lacan, Book I: Freud's Papers on Technique, 1953-1954*, New York: Norton.

—— 1988b. *The Seminar of Jacques Lacan, Book II: The Ego in Freud's Theory and in the Technique of Psychoanalysis*, 1954-1955, New York: Norton.

—— 1992. *The Seminar of Jacques Lacan, Book VII: The Ethics of Psychoanalysis, 1959-1960*, New York: Norton.

—— 1998. *The Seminar of Jacques Lacan, Book XX: On Feminine Sexuality, The Limits of Love and Knowledge, 1972-1973*, New York: Norton.

Millett, Kate 1970. *Sexual Politics*. London: Virago.

Oliver, Kelly 1993. *Reading Kristeva: Unraveling the Double Bind*. Indianapolis: the Indiana University Press.

Sichtermann, Barbara 1983/1986. "The Inducement Myth: Feminist Discussion of the Orgasm," in *Femininity: The Politics of the Personal*. Tran. John Whitlam and ed. Helga Geyer-Ryan. Cambridge, UK: Polity Press.

第六章

解析父權體制與資本主義

——當代社會主義女性主義

范情

當代社會主義女性主義的發展背景

　　社會主義女性主義可溯自十九世紀初期，當代社會主義女性主義則約發展於一九七〇年代。當代社會主義女性主義受馬克思主義影響，但又不滿馬克思主義無法解答「婦女問題」及「性別盲」，因此要發展一種政治理論和實踐，融合約同時興起的激進女性主義洞識和馬克思主義的傳統，同時也避免他們的問題（也有論者認為應併入精神分析學派的影響）。

　　馬克思主義認為婦女受的壓迫不如工人受的壓迫重要，許多馬克思主義女性主義者對此感到不耐。與列寧同是革命家之一的查特卿（Clara Zetkin, 1857-1933）認為，必須正視婦女在私領域受的壓迫，鼓勵共產黨婦女黨員討論性與婚姻，卻遭列寧斥為瑣碎小事、迎合婦女的自我縱容耽溺。在查特卿領導下，許多當代社會主義女性主義者已經深信，階級社會不是壓迫婦女成為「婦女」的唯一原因，因為在社會主義國家如古巴、中國大陸、（前）蘇聯，婦女已成為勞動力，經濟獨立，但仍和資本主義社會中的婦女一樣承受性別壓迫（Tong, 1989:173-174）。

　　而美國婦女運動在取得投票權後沉寂了一段時間，直到一九六〇年代民權運動、學生運動、反戰及世界各地，特別是在歐洲的新左派運動等蓬勃興起，才又風雲際會地甦醒。當時美國婦運界略可分為兩個陣營，一是「改革派」（reform）或稱「溫和的婦女權利」（moderate women's rights），一為「革

命派」（revolutionary）或稱「激進的婦女解放」（radical women liberation），也有用「大眾運動」（mass movement）和「小團體」（group）較中性的字眼形容兩陣營的區別。這些「小團體」或因一九六六年到一九七〇年代初，有些運動者不贊同「全國婦女組織」（NOW）支持「平權修憲案」、墮胎權，迴避同性戀議題而離開，另組小團體，關心特別議題。也有些婦女因參與六〇年代各式各樣運動，質疑這些運動追求的社會正義理想為何並不包含婦女，特別是標榜解放的意識型態的團體，其中婦女始終扮演協助角色，這種衝突現象導致她們出走，組織小型婦女解放團體（第四章〈激進女性主義〉）。

一九六八至一九六九年間，小型的婦女解放團體在全美重要城市成立。許多人有革命思想又不願與左派男性共事，發展出一種結合左派經濟分析的女性主義社會分析[1]。一九六九年秋成立的「芝加哥婦女解放聯盟」（Chicago Women's Liberation Union），是當時第一個女性解放自主組織且認同左派的團體。起初她們自稱激進派婦女，聯盟宗旨是婦女解放必須包含所有人的解放，且婦女解放是所有被壓迫人民解放中最基本重要的。她們認為，要使婦女解放，除了馬克思主義所指必須推翻資本主義外，還必須推翻父權社會。一九七二年

1　雖然她們的結合是基於對左派的批評，但這些小團體間為是否應用馬克思主義意識和社會主義理念也引發緊張關係（Ryan, 1992:48），這也包含對政治策略和理論的不同看法。

「芝盟」發表〈社會主義女性主義：一個婦女運動的策略〉（"Socialist Feminism: A Strategy for the Women's Movement"），清楚定位自己為社會主義女性主義者。

此外，許多大學校園的讀書會也形成了新的聯盟，他們也參與當時學術圈剛萌芽的婦女研究，許多討論聚焦在左派觀點優先或女性主義第一，由於傾向不同而形成當代社會主義女性主義或激進女性主義。

當代社會主義女性主義
和其他流派的關係

當代社會主義女性主義（以下稱「社會主義女性主義」）是較晚發展的政治傾向，理論或應用都在發展中，不能從既定的理論體系中解釋，而是從許多存在的片段和實驗性應用擴充形成一個理論體系（Jaggar, 1983:304）。它和激進派女性主義一樣，認為古老的政治理論如自由主義或馬克思主義，都無法充分解釋婦女受壓迫的原因，在發展新的政治經濟理論時，除了受到馬克思主義、激進女性主義及精神分析女性主義的影響，也批判這些理論的不足或缺失。

社會主義女性主義和自由主義女性主義

　　社會主義女性主義認為，自由主義女性主義要求的平等、平權違反資本主義社會的利益和價值，不可能在資本主義社會中運作，如職業婦女要求的同工同酬、托兒、產假等都是花錢的（Donovan, 1985:82）。且自由主義女性主義忽略了性別角色分工，維持了公／私領域劃分的階級現狀，忽略了婦女在所謂私領域中的日常勞務，如養育小孩、養護家庭成員等的價值及政治經濟意涵（Jaggar, 1983:306）。不同於自由主義女性主義要在既定的社會體系中改革，社會主義女性主義則要革命，建立一個新的社會體系。

社會主義女性主義和馬克思主義

　　潔格（Alison Jaggar, 1942-）指出，社會主義女性主義以馬克思主義的唯物史觀解釋婦女問題（Jaggar, 1983:124）。社會主義女性主義認同傳統馬克思主義對人性（human nature）的看法，認為人性是由人的生理、社會和物質環境交互辯證的關係所決定的。透過不同的生產活動，人類重新創造生理和心理結構，因此人性因歷史而改變（Jaggar, 1983）。亦即物質生活、生產型態決定社會、政治和心智生活；改變社會不是靠訴求公理正義，而是集體的階級鬥爭。

　　社會主義女性主義對於「生產活動」認定的分析，與馬

哈特曼（中）
Heidi Hartmann
1945-

克思主義並不相同。雖然恩格斯在《德意志意識型態》（*The German Ideology*）中提及生產活動也包含家庭，但傳統馬克思主義認定的「生產」是滿足物質需求的食、衣、住等交換價值（exchange value）的生產，而社會主義女性主義認為婦女在家庭（私領域）內的「再生產」（reproduction），如性（sexuality）、孕育、養育、個人情緒支持及生活養護等，也是「生產」，絕非傳統馬克思主義認定的只具使用價值（use value）而不具交換價值。家庭內的「再生產」活動不僅有交換價值，如：婚姻當中的性服務（Jaggar, 1983:135），且有其政治經濟意涵。

此外，馬克思主義分析資本主義如何使工作領域和家庭領

域分離，及何以家務勞動逐漸失去經濟價值，但無法解釋為何在家做家務的是女性，在外工作的是男性，而非轉換過來。且馬克思主義（恩格斯）以為，只要讓婦女到工作領域就業就可以解決婦女的問題，但婦女就業後，家務卻並未社會化，反使婦女承受雙重勞務（dual labor），且在工作職場中也是從屬地位。如哈特曼（Heidi Hartmann, 1945-）在〈馬克思主義和女性主義不快樂的婚姻：尋求更進步的聯合〉文中指出，馬克思主義無法解釋為何女性在家庭內外都必須從屬於男性，而不是反過來的方式（Hartmann, 1993:191-200）。

故當代社會主義女性主義認為馬克思主義是「性別盲」，是男人的世界觀，無視父權制度對婦女的壓迫。

社會主義女性主義和激進女性主義

社會主義女性主義認同激進女性主義提出的「父權社會」概念，也就是一種男人宰制女人的社會體系，決定男女位置的性別分析。「父權社會中，條條權力大道都通向男人，如商業、醫藥、法律、政治、學術，女人只能在家中或做低薪、較無聲望的工作」（Tong, 1989:174）。兩者都認為必須重新界定人類生活的公、私領域，看到人性和人類社會由性（sexuality）和生養育（procreation）的組織型態形塑；激進女性主義強調其政治意義，而社會主義女性主義則強調其政治經濟意涵。（Jaggar, 1983:137-148）

但激進女性主義認為父權社會是一種普遍一致的現象，易導致某些不當譴責，例如：譴責陰蒂割除，如同譴責強暴，卻忽略陰蒂割除在肯亞可能還有其他意涵，與在美國的認知並不相同（Tong, 1989:174）[2]。社會主義女性主義認為，父權社會是一組男人之間互相依賴、團結的社會關係，這種階層性的社會關係是可以改變的。激進女性主義傾向，認為女性相對於男性自成一個階級，強調所有女人的共同性，不論總統夫人、社會運動者、女性勞工……女性的統一定義是「母親」、「性服務者」，亦即性和生養育是社會基礎，相較於女人間的階級區分，女性被男性的壓迫更為基本，更顯重要。而社會主義女性主義認為，個人生活經驗除了由性與性別形塑，也由階級、種族、國族等塑成，社會主義女性主義企圖解釋所有這些壓迫關係，並解除這些壓迫，不認為有哪一種壓迫是更基本、更重要的（Jaggar, 1988:134）。

社會主義女性主義和精神分析女性主義

精神分析女性主義理論認為，兩性的性別認同和行為模式根築於潛意識，這是男性被置於公領域而女性於家庭私領域的原因，不受經濟、政治變革影響。社會主義女性主義在討論家庭與意識型態社會化時，曾引用相關探討[3]，但精神分析的「普遍、一致」性可能產生問題，如前伊底帕斯和伊底帕斯情

境只適用於當代及西方，並非所有時期、所有地方。另外，以心理結構分析，沒有提供婦女被壓迫的物質基礎解釋，過於虛幻（Tong, 1989:175）。

　　不同於傳統馬克思主義以階級鬥爭優先於性別議題，或是激進女性主義視性別壓迫為最重要的基本問題，社會主義女性主義認為，單一的反資本主義或反性別壓迫運動都無法達到經濟正義和兩性平等，必須二者並進，而二者如何運作，社會主義女性主義發展理論策略時有兩種取向，也就是雙系統理論或統合系統理論。

2　童（Tong）認為，雖然麥金能（Catharine MacKinnon）和戴力（Mary Daly）為婦女在色情出版（pornography）、妓女、性騷擾、強暴、毆打婦女、纏足和陰蒂割除等壓迫，提供物質基礎且有用的定義，但將這種父權社會機制「普遍、一致」化，將可能忽略個別文化或其他意涵。例如：陰蒂割除誠然有害婦女，必須反對，但其在當地有「成人禮」的含意及／或以原住民習俗對抗殖民者的道德權勢有關，故不宜簡單化、一致性地和強暴問題同樣處理看待。

3　關注社會如何建構男性氣概（masculine）和女性氣質（feminine）的女性主義者如：米契爾（Juliet Mitchell）、Jane Flax、魯冰（Gayle Rubin）、喬得羅（Nancy Chodorow）及丁尼斯坦（Dorothy Dinnerstein）。

雙系統理論或統合系統理論？

雙系統理論（Dual-Systems Theory）和統合系統理論（Unified-Systems Theory）對父權社會與資本主義社會二者的關係有不同看法。雙系統理論認為，父權社會和資本主義社會是兩套社會關係，代表兩組不同的利益，當他們交織時，使婦女受到特別形式的壓迫。要了解婦女被壓迫的原因必須先分別分析父權社會和資本主義社會，再分析其辯證關係。代表這種分析取向的有米契爾（Juliet Mitchell, 1940-）與哈特曼。統合系統理論企圖用一個觀念來分析資本主義父權社會，認為資本主義無法和父權社會分離，就像心靈無法和身體分離一般。代表者如楊（Iris Young, 1949-2006）和潔格。

雙系統理論

非物質的父權社會分析＋物質的資本主義分析

米契爾是社會主義女性主義的先鋒，一九六六年她出版的《婦女 —— 最長久的革命》（*Women, The Longest Revolution*）首先描寫英國婦運，而於一九七一年出版的《婦女的階級》（*Women's Estate*）和一九七四年的《精神分析和女性主義》（*Psychoanalysis and Feminism*）則「提出女性主義問題，嘗試提供馬克思主義的答案」（Women's Estate, 99）。

米契爾批評馬克思主義忽略婦女在家庭中特別的從屬形

態。她在《婦女的階級》中指出，四個關鍵結構決定婦女處境，除了傳統馬克思主義分析的「生產」結構外，還有以家庭為基礎的「再生產」、「性」和「兒童的社會化」（socialization of children）結構。

　　楊認為米契爾是以非物質的父權社會分析，配合物質的資本主義分析，因為米契爾對家庭的分析大都是非物質的[4]。米契爾認為婦女的家庭生活中，有些層面是屬經濟性，隨時空轉換、生產模式改變而改變；有些是生物社會性的，是女性生理和社會環境交織的結果；更有其他層面是意識型態，是社會對女性和男性的關係如何界定的看法。無論生產模式怎麼改變，生物社會性和意識型態層面基本上仍保持一樣。米契爾在《精神分析和女性主義》中指出，因為家庭中非物質的部分由人類深層心理決定，除非深層心理改變，否則婦女追求社會上再多的平等也無法改變婦女處境。米契爾引用毛澤東的話：「即使有集體工作、平等立法、兒童社會照顧等，要改變中國人對女人根深柢固的態度沒有那麼快。」（Mitchell, 1974:412）她強調，因為男女在潛意識心理皆深受陽具符號宰制且形成社會對女人的態度，所以婦女解放的腳步很慢。她認為父權社會的意識型態模式和資本主義的經濟模式是兩個領域，應以馬克思主義策略顛覆資本主義，以精神分析策略顛覆父權社會。

4　所謂非物質的父權社會分析，是指米契爾對父權社會分析，大都是精神分析、意識型態的。

米契爾的理論有兩個重要面。首先，受阿圖塞（Louis Pierre Althusser）影響，認為影響婦女生活的四個結構各自有相對自主性且互依賴，要了解社會運作，必須了解意識型態的重要性；其次，儘管女性主義者對佛洛伊德有許多批評[5]，但她延展精神分析理論，試著在女性主義分析上再應用佛洛伊德的想法。這意味米契爾和激進女性主義者對家庭、性和男性控制知識的批評重疊，不同的是米契爾也嘗試提供歷史性的解釋，但仍限於提供「生產」部分的發展。米契爾認為經濟也許是一切的基礎，政治和意識型態的鬥爭也扮演重要角色，她的分析避免了馬克思主義簡約的經濟決定論，也因此提倡婦女自主性組織，認為婦女既為被壓迫族群，必須為自己的解放奮鬥，沒有女性主義者的奮鬥，父權社會不會自動解體（Bryson, 1992:249）。

　　米契爾所指的四個結構被質疑如何具體互動，以及劃分經濟和意識型態分析可能只是一種人為區別（Bryson, 1992:249）。另外，儘管她提出顛覆二大體系的策略，並預測社會主義未來將取代資本主義，但並未清楚說明父權社會將會為何者所取代（Tong, 1989:178）。楊指出，米契爾將男性統治、壓迫女性是全球普遍一致、很難改變的現象，視為是父權社會意識型態的分析基礎，這不僅使女性感到無望，且無法解釋不同文化、種族、階級間女性處境之不同；另一方面，這易導致一種錯誤印象，因意識型態只是存在於「腦」中的想法，其對婦女的壓迫彷彿不如資本主義生活中綿密細微的事

實，因此，「父權社會提供壓迫婦女的型態，而傳統馬克思主義理論提供壓迫婦女的內容，且還提供改變的動力，如此卻未能挑戰傳統馬克思主義，仍承認歷史社會物質關係的馬克思主義理論」（Young, 1980）。

巴瑞特（Michèle Barrett，1949-）和麥金塔（Mary McIntosh, 1936-2013）對於家庭也有類似的分析。在一九八二年出版的《反社會家庭》（*The Anti-Social Family*）一書中，她們認為當代資本主義社會裡，家庭的重要部分是意識型態而非經濟；也如歐文在十九年紀早期所稱，家庭是自私和個人主義社會的產物，由意識型態維持。布萊森（Valerie Bryson, 1948-）則批評，女性主義者批判家庭中的意識型態，但家庭又確實滿足人類在其他地方無法得到的相愛與親密需求，因此最大的改變只能仰賴改變社會經濟關係，且似乎又導向意識型態鬥爭和經濟階級鬥爭之間的衝突，結果仍是社會經濟改變決定意識型態改變（Bryson, 1992:249）。佛格森（Ann Ferguson, 1938-）和佛布利（Nancy Folbre, 1952-）也指出除了經濟模式生產外，社會是一種「性親愛生產」（Sex affective production）模式為基礎，如性、親職、家庭、友誼等組織活動，滿足人類需求，但這個半自主的父權體系，不全由經濟體制決定，必須賦予歷史說明（Ferguson, 1989:83）。

5　米契爾也因此被認為是精神分析派女性主義者。

物質的資本主義分析＋物質的父權社會分析

哈特曼（Heidi Hartmann, 1945-）的雙系統理論分析即是物質的資本主義加上物質的父權社會。她的資本主義分析基本上是傳統的馬克思主義分析，她對父權社會的物質分析源於不滿馬克思主義以婦女和生產的關係解釋婦女的壓迫，顯現在馬克思主義女性主義者傾向於專注勞工婦女的研究及／或從階級壓迫去了解性別壓迫。哈特曼所指的馬克思主義女性主義者如科斯塔（Mariarosa Dalla Costa, 1945-）和詹瑪斯（Selma James, 1930-）都竭力證明家庭主婦為資本家所做的偉大生產工作，但哈特曼指出，我們很難定義所有婦女包括如：家庭主婦、退休婦女、非就業婦女、就學婦女等都是所謂的勞工。她認為，如此殫精竭慮地將女性和男性的關係包含於勞工和資本家的關係，正顯現馬克思主義女性主義概念中男性－女性關係次於勞資關係，這也正是女性主義不滿的地方。哈特曼在她的作品〈馬克思主義和女性主義不快樂的婚姻，尋求更進步的聯合〉（"The Unhappy Marriage of Marxism and Feminism: Towards a More Progressive Union", 1981）中指出，不僅資本家從婦女參與勞動市場中得利，男性如丈夫、父親在家中也得到個人服務。因此，要了解女性和男性的關係及勞工和資本家的關係，除了馬克思主義對資本主義的分析，還必須補充女性主義對父權社會的分析。

哈特曼對父權社會提出的物質基礎解釋是：「父權社會為男人間的一套社會關係，這套關係雖有上下層級之別，卻使男

人之間團結、互賴，其物質基礎是男人歷史性地控制女性勞動力，男人之間的結合有利於他們宰制女性。」（Hartmann, 1981:14）她不贊同米契爾以男女受意識型態控制來分析父權社會的運作，她認為男性對女性的控制在於限制女性擁有重要經濟資源，控制女性的性（sexuality），特別是生殖力（這是社會重要的生產資源之一）。這些控制具體表現在如：一夫一妻異性戀、女性的生養育家務工作、女性對男性的經濟依賴、家國由男人控制、女人討好男人以免被拋棄或解僱。故父權社會主要在物質領域運作（Hartmann, 1981:15-19）。

父權社會和資本主義社會兩體系交互運作時，可能產生利益衝突，如資本家需要女工、童工（但不是自己的女人和孩子）的勞動力，而一般男性又希望將他們留在家裡，為了解決這個問題，哈特曼指出兩個體系的妥協方式即「家庭薪資」（family wage）。使得普羅大眾男性不反對女人工作的理由有二：一是女人願意接受較低薪資，她們對男性而言是「不值一顧的競爭」（cheap competition）；二是一女不事二主（夫）「男性勞工一家將因其妻子必須協助養家而痛苦」（Hartmann, 1981:27），因此雖然男性應能為女人、兒童要求和男性一般的同工同酬，但他們寧可選擇要求足夠的「家庭薪資」，使婦女和小孩能留在家裡。而資本家了解，家庭主婦比職業婦女更能生產和維護較健康的工人，受教育的小孩也比不受教育的小孩更能成為好工人，並且婦女和兒童總是可以在需要時，被說服接受低薪重回勞動市場，因此贊成提供男性勞工

「家庭薪資」（Tong, 1989）。十九世紀以來，「家庭薪資」是讓婦女和兒童留在家中的主要理由，而今日雖發現大部分家庭要維持「充裕生活」，必須仰賴兩份薪資，女性也大量投入勞動市場，但婦女一方面在職場中做低薪、低階工作，回到家仍須擔負家務，造成職業婦女雙重負擔，婦女在工作、家庭領域皆為從屬地位，哈特曼因此結語，男性控制女人的欲望至少和資本家控制勞工的欲望一樣強烈。

對雙系統理論的批評，楊除了質疑米契爾的論點外，也在〈超越不快樂的婚姻：對雙系統理論的批評〉（"Beyond the Unhappy Marriage: A Critique of the Dual System Theory", 1986）中指出，哈特曼雖避免了米契爾以意識型態分析父權社會運作的問題，但哈特曼的父權社會分析以男性控制女性勞動力為基礎，這原來就是生產（production）的一部分。另外，楊認為將家庭定義為父權社會的重心，使雙系統理論傾向分離領域模型，亦即家庭由婦女負責生產，父權社會在此發展，家庭外是男性負責生產，資本主義在此發展。楊認為這是錯的，因為是資本主義帶來家庭與經濟領域的區分，有了資本主義發展與家庭外的領域（讓勞工到工廠工作）才有所謂家庭「內」的領域；這種自由主義或中產階級的內外（或公／私領域）之分，只是保持原有的政治階級地位；第三是領域區分模式無法強調婦女在家庭外的壓迫，當女性勞工不只以女人或勞工，而是以女性勞工身分被壓迫時，婦女壓迫分析加上勞工壓迫分析的雙系統理論就無法加以解釋。

統合系統理論

楊與性別分工

為了彌補雙系統理論的缺失，楊提出統合系統理論。她認為，馬克思主義缺乏基本的性別分析，女性主義者應以「女性主義的歷史唯物論」取代性別盲的馬克思主義。她提出了性別的分工的概念（Gender Division of Labor），將馬克思主義女性主義理論變換成社會主義女性主義理論，將馬克思主義、激進派和精神分析派等女性主義的理論洞識融合成一個架構（Tong, 1989:183-184）。

楊批評階級分析著重生產工具和生產關係分析，過於籠統抽象，而分工分析較具體、個人化，例如：是誰下命令、誰接受命令，誰做有意思的工作，誰做無聊工作，誰薪水多、誰的比較少……性別分工觀念能解釋婦女工作的性質，楊強調統合系統理論要以女性主義的性別分工分析，取代馬克思主義的階級分析。楊也指出資本主義是有性別偏見的，它一直都是一種父權社會，「婦女地位邊緣化及作為次級勞動力是資本主義的本質和重要特色」（Young, 1986:58）。

楊指出，資本主義社會的工人並非是男女可以互換的，如傳統馬克思主義所不察，而是有性別區分的。資本主義保持大量失業工人，以壓低薪資，應付急需。資本主義決定誰（如男性）是主要勞動力，誰（如女性）是次要勞動力。

然而如果父權社會在資本主義社會前就存在，何以二者不

是各自獨立的系統而是「無法分離」的（Tong, 1989:184）？楊的解釋是資本主義重要的特徵是階級結構，但階級在封建時期就存在，只是在資本主義時代以中產、無產階級形式顯現；父權社會的性別關係也存在於資本主義之前，隨經濟型態改變而有歷史性不同的面貌，如在資本主義時代有同工不同酬、工作性騷擾、沉重的家務及公私領域劃分等，而前資本主義有不同的性別關係面貌，事實上，性別結構和階級結構是相互交織的，沒有哪個先於哪個，父權社會和資本主義社會也是二者合一的。

　楊在〈超越不快樂的婚姻〉一文中，也提出性別分工的歷史分析，追溯前資本主義至資本主義經濟時期，婦女地位如何相對降低。前資本主義時期，婚姻是「經濟夥伴」關係，妻子並不期望依賴丈夫，能有自己的財產，和丈夫共同經營以家為基礎的生意。資本主義來臨，拆解了這個關係，並區分工作和家庭領域，將男性置於工作場所作為首要勞動力，婦女置於家中作為次要及後備勞動力。如：婦女在戰爭期間到工廠工作，戰爭結束男人回到工廠，女性就被趕回家中；楊以此說明婦女「邊緣化」及被當作次級勞動力是資本主義的本質，這也是社會主義女性主義應致力研究的課題。

　童（Rosemarie Tong）則質疑，既然資本主義之前即有父權社會，取代資本主義父權社會的會不會是另一種父權社會（Tong, 1989:191）？

潔格的異化、疏離和再生產

另一位統合理論代表為潔格。她於一九八三年出版的著作《女性主義政治和人性》（*Feminist Politics and Human Nature*）中提出，以異化或疏離（Alienation）概念取代階級概念，她認為異化概念能提供有力的理論架構，融合馬克思主義、激進派、精神分析，甚至是自由主義女性主義的思想（Tong, 1989:186）。

異化或疏離觀念源自馬克思主義（參考第二章）。馬克思指出工作是一項人性化的卓越活動，它讓我們和自己的身心生產成果、自然以及其他人連結起來，表達發揮人的創意；但資本主義追求利潤和絕對分工，使工作喪失人性，使我們和任何事、任何人，包括自己，呈現殘缺關係。潔格不同意馬克思主義者只將此分析置於薪資勞務生產活動，她認為應延伸到家庭內的再生產（Reproduction），因為這也是社會經濟基礎的一部分。佛曼（Ann Foreman）曾指出，由於婦女從事性、再生產及情緒支援工作，並非依婦女的需求而是為滿足男性，家對女人而言不是紓解，親密關係構成壓迫婦女的主要結構；異化使男人在工作中退化成勞務工具，使女人在家中成為讓男人歡愉的工具（Foreman, 1978:102-105）。

根據異化觀念，潔格指出，每一位婦女在成為一個完整的人時，都以一種性別方式和那些過程及相關的人疏離。她以「性」、「母職」、「養育子女」、「心智能力」等方面說明婦女和自己的生產活動分離。

以身體為例，儘管婦女聲稱瘦身、運動和穿衣是為了自己，但其實是為男性雕塑身材、裝飾肉體。如同工人工作希望獲得高薪般，女人裝飾己身希望贏得男性注視。身體逐漸成為「東西」或機器，女人和自己疏離，女體對男人或自己而言，都成了客體。

母職也是異化經驗。當女人無法自主決定生多少小孩，她和她的再生產勞務成果是疏離的。小至家族考量，大自如戰爭、饑荒、人口政策（如中國大陸一胎化政策）使女人不情願地生育或墮胎。

懷孕、生產過程由男性婦產科醫生和複雜的科技器材掌控，以微不足道的理由為產婦施行她不願意的剖腹或麻醉；隨著生產科技發展，婦女可能由人工受精代人受孕或由其他婦女代為受孕，儘管這些都可由婦女宣稱「自願」，但潔格認為這部分的所謂「自願」程度和前述不能自主的懷孕、墮胎般，受限於大環境，非由自由意志「決定」。

當代母親並非以自己的方式，反倒是依專家的方法養育子女，這也使得母親和子女疏離。而潔格也指出，由於母親無法將自己視為完整個人，教養子女也只能依照她需要的意義、愛和社會認同方式，無法將子女視為獨立的個體。此外，母職與父職界限分明，父親被要求為家戶立規，卻由怨憤的母親執行，因此產生許多爭執，而母親競相教養出「完美」的小孩，以符合「好」母親標準，也破壞女人間的情誼。

最後，女人和自己的心智也是疏離的。女人被教養成始終

對自己不確定，無法肯定自己的想法，不敢在公眾前表達，汲汲穿梭於學術殿堂，害怕被認為是知識的冒牌貨而不是知識擁有者。

　　潔格深信，當代資本主義社會中，婦女的壓迫來自她與每一件事、每個人，特別是她自己的異化狀態，這種異化情形是歷史特殊狀態，是資本主義社會下婦女經濟依賴及人際關係貧乏的產物，不是性別關係的恆常面貌。雖然生理學知識及再生產工具被用來操控女人，但也可能用來解放女人，屆時人類歷史的再生產和性活動才有自由選擇（Bryson, 1992:251）。潔格也認為，異化的壓迫在心智、社會制度和文化結構中，三者互相交織，所有型態的異化都必須消除，才能解除婦女的壓迫（252-253）。但潔格也承認不確定異化分析適合所有婦女。（相關討論參考下頁內容）

關注議題

　　社會主義女性主義發展中，關心的主要議題包括：家務勞動辯論、婦女和勞力市場、婦女和階級等，以下分別論述。

家務勞動辯論

　　一九六九年班史頓（Margaret Benston, 1937-1991）的

〈婦女解放的政治經濟意涵〉（The Political Economy of Women's Liberation）一文，開啟了「家戶在資本主義社會中的角色」或「家務勞動對資本主義的貢獻」的辯論。她指出家務不應被置於經濟邊緣或甚至不存在位置，婦女在資本主義社會中持續生產有「使用價值」的勞務，由家庭直接消費，但這些非「薪資勞務」因沒有金錢價值而不受重視，不被視為工作，這是婦女地位卑下的物質基礎（Benston, 1969:15）。

相關討論包括摩頓（Peggy Morton）與科斯塔，她們指出，家務勞動不只生產「使用價值」，更生產「剩餘價值」，因家務提供勞力再生產，使資本累積，因此產生剩餘價值（Morton, 1980/1971；Costa, 1972）。魯冰（Gayle Rubin, 1949-）也解釋，家務為勞工所提供的食物、衣物、住宿等絕不是以薪資購買就可直接使用，須經婦女在家中烹調、洗滌、鋪床等才能使用，所以婦女生產具「剩餘價值」產品（Rubin, 1975）。

家務勞動辯論也演變成對馬克思主義專有名詞意涵的討論，例如：婦女的家務工作可否視為一種金錢經濟之外、前資本主義生產模式？資本主義社會中，再生產勞務是否基本而重要？家務勞動是否確實生產嚴格馬克思主義定義的「交換價值」？這些討論或被認為與婦女福祉脫離（Bryson, 1992:237-238），但渥傑爾（Lise Vogel）指出，討論其實企圖突顯婦女在家的工作，藉由探究家務勞動和資本主義經濟的關係，評估家務勞動的策略性意義及在社會改革中可能提供的方向提示

（Vogel, 1983）。

　　許多論者認為，家務勞動的確產出和其他生產勞務一樣的「價值」，因此家庭主婦和工廠勞工的角色一樣具策略重要性，家可以成為反資本主義鬥爭的場域，婦女不必依早期馬克思主義的建議，進入職場工作，應直接要求家務有給。這個觀點導致國際性的「家務有給」運動。這項運動雖遭到許多質疑（見第 295-297 頁），社會主義女性主義者大多同意婦女的家務勞動不僅對個別男性提供服務，也以一種廉價有效的方式替資本主義維持再生產勞動力，婦女這種真實的經濟處境必須被強調（239）。

　　但家務勞動納入資本主義經濟的討論，卻無法解釋前資本主義時期和後資本主義時期婦女仍受壓迫的問題，例如經歷社會主義革命的前蘇聯、古巴及中國大陸；它也可能又是一種危險的經濟決定論；無法呈現不同階級婦女的相異情形；而聚焦家事討論，忽略家庭還有精神、心理及意識型態形成的作用。

　　家務辯論的另一層面是它是否是異化的勞務。渥傑爾認為，家務勞動生產「使用價值」，因此是「相對性非異化」的勞務。她甚至認為家務的非異化性可做為未來工作型態的參考。許多黑人女性也提出，她們有雙重醒悟，一為在公共領域異化的生產工作，一為在私領域中，相對較不異化的勞務，因私領域勞務是奴隸社會中唯一不被壓迫者直接控制的（Davis, 1971:7）。另有論者如桑塔克（Susan Sontag, 1933-2004）指出，家戶提供資本主義社會中唯一非異化的個人關係及溫

暖、忠誠（201）。

　　但也有些論者如佛曼，看到家務的內在異化特質。艾森斯坦（Zillah Eisenstein, 1948-）也指出，任何非自願選擇，而是被預先分配給某種特定族群的工作，都是異化的（Eisenstein, 1979）。科斯塔也指出，相較於工廠勞工至少是集體工作，和社會也有某種關聯，瑣碎重複的家務、使婦女孤立在家中與依賴男性，是更異化的經驗（Costa, 1972）。潔格在其異化分析中有仔細的闡述。究竟家務勞動是否是異化勞務？也許如唐那溫（Josephine Donovan, 1941-）的分析，在某些方面若較可自行控制安排時間、空間、工作，及偶爾從事的藝術性創作如刺繡和他人的情感交流等，提供「相對非異化」工作經驗，是渥傑爾所指可作理想工作情境的借鏡。但其預先指派性質、重複、瑣碎，且和政治公共領域隔絕、對男性依賴，則是其異化疏離的部分（Donovan, 1985:79）。

婦女和勞力市場

　　當婦女逐漸進入薪資勞務市場並占一定比例後，婦女和資本主義的關係有了另一個關注焦點。和恩格斯預測相反，婦女進入職場不僅未能解除壓迫，其在職場中的從屬地位甚至更明顯。

　　哈特曼指出，「家庭薪資」是性別分工的基石，相關論析也自此開始。根據布萊森（Bryson）的分析，因男性被認定為

主要養家者，婦女依賴男性，故婦女薪資相對低於男性，亦即雇主毋需直接付給婦女，包括婦女個人勞務及新生代勞動力再生產；而低薪又強化婦女在婚姻中的經濟依賴性與婚姻的必要性，例如需要找一個等同於長期飯票的丈夫，這種依賴地位也意味婦女在經濟蕭條時，比男性更容易被解僱，成為楊及傑斯坦（Ira Gerstein）所指的「後備勞動力」（Bryson, 1992:290）。

從雇主的觀點，廉價的婦女勞動力比起男性勞動力不是更具競爭力嗎？在某些情勢下，比起男性，婦女集中的職業較少受到經濟蕭條的傷害，但婦女的家務責任卻使她們比男性更無法衛護自己的經濟利益，再加上婦女的工作多被標識為「非技術性」，更理所當然屬於低薪和低地位。

關於工作的「技術性」評定，其實是一種意識型態分類，並不完全客觀。由於男性希望保持在性別階層的主宰地位，將婦女的工作標識為「非技術性」，不如男性做的工作（241）；或反過來說，並非工作本身具備特別價值，而是工作的人被認為應否值得特別待遇，例如雖然外勞和本地勞工做相同的工作，卻領取較低薪資。社會主義女性主義者參與的「同值同酬運動」（comparable worth movements）即在破除改變薪資階層化現象，認為大部分女性為主的工作所需的知識、技術、心力和大部分男性的工作一樣，應有相同的薪資和地位，藉此使婦女勞力不被邊緣化，並削弱階級結構和性別結構（Tong, 1989:190）。

婦女和階級

許多論者認為，傳統馬克思主義劃分的布爾喬亞及普羅階級不適用於婦女，婦女可能和她所依賴的男人被歸屬於中產階級，但當婦女成為有薪工作者時，又有不同定義。激進女性主義者認為，婦女相對於男性，自成一個階級；社會主義女性主義者則認為，婦女之間存有階級差異。事實上，許多論者認為女性主義理論的發展已顯示，先進的資本主義工業社會中，科技基礎和階級結構已改變，社會主義女性主義的奮鬥必須正視多元的抗爭，不再只是兩個對立階級。這個分析也和後現代主義思潮相合，挑戰所謂的必然和客觀，認為依權力結構定義對個人的嚴格「分類」掩蓋了人類經驗的多樣性、差異性和主體性，如：性別、種族、國族……（Bryson, 1992:253）。

家庭、母職 —— 意識型態社會化的場所和角色

哈特曼在分析性別分化和資本主義關係時曾指出，男、女的刻板行為期待有利於資本主義運作，這些行為的建立乃是憑藉著意識型態的社會化。

所謂男性典型的屬性，如競爭、理性、操縱和主導，是公共領域中工業資本主義運作所需的特質。資本主義崇尚具有交換價值的生產，而貶抑不具交換價值的使用價值領域，即女性領域及其所屬特質，如情感、養護等。

哈定（Sandra Harding, 1935-）及其他受戰後法蘭克福學派馬克思主義（企圖融合佛洛伊德理論和馬克思主義）的影響者指出，育幼多由女性負責，而女性是被貶抑的，孩童在成長過程即學到自己的性別認同和性別意識。育幼即再生產勞務，也被視為應生產有利於資本主義意識型態的勞工（Harding, 1981）。米契爾的《婦女的階級》及喬得羅（Nancy Chodorow, 1944-）的〈母職、男性宰制和資本主義〉（"Mothering, Male Dominance, and Capitalism"，1979）中都有相關闡述。

意識覺醒、意識型態及實踐

哈特沙克（Nancy Hartsock, 1943-2015）指出，女性主義革命和其他類革命不同之處，在於源自馬克思主義的實踐方法。以小團體意識覺醒（consciousness raising）活動檢視個人經驗和生活結構間的關聯，是女性主義的基本方法，藉此可能同時改變環境、人類活動或自我，也是一種革命性的操練（Hartsock, 1981）。一九六〇年代以來，意識覺醒活動廣受各派女性主義者使用。

但費雪馬尼克（Beverly Fisher-Manick）質疑，自覺團體可能只是白人中上層婦女的活動，不屬第三世界、勞工或低階層婦女（Manick, 1981）。許多黑人婦女認為，這只是許多自命不凡的白人婦女用一個時髦的名稱，誇大她們所做的事和

所說的話。這個觀點似乎瞄準了「意識覺醒」的一個基礎議題，也指出馬克思主義探討意識覺醒和革命關係中的一個基本矛盾（Donovan, 1985:85）。

　　馬克思認為，意識覺醒是使參與者感受到壓迫的經驗、分析導致壓迫的原因，對自身處境產生政治認識及一種同被壓迫的我群意識。這種意識覺醒絕不是如閒談般沒有方向，而是有某種規則，有種暗示或期望的分析。理論上，它可能成為以獨斷方式強加一種意識型態，這是費雪馬尼克所「抗拒」的。但意識是自發覺醒，還是必須藉助外力？這引發了長久以來的辯論，馬克思以為革命根植於大眾，同時自發意識；列寧認為革命精英有必要在意識上喚醒或領導無產階級；女性主義者理論上反對精英主義（Nancy Hardstock, 1981:40）。另外，意識型態（ideology）是意識的中心概念，馬克思認為意識型態根植於物質基礎，由物質基礎決定，其隱含的矛盾是：「（物質）存在決定意識，但物質環境的革命性改變卻依賴喚醒階級意識。」（Barrett, 1980:50）這些討論涉及策略問題，即意識如何形成，它如何在現實中運作。受法國馬克思主義者阿圖塞的意識型態「相對自主性」觀念影響，巴瑞特（Michèle Barrett, 1949-）在《今日婦女的壓迫》（*Women's Oppression Today*, 1980）中提出，意識型態不只由經濟關係決定，也某種程度地影響社會物質環境安排，因此意識覺醒本身就是主要的革命性實踐，得到許多社會主義女性主義者的認同（Bryson, 1992:242）。

在實踐（praxis）方面，當代女性主義者和馬克思主義看法不同。包括伊利其（Carol Ehrlich）、史坦能（Gloria Steinem, 1934-）等許多激進女性主義者，都強調一種女性主義的無政府主義（anarchism）立場[6]，認為手段和目的必須一致，反對為達目的而合理化其手段，相信集體過程。例如：自由無法矛盾地以限制當前的自由來達成，人們必須透過當下不完美地練習體驗自由和平等，來學會自由與平等的習慣。其主要方法是透過在大社會中建立另類組織，提供改變的典範，也在過程中改變意識。因為對社會無政府主義者而言，革命是一個過程，而非某個時刻，性別歧視的意識型態不是一夜革命改變生產模式就能去除。

發展另類組織、改變人和人的關係，也是一種另類婦女文化的成長，這種文化形式可視為一種非暴力的革命行動和反抗。一些當代社會主義女性主義者相信，婦女的文化、經驗和實驗練習，可為女性主義者提供一個對抗基地，以解構父權意識型態（Donovan, 1985:89）（參考本章改革策略部分）。

6　見 Gloria Steinem, Building Feminist Theory 序，P. xii。其他關於無政府主義和女性主義的文章包括康耐基（Peggy Kornegger）的文章，特別如 "Anarchism: the Feminist Connection" Second Wave 4, no.1 (spring 1975).

政治主張及社會改革策略

　　社會主義女性主義對婦女壓迫的分析顯示，婦女解放需要重組所有生產模式。傳統馬克思主義的目標是去除階級，而社會主義女性主義的目標則是去除階級和性別。因此，社會主義女性主義改造社會的計劃藍圖，包含性和生養育的生產，也就是「再生產」，及一般的物質、服務生產。

再生產自由

　　由於再生產對婦女的限制，社會主義女性主義開始思考再生產自由（Reproduction freedom），並關注於性及生養育的社會關係而非生物面。激進女性主義者主張「再生產權利」，例如：要求墮胎權，意味每個女人原有的權利被剝奪，因此要給個別女人這個權利。而社會主義女性主義則認為，是社會條件、關係造成限制，因而透過改變性與生養育的組織安排，使婦女能真正掌握「是否」及在「何種情況」生養小孩（Jaggar, 1983:319）。除了提供全球價廉物美、安全的避孕措施，給予所有男女足夠的方式、資訊與諮詢外，還包括改變生養育安排及充分的性自由。

　　資本主義使大部分現代母親處於孤立狀態，女人因地位低、經濟弱勢，而承擔回饋報酬慢而少的養育工作。為了擴大婦女的選擇，使其免於被迫在無子女或做個異化的母親之間選

擇，社會主義女性主義要求母親的經濟安全，例如有給的產假、育嬰假，單親母親的經濟支持，及由公共基金設置的社區托兒設施，使婦女能真正自由地選擇母職，而不必被迫放棄或限制參與其他工作事務，或在經濟上依賴男性。加強公共責任及社會參與，使養育小孩成為一個真正的工作，消弭公私領域的區分，也使養育不再是筋疲力竭及異化的經驗，使男女都能參與，增加男女的再生產自由。有些女性主義者甚至認為，沒有這種結構性改變，要求男性參與養育小孩，只會剝奪女性原有的養育主控權，結構改變後，女性才能有較有利的位置要求男性分擔責任。

充分的生養育自由必須包含性自由，二者其實相互關聯宰制。以對婦女生養育的限制來控制其性自由，例如禁用避孕措施、強制一夫一妻制；又以對性自由的限制控制生養育，例如異性戀機制與強迫母職。

女人經濟獨立，生養子女數減少後，對性的看法會不同。例如十九世紀的美國女性主義者認為，無生育負擔的性使男人可以逃避對女人的責任，避孕措施是男人將女人當作性歡愉工具的方法；但一九六〇年以來，婦女開始開發及定義自己的性需要，批評以生殖為唯一目的的性活動、女性的性被物化及異化、陰道快感迷思，及強迫異性戀關係等。果登（Linda Gordon）指出，女同性戀解放運動的政治力量是一種另類權力，讓所有認同及運用它的婦女共享，挑戰男性優越感最深的層面，可拒絕、逃避男人性霸權甚至宣告其死亡

（Gordon, 1979）。

但社會主義女性主義也認為，再生產自由不能只從生養育及性活動上了解，對女性而言，再生產自由的先決條件是經濟獨立，不依賴男性，否則再生產自由可能成為性和生養育的剝削。因此再生產自由必須廢除男性在公共世界的宰制，如果登所指，廢除階層化階級社會，因為在階級社會中，財富、教育、自信心、政治社會關係等可藉階級地位傳承，因此每個兒童在階級社會中都不是個別個體，他是否被期望和其父親地位相連，也影響父母的生育、養育意願及條件。

婦女和薪資勞務

社會主義女性主義的社會改革計畫，必須包括解除女性在家外工作的特殊異化，特別是生產領域的性別區隔。傳統馬克思主義認為，自由的生產活動應是去除瑣細的分工及對理念／執行、心力／勞力的區分；社會主義女性主義者認為，還須去除對男性化／女性化工作的區分。

除了低薪及所謂「低技術」性外，女性集中的職業，也有服從性、耐煩性、溝通性、養護性及對男性的性吸引等特質。例如祕書、事務員、護士、幼教人員，而像侍應生或接待員等非關妓女（性）或娛樂的工作，也被正式或非正式要求要具有性吸引力。薪資勞務的性別化，意味女性薪資工人承受一種特別的異化之苦，不僅依男性既定規則被異化為無性的工

人，又特別因她們的「性」被異化；為了營生，她們被剝削的不只是體力、技術或心智，也包含性、情感和情緒。

要克服此區別並非意味所有工作都具備資本主義下的男性特質，非個人的、無感情或無性的。事實上，自由的生產勞動可能更像現代所謂女性化工作，能表達感情、性，並視其他人為獨立個人，只是這些表達是自由的，而非被迫或異化的（Jaggar, 1983:327）。

集體組織工會以對抗雇主方面，男性勞工組織往往未注意女性的利益。一九七〇年代，社會主義女性主義開始組織婦女勞工，並強調女性身分。除了一般男性工運議題，更關注於服飾慣例、為老闆倒咖啡的個人服務，特別是性騷擾。性騷擾不是個人行為，而是保持男性主宰地位的社會模式行為。今日更被用來「控制婦女從事某些特定工作，限制職務成功及流動性，是男性生活無力感的補償」（Bularzik, 1978:2）。

儘管愈來愈多有年幼子女的婦女投入職場，但勞動市場仍視工作者如「男性」，不必顧慮養育、家務及情緒等支持，使女性勞工負擔雙重工作，付出極大的健康損害代價。婦女已開始要求重新建構非生養育工作，使其能兼顧親職。因此她們不僅要充足的薪資及工作安全，也尋求托兒設施、有給產假、照顧病重假及因應學校作息的彈性工時。

當婦女的工作愈來愈所謂「非專業」、「大眾化」後，婦女除了關心薪資勞務結構，也開始爭取薪資。一九七四年春、夏，英國護士第一次展開行動，美國護士也組織起來，女

性事務員、教師罷工也日趨普遍。婦女爭取薪資的意義有別於男性，她們不僅爭取營生薪資，也爭取經濟獨立。

一九七〇年代，有些社會主義女性主義者開始要求家務（包括生養育）有給。此運動始於一九七〇年代初期的義大利，蔓延到歐洲、英國和加拿大，美國有些城市也有這樣的運動團體。家務有給的辯論在一九七〇年代中期非常熱烈，但一九八〇年代漸漸消失，可能因為愈來愈多婦女走入職場，較少婦女願意擔任有給家務工作者。家務有給正視家務工作的重要性，使婦女經濟獨立，但並不足以提高婦女地位，也不會消除婦女在家務中的孤立情形，即使某些情況有助於婦女解放的策略，但並無助於社會主義女性主義的長期目標，如去除性別分工、去除資本主義剝削，反而使其加強和延續（Jaggar, 1983:359）。這個顧慮反映出社會主義女性主義者希望去除性別區隔的觀點。

和自由主義、激進女性主義者迥異，社會主義女性主義主張廢除目前的薪資結構體系。雖然在這方面議題上，社會主義女性主義受到大多數女性主義者支持，社會主義女性主義者更從「剝削」和「異化」角度解釋，顯示資本主義不消失，男性宰制也難消除。

婦女和組織獨立

社會主義女性主義的目標不是使婦女能應付兩個工作，包

括家庭內和家外（如女性工會所做），而是推翻資本主義父權社會中使婦女異化的各個面向。

　　由於了解社會是由男性主宰，她們雖認為婦女運動可以和其他革命性運動結合，但堅持組織獨立性。獨立的婦女組織是一種分離主義形式，不接受男性成員，也不和混和性組織有永久聯繫。但部分激進女性主義者要求成員在組織外也少和男性接觸，要求「母系社會」、「女同性戀國度」或男女絕對分開的社會。社會主義女性主義者希望消弭「男性的」和「女性的」社會特質，組織獨立是一種策略性分離主義，是走向最終目標，也就是兩性完全統合無差別待遇的一步（Jaggar, 1983）。

　　馬克思主義女性主義不認為有獨立婦女組織的必要，認為女人共同的敵人不是男性，而是性別歧視體系，但卻忽略了這個體系由誰維持及由誰獲利。男女可能共有利益，但男性想擁有的某些利益卻危害女性，例如：維持主宰地位、賺得比女人多、性權力、不必做家事等。過去這個體系由男性和女性共同維持，只是女人看清了其中的利害關係之後開始抵抗。

　　激進女性主義看到男性最不願意抵抗這個體系，所以女人的敵人是男人，但社會主義女性主義者指出，男性和女性之間的敵意，是一種特殊體系內社會關係的一部分，這種社會關係定義何謂男性和女性，體系改變可以消弭這種敵意。另外，社會中除了性別區分外還有國籍、種族、年齡、能力、宗教、階級、性傾向等各種分類關係，使女性和男性在某些層面交織共

同處境和利益，這時男性並非女性的敵人。社會主義女性主義者認為，不同系統的壓迫互相連結，避免有「主要」或「基本」敵人的區分。

社會主義女性主義者主張保持獨立的婦女組織，是為確保聽到女性個別或集體的聲音，不只是改革，或使婦女適應資本主義，而是贏得女性主義加上社會主義的革命。

方法即目的

建立婦女文化始於對意識覺醒、意識型態和實踐的討論。許多論者認同意識在某些意義上由物質環境決定，但也了解觀念體系在既存的歷史情境中有相當自主性，對物質情境有某種程度影響。社會主義女性主義者認為，有效的革命策略包括去除迷思技巧，發展另一種意識，即另一種看待現實的方法，和另一種生活態度。社會主義女性主義者認同激進女性主義者建立婦女文化、發展政治我群意識，是改變社會的重要部分。

一九七〇年以來，婦女文化在現代資本主義國家如雨後春筍般產生，如女性主義小說、舞蹈團體、電影、音樂、視覺藝術等，而婦女傳統手工藝品也再度出現，另有女性文化餐廳等「女人的地方」，使女人在一起而產生我群感。婦女文化強調重視創作的過程和結果，寧用集體而非個別創作，減少創作者和執行者、心智和技術間的差距，也試著縮小藝術工作者和群

眾、社區間的距離。這也是對異化勞務的體悟，因此希望理想的工作情境是既可發揮自己，也可改變外在世界。

社會主義女性主義的社會改革策略包含很廣，有以社區為基礎的政治抗爭，例如：婦女抗議物價過高，有薪資結構、重新組織性與生養育關係、建立婦女文化等，不一定有特別先後次序，但也發展一般的政治策略指引。

如：邦曲（Charlotte Bunch, 1944-）指出五項和其他社會主義女性主義者類似的指引標準（Bunch, 1981:187-198）[7]：

一、物質改革應可能幫助最多的婦女，並尋求收入與地位重新分配，使分化婦女的階級、種族、異性戀特權等能被消除。

二、協助婦女找到我群感，脫離壓迫，且以非基於種族、階級，或異性戀優越等錯誤意識的改革活動。

三、婦女必須贏，必須致力於能使婦女得利的改革，特別是和特定團體連結時，必須清楚知道當計畫成功或對方得到權利時，婦女得到什麼。

四、贏得某一個改革並非最終目的，應自問參與任何議題將使我們對自己和社會有何新的重要了解，特別當改

7　類似的策略還有如「芝加哥婦女解放聯盟」在一九七二年出版的《社會主義女性主義》（ *Socialist Feminism: A Strategy for the Women's Movement* ）手冊；及前引哈特沙克（Nancy Hartsock, 1981）的文章。

革失敗時，必須有鼓勵婦女持續的政治教育，而不是轉而嘲諷改變。

五、改善婦女日常生活的情境，我們必須在家庭、學校、工廠、法律等決定日常生活的機制中能行使權力，並監督、控制，使社會按我們的決定運作。

　　邦曲建議建立另類組織如女性醫院、女性媒體，使我們能掌握自己的身體，及對公眾傳播建立自己的權力。這是改善日常生活的方法之一，除了現實需要，也是一種新的共事實驗。

　　另一個急需轉換的是二十世紀的核心家庭，因為它強化性別分工、異性戀機制及對下一代的性別角色教育……是壓迫婦女的基石。為了實現社會主義女性主義的價值：平等、合作、分享、政治參與、免於性別刻板及個人私有的自由，挑戰傳統家庭結構，佛格森（Ann Ferguson, 1938-）提出「革命家庭社區」（revolutionary family-communities）的想法，改革現存的傳統家庭（Ferguson, 1980:15-17）：

一、改變男女不平等的養育責任，提供結構化的基礎，讓男女皆能平等、自主養育幼童、照護彼此。

二、挑戰性別分工。

三、打破父權社會中的兩組私有關係：夫妻關係及親子關係。

四、盡可能使親子間權力平等，甚至推展至成人與兒童

間。

五、消除如父權、資本主義那樣壓迫婦女的異性戀機制，公開讓同性戀者、同性戀母親、同性戀父親參與革命家庭社區。

六、破除心智、專業工作優於勞力、技術工作的精英態度。

七、正視並處理種族歧視、階級歧視。

八、在家庭與社區中發展經濟共享觀念，成員間發展對彼此承諾意識。

　　而女性主義城市與建築規劃學者海登（Dolores Hayden, 1945-）建議組織一個名為平等社會共同家務組織 Homemakers Organizations for an Egalitarian Society（HOMES）的小型參與團體（Hayden, 1980）。她認為，美國家戶住宅的形式，導致職業婦女或家庭主婦皆受困其中，她提出無性別歧視城市，住房是生活、工作和支持性服務的匯合，社區經營設計是為支持家庭、公共生活及平權。海登的 HOMES 致力於創造一個男女平等參與無償家務勞動和照顧兒童的環境，支持所有居民平等參與有償勞動，消除種族、階級、年齡居住隔離，消除性別刻板化的工作安排，減少重複的家務勞動及過度消費，並支持個人擁有選擇娛樂和社交關係的機會。海登觀察到的問題其實仍然存在，她的社會主義女性主義社區策略，仍是今日女性主義城市居住空間規劃的思考典範。

社會主義女性主義前瞻

　　社會主義女性主義企圖融合馬克思主義、激進女性主義和精神分析女性主義的理念，使長久以來的女性主義流派有機會融合多種歧異的聲音（Tong, 1989:193）。一九八〇年代以來，因經濟不景氣及政治氣候改變，似乎使社會主義價值隱退，但其理念洞識有助於建立更包容豐富的女性主義理論（Bryson, 1992:257-260）。特別因社會主義女性主義努力聯繫女性主義、受壓迫階級運動與左派運動，在社會主義女性主義的政治思辨中，社會福利女性主義、社會民主女性主義、革命社會主義女性主義（revolutionary socialist feminism）、有色人種女性主義、原住民女性主義等也應運而生（Brenner, 2014）。女人的多元交織性（intersectionality），及全球化導致的嚴峻經濟影響，女性移民、女性人口販運等議題，使得資本主義與女性階級、種族等交織的現象更加清晰而無可迴避，社會主義女性主義也更顯得切合時代需要（Nancy Holmstrom, 2003）。二十一世紀社會主義女性主義有著很重要的角色，在與因資本主義、男性宰制及所有歧視受苦的群體，如：反種族歧視、原住民女性主義者、反異性戀機制者等聯合時，可提供在各種社會壓迫中，資本主義如何運作的分析和策略；更在面對新自由主義及資本主義全球化造成的災難，提供左派運動新的組織型態概念和組織策略（Brenner, 2014）。

參考資料

Barrett, Michelle 1980. *Women's Oppression Today*. London: Verso.
Benston, Margaret 1969. "The Political Economy of Women's Liberation" in *Monthly Review* 21, no. 4.

Brenner, Johanna 2014. "21st Century Socialist-Feminism" in *Socialist Studies/Études socialistes*, 10(1) Summer 2014.

Bryson, Valerie 1992. *Feminist Political Theory: An Introduction*. New York: Paragon House.

Bularzik, Mary 1978. 53. "Sexual Harassment at the Workplace: Historical Notes" in *Radical America*, July-August, 2.

Bunch, Charlotte 1981. 54. "The Reform Tool Kit" in *Building Feminist Theory, Essays from Quest*. New York: Longman.

Chodorow, Nancy 1978. *The Reproduction of Mothering, Psychoanalysis and the Sociology of Gender*. Berkeley and Los Angeles:University of California Press.

Chodorow. Nancy 1979. "Mothering, Male Dominance, and Capitalism" in *Capitalist Patriarchy*, ed. Eisenstein.

Costa, Mariarosa Dalla 1972. "Women and the Subversion of Community" in *Radical America 6*, no. 1.

Davis, Angela 1971. "Reflections on the Black Women's Role in the Community of Slaves" in *The Black Scholar 3*, no. 4.

Donovan, Josephine 1987. *Feminist Theory: The Intellectual Traditions of American Feminism*. U.S.A.: The Ungar Publishing Co.

Eisenstein, Zillah 1979. "Developing a Theory of Capitalist Patriarchy and Socialist Feminism" in *Capitalist Patriarchy and the Case for Socialist Feminism,* ed. Eisenstein. New York: Monthly Review.

Ferguson, Ann 1980. "The Che-Lumumba School: Creating a Revolutionary Family Community" in *Quest: A Feminist Quarterly*, no. 3.

Ferguson, Ann 1989. *Blood at the Root.* London: Pandora Press.

Foreman, Ann 1978. *Femininity as Alienation.* London: Plate Press.

Freeman, Jo 1975. *The Politics of Women's Liberation: a Case Study of an Emerging Social Movement and Its Relation to the Policy Process.* New York: Longman.

Gordon, Linda 1979. "The Struggle for Reproductive Freedom: Three States of Feminism" in *Capitalist Patriarchy*, ed. Zillah Eisenstein.

Holmstrom, Nancy 2003. "The socialist feminist project"in *Monthly Review* ; New York Vol. 54, Iss. 10, (Mar 2003): 38-48.

Harding, Sandra 1981. "What Is the Real Material Base of Patriarchy and Capitalism?" in *Women and Revolution*, ed. Sargent.

Hartsock, Nancy 1981. "Fundamental Feminism: Process and Perspective" in *Building Feminist Theory*, ed. the Quest Staff. New York: Longman.

Hayden, Dolores 1980. "What Would a Non-Sexist City Be Like? Speculations on Housing, Urban Design, and Human Work." *Signs*. Special Issue: Women and the American City 5, no. 3.

Hartmann, Heidi 1981/1993. "The Unhappy Marriage of Marxism and Feminism: Towards a More Progressive Union." in *Women and Revolution: A Discussion of the Unhappy Marriage of Marxism and Feminism*, ed. Lydia Sargent. Boston: South End Press.

Jaggar, Alison M. 1983. Feminist Politics and Human Nature. Totowa, N. J.: Rowman & Littlefield.

Manick, Beverly Fisher 1981. "Race and Class: Beyond Personal Politics" in *Building Feminist Theory*, ed. the Quest Staff. New York: Longman.

Marcuse, Herbert 1990. 〈社會主義和女性主義〉 in《女性人》，no. 4. 蔡美麗譯。

Mitchell, Juliet 1974. *Psychoanalysis and Feminism.* New York: Vintage Books.

Morton, Peggy 1980/1971. "A Woman's Work is Never Done" in *From Feminism to Liberation*, ed. Edith Hoshimo Altbach. Cambridge: Schenkman.

Rosemarie, Tong 1989. *Feminist Thought.* Boulder: Westview Press.

Rubin, Gayle 1975. "The Traffic in Women: Notes on the 'political Economy' of Sex" in *Toward an Anthropology of Women*, ed. Rayna R. Reiter. New York: Monthly Review Press.

Ryan, Barbara 1992. *Feminism and the Women's Movement.* London: Routledge.

Sontag, Susan 1973. "The Third World of Women" in *Partisan Review 60*, no. 2.

Vogel, Lise 1983. *Marxism and the Oppression of Women.* London: Pluto Press.

Young, Iris 1980. "Socialist Feminism and the Limits of Dual System Theory" in *Sociality Review 10.*

第七章

突破異性戀機制
的壟斷
——女同志理論

張小虹、鄭美里[1]

七〇年代，激進女性主義發展期間，女同志理論（lesbian theory）隨之崛起，至九〇年代卓然成家，經歷不同歷史時期與種族、階級、文化差異之衝擊，與婦女運動和同志運動相互合縱連橫，以突顯性欲取向（sexuality）與社會性別（gender）、異性戀機制與父權結構之勾連。

但女同志的定義是什麼呢？有人認為「所有女人皆為女同志」（芮曲）；有人則認為「女同志不是女人」（維蒂格）；有人認為女同志乃膚血乳骨的信誓承諾；有人則認為「女同志」乃相當晚近的歷史建構，並不指涉任何文化變異和歷史決定論架構之外唯一永恆存在的女同志本質。在此眾說紛紜之中，正展示了女同志理論的激進活力與運動／論述熱情。本章將以概念架構、歷史沿革、重要女同志理論家與臺灣女同志（運動）簡史等四方面分述，企圖勾勒出當代女同志理論在政治抗爭與情欲實踐的新地圖。

概念架構

在正式論述女同志歷史發展與重要理論家前，必須先將「女同志」此一身分認同所牽涉的基本概念加以說明：

女同志（lesbian）與
女同性戀（female homosexual）之差異

　　社會大眾普遍認知的「同性戀」一詞，除了有醫學預設、男性中心的毛病外（主要由十九世紀性學研究發展而來，以指涉男性之間的同性性行為），更有強化「同性戀vs. 異性戀」之二元對立，與將性認同窄化為性交對象之嫌。因此在同志運動中較常以女同志（lesbian）、男同志（gay）自稱，以示對自我命名與身分認同政治之肯定。

「社會性別」（gender）與
「性欲取向」（sexuality）之差異

　　在性別研究的分析模式中，幾個主要概念常可歸納成如下之圖表：

生理性別 （sex）	男 （male）	女 （female）
社會性別 （gender）	陽剛特質 （masculine）	陰柔特質 （feminine）
性欲取向 （sexuality）	異性戀 （heterosexual）	同性戀 （homosexual）

1　本章前三節作者為張小虹，第四節作者為鄭美里。

在父權異性戀霸權的安排之下，此井字型的排列組合中，僅有兩組是標準、正常的，意即「男－陽剛性質－異性戀」與「女－陰性特質－異性戀」，除此之外的其他排列組合方式，例如，具有陽剛特質卻不愛女人的男人，或愛男人卻具有陽剛特質的女人，都會被斥為娘娘腔、男人婆或是噁心、變態。

　　然而性別研究所努力的方向，不僅在於打開原本窄化為二種的標準排列組合形式，更在於進一步質疑這其間男／女、陽剛／陰柔、異性戀／同性戀二元對立架構下所壓抑的各種差異，以期開放更形多元豐富的性別與情欲流動。

　　而晚近性別與同志研究更致力突顯與強調，社會性別與性欲取向在分析向度上的差異，以免重蹈覆轍，將生理性別、社會性別、性別認同、性認同、性對象選擇、性實踐、性欲望一概都化約為「性別」。然而，社會性別與性欲取向也非截然不同、涇渭分明的兩個獨立概念，彼此在文化社會層面的交纏互動、牽扯環扣，甚為複雜幽微，值得探究。

「本質論」（essentialism）與「建構論」（constructionism）之爭議

　　對於把性欲取向作為一種身分認同的女同志論述而言，最常遇見的問題便是：「女同性戀到底是什麼？」此問題背後的預設，有時是將女同性戀「疾病化」，想要探討其成因、樣態、治療或預防之道；有時則是將女同性戀「本質化」，

認為女同性戀必定是某一種特定的存在與行為、欲望模式，不會因時、因地、因文化，以及其他差異因素（如年齡、個性、階級、種族、性別等）而有極大不同。而依一般主流社會用「天生」（by nature）、「後天」（by culture）、「選擇」（by choice）等有限範疇去界說，也是一種將性欲取向僵固化為一種恆常永久、普遍存在的偏執做法。

因此，「建構論」較強調同志身分之建構會隨歷史變遷、地域文化而有不同。例如，十九世紀之前，西方有從事同性「性行為」，卻無以其同性性欲取向作為「性認同」者；又如在部分中國文化記載中，只要滿足人倫責任娶妻生子，男性間的性行為並不被視為特別變態悖德。然而，雖有被主流社會用以打壓、區隔、樣板化同志之嫌，但「本質論」在對立政治的抗爭模式中，卻又往往是同志團體向內凝聚認同與力量的動員重點。

而與「本質論」／「建構論」引起相同注目的，則是「少數說」（minoritizing view）與「普遍說」（universalizing view）之爭議，前者強調女男同志之性欲取向，使其成為一個特定、特殊的性少數族群，而後者則強調性欲之流動不受男女、異性戀同性戀之界分所規範，所有異（同）性戀中皆有同（異）性戀之成分。然而不論是「本質論」／「建構論」或「少數說」／「普遍說」之爭議，永遠不會是二選一靠邊站的問題，其間種種「策略本質論」、階段性、對內對外等不同運動戰略之考量，自會調整修正其對概念之援引與倚重比例。

歷史沿革

　　女同志的「史前史」多半雜揉著各種神話、傳說、文學、史料與掌故，像希臘擅長寫女性同性情慾詩的女詩人莎弗（Sappho）（Lesbian 一字也因其所居之 Lesbos 島而來），瑞典克里斯蒂娜女王（Christina Augusta），英國安妮女王（Queen Anne），甚至中國、非洲的一些女同志地域文化等等。誠如一位女同志歷史學者所言，意欲建構一部女同志的歷史必是一個工程浩大的計畫，必須從許多斷裂甚至湮滅的文化邊緣史中，如各種反叛的女人（像巫婆、易服為男者、亞馬遜女人等）與被傳統去性慾化的女女親密關係中，仔細找尋蛛絲馬跡方可。

　　但若從性意識史的角度而言，女同志以性慾取向作為性身分認同乃是十九世紀資本主義與性學研究的產物，而從十九世紀末到二十世紀中葉，各種特立獨行的個人或女同志團體的集會結社，更奠定了日後女同志運動的發展契機。一般而言，同志身分作為一種集體社會運動抗爭的分水嶺，多以一九六九年的「石牆起義」為始（該年六月紐約市警察臨檢男同志酒吧，強力驅離顧客，引發數日對峙抗爭），而女同志運動又多與男同志運動與婦女解放運動有著長期合縱連橫之歷史，故以下將就七〇年代、八〇年代、九〇年代三個時段分述其發展脈絡。

　　七〇年代的女同志運動，以「女同志女性主義」（lesbian feminism）為主流，延續西方女性主義第二波之訴求，一般被

石牆酒吧窗戶上寫著：
「我們同性戀者懇求世
人幫忙，以維持村內街
道的安謐與寧靜——馬
太辛」。

視為激進女性主義的主力，強調男／女分離的政治路線，標
舉「女性主義為理論，女同志身分為實踐」的信念。由激進
女同志（Radicalesbians）所合撰的〈認同女人的女人〉（"The
woman Identified Woman"），可被視為此時期最具代表性之宣
言：

> 何謂女同志？女同志是所有女人憤怒集結的爆發
> 點。她是一個女人，從很小開始就想成為更自由，以

自己為主體的、完整的人，那是她的心聲，卻為社會不容。她飽受痛苦，她的思考、感覺與行為不合時宜，她和周遭環境陷入持續的苦戰，甚至和她自己。女同志是一個標籤，喝令女人乖乖留在原地。女人聽到這個字，就知道自己踰越了那可怕的性別界線。她退縮、防衛、修正行為以博得讚許。女同志是男人發明出來的標籤，指向那些膽敢跟他一較長短、挑戰他的特權（包括對女人的性特權），竟敢以自己的需要為優先的女人……

我們的新認同必須從女人出發，而不再奠基於與男人的關係。這種意識將是革命的動力，為了這場有機的革命，我們必須彼此扶持，對彼此付出承諾與愛；我們的精力必須奉獻給姊妹，而不是壓迫者。女人的解放運動若不正視異性戀結構，只好繼續費心處理與男人的個別關係，改善親密關係，讓他改邪歸正成為「新男性」，妄想這樣我們就是「新女性」。這只是浪費精力，讓我們無法全力創造一個解放女人的新生活（〈認同女人的女人〉，2-4）。

在「女人認同女人」的號召下，女同志身分成為女性主義者最「政治正確」的選擇，但從情感認同到性愛對象，有極為寬廣之向度可供游移。

而八〇年代的女同志運動則是對七〇年代「去性欲化

的」（de-sexualized）女同志身分提出反駁。八〇年代初以女同志的 S/M（Sadomasochism, 玩虐／扮虐）為中心所引發的「性論戰」（the sex war），乃是性自由女性主義者（libertarian feminist）對部分激進女性主義者反色情路線的批判。前者反對後者將性本身一律視為社會性別建構下「統御 vs. 臣服」之權力模式（尤其是針對權力情欲化之 S/M 實踐），認為此乃是強行將性欲取向的多元流動，窄化為男／女的權力二元對立。而此時女同志的 S/M，不再被視為異性戀父權的壞血，而開始有自己情欲遊戲的論述空間。

隨著八〇年代中的愛滋危機，及其引發保守勢力對同志族群的道德譴責與撻伐，使得曾在七〇年代與婦女解放運動結合的女同志運動，不再排斥男同志文化，走出「男同志文化＝腐敗 vs. 女同志文化＝完美」的迷思，女同志與男同志再度攜手共同爭取同志人權、同志性愛自由與對抗愛滋歧視。

而九〇年代的同志運動則更為多元開放，開始出現 "queer" 一詞（酷兒、怪胎或變態），一方面企圖打破「女」同志與「男」同志所預設的性別二元對立，另一方面也質疑女同志與男同志身分建構中的「異性戀 vs. 同性戀」之二元對立，企圖集結更多有志一同的同志，因而擴大戰線至雙性戀同志、易服同志、變性同志、S/M 同志等，以避免同志族群之「內」對差異的排擠與邊緣化。

重要女同志理論家

芮曲：女同志連續體

美國猶太裔女同志詩人芮曲（Adrienne Rich, 1929-2012）可被視為激進女性主義陣營中女同志女性主義者的代表。她將異性戀、母職、家庭視為被建構出來的社會機制，更嚴厲抨擊女性主義理論中異性戀想當然耳的立場。

她於一九八〇年所發表的〈強迫異性戀與女同志存在〉（"Compulsory Heterosexuality and Lesbian Existence"），為女同志女性主義的重要經典。她提出女人之間應在個人經驗與政治認同上結盟，企圖縫合當時異性戀女性主義者與女同志間日漸出現的裂痕。她開宗明義地將「強迫異性戀」視為政治機制而加以批判，指出其各種強迫手段，如貞操帶、童婚、理想化異性戀羅曼史與婚姻，封殺藝術、文學、電影中有關女同志之呈現等，這種從生理到意識的箝制，迫使女人在異性戀關係中扮演家奴與性奴，提供男人生理與情感的各種需求，而無其他任何情感與性欲的想像空間與出口。

芮曲認為，要打破強迫異性戀霸權的首要之務，不僅在於女人必須開始反抗男性的宰制，更在於女人看見彼此情感連結與欲望流動的可能。芮曲特別提出「女同志連續體」（lesbian continuum）之觀念說明此種關係：

包含各種女人認同女人的經驗範圍，貫穿個別女人的
生命也貫穿歷史，並非僅指女人曾有或自覺地欲求和
另一個女人性交的事實（239）。

因此「女同志連續體」包含所有認同女人的女人，其認同
方式從情感、性欲到政治無所不包，對芮曲而言，所有的女人
都可以是女同志。

芮曲對強迫異性戀機制的控訴，旨在突顯其對同性情欲作
為一種可感知可選擇形式的消聲滅跡，在其中毫無個人的自由
選擇。然而其論述仍有歷史背景與政治立場上的盲點，例如
「女同志連續體」的概念雖有助於縫合當時在女性主義陣營中
出現之裂縫，卻也將女同志的定義變得無限寬廣與模糊，易失
去焦點與特殊性。又如，芮曲為了要糾正當時過度性欲化女同
志的社會偏見，刻意加強女同志在性別壓迫而非性欲取向上之
控訴，甚至用激進女性主義反情色立場，一竿子打翻所有女同
志的另類情欲實踐，更唾棄譴責，將男同志視為暴力、濫交的
同志文化壞血而唾棄、譴責之。

羅德：情欲小黃球

黑人女同志詩人羅德（Audre Lorde, 1934-1992），慣以
「姊妹外人」（sister outsider）自居，以突顯其兼具女人、黑
人、女同志的多重邊緣身分位置。對她而言，性別歧視、種族

左一：羅德（Audre Lorde, 1934-1992）
右一：芮曲（Adrienne Rich, 1929-2012）

歧視與同性戀歧視有著相互環扣的壓迫邏輯與機制，但在並置排列時，卻又不可忽視其間的衝突、矛盾與差異。

　　因此她曾撰文〈給瑪莉・戴力的公開信〉（"Open Letter to Mary Daly"），強力抨擊以白人女性為中心的女性主義論述如何扭曲了黑人女性的歷史與形象。如果白人女性主義者仍一味視黑人姊妹為「異己」（the other），只會淪為種族壓迫共犯結構中的過河卒子而不自知。這種以白人、異性戀、中產階級為主導的婦運方向，嚴重忽視女人之間在種族、階級、性欲取向、年齡等的差異，而這些因差異而牽動的權力不均等關係，切不可以「姊妹情誼」（sisterhood）一言以「避」之。

　　對羅德而言，要強調「差異政治」（the politics of

difference），並非要分化離間女性主義陣營的團結，而是要揭露表面和諧下早已潛藏的排擠與漠視，透過此種內部抗爭形式的揭露並摧毀任何單一差異（性別）下的絕對安全感，讓彼此間能夠相互看見、欣賞與尊重，更能激發彼此創造力的互動。正如她所言：

> 身為女人，我們必須認知差異並不是用來區分我們的優劣，而是用來豐富我們的視野，造成改變的可能性……改變意味著成長，成長意味著痛苦，但是，我們將各自在自己的作品和戰鬥中，重新界定差異，分享共同的目標，創造生存下去的新路徑。

　　而羅德對女性主義之貢獻，不僅在於突顯差異政治已迫在眉睫，更在於她以自己身為女同志的性愛經驗為出發，所倡導的情欲革命觀。在〈情欲的利用：情欲即力量〉（"The Use of the Erotic:the Erotic as Power"）一文中，她企圖區分女人自主的情欲（the erotic）與男人定義下的「色情」（the pornographic）不同，前者蘊含性愛、生理、情感、心靈與智識的內在生命能量與創造力，而後者則是將一切化約為性交與感官刺激，而無情感與力量可言。因此她視情欲為女人能量、欲望與創造力的原動力，並將其比喻為小黃球：

> 二次大戰期間，我們會買一種用塑膠袋密封起來

的，白而未染色的人造奶油，裡頭會附贈一個很小的，濃縮過的小黃球。我們會把人造奶油擺著等它變軟，然後將小黃球捏碎到袋子裡，讓濃烈的黃奶油汁滲透到軟白的人造奶油中。再小心地將它放到我們的指間來回地搓揉，一遍又一遍，直到顏色浸潤了整包人造奶油，徹底地染黃為止。

我發現情欲就像我身體內的小黃球一樣。那強烈而濃縮的汁液一旦釋放出來，就會像能量般神奇地流遍並且渲染我的生命，使我所有的經驗益發重要、益發敏感，而且更強而有力（〈情欲的利用〉，26-27）。

因此對羅德而言，盡情地舞蹈、汗流浹背地釘個書櫃、忘我地寫詩，或依偎著女愛人同志的身體在沙灘上做日光浴，都是如充電般情欲飽滿的生命經驗，更是面對父權、種族歧視、反情欲社會時自我肯定的展現。羅德反陽具中心、非性交掛帥的情欲觀，確實為七〇年代以降有關性欲的爭議提出動人的思考與實踐面向，但也因同時受制於七〇年代「本質化」女性特質的傾向，也未能論及女人之間的情欲差異。

維蒂格：異性戀思維與性範疇

維蒂格（Monique Wittig, 1935-2003）是當代法國女同志小說創作者與理論家，後移居美國。她的小說充滿文體與性欲

實驗，常被喻為「陰性書寫」（Écriture féminine）的代表；而她的理論文字則是在後結構論述中，以子之矛攻子之盾，將女同志標舉為打破異性戀機制中男女二元對立的主要動力。

維蒂格在一九八〇年所發表的〈異性戀思維〉（"The Straight Mind"）一文中，明白指出沒有任何先於社會存在的生理，所有一切皆為社會建構之結果，因此「男人」、「女人」皆非自然之產物，而是社會分類與政治範疇，如同在黑奴的社會經濟現實面前，並無種族的概念一般。維蒂格於是以大翻轉的思考模式主張，是壓迫機制創造了生理性別，而非生理性別創造了壓迫機制，因此所有的性別差異皆是異性戀思維的產物：

> 異性戀思維關乎「女人」、「男人」、「性」、「差異」以及帶有這些戳印的一系列概念，包括「文化」、「歷史」及「真實」。即使大家都已知所謂「天然本性」這檔子事並不存在，任何事都是後天「文化」制約而成的，在那樣的「文化」中，卻仍然存在一個「自然」的核心，它拒絕接受檢視，是一種可以完全不被分析的社會關係，一種在自然，以及文化中天經地義的關係，那就是異性戀關係。……異性戀思維把天經地義當作知識，當作不辯自明的原則，當作先於科學的認定。然後發展出一套可同時解析歷史、社會真相、文化、語言及各類主體經驗的論述（〈異性戀思維（法統）〉，51）。

因此，面對異性戀思維無所不在的霸權性格，維蒂格高喊出「女同志非女人」的口號，執意打斷異性戀機制下性別與性欲取向的必然連結。對她而言，「女人」的定義乃受制於異性戀的思考體系與經濟制度，一如法文之 femme, 同時指女人與妻子。

　　在一九八一年的〈人非生而為女人〉（"One Is Not Born a Woman"）一文中，她更套用西蒙‧波娃的名言「人非生而為女人，而是變成女人」，並以「女同志」的身分認同加以翻轉，並進一步質疑早期女性主義的異性戀中心。維蒂格主張，唯有全面摧毀獨裁宰制的「性範疇」（category of sex），才能開放自由思考的空間。

> 性（別）的類別是極權獨裁的，它有自己特有的裁判所、法庭、調查庭、律則，它的恐怖，刑求、殘暴、控制，它的警察。它同時形塑著思想與身體，因為它控制所有的思想產品。它是如此地箝制我們的思想以至於我們無法在它之外去思考。這是為什麼我們必須摧毀它，如果我們還想思考的話，我們必須越過它而思考，如同我們必須將性（別），作為一種社會現實，先摧毀，然後才能開始生存（〈性／別〉，46）。

　　如果芮曲的「女同志連續體」是個無所不包的概念，那維蒂格的摧毀性範疇與「女同志非女人」之主張，則徹底劃清女

同志與異性戀女人的界線。但在她強調性／別的社會建構，反七〇年代本質論的立場中，卻似乎隱含了另一種「本質化」女同志差異的本質論；此外，她以分離主義的激進，將女同志高舉為超越男女二元對立的優越第三者，為一全然擺脫暴力、控制與社會制約的自由文化空間，也難免有將女同志烏托邦化之嫌（Fuss, 1989:43）。

魯冰：女同志 S/M 與性階級

魯冰（Gayle Rubin, 1949- ）為美國女性主義文化人類學者與女同志理論家，一九七五年以〈交易女人〉（"Traffic in Woman"）一文聞名，提出「性／性別系統」（sex / gender system）的概念，指陳文化以男女生理之別，以區隔掌握社會之別。而後更以一九八四年的〈論性：性欲取向政治的激進理論筆記〉（"Thinking Sex: Notes for a Radical Theory of the Politics of Sexuality"），直接切入八〇年代初女性主義陣營中的「性論戰」。

對魯冰而言，性是有歷史的，她企圖結合傅柯（M. Foucault）的性意識概念與賴希（W. Reich）左派性解放的熱情，提出「情欲少數」（erotic minority）的口號，企圖囊括所有被異性戀婚姻、一夫一妻、陽具掛帥、生殖中心排拒在外的各種性欲樣態，如同性戀、異服者、變性人、S/M（玩虐／扮虐）等。

魯冰
Gayle Rubin
1949-

在〈論性〉一文中，她更以兩個圖表來突顯異性戀的霸
權。第一個圖表以兩同心圓構成，內層中心圓為當前主流社會
認可接受的性，如異性戀婚姻、一對一、非商業交易、私密場
所等；而外層圓則表徵被主流社會汙名化、邊緣化的性，如同
性戀、濫交、商業交易、公開場所等，在此「性層級」（the
sex hierarchy）中，內圈為正常，外圈則為變態。

而第二個圖表則以由近到遠的矮牆構成，第一層為正常健
康的性，第三層為變態罪惡的性，第二層則為主要的爭議灰
色地帶，三層之歸類方式隨歷史時空環境而有不同調整。例
如，自慰在十九世紀坐落在第三層，而在二十世紀則移向第二
層；又如單一穩固的同志情愛，有從第三層往第二層移動之趨

圖一

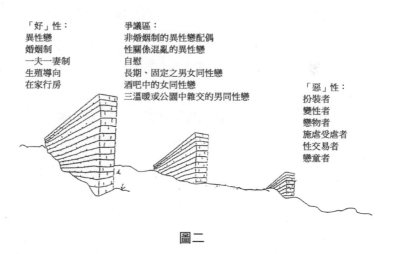

「好」性：　　　　　爭議區：
異性戀　　　　　　非婚姻制的異性戀配偶
婚姻制　　　　　　性關係混亂的異性戀
一夫一妻制　　　　自慰
生殖導向　　　　　長期、固定之男女同性戀
在家行房　　　　　酒吧中的女同性戀　　　　　　　　　「惡」性：
　　　　　　　　　三溫暖或公園中雜交的男同性戀　　　扮裝者
　　　　　　　　　　　　　　　　　　　　　　　　　　變性者
　　　　　　　　　　　　　　　　　　　　　　　　　　戀物者
　　　　　　　　　　　　　　　　　　　　　　　　　　施虐受虐者
　　　　　　　　　　　　　　　　　　　　　　　　　　性交易者
　　　　　　　　　　　　　　　　　　　　　　　　　　戀童者

圖二

勢。換言之，社會龐大的掌控焦慮，在「性層級」中乃在於如何畫出清晰的界線，以至於不淪為兵敗如山倒的骨牌效應。

除了以犀利的論辯與清晰的圖表，批判異性戀霸權「性層級」的獨裁與故步自封外，魯冰更直接現身說法，肯定讚頌女同志的 S/M。在風聲鶴唳的七〇年代，女同志之間的 S/M 皆被斥為異性戀性暴力的後遺症，是女人間極端政治不正確的性欲實踐。而後在八〇年代，性自由女性主義「擁性」（pro-sex）陣營，與激進女性主義「反色情」（anti-pornography）陣營的分庭抗禮中，女同志的 S/M 遂成為重要爭議點之一。魯冰即以辯證女同志的 S/M 為出發，大肆批判激進女性主義者之保守反動，並竭力主張性別與性欲取向應該要分開討論：

> 我要挑戰女性主義是或必須是性欲取向理論的絕佳場
> 域之預設。女性主義是性別壓迫的理論。如果因此而
> 自動假設其即性壓迫的理論，便是失去區分此端之性
> 別與彼端性欲的能力（Thinking Sex, 1984:32）。

魯冰此番區隔性別與性欲取向之努力，自有其歷史時空脈絡的決定因素，尤其是要反抗激進派女性主義者以性別壓迫否定一切貌似權力不均等關係的情欲模式，如女同志 S/M；魯冰所欲突顯的，正是各種情欲實踐中角色扮演的協調溝通與幻想層面的自由發揮。

整體而言，魯冰的火力集中在批判反色情激進派女性主義的性道德與性恐慌，因而對性的多元開放持完全肯定的態度，甚至有浪漫化情欲少數之傾向，較少進一步分析情欲少數間的差異與權力關係，例如黑人玩虐女同志與白人扮虐女同志間情欲、種族、帝國殖民交織出的心理糾結，但對異性戀霸權的性欲取向布陣，確有引爆抗爭之號召。

巴特勒：T 與婆的性別嘲諷

　　女同志理論家巴特勒（Judith Butler, 1956-）在一九九〇年的著作《性別麻煩》（*Gender Trouble*）中，標示了同志研究的新里程碑。她在該書中成功地顛覆傳統女性主義「生理性別／社會性別」（anatomical sex / social gender）之劃分，指陳此項劃分將性別預設為性欲取向（sexuality）的社會建構，因而易於「自然化」性欲取向，將其視為先驗的存在，否定了性欲取向本身的幻象建構與潛意識欲望。因此，她反對將性欲取向化約為性別，甚至提出「反認同、反性別的性欲取向」（sexuality against identity, against gender），企圖開放出生理性別、社會性別、性別認同、性認同、性對象、性實踐各種面向的交雜互動。

　　巴特勒以自身的女同志經驗出發，指出女同志常被異性戀主流所加諸的「副本」標籤所困擾。異性戀為正本，而同性戀則為模仿的副本，必須直接辯證異性戀本身即是副本而非正

巴特勒
Judith Butler
1956-

本：「異性戀性欲總是在模仿與逼近幻象理想化自身的過程之中，並且不斷失敗。」（Imitation, 1990:313）因此對她而言，異性戀認同的本身，便是一種強制性的重複，模仿而不能變成、逼近而無法企及，在不斷失敗，不斷重複中，產生了異性戀本身「原初性」的「效果」，意欲拆穿此「原初性」假象之方式，必須透過「倒置的模仿」（inverted imitation）達成。「倒置的模仿」不是純然的「倒置」（同性戀為異性戀之倒置），「倒置的模仿」是要倒置正本／副本，被模仿者／模仿者的位次，進而指出正本與副本，被模仿者與模仿者的相互依賴與相互建構的關係。

而巴特勒「倒置的模仿」之最佳例證，便是男同志扮皇后與女同志Ｔ／婆，她／他們透過對異性戀性欲的「模仿式嘲諷」，暴露出她／他們所模仿的異性戀本身也是一種模仿、一種副本、一種透過不斷重複所達成的「自然化的性別滑稽模仿戲」（naturalized gender mime）（Butler, 1990:138），同志扮裝作為「模仿之模仿」、「副本之副本」，其顛覆效應正在於「同志扮裝在模仿性別時，暗暗透露性別本身的可模仿結構，和其偶發變動性」（Butler, 1990:137）。

　　因此，巴特勒特別提出「性別操演」（gender performativity）的概念，強調性別不是可揮灑自如的角色轉換，也非可脫下換上的服裝表演，而是異性戀機制下「強制而又強迫的重複」：

　　　　說我「扮演」一個人，並不是說我並不「真是」那個人，而是說我扮演一個人的方式與地點，正是這個「存在」之得以建立、體制化、流通與確認。這並不是一個表演，我能夠以基本的距離置身其外，而是一種根深柢固的行動，一個深植心靈的行動，而這個「我」並非把女同志當成角色來扮演。相反地，是經由這種性欲取向的重複行動，「我」才能徹底地被再建構為一個女同志的「我」。弔詭的是，那行動的重複正也是造成它所建構範疇的不穩定性（Imitation, 1990:311）。

巴特勒的理論不僅強調性別本身的社會建構，也同時突顯任何身分認同的不穩定性。巴特勒的性別嘲諷論（gender parody）為九〇年代的同志研究注入了無比旺盛的活力，但也因其較偏重「性別越界」（cross-gender）的同志扮裝（如T陽剛特質與女性身體的顛覆性），對於性別不越界的同志扮裝（如婆的扮女人）反而發揮較少。此外巴特勒的理論較突顯性別扮演的顛覆性，對歷史與社會脈絡中女同志被迫在異性戀體制中「異形／過關」（passing）的實質壓迫著墨較少。同時，巴特勒雖精采地將性慾取向的潛意識建構理論化，卻未能顧及同志慾望流動中，種族與階級差異的問題。

臺灣女同志（運動）

　　二〇一九年，立法院通過專法，同性婚姻合法化，臺灣成為「亞洲同志們的燈塔」。然而，並不很久以前，同性戀在臺灣仍是一個禁忌，男同性戀被當成汙名和罪犯般的存在，女同性戀則是不被看見的，連存在都談不上。

　　一九九〇年，臺灣首個標舉女同性戀的團體「我們之間」誕生，論者多以這一年為女同志運動的濫觴。以下本文將簡要追溯一九九〇年之前的女同志「史前史」，再聚焦臺灣自一九九〇年以來的女同志運動，爬梳女同志論述和運動發展的軌跡；探究短短二、三十年間，臺灣的女同志如何從「隱

藏」到「現身」？過程中哪些理論或論述發揮了影響或彼此若合符節，而運動路線的激盪或選擇，其間的進路、岔路和風景如何；此外，也將檢視當時性／別與社會的狀況。

臺灣女同志「史前史」

　　隨著女同志運動與女同志研究的發展，往前追溯女同志早年的身影和足跡，是臺灣當前女同志論述中一股重要動力，包括口述史、社會學、人類學的田野調查、紀錄片等。在一九九〇年有意識的女同志運動正式浮出地表之前，女同性戀存在卻不被看見，她們的身影出現在各個階層，藝術家、醫生、教師、勞工、銷售員、家庭主婦……，她們的名字可能是「穿褲仔」、「半男娘」、TB（Tom Boy、湯包）、T、同性戀，或者更多時候根本沒有名字，被當成是「生錯性別的人」（男人的靈魂裝在女人的身體裡）、「性變態」。至於她們的另一半，則不具獨立的性別身分或名稱，就像「一般的女人」，是附屬的「婆」（老婆），而她們的關係經常隱藏在華人文化的「姊妹伴」的默許中而得以夾帶蒙混（passing）。

　　曾經，除了出家、從娼之外，對生理女性而言，不進入異性戀婚姻體制通常是不被允許且難以想像的。因此即使到了一九五〇、一九六〇年代，「穿褲仔」與男人結婚也很常見，更不用說她們的「婆」，嫁做人婦往往被看成理所當然。女女相戀可做不可說，「在知道『同性戀』、在這個詞出現

前，我們早就已經愛得死去活來了！」[2]眼淚、心碎就跟她們故事裡的愛戀之傾心、熱烈、難分難捨相伴相隨。高中女校、歌仔戲班、女工宿舍等是女女最佳戀愛溫床；交筆友、寫情書是重要感情載體，就算離女同志文學的誕生仍然遙遠，詩詞歌賦也能用以傳情表意；台北、高雄等大城市的火車站則是她們殷殷期盼約會見面的地標[3]。

在進入女同志運動、性別研究生產論述前，主流的華人文化傳統，顯性運作的儒家文化和父權規則是男陽剛／女陰柔、男尊女卑、男女配對的異性戀模式，這反映在婚姻、法律、教育等社會和物質建構上。但隱性存在、陰陽並存的宇宙觀，在文化層面發揮了影響，它跟社會身分中具體的男女分類，形成了相生相剋的張力關係，使得性別分類變得較複雜且細緻。剛柔並濟、柔能克剛的佛道思想，打破了男女性／別階層化的二分，陽剛女（花木蘭）、陰柔男（梁山伯）的形象跨越時代長存，在父權異性戀條條框框之外，這是邊緣性／別主體流動、逃逸的文化資源，加上民間戲曲的跨性別扮演，例如歌仔戲裡的女扮男裝，也具體地豐富了臺灣女女戀的情欲想像和性別操演[4]。以中文語境裡的「斷袖之癖」為例，男男之間的「同性戀」基本上是形容詞（用以描述其行為、關係），而非以名詞「同性戀者」存在；形容女女戀的「磨鏡」一詞，也是如此。換言之，臺灣在二十世紀中葉大規模的西化前，華文文化裡其實並不以性行為／對象來界定人的身分[5]。

若從更具體的歷史、社會、政治脈絡加以考察，日本對

臺灣半世紀的殖民與現代化、二戰後國民黨遷臺帶來多族群混居離散的「外省」文化，以及戰後美軍協防臺灣所帶來的美國流行文化和西化的生活方式，都細緻形塑了臺灣的性／別風景[6]，女同志存在的夜空曾劃過幾顆熠熠閃亮的孤星（代表人物如一生著男裝的孔二小姐[7]、有「女貓王」之稱的西洋流行歌手黃曉寧[8]），但這些名人的情感領域仍是不可說，成為流入地下的傳奇。「街頭辨識」曾是城市裡女同志相認的主要方式；寂寞、孤獨的「第一人」之感，曾是女同志普遍

2　引自筆者進行的女同志口述史，是由「同志諮詢熱線」的老同小組，繼《彩虹熟年巴士》訪談老年男同志之後，另一針對年長女同志的出版計畫，2019 年 5 月將由「大塊」出版。

3　參見黃惠偵（2017），書和紀錄片。

4　參見王蘋（2002）、鍾邦友（2015）。

5　參見莊慧秋主編《中國人的同性戀》一書，在臺灣的同志運動啟動之前，此書是少數以正向態度論述同性戀的。

6　參見趙彥寧（2001）。

7　孔二小姐，即孔令偉（1919-1994），孔祥熙與宋靄齡之次女。終身未婚、做男裝打扮的孔令偉，一直陪伴在蔣宋美齡身邊。短髮油頭和西裝打扮，這樣女扮男裝讓孔令偉的性向成了眾人不能說的公開祕密。學者王丰說：「她可以帶著她的女朋友，到官邸去吃飯，她也不在乎說蔣公怎麼看她，她更不會在意說宋美齡怎麼看她，因為他們都很了解她。」孔令偉於一九九四年病逝，遺體據傳聞以女裝入殮，引起《女朋友》雜誌為文評論。

8　黃曉寧（1944-2018），祖籍湖南安化，四歲隨家人到臺灣，高中時組團參與歌唱比賽，演唱當時流行的美國熱門音樂，邁入歌壇；一九八三年八月移民美國，二〇一四年，七〇歲時返回臺灣發展，是公開性取向的公眾人物。

的感受；而「結拜」則是女同志流離於異性戀父權家庭之外，以符應文化的方式借用來建立的「擬親屬」關係，讓飄盪的友誼有了定錨，讓失去家族／社會支持的生命有了連結和親情般的溫暖[9]，「家」的想像，也使得公共空間資源較為匱乏的女同志，傾向於以伴侶家庭聯誼的方式建立人際網絡，然而不像男同性戀有「新公園」作為地下王國的據點、有三溫暖可供消費和聚集，女同志因不占據外在的實體空間，而更不容易被看見。

一九八〇年代，因愛滋病出現，在臺灣引起對男同性戀變本加厲地侮蔑、恐慌和追捕，女同性戀相對而言是隱身的，除了鳳毛麟角英雄式的地下傳奇之外，僅有極少數戴著異性戀框架寫就的寫實悲情小說零星反映了女同性戀「可悲的」命運[10]；而都市裡伴隨酒吧、卡拉 OK 興起的娛樂場所，以女同志為主要客源的「T 吧」在臺北的林森北路、中山北路一帶的巷弄裡，經由口耳相傳、熟人帶路，通過通關密語、走下窄仄的階梯，昏暗的酒吧裡、彩色燈光流洩舞池，一桌桌飲酒作樂或消愁的人兒，唱著勇敢或悲情的歌，依偎取暖、眼波流轉。T 吧提供了物以類聚的玩樂或慰藉的空間，在這兒 T 婆演練／展演著特別的性別化身體，也讓 T 婆配對的角色扮演有了具體模擬和傳承的圈內文化[11]。

T 婆（butch / femme）的性別意涵究竟是保守、複製異性戀，或是聰明挪用性別元素，是性別表演的歷史先驅，甚至是對抗異性戀的英雄，隨著臺灣性別理論的進展，不同研究者有

各自的詮釋與其擁護者；而隨著「跨性別」（transgender）的身分認同在 LGBTQ 同志圈站穩腳步，"T" 跟「跨」又各領風騷，女同志有了更多的名字，和三十年前曾被通俗雜誌偷窺報導為「假鳳虛凰」的 T 吧文化，已不可同日而語。

百花齊放的一九九〇年代

一九九〇年，「我們之間」的創立既是偶然，也是必然。一九八七年臺灣政治解嚴，長久壓抑且積累的社會力大爆發，工運、婦運、學運、農運……百花齊放。在婦女運動中，「婦女新知」自一九八二年以雜誌社形式運作、解嚴後成立基金會，成為帶領一九八〇年代婦女覺醒的基地和婦運火車頭，到大學女生崛起 [12]，婦女新知成為年輕世代女性主義者相遇連結的場域。女性主義新生代、加上留學回來的女性主義學者、婦女新知的外國義工，以及編輯因採訪進而結識、邀約的 T 吧朋友，在一九九〇年二月二十三日有了首次的聚會，這個

---

9   參見鄭美里（1997）。

10   最有代表性的是郭良蕙的《第三性》與玄小佛的《圓之外》。

11   參見呂錦媛（2003）；張小虹（2006）。

12   臺大女性研究社創立於一九八七年，是解嚴後大專院校中最早成立的性別社團。一九九〇年，跨校的第一屆大專女生姊妹營由婦女新知主辦，來自十幾所學校約八十位女大學生參加，一九九一年，由各大專院校的女研社結盟，成立「全國大專女生行動聯盟」。

日子成為日後臺灣女同志歷史追溯的標竿。那一年，先是《婦女新知》月刊報導「我們之間」成立的消息，隨後張老師月刊的專書《中國的同性戀》也放入「我們之間」的介紹，藉由這本日後流通頗廣的書，許多人得知「我們之間」的存在，透過郵政信箱取得聯繫，因收到「我們之間」的會訊而參加聚會認識朋友。「我們之間」手寫影印的會訊雖然陽春，卻使得女同志打破孤寂，得知世上還有其他相同的人存在，並有了不同於在 T 吧消費空間交友的其他管道。有婦運經驗的成員，透過文字媒體讓社會看見女同志的存在，並以地下化的方式維繫內部的組織，分工合作，讓身處不同角落的女同志有了一個希望的象徵和實質聯誼的團體歸屬。但從「我們之間」成立伊始，內在的張力便始終存在。早期成員中的 T 吧朋友，對於向外發聲的運動策略感到不安，認為原本得以用姊妹伴的身分或男女朋友而蒙混過關（passing）的情形，將因為同性戀一詞廣為人知而受到牽連，她們漸漸從剛成形不久的團體淡出。一九九二年，婦運聯合於三八節舉辦的「我愛女人」園遊會，「我們之間」以傳單方式現身，獲報紙報導，電視台持續追蹤女同性戀議題而引發偷窺 T 吧並對某歌手強迫曝光。後來針對此事件，有媒體與藝文界人士發起「尊重同性戀的一封信」，在大眾媒體上讓同性戀有了正面呈現，讓散居各角落的女同志得到鼓舞。

一九九三年，在當時具有進步和批判色彩的人文學術陣營《島嶼邊緣》刊物上，具有學院理論背景，帶著喧譁、歡

鬧、後現代風格的《愛報》同步現身，彷彿平地一聲雷，敲響了女同志的論述新聲，火花燦爛引人側目。而在「我們之間」的內部會訊計畫改版之時，受《愛報》對外發行的啟發，擴大為《女朋友》雜誌，於一九九四年下半年起對外發行。迴異於過去女同性戀被隱沒、妖魔化、悲劇化的樣貌，《女朋友》雙月刊使用的語言平易近人，延續「我們之間」兼容並蓄的平民化風格，從女同志生活中孕生規劃其專欄與專題。《女朋友》像人類學田野調查般，蒐羅女同志切身的各種經驗、感受，從女同志的主體發聲，加入一九九〇年代中期以來風起雲湧的同志運動，而其所呈現的「女同志主體」本身即是多元多樣，涵蓋不同性／別、階級和年齡。《女朋友》雜誌延續了「我們之間」的發展脈絡，是以「文字現身」來集結女同志並介入社會議題，既展現了群體力量，也避免了個人出櫃的壓力。但《女朋友》的發行也有其時代的土壤，主要透過女書店、全省的誠品書店為平台。除了一部分為訂閱戶，與家人同住的女同志擔心曝光，寧可定期到女書店等雜誌出刊，還可能遇見友善的眼光或認識朋友，而象徵文化品味的誠品書店曾有整櫃的同志書區、性別研究書區，在當時是同志交友的熱門約會點[13]。

　　大學校園也是臺灣同志運動的溫床。一九九三年台大 Gay Chat 創社，次年底女同志社團（臺大浪達社）召開成立大

13　關於《愛報》、《女朋友》雜誌的歷史回顧，參見蔡雨辰（2016、2017）。

會，吹響了校園同志社團的號角，其他大學陸續有性別／同志社團誕生，有的在女性主義研究社內以議題方式集結，有的未正式登記但亦十分活躍。其中一九九六年「同盟會」是南部最早的校園同志團體，而北部各大專院校女同志社團聯合組成的北區大專院校女同志社團聯盟（簡稱 NULA），每學期也會舉辦聯合大型舞會、球聚、影展和聯誼活動。大學是青年們學習交友的生活場域，年輕的女同志在大學交友戀愛外，也有機會接觸校園裡的性別研究課程、參加性別或同志社團，從智識上獲得啟發、在生活中有同儕陪伴。她們上網交友發文，形成了另一個豐富多產的異域世界[14]。

網路興起的影響

一九九〇年代後半，網路的興起改變了臺灣女同志運動的地景，其匿名性提供新的互動空間，BBS 站和網站讓校園女同志能更自在的互動和交友，其串聯也突破了過往女同志運動集中於都會的模式。二〇〇〇年以來，虛擬的網路空間收納了龐大的女同志動能，對於實體的女同志團體和運動造成具體影響。「我們之間」和《女朋友》的氣勢漸趨低迷，而網路女同志往往關注交友和個人勝過公共議題，改變了過去女同志運動的生態和動能。網路使用者不限於校園女同志，也因此打破了階級區隔[15]。

有相同需求的女同志集結，也讓更多女同志議題浮現。匿名性免除了曝光的壓力，卻也影響了其在真實世界的動能。儘管如此，真實與網路世界也有相互跨越，例如「同家會」（臺灣同志家庭權益促進會），其前身為二〇〇五年草創的「女同志媽媽聯盟 MSN 社群」，號召已生養或想生養子女的女同志，次年創辦《拉媽報》電子報（二〇一一年更名為《彩虹家庭電子報》），二〇〇七年正式命名為「臺灣同志家庭權益促進會」。參與者除了拉媽，也包括了 Gay 爸和其他的性少數，並將關注視角擴展到更多元的同志家庭。「同家會」可說是結合網路與實體組織的團體，自二〇一〇年起開始關注同志家庭成家法案，爭取同志的生育權、親權及婚權。

從地下組織朝向地上化也是一個趨勢，這意味著「現身」對於一些運動者已不再是禁忌。一九九八年，一個青少年同志自殺的新聞，讓運動者思考改變，聯合成立了「同志諮詢熱線」，接收了九〇年代男女同志團體合作參與公民運動的能量，一方面提供電話諮詢服務，也持續參與第一線的同志公民運動，二〇〇三年，承辦第四屆「臺北同志公民運動」，將同志遊行引進臺灣[16]。「熱線」從一開始就包含男女同志，此後

14　一九九〇年代的臺灣同志運動，在莊慧秋主編的《揚起彩虹旗》一書中，收錄了許多當時不同團體的運動者第一手感想和回顧。

15　參見林佩苓（2015）。

16　從第二屆開始就由同志社群組成「臺灣同志遊行聯盟」，自籌經費繼續辦理，持續至今，已成為亞洲同志文化的盛事。參見 http://www.twpride.org/twp/?q=about/twpride。

祁家威
1958-

更持續讓多元性別／LGBTQ 的議題共存[17]。二○一八年，「熱線」發表了「同志人權政策檢視報告」，指出同志權利在臺灣依然未受實質保障，要求從法律和政策層面落實 LGBTQ 的人權。

同志人權運動方興未艾

同性婚姻合法化的議題浮現已逾三十年。一九八六年，就已有媒體報導，臺灣首位公開出櫃的同性戀祁家威到法院請求與另一位男性公證結婚，但並未受到正視；二○一二年首次有女同志佛教婚禮，獲得不少報導；同年，臺灣伴侶權益推動聯

盟（簡稱「伴侶盟」）完成民法修正草案，發動「多元成家」
連署行動；次年，反挫的力量也開始集結，「護家盟」（臺灣
宗教團體愛護家庭大聯盟）出現，捍衛傳統家庭倫理、汙名化
同志的言論和行動也陸續爆發。二〇一六年，同志團體正式推
動同志婚姻合法化，導致部分保守基督教會組織「愛護家庭大
聯盟」，以「捍衛下一代幸福」號召家長、散播恐同言論，可
說是同志運動所遭遇最大規模、最直接的反撲[18]。

　　過去在臺灣對同性戀狀似包容，將同性戀劃歸為私領域的
個人情感，經過二十多年同志運動耕耘，進入要求平權的法律
訴求，才真正面臨保守勢力的阻撓。二〇一七年釋憲結果宣
告，民法不允許同婚為違憲，但大法官釋憲雖認可同性婚姻
自由，卻給立法者兩年期限，決定以民法保障或者是另立專
法，這也給「反同」公投埋下伏筆，挺同婚派發起以公投對抗
公投，積極連署，二〇一八年底成為臺灣同志歷史的重要篇
章。

　　基本上，同婚的論述主要是以「平等」為訴求，要求一視
同仁，將同性伴侶納入民法對婚姻的保障；反同婚的論述則捍
衛傳統異性戀一夫一妻的家庭價值，認為同婚將撼動社會倫
常。在此對立的兩造之外，另有一反婚家酷兒派，也即所謂
「毀家廢婚派」，延續九〇年代「性解放」，從左派立場反家

17　LGBTQ 是 Lesbian, Gay, Bisexual, Transgender, Queer 的縮寫
18　有關同志婚姻平權的主張和歷史，參見「婚姻平權大平台」
　　（http://equallove.tw/）。

國治理。她／他們指出，以婚／家為目標的性別主體平權運動，其所欲平之權，就是包括婚權在內的公民權，和構造於公民身分之上的法權。這圍繞著公民權的平權運動，是與資本主義、國族建構同謀，卻不思批判。她／他們批評，同婚運動宣稱可解決醫療問題、財產問題、性壓迫問題，甚至臺灣的經濟問題時，其實是掩蓋了婚姻家庭的不平等、壓迫，以及制度的缺陷，只是讓純潔、中產的好同志享有與異性戀同等的利益，無助於推倒或改變婚家體制。當臺灣同婚運動凝聚運動能量，進而訴諸人權而上升為全民運動之時，儘管在同運圈內「毀家廢婚派」的聲音相形較小，但其批判力道甚強，不少同志運動者基於同志族群迫切的現實需要（醫療、繼承……等），一方面推動同婚立法運動，另一方面也並非和「毀廢派」的思想完全對立[19]。

回顧臺灣的女同志歷史，走過沒有名字、存在卻不被看見的年代，到以文字現聲／身，交流和結集，逐步建立主體性。透過翻譯引介和刊物出版，西方的女同志理論也影響著臺灣女同志對自我身分的理解或建構。二〇〇〇年以後，網路串連普及，年輕世代逐漸走出孤獨和悲情，在每年的同志大遊行中嘗試現身，LGBTQ 的多元身分更豐富了「女同志」一詞的意涵，可以是女同性戀、Ｔ婆、不分、雙性戀、跨性別、陰陽

---

19 關於「毀家廢婚」的相關論述，請見 https://www.coolloud.org.tw/tag/%E6%AF%80%E5%AE%B6%E5%BB%A2%E5%A9%9A。

人等。臺灣女同志並非孤立存在，與整個社會的女性、性別狀況息息相關，當女性經濟獨立，不婚、離婚成為一個可能選項，女女相愛，或以女同志的身分生存於世，才有了較大的空間。同志婚權運動是臺灣同志歷史的一個標竿，其影響有待靜觀後效，但無論如何，可以確定的是性／性別／性取向從來不是單一、靜態的，女同志的生命和故事也將繼續不斷地存在和流轉。

參考資料

張小虹編（1998），《性／別研究讀本》，台北：麥田。

張小虹（2006），《後現代／女人：權力、欲望與性別表演》，台北：聯合文學。

莊慧秋主編（1991），《中國人的同性戀》，台北：張老師文化。

──（2002），《揚起彩虹旗──我的同志運動經驗1990-2001》，台北：心靈工坊。

趙彥寧（2001），《戴著草帽到處旅行──性／別・權力・國家》，台北：巨流。

鄭美里（1997），《女兒圈：女同性戀的性別、家庭與圈內生活》，台北：女書文化。

鍾邦友，〈斷袖、歌仔戲的另番天地──兼談同性戀的空白課程議題〉，《性別平等教育季刊》72期（2015.09 [民104.09]），頁101-103。

黃惠偵（2017），《我和我的T媽媽》（書&DVD），台北：遠流。

林佩苓（2015），《依違於中心與邊陲之間：臺灣當代菁英女同志小說研究》，台北：秀威。

呂錦媛（2003），《金錢與探戈：臺灣女同志酒吧之研究》，臺灣大學社會學研究所碩士論文。

蔡雨辰（2016），〈我不是小娘子，我就是女妖精——《愛報》考古學〉，《今藝術》2016 年 8 月號。

——（2017），〈女同志們的集體創作：重訪《女朋友》雜誌〉，《今藝術》2017 年 2 月號。

王蘋（2002）〈性別越界的美麗新世界〉，2002 年《性別小本四季報》之秋季號 002，臺灣性別人權協會出版。

激進女同性戀（Radicalesbians）（1972），張君玫譯，〈女人認同女人〉〔應譯為〈認同女人的女人〉〕"The Woman-Identified Woman"，《婦女新知》158 期（1995.7）。

奧菊・羅德（Audre Lorde）（1981），孫瑞穗譯寫，〈情慾的利用〉"The Use of the Erotic"，《婦女新知》159 期（1995.8）。

莫尼克・維帝格（Monique Wittig）（1978），魏淑美譯，〈異性戀思維（法統）〉"The Straight Mind"，《島嶼邊緣》第 9 期（1994.10）。

——（1982），米蟲譯，〈性／別：1976／1982〉（The Category of Sex），《島嶼邊緣》第 9 期（1994.10）。

Abelove,H.M.A.Barale, D.M.Halperin, eds. 1993. *The Lesbian and Gay Studies Reader*. New York: Routledge.

Butler, Judith 1990. *Gender Trouble*. New York: Routledge.

Fuss, Diana 1989. *Essentially Speaking*. New York: Routledge.

第八章

連結女性與自然、永續共存救地球

——生態女性主義

王瑞香、顧燕翎

前言

　　生態女性主義，顧名思義有兩個關注點：女性和生態。這裡的生態就是自然，更具體地說是人類宰制／支配（dominate）自然的方式。一言以蔽之，生態女性主義是一種學術理論與社會運動，主張壓迫女人和宰制自然之間有重要關聯；它論證資本父權制度是宰制自然和壓迫女人的共同基本根源，其目標在於根除父權制度，並試圖解放女人和拯救自然[1]。

　　「生態女性主義」一詞最早出現於一九七四年，由法國女性主義學者朵芃（Francoise d'Eaubonne, 1920-2005）在《女性主義或毀滅》（*Le Féminisme ou la Mort*, 1974）一書裡提出。朵芃陳述人類正面臨兩個威脅：人口過多與自然破壞。朵芃認為，男人控制女人的身體而導致人口過多，而男人控制自然，造成自然資源的破壞。她指出女人被壓迫和自然受宰制之間的直接關聯，而父權制度是其背後根源。她呼籲婦女領導一場生態革命以拯救地球，認為這樣的革命將帶來新的兩性關係和人與自然的關係。

　　魯瑟（Rosemary Radford Ruether, 1936-）在同一時期的《新女人，新地球》（*New Woman, New Earth*, 1975）一書裡論道，女人若要解放自己，必須確認並努力終止自然被宰制的事實，她敦促女人和環保主義者一起努力消除父權制度。她的主張促使女性主義者開始批判忽略父權制影響的生態理論，以及未檢視女人與自然關係的女性主義理論。

朵芃
Francoise d'Eaubonne
1920-2005

　　約十年後，沃倫（Karen J. Warren, 1947-）列出生態女性
主義的四個核心假設：一、女人的受壓迫和自然的受壓迫之間
有某些重大關聯；二、必須了解這些關聯的性質，才能充分了
解女人所受的壓迫和自然所受的宰制；三、女性主義理論與實
踐必須含括生態／環境觀點；四、生態／環境問題的解決辦法
必須包含女性主義觀點（Warren, 1987）。大部分生態女性主
義認同這四個假設。

1　本章的論述與架構主要參考童與柏茨（Tong, Rosemarie and Tina
　　Fernandes Botts）2017 年的 *Feminist Thought: A More Comprehensive
　　Introduction*。

然而，強調女人和自然的關聯是否明智，生態女性主義者間仍有爭辯。不過，儘管有時對於某些議題中女人所應負的特定責任有不同的見解，所有的生態女性主義者都同意魯瑟所言，女人的解放和自然的解放乃是一個聯合大業：「女人必須明白，在一個一直以支配為其基本關係模式的社會裡，女人不可能解放，生態危機亦無解決之道。她們必須結合婦女運動和生態運動的要求，為這個（現代工業）社會徹底重塑一個基本社會經濟關係和根本價值（Reuther, 1975:204）。

女人與自然、文化的關係

　　生態女性主義者同意，女人和自然的關聯是性別歧視和自然歧視（naturism, 即認為人類優於自然或其他生物，因而可以宰制自然之心態〔Wilson, 1997:406n4〕）的根本原因，但對於女人和自然的關聯究竟是生理與心理的，或社會與文化的，卻莫衷一是；對於女人應該淡化或強調，或重新設想她們與自然的關聯，也沒有一致的看法。金恩（Ynestra King）指出：

> 認識到女人和自然之間的關係，以及女人在自然與文化間如橋樑般的位置，為生態女性主義設定了三個可能的方向。一是將女人徹底整合到文化和生產領域裡，以切斷女人－自然關聯。二是重申女人－自

然關聯，提出女人的秉性不僅有異於、甚且優於男性
文化。三是利用女人－自然關聯來創造「一種不同的
文化和政治，這將會整合本能的、靈性的，以及理
性的知識形式……並創造一個自由、合乎生態的社
會，」藉此改變女人－自然關聯（King, 1989）。

金恩所指的「變革的生態女性主義」，其中所隱含的是後
現代女性主義的信仰：最終所有形式的人類壓迫，乃根源於一
個二分法的觀念系統，也就是二元組之一員優於另一員，例
如：男性優於女性、自然優於文化、科學優於靈性。

歐特納

最早提出有關女人和自然之關係的學者，當屬文化人類學
者歐特納（Sherry B. Ortner, 1941-）。在其一九七四年的〈女
之於男如同自然之於文化？〉（"Is Female to Male as Nature Is
to Culture？"）一文內，歐特納試圖解釋女人舉世皆然的次等
地位。她指出，女人的身體和心理在象徵意義上被等同於自
然，因她們的身體有較多的構造和功能，例如乳房和月經是專
為生小孩而存在的。此外，女人也被認為和小孩較有關聯，
因此社會往往將其角色圍限在家庭內。由於「動物也似的嬰
兒」尚未受到文化的薰陶，而女人是撫養他們、將他們轉變成
有教化的成人，歐特納認為，女人因而被視為自然和文化之間

的中介（intermediate）。每個社會對「中介」一詞有不同的解讀。首先，這個詞可以單純意味女人有中階地位，低於男人但高於自然。其次，它可以表示女人在自然和文化間「調解」或執行某些綜合或轉變的功能，例如孩童的社會化。除非小孩受到適當的社會化，否則社會無法存活；社會需要其成員遵從其法則與規章。歐特納假設，社會因此企圖限制女人的性、生殖、教育，和職業的選擇，女人愈保守，她們和她們的小孩就愈會遵從法則。再者，「中介」一詞可以意指「更大的象徵曖昧」。由於社會並不十分了解女人的性質，無法確定要把女人跟甚麼聯繫在一起：生或死、善或惡、秩序或混亂（Ortner, 52-53）。

歐特納指出，社會把女人視為中介的觀點乃源於女人的「社會現實情況」，即女人的生理、家庭角色及女性心靈。因此，要改變這種觀點，便要先改變女人的社會現實情況，使她們像男人一樣，可以被視為既有能力決定歷史進程又是十足文化的。但她又說，不幸的是，女人的社會現實情況是無法改變的，除非社會改變其觀點，不再將女人視為文化和自然的中間事物。女人若要從這個循環陷阱逃脫，必須從兩個方面同時著手改變其處境：一是社會現實情況方面，女人有生殖力的特殊生理、家庭角色，以及女性心靈；二是概念或意識形態方面，女人占據中間地位、執行自然與文化間之調解功能，以及背負著模稜兩可的象徵包袱（54）。歐特納相信，這樣雙管齊下，將能有效使男人和女人平等參與「有

創造力與超越性」的大業（54-55）。

女人受壓迫與自然受宰制的關聯

當代女性主義者主張，我們每個人，不論是否意識到，都依據一套由歷史與社會建構的基本信念、價值、心態與假定來行事，沃倫將這套東西稱為「概念架構」，它解釋、形塑、反映我們對自身與對世界的看法，而有些概念架構具有壓迫性。為了解女人所受到的壓迫（至少在西方社會），沃倫列舉了這套壓迫性父權概念架構（oppressive patriarchal conceptual framework）最重要的幾個特點：

一、價值層級化的思維：由上而下的思維，而賦予「上」者（而非「下」者）較高的價值、地位或威望。

二、價值二元論：分離的配對，二者被視為對立（而非互補）且互相排斥（而非包容），並賦予其中一方較另一方更高的價值、地位，或威信；例如，被界定為「心智」、「理性」與「雄性」的東西，相較於被界定為「身體」、「情感」，與「雌性」者有較高的價值或地位。

三、宰制邏輯：一套合理化服從（subordination）的理論結構（Warren, 1996:20）。

沃倫在論證人類宰制自然，和男人壓迫女人間的相互關聯性時，提出兩組支配邏輯論述：(A) 人類宰制自然，及 (B) 男性壓迫女性；關鍵在於這兩者的邏輯結構是相同的。

第一組的邏輯結構是建立在以下五個信念與主張之上：

(A1) 人類具有有意識地、根本地改變其居住群落的能力，而植物與石頭並不具有。

(A2) 凡是具有有意識、根本地改變其居住群落之能力的東西，在道德上便高於不具有這些能力的東西。

(A3) 因此，人類在道德上高於植物與石頭。

(A4) 任何甲和乙，若甲在道德上高於乙，甲便具有支配乙的道德正當性。

(A5) 因此，人類具有支配植物與礦物的道德正當性。

沃倫指出，(A2) 和 (A4) 這兩項至為重要。因為，若無此論述，其所呈現出來的將只是人類和植物、石頭有所不同而已。(A4) 尤其清楚表達了支配邏輯。如此，道德高的人類才能「理所當然」支配與剝削道德低的非人類生物。同樣的，才能在以下的信念與邏輯論述中，建立起男人支配女人的正當性：

(B1) 女人被等同於自然和身體領域，而男人則被認為與「人」和精神領域等同。

(B2) 凡與自然和身體領域等同的東西，劣於（或低於）所有被等同於「人」和精神領域的東西；或說，後者優於（或高於）前者。

(B3) 因此，女人不如（低於）男性；或說，男人優於（高於）女性。

(B4) 任何甲和乙，如果甲優於乙，那麼甲便具有支配乙

的道德正當性。

(B5) 因此，男人具有支配女人的道德正當性。

正是在上述這兩組相同的壓迫性概念架構下，人類對於自然的宰制和剝削，與男人對女人的壓迫與剝削緊密連結。父權制的層級、二元論，和壓迫性思維模式不僅對婦女有害，也不利於自然。而它透過語言長久存在。沃倫強調，當女人被形容為動物時，便被自然化了。例如說，女人像寵物、狐狸、小雞、母狗、貓咪……。同樣的，當男人說自然「她」被踐踏、征服、控制、進入、開採時，自然便被女人化了。藉著將自然和動物女人化，對它們的剝削便被合理化；而透過將女人自然化，剝削女人也被正當化了。假若男人是自然的主人，假如他被授予對自然的統治權，那麼他不只對自然有控制權，他對人類中對應於自然的女人也有控制權。男人會對自然所做的，也會加諸婦女之上。

生態女性主義的早期觀念與運動

「生態女性主義」一詞問世後，一九七〇年代後半至一九八〇年代，世界各地發生了一些大規模生態災變：一九七六年瑞士塞維索（Seveso）中毒事件、一九七九年美國三哩島（Three-Miles Island）核能外洩、一九八四年印度博帕爾（Bhopal）殺蟲劑工廠毒氣事件、一九八六年蘇聯車

諾比（Chernobyl）事件等，這些災難引發許多婦女和婦女團體抗議，「生態女性主義」一詞開始被廣泛使用。一九八〇年，一場於美國麻州阿默斯特（Amherst）舉行的研討會，產生了推波助瀾的功效。這個名為「婦女與地球上的生命：八〇年代生態女性主義」的研討會，共有六百多位婦女參加（Li, 1991:115），是一系列相關研討會中的第一場，它激發了生態女性主義組織與行動的成長。主辦人之一的金恩指出，生態女性主義為一認同女人的運動，尤其關心「商團戰士對地球與生命的殘害，及軍方戰士所掌握的核武威脅。同樣的陽性心態剝奪了女人的身體和性的自主權，這種心態以仰賴多重宰制體系與國家權力方得以維持」（King, 1983:19）。

當時一系列生態女性主義研討會所產生的相關書籍與文章不勝枚舉，其中被視為生態女性主義經典的，當屬葛里芬（Susan Griffin, 1943-）的《女人與自然》（*Woman and Nature*, 1978）和墨欽（Carolyn Merchant, 1936-）的《自然之死》（*The Death of Nature*, 1980）。在《女人與自然》一書中，葛里芬仔細檢視從柏拉圖到佛洛伊德等之西方男性思想家的作品，闡明其作品中女人與自然的關聯，分析父權制的西方哲學，如何利用語言和科學來支撐他們施加於女人和自然的權力。而墨欽的《自然之死》，更是獨特地關注到在歷史進程中，「自然的女性化」和「女人的自然化」是如何被連結起來，並作為支配女人與自然的藉口；它也是最早從生態女性主義角度來闡釋生態史的著作。

儘管生態女性主義理論的萌發與興起主要發生於歐美，但在實踐與運動方面，來自非西方、非工業地區的例子卻較為人所樂道。其中最受矚目的是印度婦女的抱樹運動（Chipko movement）與肯亞婦女的綠帶（Greenbelt）植樹運動。一九七〇年代初，為抗議政府錯誤的森林經營政策和伐木公司掠奪式的開發，印度北部一個村莊的農婦展開「抱樹運動」（Shiva, 1989）。她們主張土地、水、森林、山坡是當地居民的公有資產，也是她們生存、自由，與尊嚴的基礎。堅持由村民經營當地森林，反對來自遙遠政權的管理。她們緊抱大樹或站在推土機前，以肉身阻擋山水森林受到破壞。這個運動造成了很大的回響，也在其他國家引發類似的抱樹運動，並於一九八〇年成功使得印度政府下令北阿坎德地區在十五年內禁止伐木。

　　肯亞的綠帶植樹運動是另一個例子，它是由一個女人所起始、由婦女所實踐的草根運動。一九七七年，馬薩伊（Wangari Maathai, 1940-2011）注意到肯亞的森林劣化甚至消失，許多溪河逐漸乾涸，水中生物驟減，婦女紛紛抱怨必須走遠路去張羅薪柴和乾淨用水。馬薩伊深知，若置之不理，這些現象將愈演愈烈，形成惡性循環，而種樹是最好的應對方法。於是她發起種樹運動，在一九七七年世界環境日（六月五日）當天，在肯亞首都奈洛比種下第一批樹，開始了這個如今為人所熟知的綠帶植樹運動（Gregory, 2017）。這個運動獲得了相當大的成效，並推展到非洲其他許多國家，而馬薩伊也因

馬薩伊
Wangari Maathai
1940-2011

其對「可永續發展、民主，與和平的貢獻」而在二〇〇四年獲
頒諾貝爾和平獎。儘管馬薩伊已於二〇一一年病逝，綠帶運動
至今仍方興未艾，吸引了數十萬婦女參與，在四十年間共種植
了超過五千萬棵樹。

　　此外，還有厄瓜多婦女挽救紅樹林，使其免於淪為魚蝦養
殖場（Mies and Shiva, 1993:3）。這些例子裡的婦女，主要勞
務多半是生產維生作物和取得生活用水，舉凡樹木、水、土
地、生態系等，都和她們的日常生活息息相關，因此她們的抗
爭運動也和自然生態有著直接的關聯。

在工業化的西方社會，也有一些值得喝采的女性抗爭環境議題的例子。一九七八年，美國紐約州的勒孚運河（Love Canal）社區，因建於有毒廢棄物傾倒場上而發生了化學毒物外洩，導致孩童、孕婦及嬰兒罹病的事件。身為母親的紀柏思（Lois Gibbs, 1951- ）帶領社區抗議，最後獲得成功，立下美國環保運動史上的里程碑。在另一起事件裡，通用汽車公司在紐約州聖羅倫河內排放有毒廢棄物，導致莫霍克（Mohawk）保留區裡的一些幼兒受害。莫霍克印地安婦女庫克（Katsi Cook）便在一九八五年協助成立了「阿克威薩斯尼母乳計畫」（Akwesasne Mother's Milk Project）監測河水中的毒素。在英國，一九八一年起有一群婦女長期駐紮葛林漢堪門（Greenham Common）空軍基地，抗議政府讓美國在該處部署巡弋飛彈，是為「葛林漢堪門婦女和平營」。一九八二年十二月，三萬名婦女手牽手組成人牆圍住基地，和平抗議，為婦女抗爭寫下了重要的一頁。相較於第三世界婦女的抗爭，英美工業化社會裡的婦女更關注與環境汙染和大規模破壞環境（包括人類）的軍武議題。

生態女性主義與環境／生態主義

環境主義是生態女性主義的根源之一（Spretnak, 1990）。許多人認為，卡森（Rachel Carson, 1907-1964）於一九六二年

卡森
Rachel Carson
1907-1964

出版的《無聲的春天》[2]（*The Silent Spring*）一書開啟了美國的環境運動。卡森詳細描述 DDT 如何進入食物鏈，在鳥類和其他動物（包括人類）體內累積，而導致癌症和基因上的傷害。她清楚闡明，發生在環境裡所有生物身上的事實都是相互關聯的；她描繪的生態圖像顯示人類和其他所有生物命運與共。隨著社會日益關注全球暖化、臭氧層耗竭、廢物處理等各種環境議題，環境保護運動遂在美國及世界各地展開。

雖然所有環境保護主義者都認為人類應該尊重自然，立場卻非完全一致；一方面「人類中心」者主張，環保應建立在促進人類利益的基礎上，另一方面，「地球中心」者則認為應該立基於地球本身的內在價值。人類中心的環保主義者儘管強調

人類傷害自然終將害到自己，卻認為有時為了自身利益，我們必須犧牲環境。換言之，環境的價值是工具性的，其意義、重要性及目的乃依人類之需求與想望而定。環境非為其自身、而是為了人類而存在。

評論者指稱，人類中心的環保主義傲慢自大，而貶低環境價值的思想主要出自猶太－基督教傳統。《聖經》的訓令教導人類要「治理」大地，要「管理海裡的魚、空中的鳥和地上各樣行動的活物」（創世記，1:28），自然僅僅具有工具性價值，十七世紀主導啟蒙運動的機械論[3]強化了《聖經》人類中心主義的觀點。之前人類將自然視為活生生的及滋養生命的母親，因此心懷崇敬。科學革命和市場導向文化破壞了此以地球為中心的宇宙論，宇宙在人的心目中遂成了機械式的存在，不再具有人性或精神力量，此一改變使得人類更易於合理化其利用、誤用、濫用自然的行徑（Merchant, 1980）。

人類中心、資源取向的環保主義，或稱「淺層生態學」（shallow ecology），獨領風騷至一九四○年代，新世代環保主義者提出「深層生態學」（deep ecology），以地球為中心、強調生物圈之內在價值，駁斥自然是機器的看法，回歸中世紀、甚至久遠前的觀念，將自然視為同時具有自身價值與工具性價值的有機體。

2　本書在台灣出版時翻譯為《寂靜的春天》。

3　科學的發展到了十七世紀，對自然產生了機械式的看法，或伽利略所言，建立了新的世界體系。

生態女性主義可說是相當新的一個生態倫理學的版本。提到生態倫理學便不能不提到李奧波德（Aldo Leopold, 1887-1948）發表於一九四九年的〈土地倫理〉（"Land Ethics"）一文。李奧波德率先為土地的倫理立論，主張土地群落的所有非人類部分（動物、植物、土地、空氣、水等）是和人類平等而且有關係的。此一對環境之包含一切的理解，開啟了現代環保運動，也闡明了如何透過一個關懷的架構來看待有關議題。李奧波德認為土地是一個生命體系，由相互依賴之不同元素錯綜複雜地交織而成，而以一完整的生物體在運作。他指出，若以生態學的角度來詮釋歷史，就可看出人類其實只是一個生物群的一員。從這個自然觀點（與人類觀點對立）衍生出被稱為「生命中心的」或「生態中心的」環境倫理。李奧波德認為，「一件事要是傾向於保存生物群落的整體性、穩定性與美，便是對的。若不是這樣，那麼它就是錯的」（Leopold, 1968:224-225）。

　　李奧波德的思想走在深層生態學的最前線；深層生態學生命中心主義的革命性觀念，取代了淺層生態學的擬人化想法。一九七三年，挪威哲學家奈斯（Arne Naess, 1912-2009）提出「深層生態學」一詞，後經其他學者發展為新的環境哲學。在許多方面，生態女性主義和深層生態學有所雷同，但生態女性主義者通常批評深層生態學者只反對西方社會的人類中心主義，而最主要的問題其實是男性自我中心（Warren, 1987）。澳洲生態女性主義者沙列（Ariel Kay Salleh）讚揚深

亞當斯
Carol Adams
1951-

層生態學「重新思考西方形上學、知識論與倫理學」，卻也認
為他們的再思考有所不足（Salleh, 1984）。她指出，在男人能
勇敢重新發現，並愛他們自己內在的女人之前，深層生態運動
將不會發生（Salleh, 1984）。

　　值得一提的是亞當斯（Carol Adams, 1951-）的《肉的性
政治學》（*The Sexual Politics of Meat*, 2002）一書，它被認為
是後現代哲學和批判理論的一個里程碑。它以極富原創性與成
效的方式，探索婦女所受壓迫和動物所受壓迫之間的關係，企
圖在父權文化之內開創一個素食主義論述（Fox, 1999:21），
也為淺層生態學和深層生態學之間的爭論打開了新局面，影響
重大。亞當斯指出，希臘神話中宙斯（Zeus）垂涎機智女神墨

提斯（Metis）而強暴她，最後將之活活吞下肚。他處心積慮讓墨提斯永遠在留他腹中，提供他智慧，藉此合理化他的醜惡行徑。在亞當斯看來，這個神話說明了「性暴力和食肉是如何彼此交纏相依，密不可分」（Adams, 2002:25）。她強調，「在宙斯的這些行徑上，奠定了男性中心文化一個不可或缺的成分：將被渴欲的對象視為可吃的」（Adams, 2002:60）。她提出一個物化、裂解與消耗三階段所構成的進程（Adams, 2002:47），它使宰殺和性暴力都得到助力，並且被接受。物化使動物和女人成為東西。動物被理解成只是活著、尚未被宰殺的食物；女人是男人性滿足的來源。在亞當斯看來，女人的權利和動物的權利牢牢連結，使得素食生態女性主義在深層生態學的一角穩穩地占有一席之地。

生態女性主義的各種立場

就像女性主義並非只有一種，生態女性主義或生態女性主義哲學也並非只有一種，它們在女性主義實踐與哲學上有其不同根源。這些不同女性主義觀點不僅反映出不同的視角，也反映了對迫切之環境問題的不同理解和不同的解決方案。

自然／文化生態女性主義

自然／文化生態女性主義源自激進女性主義，認為女人本質上與自然有密切關聯，能透過身體功能與自然接近，主張發揚女人與自然的聯繫。它強調與女人相關的傳統特徵，認為養育、關懷和直覺是女人的正面特質，否認女人與自然低劣而男性與文化優越，堅持自然與女性和文化與男性是平等的。

葛里芬

儘管葛里芬認為女人和自然有本體關聯，她指出：

> 我們知道我們是這個地球所製造出來的。我們知道這個地球是我們的身體所製造出來的。因為我們看見我們自己。我們就是自然（Griffin, 1978:226）。

她暗示，女人因其與自然的特別關係而有特殊的方式感受並理解現實。她也主張，女人必須幫助人類逃脫男性西方哲學家帶領我們進入的錯誤、毀滅性的二元世界。

葛里芬認為柏拉圖的「知識論階層制」是有害的，她提供一個除害的辦法，試圖藉此克服二元論的問題（Griffin, 1978:83-90）。在《理想國》裡，柏拉圖帶領西方男人走出一個他視為較低等的感官國度（表象世界），而進入一個他認為較高等的智力國度（共相世界）。在後一個世界裡，據稱存在

著真、善、美等理念。但葛里芬認為，柏拉圖堅稱精神優於物質是不正確的，致使人們視男人為心、女人為身；柏拉圖的二元階層論是西方社會視女人較男人低劣之觀點的後盾（Griffin, 1978:67）。她強調男人對自然的看法和其對女人的態度之間的關聯，也看到男人馴化動物和他們將女人囿限在家裡的相似性（67）。

葛里芬認為，柏拉圖哲學所造成的主要觀念裂隙包括：心靈與身體、智力與情感、城市與鄉野、知者與被知者等。她批評科學知識將所有事物化約為數目、統計數字、成本和效益比等。她呼籲女人步出文化（那是個二元化思維迷宮），回到自然，在那裡物質和精神合而為一，是人類真正的棲所。葛里芬在其後來的著作裡重新探討自然與文化二分法的議題，她將色情出版品描繪成文化對自然的報復，也是男人對女人的報復（Griffin, 1981:2）。

戴力

具有激進女性主義背景的生態女性主義者一般會企圖加強，而非弱化女人和自然的關聯。戴力（Mary Daly, 1928-2012）和其他自然生態女性主義者認為，傳統上與女人有關聯的特性（例如：關懷、養育、直覺）與其說是源自她們的社會建構，不如說是出於她們實際的生理和心理經驗；但問題不在於女人比男人更與自然有親密的關係，而是這種關係被低估了。她們堅稱，自然／女人和文化／男人至少是平等

的，甚或略勝一籌。

　　當戴力轉向女同志分離主義的觀點時，她開始視男性文化
為邪惡的並且加以排斥，並擁抱她認為是良善的女性文化。她
推斷，在父權制度確立之前存有一個最早的女權制社會。在這
個以女性為中心的世界裡，女人處於旺盛時期。她們掌控自己
的生活，彼此團結，也和非人類的動物界與自然界團結，過著
自由而快樂的生活。所以，戴力認為，女人的解放過程便是使
女人回復與她們最初的「野」而「精力充沛」之自然世界的聯
繫，並將女人從男人的「予以馴化」與「使之氣餒」的文化世
界裡釋放出來（Daly, 1984:25）。

　　戴力將男人汙染自然和男人汙染女人掛勾，並對比男人
的婦女醫學（gynecology）和女人的「婦女／生態」（gyn/
ecology）。男人的婦女醫學涉及分割、專門研究生殖，它涉
及以假取代真、用人造替代自然，涉及將整體切割成部分。與
之對照，女人的婦女／生態是關於「發現、發展與**我們自己族
類**的生活／愛的關係的複雜網絡。但，在父權制之下，大部分
女人被勾引與「陽具中心主義」體制合作，而成為男人的雌性
機器人（fembots），她表示，除非女人拒絕當男人的雌性機
器人，否則男人將消費她們（21）。

靈性生態女性主義

　　大多數靈性生態女性主義者主張，除非父權制的宗教

（尤其是基督教）能去除其無所不在、脫離現實的男性精神，女人應摒棄這些宗教之教堂、廟宇的壓迫性限制，到自然的開放空間去，以實現任何實際的靈性活動。靈性生態女性主義者從各種地球本位的靈性汲取力量，但往往會轉向古代的神祇崇拜，和以自然為重心的北美印地安儀式。她們相信，視女人身體為神聖的文化，也會把自然看成是神聖的，並尊重其週期與韻律。她們也經常將女人的生物生產力，與原型的「大地之母」（通常被稱為「蓋亞」）之生養萬物類比。她們認為，由於女人的角色和蓋亞相似，女人和自然的關係，相較於男人和自然者，得天獨厚。

斯達霍克

斯達霍克（Starhawk, 1951-）常在其詩作裡寫道：自然和女人的工作是完全相同的（Starhawk, 1990:86）。女人，透過其獨特的女性身體經驗——她們的月經、懷孕之耗費心力的共生關係、生產的疼痛、為嬰兒哺乳的快樂——據推測能（以男人不可得的方式）得知人類和自然是一體的。她聲稱其所信奉的地球本位的靈性為婦女運動提供了大量的能量（Starhawk, 1989:176）。

斯達霍克認為，地球本位的靈性有三個核心概念。第一個是內在性（immanence）；女神存在於現存世界裡，在人類聚落、動物群聚、植物群落，和礦物類群裡，每種存在都有價值，而每種有意識的存在也都有力量。那不是影響我們的外在

斯達霍克
Starhawk
1951

力量，而是來自我們內在的力量，是「成為我們命中注定之存
在的內在能力，就像一粒種籽之內在有長根、生長、開花、結
果的天賦力量」（177）。她主張，當我們為所有和我們有關
之事物擔起責任，當我們視自己的需求，並不比我們關係網
絡上之其他事物的需求還重要，而努力實現個人的健全人格
時，我們便會增長這種創造力。靈性並不是「鴉片」；它會
讓人產生能量、激發人的行動力。斯達霍克解釋：「當有毒
害、破壞地球的事情正在發生時，我們的個人發展有賴我們去
對付問題並設法解決，以扭轉局勢、療癒地球。」（178）

　　地球本位之靈性的第二個特點，是相互關聯性，和靈性所
助長的延展的自我觀。不只我們的身體是自然的，我們的心智

也是。斯達霍克寫道，愈是了解我們是自然的，我們愈能了解我們和所有存在的事物——包括人類、自然循環與過程、動物和植物——等是一體的（178）。

地球本位之靈性的第三個（大概也是最重要的）特點，是過有同情心的生活。斯達霍克聲稱，除非所有人都採行這種生活方式，否則休要奢談「重新編織世界」或「療癒地球」。針對深層生態學家康納（Daniel Conner）視「愛滋病毒可能是蓋婭為人口過多問題量身訂做的解決辦法」，以及深層生態學家佛爾曼（Dave Foreman）反對提供饑荒賑濟給挨餓的非洲國家，斯達霍克提出批評，認為：「當環保主義者為非洲人和同性戀者的死亡喝采時，他們便和那些殺害有色人種、同性戀者、女人，及其他易受害群體之利益集團結盟了。」（179）在她看來，靈性生態女性主義者為環保運動帶來一種富有同情心的視角，這讓他們可以「識別無權力狀況，以及使這種狀況持恆存在而導致饑荒、人口過多，並無情摧毀自然環境的那個結構」（180）。

改造論／社會建構論生態女性主義

不同於自然或靈性生態女性主義者，改造論或社會建構論生態女性主義者（transformative or social-constructionist ecofeminists）意圖改變自然與女人的關聯。她們主張，女人和自然的關係是社會建構的結果，並且在意識形態上受到強

化。正因如此，女人和自然及文化之關係可以改變。改造論者主張削弱社會建構的女性－自然關係，防止女性－自然的屈從地位互相強化。

丁尼斯坦

丁尼斯坦（Dorothy Dinnerstein, 1923-1992）指出，我們若想終結所有被貶抑之事物所受的壓迫，必須破除二分法思想。而要戳穿這種沒有根據的想法，必須從解構男－女二分法下手，因這是「對大地之母的靜默憎恨」之根源，而與這憎恨並存的，是我們對大地之母的愛；這憎恨，一如我們對母親的恨，會毒害我們對生命的情感（Dinnerstein, 1989:193）。丁尼斯坦表示，將女人和自然摒除於男人和文化之外的意圖，使得社會不僅「傷殘、剝削女人，阻礙男人正常成長」，且會進而「朝最終的弒母的方向發展，即盛怒、貪婪地殺害生養我們的地球」。她說，除非我們終止目前將世界分割成男人和女人（文化和自然），並將女人歸為自然（養育和生小孩）、將男人歸為文化（建造世界）的做法，否則這種迷思將繼續駕馭我們的思想和行為。

女人必須將自然帶進文化（藉由進入公領域）；男人必須將文化帶進自然（藉由進入私領域）。只有這樣我們才能領會，男人和女人（文化和自然）乃是一體的。若強行將原本完整的個體一分為二，由其中一半支配另一半，互相對立、交戰，將走向彼此毀滅的結局（174）。

沃倫

在沃倫看來，有關生態的爭論顯示四個主要女性主義流派（自由主義、傳統馬克思、基進及社會主義女性主義）的理論都不足以處理生態議題。她認為一個改造的女性主義是必要的，它將帶領我們超越四者的架構，把生態女性主義觀點放在女性主義理論與實踐的中心位置（Warren, 1987）。和丁尼斯坦一樣，她強調，可能毀滅我們的二分法是社會建構的，女性主義者必須是生態女性主義者，但不堅持女人得放棄她們在生物繁殖上的特殊角色。她論道，就邏輯上來說，女性主義既是終結性別歧視的運動，也是終結自然歧視的運動；所有的壓迫形式都是彼此相纏相扣的；壓迫是一隻多頭獸，它會繼續存在並自我再生，直到人類徹底斬掉它的頭。

沃倫聲稱，她所屬意的生態女性主義倫理有八個「必要」條件：第一，它是和人一同演進、正在進行中的一個理論。第二，它徹底和「任何以支配邏輯為前提或促進支配的『主義』對立」。生態女性主義不能摻雜一絲性別歧視、種族歧視、階級歧視、自然歧視，或其他歧視。第三，生態女性主義倫理是一種脈絡主義的（contextualist）倫理，它會誘發人們講述他們的各種關係，具體說明他們和人、非人動物，以及自然的關係；這點極其重要。第四，它是一種包容主義的倫理，認可、尊重、歡迎差異。它通過沃倫所說的有效歸納的四個 R 的驗證（R-4 test），即有代表性（representative）、隨機的（random）、正確的規模（right size），以及可複製的

（replicable）（Warren, 2000:100）。第五，它的目標不在於「客觀」，雖然它力求無偏見。無偏見並不是中立無意見；它包含所有觀點，特別是那些原本可能無法發聲者。第六，生態女性主義倫理視關心、愛、友誼，和適當的信任為所有倫理的核心。第七，它的宗旨在於重新界定真正的人，並做合乎倫理的決策。第八，也是最重要的，生態女性主義倫理並非奠定在理性上卻忽視情感，而是建立在智力之上，這智力有賴理性、情感一起運作，且二者在倫理決策上被認定是同等重要（101）。

全球觀生態女性主義

全球觀生態女性主義者邁斯（Maria Mies, 1931-）和希瓦（Vandana Shiva, 1952-）強調，由於女人比男人更常從事日常生活的維繫，她們較男人更關心四大元素：空氣、水、土、火。因要生養健康的小孩，並提供家人營養的食物、足夠的衣服，以及堅固的房屋，女人需要肥沃的土壤、茂盛的植生、清潔的水，和乾淨的空氣。她們惋惜西方文化執迷於「相同」，也就是普遍的「我」和包羅萬象的「一」。她們指出，資本主義和父權制是消滅差異、頑強地隨處複製他們自己、他們的理念，以及可供其銷售貨品的體制。一如馬克思主義和社會主義的女性主義者，邁斯和希瓦注意到，資本主義父權制下的人們往往和所有的事物（包括他們用自己勞力做成的產品、自

然、其他的人，甚至他們自己）都很疏離。

　　邁斯詳細描述所有人，特別是資本主義父權制下的白種男人，意圖與自然連結的一些令人難以置信的方式，而這自然正是他們的生活方式與消費模式行將摧毀的。她指出，首先，白種男人企圖從他都市辦公室的樊籠逃脫，進入「自然」、「野境」、南方「未開發的」鄉下，到白種男人尚未「進入」的地區去。已開發國的旅行社以類似獵遊的描述，來促銷前往開發中國家的旅行。例如：歐洲遊客可以住在村莊裡，與住在毫不舒適、吃非洲食物、沒有自來水的非洲式茅屋裡的「土著」作近距離接觸，在那裡歐洲小孩和非洲小孩可以玩在一起。可以觸摸到「真實的」非洲！（Mies, 1993:247）其次，白種男人不想和他家後院較平凡的自然結合，而企圖去體驗較具「異國情調」的自然，也就是「殖民地、落後、奇異、遙遠，而且危險的自然，亞洲、非洲、南美洲的自然」（Mies, 1993:247）。嚮往這種自然的人，所渴望的不是與自然發生關聯，為自然付出或照護它，而是將自然鎖進他們的相機裡，或藉由紀念品來將自然行銷給別人。第三，白種男人還渴想另一種自然，即「女人的身體」這個空間。它也是個「野」的地帶，一個「黑暗大陸」，因此，白種男人談到女人的身體就好像在談論自然：是他凝視的受體、是商品，是可將他從無情的上班時間解放出來的遊戲形式。

　　自由也是社會主義－社會建構論主義的生態女性主義（socialist-transformation ecofeminism）所關注的主題。邁斯和

希瓦
Vandana Shiva
1952-

希瓦所論及的自由，要求我們所有人認識並接受我們的自然性、我們的肉體和物質性、我們的肉欲性和必死性。因自然是個會耗盡的好東西，我們必須盡可能過簡約的生活，藉此找到保存自然的方式。所有的人應公平分享世界資源，在物質上每個人都該享有他的一份（同上）。

素食生態女性主義

　　素食主義和生態女性主義間的關係值得更仔細探討，不只因動物在自然裡所扮演的巨大的角色，也因為牠們在全世界各地所遭受的折磨和痛苦。誠如亞當斯所說：「從我們鞋子的皮

革、我們用來清潔臉部的肥皂，到被子裡的羽絨、我們所吃的肉、所仰賴的乳製品，我們現今所了解的世界，是處處建構在我們對其他動物之死亡的仰賴上。」（Adams, 2002:75-76）

對全素食主義者而言，戒絕吃動物的肉是不夠的，因為用來製造副產品的動物亦被貶低至其工具性價值，而在乳品農場、孵化廠，以及實驗室等處受到極度的苦難。素食主義和全素食主義的生態女性主義者，在道德立場上並非絕對主義者，而經常是取決於脈絡的，和普遍道德的素食主義者相反。總的來說，道德脈絡取向的素食主義者承認，有些社會為了人類的存活，必須利用動物的肉或身體所製造的產品。然而，這樣的社會畢竟少見。在許多脈絡取向的素食生態女性主義者看來，肉、蛋和乳製品，對已開發國的大部分人而言，並非生存所不可或缺之物；相反的，他們有過多唾手可得的蛋白質和鈣來源的選項，諸如豆子、全穀物、堅果奶，還有黃豆製乳酪與肉替代品，以及製作衣服和其他商品所需的各種合成材料。

根據高（Grace Kao）的論述，關懷動物的倫理是素食生態女性主義同情論點的延伸（Kao, 2005/2006:15）。要了解高的要點，不妨認真思考一下有些人非常關心他們的寵物狗和寵物貓，視這些動物為家庭成員，餵養並與牠們消遣同樂、照顧牠們的健康需求，在失去牠們時傷痛無比。而大部分人對涉及狗、貓、大猿、海豚等為人們所熟悉之大型動物的虐行時，也會感到不忍卒想。那麼，假如我們可以、也應該同情被毆打或

挨餓的狗，為什麼我們不能、或不應該同情一隻被塞在層架雞籠裡的母雞（無法伸展翅膀或享受陽光），或一隻躺在工廠化農場水泥地上、被遺忘的生病豬仔？在此值得考慮亞當斯所指的「不在場指涉項」（absent referent）。亞當斯如此解說：「我們活在一個制度性壓迫動物的文化裡，它至少在兩個層次上這麼做：在諸如屠宰場、肉類超市、動物園、實驗室，和馬戲團等有形結構裡，以及透過我們的語言。我們會談到吃肉而不說吃屍體，就是一個關鍵例子，說明我們的語言如何傳遞支配文化對這種行動的認可。」（Adams, 2002:77）就這觀點而言，「肉類」這個詞隱藏了我們正在吃我們上個禮拜在飼育場所看到的牛或豬的事實。假如我們著眼於個別的動物，我們便會意識到我們在吃一個有感知能力的存在，而非一個物體。

環保生態女性主義

　　普瑞馬維希（Anne Primavesi, 1934- ）在《神聖的蓋亞》（*Sacred Gaia*, 2000）一書中，架構了堪稱環保生態女性主義的理論。她著重於北半球人如何使用石化燃料而傷害南半球人的事實：「在今日的消費主義文化裡，過度的採掘和過度消耗能源顯然傷害了最脆弱的社會成員和地球上的其他生命形式。」這傷害之處不僅在於兩者取得能源的機會極端不平等，也在於一個事實：原物料的採掘和加工，已步入一個擷取的規模和速度已遠遠超過替換補充之規模和速度的階段

（Primavesi, 2000）。

　　普瑞馬維希論道，北半球非常不公平地消耗了南半球三倍多的資源。北半球的「生態足跡」非常巨大，使用了比北半球應得的分額還多得多的分量。南半球為北半球提供了那麼多的貨品和服務，過大的工作量使得它幾乎沒有時間為自己生產足以餬口的產品。對普瑞馬維希而言，在減少北半球之「生態足跡」的計畫裡，女性主義者應該扮演帶頭的角色，並拒絕參與過度消費、過度生產的消費主義，讓人免於深陷在貪得無厭的循環中。除非地球上所有人都學會過簡約的生活，且無人有匱乏之虞，否則平等是不可能的（Primavesi, 2000:87）。

臺灣經驗

　　迄今為止，「主婦聯盟環境保護基金會」是臺灣唯一以女性為主體的環保團體。成立於一九八六年底，現今有一千多個會友。主婦聯盟的自我定位是環保團體，致力於公害防治、生態維護和環保教育，其實際活動包括早年的提倡垃圾分類、反核、反對興建高爾夫球場、維護自然步道等，到近年來致力於低碳節能、農地農用、食物浪費等議題，並倡議綠色飲食教育，試圖推動「食育基本法」。

　　鑑於鎘米事件、農藥殘留等食安問題層出不窮。一九九三年，為了尋找無農藥、安全的米，主婦聯盟的一群媽媽跑遍

主婦聯盟環境保護基金會掛牌

臺灣，集合了一百多個家庭，以共同購買方式直接向農友買米。後來，受到日本消費者團體「生活俱樂部」的啟發，她們遂在二〇〇一年十一月成立「臺灣主婦聯盟生活消費合作社」（賴青松，2002），如今這個合作社共有七萬四千多個社員。該合作社成立的時間點正好是臺灣加入「世界貿易組織」前後。在合作社看來，自由貿易雖增加了消費者的選擇，卻也帶來了三個問題：便宜的加工品並非健康的好選擇；自由貿易下的競爭會衝擊在地農業與在地小製造商；大規模生產與長距離運送也加重了環境汙染。合作社認為，這三個問題環環相扣，因此發展出三個彼此關聯的策略：第一，它提供有關健康飲食的消費者教育，並推廣環保消費；第二，透過共同購買以提供生產者穩定的需求和收入，又因是固定合作夥伴，合作社可以要求生產者採用在地有機的耕作、生產符合環

保標準的日用品；第三，它舉辦許多活動讓消費者與生產者定期互動。如此，她們把透過消費來解決食品和環境問題的做法當作一種參與公共事務的途徑（萬尹亮，2015）；也藉此建立綠色消費，並改善環境，而達到使人和土地都健康的目標。

　　主婦聯盟並不強調女性主義，也未積極批判資本主義和父權體制，但在行動和態度上，頗能實踐女性主義的力行哲學，實行生活環保。這和其他本地以男性為主的主流環保團體之著眼於公共政策，採用政治抗爭手段的取徑有所分隔。主婦聯盟的決策過程力求平等參與，組織型態採用平行的網狀結構，避免上下主從關係，也有別於傳統男性組織。由於其成員以婦女為主，且與女性主義團體「婦女新知」頗有淵源，在婦女新知推動的諸多女性議題上，如平等工作權、保護雛妓、修改民法親屬編等，都產生結盟關係。此外，不論是其基金會或合作社，主婦聯盟都充分展現婦女運動的運動性，舉凡反核、抗議頂新廢油等食安事件、反瘦肉精、反基因改造食品，及抗議深澳燃煤電廠更新計畫等，從未缺席。

對生態女性主義的批判

　　早期生態女性主義強調女性與自然的關聯，主張婦女是生態系統的保護者，呼籲廣大婦女投身環境保護運動，大力推動婦女解放和環保運動。但過分強調女性與自然之聯繫的結

果，使得生態女性主義一直受到來自環保陣營與女性主義陣營的批判。環保主義者認為，生態女性主義模糊了人類宰制自然的事實與焦點，而一些女性主義者則認為生態女性主義陷入邏輯矛盾，擔心會將女性主義倒推回女性本質論的困境。然而，長期關注環境正義議題的紀駿傑（2003）指出：「……生態女性主義其實是拒斥二元論與本質主義的。作為試圖並解放物種壓迫與性別壓迫的當代思潮的生態女性主義，可說是使女性主義能更深刻地處理這兩種相互支持之壓迫關係的重要論述與實踐取徑。」

除了有關本質論的質疑之外，生態女性主義還受到來自各方的多項批判（Tong and Botts, 2017:225-228）。畢額（Janet Biehl, 1991:6）批評其太注意女人與自然間的神祕關聯，未將足夠的心力放在婦女真正的處境上。她也質疑關於靈性、女神崇拜等論述，及女性與自然的連結，認為這種內容貧乏的論述與隱喻是在走回頭路，回到人類意識中充滿著將現實神祕化的時代。她堅稱，戴力等自然生態女性主義者主張，可以一聲令下重申自然－女人關聯是完全正面的，這是在誤導女人。自然－女人關聯一直是「極其貶低女人的」，「重申」這個關聯是無法擺脫長達數百年之負面文化包袱的。

有的評論者指責靈性生態女性主義者以政治取代宗教，且花太多時間在月光下跳舞、編造魔咒、念經、做瑜伽、冥想、為彼此按摩。靈性生態女性主義的護衛者承認，某些靈性生態女性主義者可能誤把新時代（New Age）或水療（spa）

的靈性當作真正的生態女性主義。她們堅稱這樣的錯誤是例外，並非普遍狀況。根據邁斯和希瓦的看法，女神崇拜並不是「奢侈的靈性」或「西方標準生活之物質蛋糕上的理想主義糖霜」（Mies and Shiva, 1993:19）。毋寧，女神崇拜是企圖打破文化所建構的精神與物質性的二分法。金恩也說，靈性生態女性主義者並不是非現實世界的夢想者，而是現世的行動分子（King, 1995:19）。

儘管評論者覺得改造的生態女性主義很有說服力，但懷疑其要求太具挑戰性，較富裕的人們可能難以接受。特別是他們認為，安逸且自滿的市民不可能擁抱生態女性主義所要求的那種程度的積極行動與改變生活方式，大部分人，包括女性主義者，並不想徹底改變他們生活的方式，例如，成為徹頭徹尾的素食主義者或和平主義者。對於這項異議，某些改造的生態女性主義者評論，人們不願在生活方式上作改變，不能成為他們不這麼做的道德辯護；利他主義需要某種程度的自我犧牲。其他改造的生態女性主義者則較為溫和，他們說，道德的進展往往是遞增的，即使不願意放棄吃肉，人們至少可以拒絕吃工廠式農場所生產、或在極度殘酷環境下被飼養動物的肉。人們也能做一些正向改變，不論改變有多小，例如重複使用手提袋購物，以減少使用紙袋與塑膠袋的用量。

沃倫批評，某些捍衛動物福利的生態女性主義者把動物提升到「人類所屬的道德組織之合格成員的地位」，而挑戰傳統上為大家所接受的倫理階層制度（Warren, 2000:127）。也有

女性主義者認為，將動物的困境和女人的困境相提並論，不但貶低了女人的利益，也將注意力從女人的利益轉開了。再者，沃倫說，普遍道德素食主義者是建立在一個「男性生理規範」之上，它預先假定了每個人都能夠很容易而安全地戒除動物產品，而事實上某些人會覺得這是十分苛求的生活方式，例如，「嬰兒、孩童、青少年、懷孕與哺乳中的女人、依努特人，及過原始生活的人」（130）。

結論

不論立場差異為何，自然、靈性、改造論，以及環保生態女性主義都認為人類和非人類世界是有關聯的。不幸，由於並非時時確認自己和非人類世界的關係，我們確會對彼此以及自然施暴，而慶幸保護了自身的利益。事實上，透過踐踏我們所來自、也終將回歸的地球，我們每天都在殺害自己。鑑於上述事態，生態女性主義者想知道，該怎麼做才能讓眾人明白，人類的壓迫與支配體制是多麼非理性且冷酷無情。隨著這些體制而來的是仇恨、憤怒、毀滅，與死亡；然而我們仍堅持我們的社會建構。解決這個病態的人類事態的方法，是要創造一個尊崇女人與自然為我們救星的文化，還是要公平分擔撫養小孩和建造世界的責任？如何才能停止用二分法思考，而認識到我們是自己最壞的敵人？若不用頭腦和心去制止我們的自我毀滅

（一個相互仰賴的整體，一個存在於多樣性裡的統一體），而等待果陀般地在等待上帝拯救，是不是在浪費時間？

　　魯瑟在《新女人，新地球》中早已清楚論述占有、征服、累積的心態和生態危機間的關聯，說明新地球若要重生，必要眾人有互惠和自我節制的觀念。她憂心，除非發生全球性的重大災難，否則人們至死都仍會相信現有的權力系統，她也懷疑，在災難之後，我們是否有充分的精神和物質資源進行重整工作。相對之下，邁斯由於在一九九三年目睹世界各地相當成功的草根性生態運動，對生態女性主義有較樂觀的評估，而肯定有組織的集體行動。而今，我們眼見人類活動正以空前的速度改變著地球：全球氣候暖化造成極圈與高山積雪融化，促使海平面上升、淹沒許多礁島、稀釋海水鹽度而威脅水棲生物；近年來北半球大城市盛夏的熱浪溫度逐年升高；乾旱威脅全球糧食安全與森林大火；暴雨引起土石流與大洪氾；海洋塑膠垃圾面積持續激增，而戕害海洋生物……令人驚心的環境災難層出不窮！面對愈來愈嚴重、迫切的生態環境危機，生態女性主義者顯得愈發的任重道遠。多位生態女性主義者的期許言猶在耳：女人在生態環境議題上應該扮演帶頭的角色。本著其對生態女性主義的信念與信心，目前的生態環境危機是否會成為挑戰而促使它邁向一個新的階段？有待生態女性主義以行動來驗證。

參考資料

賴青松（2002），《從廚房看天下：日本女性〈生活者運動〉30 年傳奇》，台北：遠流出版。

紀駿傑（2003），〈生態女性主義：連結性別壓迫與物種壓迫的女性主義觀點〉，《女學學誌：婦女與性別研究》，第十六期，頁 295-321。http://e-seed.agron.ntu.edu.tw/shiva/jjjih2003.pdf

萬尹亮（2015），〈三個消費組織的故事——消費者的社會想像〉，巷子口社會學。https://twstreetcorner.org/2015/08/26/waniliang（/8/26/2018）

Adams, Carol J. 1993. "Introduction," In *Ecofeminism and the Sacred*, ed. Carol Adams, 1-12. New York: Continuum.

——2002. *The Sexual Politics of Meat: A Feminist-Vegetarian Critical Theory*, Tenth Anniversary Edition, New York: Continuum International Publishing Company.

Biehl, Janet 1991. *Rethinking Ecofeminist Politics*, Boston: South End Press.

Carson, Rachel 1962. *The Silent Spring*. Boston: Houghton Mifflin.

Daly, Mary 1978. *Gyn/Ecology: The Metaethics of Radical Feminism*, Boston: Beacon Press.

——1984. *Pure Lust: Elemental Feminist Philosophy*, Boston: Beacon Press.

Dinnerstein, Dorothy 1989. "Survival on Earth: The Meaning of Feminism." In *Healing the Wounds: The Promise of Ecofeminism*, Judith Plant ed., Philadelphia: New Society Publishers.

Fox, Michael Allen 1999. *Deep Vegetarianism*, Philadelphia: Temple University Press.

Gaard, Greta 2002. "Vegetarian Ecofeminism: A Review Essay," *Frontiers: A Journal of Women Studies* 23, no. 3.

—— 2015. "Ecofeminism and Climate Change," in *Women's Studies International Forum* 49: 20-33. Available online 24 February 2015. https://blogs.vitoria-gasteiz.org/ceagreenlab/files/2017/11/Ecofeminism-and-climate-change.pdf

Gregory, Regina 2017. "Kenya -The Green Belt Movement," The Eco-Tipping Points Projects — Models for Success in a Time of Crisis, June 2017. http://ecotippingpoints.org/our-stories/indepth/kenya-tree-planting.html

Griffin, Susan 1978. *Women and Nature: The Roaring Inside Her*, New York: Harper & Row.

—— 1981. *Pornography and Silence: Culture's Revenge Against Nature*. New York: Harper & Raw.

Kao, Grace 2005/2006. "Consistency in Ecofeminist Ethics," *International Journal of the Humanities* 3.

King, Ynestra 1989. "The Ecology of Feminism and the Feminism of Ecology," in *Healing the Wounds: The Promise of Ecofeminism*, ed. Judith Plant, Philadelphia: New Society Publishers.

—— 1995. "Engendering a Peaceful Planet: Ecology, Economy, and Ecofeminism in Contemporary Context," in *Women Studies Quarterly* 23 (fall/winter 1995)

Leopold, Aldo 1987. "The Land Ethic," in *A Sand County Almanac: and Sketches Here and There,* New York: Oxford University Press 1968.

Li, Huey-li 1993. "A cross-cultural critique of ecofeminism," In *Ecofeminism: Women, animals, nature,* Greta Gaard ed., pp.272-294. Philadelphia, Temple University Press.

Mann, Susan A. 2011. "Pioneers of U.S. Ecofeminism and Environmental Justice," *Feminist Formations*, Vol. 23, Issue 2 (Summer 2011), pp. 1-25.

Mies, Maria 1993. "The Need for a New Vision: The Subsistence Perspective," in *Ecofeminism*, eds. Maria Mies and Vandana Shiva, London: Zed.

—— 1993. "White Man's Dilemma: His Search for What He Has Destroyed," in *Ecofeminism*, eds. Maria Mies and Vandana Shiva, London: Zed.

Mies, Maria, and Vandan Shiva 1993. *Ecofeminism*, London: Zed Books.

Ortner, B. Sherry 1995. "Is Female to Male as Nature Is to Culture?" in *Readings in Ecology and Feminist Theology*, ed. By Mary Heather MacKinnon and Marie McIntyre, Kansas City, KS: Sheed and Ward.

Primavesi, Anne 2000. *Sacred Gaia: Holistic Theology and Earth System Science,* London: Taylor & Francis.

Ruether, Rosemary Radford 1975. *New Woman/New Earth: Sexist Ideologies and Human Liberation*, New York: Seabury Press.

—— 2005. *Integrating Ecofeminism, Globalization, and World Religions.* Lanham, MD: Rowman & Littlefield.

Salleh, Ariel Kay 1984. "Deeper Than Deep Ecology: The Ecofeminist Connection," *Environmental Ethics* 6, no. 1:339-45.

Starhawk 1989. "Feminist, Earth-based Spirituality and Ecofeminism."

Healing the Wounds: The Promise of Ecofeminism, ed. Judith Plant. Philadelphia: New Society, 174-85.

—— 1990. "Power, Authority, and Mystery: Ecofeminism and Earth-Based Spirituality," in *Reweaving the World: The Emergence of Ecofeminism*, eds, Irene Diamond and Gloria Feman Orenstein, San Francisco: Sierra Club Books.

Spretnak, Charlene 1990. "Ecofeminism: Our roots and flowering." In *Reweaving the world: The emergence of ecofeminism*, Irene Diamond and Gloria Feman Orenstein eds., pp. 3-14. San Francisco: Sierra Club Books.

—— 1993. "Critical and Constructive Contributions of Ecofeminism," *Worldviews and Ecology*, Peter Tucker and Evelyn Grim eds., pp. 181-189, Philadelphia: Bucknell Press. http://media.pfeiffer.edu/lridener/courses/ECOFEM.HTML

Tong, Rosemarie and Tina Fernandes Botts 2017. *Feminist Thought: A More Comprehensive Introduction*, Westview Press.

Warren, Karen 1987. "Feminism and Ecology," *Environmental Review* 9, no. 1 (Spring 1987): 3-20.

—— 1996. "The Power and the Promise of Ecological Feminism, In *Ecological Feminist Philosophies*, ed. Karen J. Warren. Bloomington: Indiana University Press.

—— 2000. *Ecofeminist Philosophy: A Western Perspective on What It Is and Why It Matters*. Lanham, MD: Rowman & Littlefied.

—— 2015. "Feminist Environmental Philosophy," *Stanford Encyclopedia of Philosophy*, First published August 29, 2014; substantive revision April 27, 2015. https://plato.stanford.edu/entries/feminismenvironmental/

Wilson, Holyn 1997. "Kant and Ecofeminism." In *Ecofeminism: Women, Culture, Nature*, Karen J. Warren ed., Bloomington and Indianapolis: Indiana University Press, pp. 390-411.

第九章

突顯多元與尊重差異
——後現代女性主義

莊子秀

前言

　　「後現代主義」這個名詞最早是建築學的用語，二十世紀六十年代歐美建築師不滿當時的建築風格缺乏人文關注，轉而推出多元獨特的大膽創作建案，同時這種創新的想法也漸漸被廣泛運用在其他領域，如哲學、藝術、文學、社會學、人類學與文化批評等。「後現代」的概念本身就模糊不定，在此觀念中，一切的真相和表象、潛在與顯現的分野全消失；強勢文化的中心因而被「去中心」（de-center），其原有的主導地位、固有價值和思考體系，都受到強烈的質疑和鬆動。就後現代文化論述的脈絡而言，社會／象徵契約裡既有的「意義」失去了鞏固地位，而「語言」也不再獨具表達或反映事實的權威。「去中心化」於是顛覆了文化傳承中「求同劃一」的傳統思維，取而代之的是對多元（multiplicity）和差異（difference）的突顯與尊重。

　　「後現代女性主義」也運用「差異」為其論述主軸，企圖解構以陽性價值為主導的社會／政治倫理，為女性的諸多壓迫尋求合理的解釋和解決之道，這個思潮當中尤其以西蘇（Hélène Cixous）、伊希迦赫（Luce Irigaray）以及克瑞絲緹娃（Julia Kristeva）的思想最具代表性。西蘇是出生在法屬阿爾及利亞的法國人，伊希迦赫出生於比利時，克瑞絲緹娃原本是保加利亞人，後者二位作家都相繼入籍法國，儘管三位皆非本土法國人，但她們都用法語書寫，所以英美學界統稱此三巨

頭的主張為「法國女性主義」，本章將以這三位學者有關性別議題的哲思為主來探討後現代女性主義。

一九四九年西蒙·波娃出版《第二性》時，並未在法國本土造成立即的影響，反倒是英美兩地因此書而發起婦女運動極力彰顯女性意識。法國女性一直到了一九六八年因戴高樂總統的霸權，激起巴黎大學生的反動，引發全法國乃至全歐洲的反霸權聲浪時，她們才深切意識到兩性不平等的社會現象，更在她們參與學運過程中發現到女性依舊被分配去做低下工作，如照料男同袍的三餐，甚或被要求去滿足他們的性欲。當時法國女性遂自組婦女團體，撰文批判西方傳統價值觀點，其中以「精神分析與政治」（Psychanalyse et politique）此一組織對後現代女性主義有莫大的激發。

三位法語女思想家深受德希達的解構主義及拉岡對佛洛伊德心理分析重新解讀的後結構主義的影響，進而反思去全力抨擊傳統價值中以「真理」（logos）為絕對標準的封閉思想。德希達的解構主義強調，意義的衍生不應該只依恃「能指」（signifier）對應到「所指」（signified）而產生的單一意涵，相反地，文字其實是經由不斷延宕和延伸而導向多元多樣的解讀，因為延遷（différance）會促使文字本身所承載的既定意義失去專制表述的權威性。當傳統思維的中心意涵被瓦解之後，意義的形成就必須倚賴文字之間彼此相互引涉，於是對於文本的任何解讀就呈現多樣化的結果，此時作者／說話主體的中心主導權也因而喪失殆盡。這個「去中心」文化的解構觀念

一旦擴散到政治社會層面時，原本被排擠在中心之外邊緣區域的次文化就顯現而出。德希達的延遷概念有效顛覆了傳統線性思維，把單一化意義解放成多重詮釋而產生了差異，形成多面向的流動內涵，於是「延遷」（différance）和「差異」（différence）這兩個同音異義的法文概念所隱喻的多元性，因而取代了意義衍生的單向一統性（unity）。

德希達批評西方文化的二元論（dichotomy），他認為舉凡科學、藝術、心理、生理各領域的論述，皆以二分對立為架構，例如美／醜、心靈／肉體、主動／被動之間的壁壘分明。三位後現代女性主義論者也發現，二元論暗示著「美、心靈、主動」等概念是男性專屬的優質特性，而「醜、肉體、被動」等劣質標籤反而黏貼在女性身上，無形中造成男尊女卑的上下階級關係。於是她們分別運用解構觀點去瓦解男女不對等的關係，替女性在兩性互動中尋找發聲的位置。她們一致肯定女性特質，強調「尊重差異」的觀念才能解構二分法的僵化價值觀，以消弭男性壓縮女性存在的傳統意識型態。她們三人致力推廣多元化、開放性與尊重差異的理念，為女性尋求更廣闊的生存空間。

拉岡認為，精神分析的重心並非藉由依從個人的社會角色去強化自我，而是對潛意識的不斷探索，故重新解讀佛洛伊德創發的精神分析為一種傾聽或閱讀，而非倫理學或醫學。同時他將精神分析與符號學、語言學和文學的探討連結起來，進行跨領域對話。西方哲學裡「我思故我在」的中心思維一

向視自我為自發自覺的主體，自我是由具理性和統合性的意識所形成，而擁有知識和真理。然而拉岡特別強調潛意識的重要地位，認為潛意識足以撼搖西方傳統中賦予意識即為真理代言者的主首地位。根據拉岡的說法，潛意識和意識是迴然相異的體系，意識語言（conscious discourse）必須服從文法精準、句型正確和邏輯一致的語言規範。相對地，潛意識言語（unconscious discourse）則蘊含罅隙、遲疑、沉默，甚至謬誤，這些種種無形體的「意像」或「聲音」，是意識語言無法展現的符號（signs），然而卻不時干擾著意識語言的統合性和穩定性。因意識語言無法表達潛意識的任何意義，導致潛意識言語被意識語言掩蓋甚或剝除，致使潛意識無法獨立發聲，於是造成壓抑。

拉岡將佛洛伊德所指的潛意識運作解釋為語言的法則，這套法則是由潛意識、尊父之名（The Name-of-the-Father）和以陽具為優位意符（Transcendental Signifier）這三個層面所構成的整套體系，拉岡稱之為「象徵秩序」（Symbolic Order）。每一個人若欲融入社會，則必須先成功進入象徵秩序，而要順利內化象徵秩序，則勢必透過語言，因為語言是傳達社會規範的關鍵媒介。拉岡認為，只有男性才能成功進入象徵秩序用語言表達自我，因為在伊底帕斯情結階段，唯有男孩能成功與母親分離，徹底認同和他生理結構相同的父親。而女性因在生理上無法完全認同父親，故被認為不存在於象徵秩序中，更不能用語言表達自己的想法和需求。

二十世紀後半葉三位後現代女性主義論者雖然受到拉岡精神分析理論的影響，但是卻強力批判他貶抑女性地位的陽性霸氣，她們不約而同提出女性的觀點去反擊拉岡論及小女孩的性傾向、母／女關係、語言認知等傳統男性觀點，一方面彰顯「前伊底帕斯期」幼兒與母親之間原初親密關係的陰性空間，另一方面，揭露了在父系霸權文化裡，女人之於男人而言是個只剩使用價值的交易品而已。三位都認為這種以男性欲望和滿足為中心的陽性力必多經濟（libidinal economy），嚴重壓抑了女性的想法和需求，更封鎖了女人自主性。故此，她們強調「陰性力必多」的重要性，提升男女兩性對於女性身體所迸發出來的能量與欲求的正向認知，為女人開闢自由多元的思想空間，讓女性從僵化的陽性價值和束縛解放出來。

西蘇：陰性書寫

　　西蘇（Hélène Cixous, 1937-）認為，西方傳統社會是以陽物理體（phallogocentrism）為中心的文化，一切價值皆依男性所定訂的「真理」為標準，凡是異於陽性價值的任何看法都遭到貶抑、排擠、驅除。為了揭穿陽性思維的封閉性，西蘇在〈出發〉（"Sorties"）一文舉出諸多例子，認為人類不論是對具體自然現象或形上學抽象概念的所有想法，無不倚賴傳統上相互對立的詞組而運作。譬如日／月、父／母、腦／心、文

西蘇
Hélène Cixous
1937-

化／自然、白晝／黑夜、主動／被動、理性／感性、語言／書
寫，遑論最常見的二元組合如男／女、高／低等詞組，這些二
元思維都明顯意味著上／下階級屬性。西蘇指出，社會象徵契
約（socio-symbolic contract）裡，不論是宗族結構或是權力配
置，男性都非常專橫地握有全面操控權，而且象徵體系中，
如家庭、語言、宗教、藝術、政治等機制，也都把兩性階級化
而賦予男性優位特權，形成了男主動女被動的性別差異相對立
場，所以女性對陽性權威的屈從，遂成為父權社會運作的必備
條件。

　　由於佛洛伊德主張人類身體的性本能和心理欲望，即他所
稱的力必多（libido），只有一種，而且本質上是陽性，男女

性別的差異則完全由是否擁有陽具來界定，所以在幼兒陽具認同期的階段，唯獨擁有陽性性器官的小男孩才被視為完整的個體，而小女孩具有等同於陽性性器官的陰蒂卻完全被忽略，導致小女孩只能以羨慕的眼光去認同男孩外顯的擁有物所象徵的主動和陽剛。而女性因為「沒有」陽具竟被歸類為「否定」（negativity）、「匱乏」（lack），被迫依附在陽物理體思維裡去扮演既定的女性從屬角色。佛洛伊德所主張的生理解剖學上的性別差異，於是造就了生來就有陽具的男人成為拉岡所謂超越性的優位意符，這種倚賴「視覺」（view）上「有」／「無」陽具存在來定義性別差異的論述，被西蘇斥為「窺淫理論」（voyeur's theory）（Cixous, 1992:369）。

　　為了破除「女人是被動、不存在」的僵化迷思，西蘇提出「性別差異」（sexual difference），一來駁斥佛洛伊德以「生理解剖學即命運」（anatomy is destiny）這種扼殺女性自主權的謬論，再者更挑戰以占為己有作為人類生命驅動力和滿足欲望的陽性力必多經濟。西蘇倡議的「性別差異」不是社會所建構出來的男女之別，而是強調「陰性力必多經濟」的性別差異。西蘇指出，陽性經濟與價值體系執著於個體「自己所擁有」（法文 propre）的霸占欲望上，她觀察到陽性霸權文化中一向自詡為主子的男性，在坐擁其「財產」（property）的王國裡，背後其實隱藏著一股深怕「擁有物」被篡奪掠取的巨大恐懼。西蘇在〈閹割或斬首？〉（"Castration or Decapitation?"）一文諷刺地說：「就語源學而言，『自己的』

代表『所有物』，即一切與我分離不得之物。所有物意味親近，我們必須去愛和我們近似的鄰居……這個屬於自己的國度必須依恃侵吞挪用才能運作，暴露了男人唯恐自己的所有物被剝奪的內心恐懼。」（Cixous, 1981:50）西蘇察覺到男性沉溺在霸占一切為己有的欲望中，不但裸露了男人自我膨脹和唯我獨尊的傲慢，更顯露出陽性思想對階級化和體制化的狂妄執迷（Moi, 1985:110-111）。相較於陽性經濟對「所有物」的強烈占有欲，西蘇認為女性力必多經濟則顯得寬容無比，因為女性的欲求和情感的流露是不吝給予（gift）和不斷付出（giving），並不以占為己有作為生命動力，正因女人沒有男人所受的閹割焦慮，不必畏懼喪失「所有物」。

西蘇指出，相較於男人獨攬話語權的主動性，女人的被動角色在語言系統中則與死亡無異，社會因而封殺了女性的種種正面價值和生存空間。女性在陽性社會文化裡所受的各種壓迫，都與象徵秩序中所有事物須經由語言來表述有深刻的關聯，因為一切的存在必須透過語言才成立，個體因此深受語言法則操控，最後完全被男性所主導的權力和欲望所擒。拉岡對佛洛伊德提出的「女人要什麼」這個問題，曾以「女人無法說出自己的愉悅」作答。但西蘇全力為女性辯護，直接戳破拉岡的語病，認為女人無法表達自己的愉悅，是因為女人在象徵秩序中被剝奪了「說話」的「權力」（power），一旦女人處於鎖喉的劣勢時，當然表達不出自己的快感，然而身為優位意符的男性卻誤以為，女性說不出自己的愉悅就等於沒有快感，所

以女人沒有權力更沒有欲望，男人因此認定女人是被動而非主動，所以什麼都不要，等同於死亡。西蘇為此聲援女性而反駁說：

> 女人，之於男人，是死亡……女人一向居住在無聲之地，或頂多只是用她們的歌聲當作回音罷了。但二者對女人都無益處，因為她們依然停留在知識之外……她們被斬首、割舌，而唯一發出聲音的是她們的身體，但男人卻聽不到身體（Cixous, 1981:48-49）。

正因為男人聽不到女人的身體，所以西蘇倡議「書寫身體」（writing the body），這是女性性別差異理念脈絡中的重要概念。透過書寫身體，可以再現不為男性所知的他者（the Other），並重新表達存留在女人身心之內的未知（unthinkable）。西蘇提醒女人應以女性力比多為主要的性別差異之所在，做為另類經濟（alternative economy）以抵抗父權專制。值得注意的是，西蘇所指的「身體」並不是二元論裡和「文化」相對的「自然」與「本質」（nature）。由於女性身體在陽性經濟一直被男性挪用為他們的映影，而且只是一個用來滿足陽性欲望的被動性接收器而已，西蘇鼓吹女人應透過書寫，表達她們對自我的認知和身為女人的生命經驗，才能脫離父系體制裡加諸於女性的框限。她認為語言本身即是一種

身體功能（body function）（Sellers, 6），身體的內在驅力和生理活動都深深影響語言的運用，於是唯有實踐另類書寫方式，才可能避免複製陽性的威權用語。

西蘇宣稱此「書寫身體」為「陰性書寫」（écriture féminine），但強調這「陰性」必須落實在書寫／文本本身所呈現出來的女性特質上，和書寫者個人的性別完全無關。所以她曾表示，即使是女作家可能替陽性思想背書卻不自知；相反地，少數男作家的創作偶有可能展現陰性特質（52）。西蘇認為，陰性書寫的作品本身，展現出對女性權能（potency）的探發，且高度肯定性別差異（affirmation of the difference），讓讀者閱讀後能激發自己，主動向前跨越出男女性別的既定框架。西蘇表示，透過陰性書寫，女性能以主動的「跳躍」之姿向外尋找自我，而不再像《白雪公主》裡那個只能「躺著」等待白馬王子將她從昏睡中「拯救」出來的被動女性。

而欲從階級對立制度的附屬地位解放女性，西蘇提出女人應以「愉悅」（jouissance）做為展現性別差異的出發點，強調以身體連結潛意識所有感知的表現和書寫，足以翻轉身／心二元論中對「肉體」的貶低，因為在崇拜陽物的思考體系中，女人被歸類為「肉體」，必須聽命於以男性為表徵的「心靈」，女性因而喪失了自主權。西蘇認為，透過書寫身體感受去表達自我所獲得的歡愉，是反擊陽物理體中心思維的有效策略。她的〈美杜莎的笑聲〉（"The Laugh of the Medusa"）是探討「陰性書寫」的重要作品，強調女人必須「寫妳自己，必

須讓人聽見妳的身體。唯有將身體書寫出來，豐沛的潛意識資源才得以湧現」（Cixous, 1991:338）。女性書寫身體是體現愉悅的最佳管道，因為陰性書寫脫離了陽性思維缺乏彈性的直線表意，而能將女人的多元性無限延伸出去，並激發擁抱差異的開放思維。

陰性書寫的特點在於不斷延宕和延續，既沒有明確的起點，也無定論的結局，呈現了開放式的敘述，讓女性文本跳脫了傳統男性書寫慣用單一結局的線性思考模式，而且陰性書寫的延遷特性更超乎讀者的刻板預設，所以涵容了各種面向的發展。西蘇深信唯有超越期待（anticipation），才能展現女性特質，因為期待意味著設限。她提醒我們不論是陰性書寫或閱讀，都必須去探發被壓抑的潛意識和不受限的幻想，因此我們務必摒棄語言文字的傳統句法規範，不再追求對號入座式的單一意義，才能讓感覺（feeling）盡情宣洩。所以陰性書寫允許女人出走、出發（sortie），讓女性勇於拋卻一切文化囿限去表達親身感受。西蘇相信，當女性在沒有任何壓抑的狀態下展現自我時，可以把女性特質發揮得淋漓盡致。

儘管西蒙‧波娃曾提出以拒絕母性來做為解放女性束縛的手段之一，西蘇卻宣揚回歸母性，把一向被「尊父之名」所禁止的母／女關係，轉化為女性彼此相互滋潤的原動力。西蘇所說的母親其實是個隱喻（metaphor），她認為「母親」並非局限在母職功能或歷代承傳下來的母親角色，即使母親概念在陽性價值的規範制度裡早已被醜化，它仍然保有美好的一面。

西蘇說：「就算崇拜陽物的迷惑已玷汙母／女良好關係，女性依然離『母親』不遠（我指的是她的角色功能之外：『母親』是非名（no-name），也是資源之泉。在她身上永遠至少留有一些好母親的乳汁。她用白色墨汁書寫。」（339）西蘇所說的母親並非真實界（the Real）的母親，她將「母親」概念提升到拉岡理論的「想像界」（the Imaginary）。在「想像界」中，母親和孩子原本就是一體，沒有差別，自是沒有排他性，所以二者合而為一。西蘇強烈反對拉岡指稱個體必須與母親完全分離才得以順利進入象徵秩序的看法，她認為母親的身體對孩子的成長有著深遠的影響，母親的身體蘊涵著無限生機，充沛的泉源能提供養分給孩子或其他（女性）同胞，而異質的（heterogeneous）「母親」更能包容無數的母親／他者（m/other）。西蘇相信，把女性跟母親／他者之間互不分離的關係銘刻於書寫裡，是一項革命性的思想改變（Sellers, 8）。雖然陰性書寫的體現與書寫者的性別無絕對關係，但西蘇覺得女性還是比男性較能夠理解和肯定個體與母親／他者的綿延牽連。不同於男性在父權體系中一味挪用他者的差異，只為了同化異類來壯大自我，陰性書寫卻是歌頌他者，顯現了包容異己的大器之風。

西蘇是反理論的，因為理論之於她是一種獨尊陽物、求同除異的意識形態。所以在實踐她所提倡「陰性書寫」的文章中，她不僅迴避討論有關女性創作的任何規範，更直截了當宣稱此文體是不可被定義的：

要給女性的寫作實踐下定義是不可能的，而且永遠不可能。因為這種實踐永遠不可能被理論化、被封閉起來、被規範化——而這並不意味著它不存在。然而它將總會勝過那種控制調節陽具中心體系的話語。它正在而且將還在那些從屬於哲學理論統治之外的領域中產生。它將只能由潛意識行為的破壞者構思，由任何權威都無法制服的邊緣人來構思（黃曉紅譯，〈美杜莎的笑聲〉，92）。

〈美杜莎的笑聲〉是西蘇體現陰性書寫的精湛文本，此文遠離陽性語法慣有的文句邏輯，閱讀起來猶如身體脈動的韻律，散發活躍奔騰的活力。因為陰性書寫的內涵是不斷給予，擁抱異己，從不大肆搜刮「財產」去擴張自我，更不像陽性經濟中以男性互利為交易條件，不惜以任何手段賺回所支出的費用。魯冰在著名的〈交易女人〉（"The Traffic in Women"）文中曾多次表示，女人在男性之間的買賣交易中是受害者，由父親手中被轉賣給丈夫，受惠者卻是兩個男人彼此社經地位的互抬，以鞏固父系之名與陽性價值，以至於被交易之物，也就是女人，永遠淪為男人的所有物、附屬品。反觀西蘇所強調的陰性力必多經濟，女性是個贈與者（giver），「她的語言不是囊括，而是運載；不是克制，而是實現」（〈美杜莎的笑聲〉，96）。陰性書寫的不可被界定反而豐富了女性創作的流動能量，所以能夠破除格局，擺脫定則，自由游移。

西蘇擅長運用雙關語去突顯文字重組的創發性和多元性，例如她巧妙使用法文單字 voler 的雙關語義，也就是竊取／飛翔，鼓勵婦女以活潑飛躍之姿去實踐寫作，她殷切希望女性不僅要透過寫作，把長期被男性所壟斷的語言和話語權「竊取」過來，同時要藉由創作這個管道讓女性「飛翔」起來，遨遊在規範之外，才可以在寫作領域因跨越陳規而獲得滋潤和愉悅（Morris, 121）。不同於男性占為己有只想操控一切的自私欲望，女人「偷竊」語言是基於「飛翔」的本能衝力去抵抗壓迫，才能瓦解禁錮。西蘇說：

> 飛翔是婦女的姿勢——用語言飛翔也讓語言飛翔。我們都已學會了飛翔的藝術及其眾多的技巧。幾百年來我們只有靠飛翔才能獲得任何東西。我們一直在飛行中生活，悄然離去，或者在需要時尋找狹窄的通道和隱蔽的岔道（〈美杜莎的笑聲〉，95）。

在陰性書寫的文字遊戲中，西蘇也特別喜愛用另一個同音異義法文字「母親／海洋」（mère/mer）來吟誦「母親」，這對詞組不論在語音或語意上，都展現出女性猶如大海般孕育萬物，生生不息的波動蘊蓄著豐沛的資源。液態的母親／海洋是不會被定型的，浩瀚的母親／海洋更是異質的。西蘇說：「我們本身是大海、沙粒、珊瑚、海藻、海灘、潮水、小孩、波浪。」（〈美杜莎的笑聲〉，345）這些隱喻無一不是

彰顯女性身體和寫作的豐富性，如同一個足以包含所有多元異質的無限空間。

為了與男性崇拜陽具單一性的強權抗衡，西蘇進一步提出「另一種雙性」（other bisexuality），強調每個人在自身中找到兩性的共存。她抨擊傳統觀念中所謂的「雙性」文本，其實僅徒具「陰陽兩性」的表象卻以「中性」自居抹滅了女性異質，只為了建構完整一體的男性統合。西蘇說明：

> 我提出的是另一種雙性，在這種雙性同體上，一切未被禁錮在陽具中心主義再現論的虛假戲劇中的主體都建立了他和她的性愛世界。雙性即：每個人在自身中找到兩性的存在，這種存在依據男女個人，其明顯與堅決的程度是多種多樣的，既不排除差別也不排除其中一性。而且，從這個「自我批准」而倍增的欲望印記遍布我和別人的全身（〈美杜莎的笑聲〉，93）。

西蘇認為，在父權體制裡男人所持的「雙性」只是個幌子，只有女人才是真正雙性的，這個「另一種雙性」旨在顯揚多重性（plurality）和肯定不同的主體，為女性特質的再現尋找另外的表達自我管道，而陰性書寫正是讓女性展現活力和發揮創作力的殊榮之地（privileged space）（Shiach, 15）。

西蘇催促婦女要打破沉默，將攻擊目標瞄向不可能（the impossible），靠女性的實際行動化不可能為可能，才能讓長

期噤聲的女性發出自己的聲音，獲得公平的聆聽。西蘇大聲疾呼：「不，我／女人即將炸毀法律：一種從此是可能而且是無法避免的爆破；讓這個法律被炸吧，此時此刻，在語言中。」（Cixous, 1991:343）因為有「聲音」（voix）的女人才會有「路」（voie）可走，西蘇再度運用法語中同音卻異字也異意的文字遊戲，而激發出有趣的多重意象。「聲音」也是西蘇論證的另一個重要觀念，她突顯女性用聲音書寫（writing by the voice）的重要性，並以此與男性僅視行諸於文字的寫作（writing by the written）才算正式文章的看法對峙。西蘇補充說明，女人的聲音往往發自內心深處的精神心靈（psyche）層面，是一種先於律法和象徵秩序源自母體的歌聲，而這個聲音卻是男人所欠缺的（Stanton, 167）。西蘇重申透過書寫來發聲，是讓受壓抑的女性性傾向和陰性力必多獲得具體展現的重要途徑。

西蘇建議女性文本必須具顛覆性，其「聲音」必須像火山爆發般的宏亮，方可成為一條「路徑」（voie），讓女性在「粉碎制度的框架」後用「笑聲」（voix）去瓦解「真理」（Cixous, 1991:344），再現女性經驗，獲得愉悅。對西蘇而言，女性必須實踐寫作，用實際的行動把自身經驗和需求嵌入文本，亦即整個世界和歷史之中，方能自西方傳統的陽性思想框限解放出來。

伊希迦赫：非一的女性言說

　　心理分析師出身的伊希迦赫（Luce Irigaray, 1930- ），是另一位同樣以「差異」為辯證主軸的法國女性主義論者。她對結構主義和後結構主義語言學等方面，都具有深厚的學術素養，但她對心理精神分析所提出的批評，卻導致日後她與該領域的前輩漸行漸遠，終至分道揚鑣。她在博士論文《另一個女人的內視鏡》（*Speculum of the Other Woman*, 1974）中，直言無諱地批判精神分析理論，威脅了「先賢」的主張，而被當時拉岡在巴黎所主導的佛洛伊德學派（École Freudienne de Paris）開除會員資格，同時喪失了巴黎第八大學，又稱萬森納－聖德尼大學（Université Vincennes à Saint-Denis）的教職。伊希迦赫的論文挪用了醫學上的婦科診視器「內視鏡」為隱喻，指控男性用它插入女性陰道並非想了解女人的真實面貌，而是拿它當作一面反映鏡去照出他們自己的影子，完全是一種自戀的偏執。她察覺到西方哲學和心理分析所謂的人性主體，都是以獨崇陽具的邏輯思考為基石，歷久以來的諸聖先賢莫不以這個陽性主體去代表所有不同的個體。在研究了先賢們如柏拉圖、笛卡兒、尼采、佛洛伊德、拉岡等論說之後，伊希迦赫發現男性在獨崇同一的邏輯循環和自戀狂的矇蔽之下，無法解釋女人的性別差異，無法將女性經驗再現於文化和語言系統中，遂將女人棄絕於象徵秩序之外。她憤慨地說：「每當我朝向哲學、科學或宗教時，我發現這個逐漸顯著的根本問題

（指性別差異）依舊被壓抑。」（Whitford, 1991b：165）

伊希迦赫不但深受心理精神分析理論影響，更進一步叛離從佛洛伊德乃至於拉岡的思想體系，揭露二位「大帥」厭惡女性（misogyny）的男性自大狂。她大膽指控佛洛伊德發展的那套人類主體，完全是西方的、資本主義的、白種人的、而且以歐洲人為主的單一男性模式。在此模式裡，女人的再現唯有倚賴男性的觀視（gaze），再加上以男性為存有（being）的先決條件，才能對照出女人是為何物。伊希迦赫套用德希達二元論的解構觀點，發現佛洛伊德的理論純粹把女人當作放大男人自我影像的一面鏡子罷了。

佛洛伊德認為小女孩在前伊底帕斯期只是個小男人，又說女孩的性傾向發展到伊底帕斯階段時，會將原本對母親的愛戀轉為對父親的崇拜，於是女人最後必定是愛慕父親或與她性別相異的男人。伊希迦赫點出佛洛伊德這套理論其實是純然的同一性邏輯（the logic of sameness），他既然「觀察」到嬰兒在前伊底帕斯階段沒有男女之別，為何硬說小女生是「小男人」，而不說小男生是「小女人」？佛洛伊德分明只認同自己的性別，而主觀認為性別在先驗上（a priori）是陽性，就把女性貶為否定、匱乏（Morris, 115）。伊希迦赫進一步解釋，其實這個匱乏完全源於男性自以為「有」的自大想法。相對於看得見的陰莖，女性性器官則被男性認為是空洞、黑色大陸（dark continent），男人在父權制度裡成為光明的象徵，而置女人於黑暗之處。這種以我／眼睛（I/eye）為標竿的陽性準

則，非常傲慢地奉男人為有、為主，而視女人為無、為奴。佛洛伊德從他的「觀察」歸納出結論：女人的性發展和性傾向必定是歆羨陽具，以彌補她的匱乏。伊希迦赫發現性別差異在陽性思維中只存在於可見度（visibility）上，她反諷地說：

> 所以佛洛伊德用看的，卻沒有被看？也沒有被看見他在看？甚至沒有被質疑他那觀視的能力？……他會看到我沒有（陰莖），在他閃亮的眼睛中他會明白的。我看不出他是否有（陰莖）。比我更多？不過他會告知我（Irigaray, 1991a：405）。

換言之，女性歆羨陽具的最終任務是要助長男性心靈（psyche），鞏固陽性價值，把女性嵌入求同邏輯中去認同強勢文化，才能在交易市場上獲取男性的青睞。這個以「擁有看得見的性器官」為準則的視覺觀，導致女性被認為，也自認為是性空無（sexual void），既無存在（being）足以建立自己的實體，也就無真理可言。

在拉岡的同意下，伊希迦赫被驅除出心理分析學派，顯然是濃厚的陽性霸權性政治意識作祟，因為男人獨尊一性的權威地位豈可被女性撼搖？故此，伊希迦赫批評佛洛伊德用內視鏡反射（specularization）去看女人身體，卻不見女人有任何東西可看，竟臆測（speculation）女人必定羨慕陽具，如此論調其實正暴露出男性的惶恐心態，無法忍受女人不去期望擁有

陽具，因為若女人冀求別於陽具的其他東西，則對男性的統御和獨一性表示不屑。男性主觀且偏頗的內視／臆測（specul〔ariz〕ation）的目的，是要剝奪女人的自主，把女人打入已閹割的附從位置，只能渴望被愛卻無法主動表達需求。男人藉由欲望／論述／法律，不僅嚴重壓抑女性力必多，還嘲諷女人的被動是性器官「萎縮」（atrophy）。女人果真如男人所料去歆羨陽具的話，愈表示男人必定擁有它，這陽物就愈具價值且獨一無二。所以伊希迦赫提醒女性切勿陷入男性對陽具的「戀物狂」（fetishism），否則將被男人當作慰藉工具，用來安撫他害怕喪失陽具的恐懼心理。

葛蘿茲（Elizabeth Grosz, 1952-）認為，伊希迦赫對西方哲學的批判，其實是企圖將男女的對峙衝突（contradiction）轉化為相異並存（contrariety）的互動（Grosz, 106）。葛蘿茲運用對立結構概念來解釋男女二極化的關係，也就是從陽性角度定位男女關係時，男則為 A, 女必為 -A, 完全抹殺了男女的差異其實並非相反對立的事實。在 A 與 -A 的對峙中，明顯看出 A 的傲慢專橫，把另一方消耗成否定的 -A, 以確保自己的肯定。這種正負對峙的兩性關係印證了西蒙・波娃所諷刺的，女人之於男人是「他者」。葛蘿茲指出，伊希迦赫所謂的陰柔特質不應該是與 A 同一性的負面，而應該以不同的 B 去呈現異於 A 的另一種特色。建立 A 與 B 的相異性，才是跳脫陽性同質性意識（hom[m] osexualité）的積極態度，男女兩性彼此才能互容，而非排斥。伊希迦赫巧妙地將法文「男人」

（homme）與「同質」（homo）這二個同音字疊在一起，瞬間揭露了父權求同除異的封閉觀念。

由於男性的主導地位迫使女性被動地以陰道去接收外來物的戳入，去滿足男人性器官的觸摸快感，伊希迦赫指控這種強迫式的性欲不僅無法與女性情欲產生共鳴，更導致女人的疏離感，因為女人具有的自體快感（autoeroticism），其實完全異於男性必須假藉「他者」來滿足他定於一尊的虛榮。伊希迦赫所論的快感不在陽具的單一性樂趣上，而是來自於二片相互接觸的唇之間，不斷彼此撫摸，產生多元的性歡愉。在〈此性非一〉（"This Sex Which Is Not One"）中伊希迦赫宣揚女人多重形態（polymorphous）性差異的重要，文中提供女性一項策略，直接戳破男性求同尊一的自負心態：

> 男人要有工具才能觸摸自己：他的手、女人的身體、語言……但是女人卻自己撫摸自己，不靠任何媒介，而且早在主動和被動的區分之前。女人總是「撫摸自己」，沒有人可以禁止她，因為她的性器官是由不斷相互碰觸的二片唇所構成（Irigaray, 1991b：350）。

伊希迦赫和西蘇一樣都拒絕界定女人特質，而且強調「她既非一亦非二。嚴格說來，她不可被視為一個人或二個人。她抗拒一切恰當的定義。再者，她沒有『自己的』

（proper）名字」（352）。在向來以「占為己有」為欲望的交易經濟體系裡，陽性社會壓抑了女性情欲，禁止女性主動享受快感。然而伊希迦赫所彰顯的女性性歡愉，並非僅止於陰道，而是無需外來媒介，是多數且無所不在的身體各部分，包括胸脯、陰戶、陰唇等不斷撫慰。葛蘿茲特別說明伊希迦赫在《內視鏡》和〈此性非一〉兩部作品所陳述的女性特質形態論（morphology），目的不是對女性生理解剖的實際描繪，而是呼籲女人能透過多數非一的性快感，脫離僵固的陽性性意識（Grosz, 112）。伊希迦赫說：「她的性傾向至少永遠是雙重的，甚至於是多數的……女人的性愉悅不必在陰蒂的主動性或陰道的被動性之間做一選擇……二者無法替代彼此，對女性歡愉都有貢獻。」（Irigaray, 1991b：353）伊希迦赫所謂的二片唇不是絕對／相對的二個，而是同時存在；不知其中一片唇何時開始撫摸，另一片何時結束愛撫。她強調的非一性是包容異己的概念，在二片唇相互碰觸的陰性力必多經濟裡，女人是「永無止境自身的她者」（indefinitely other in herself）（353）。既然男性社會無法再現女性的多重樣貌，伊希迦赫試圖以二片唇為表徵，正面肯定女性特質的多元和曖昧，以鬆動陽物理體的單一價值。面對男性視覺系統的專制，伊希迦赫突顯「觸覺」（touch）作為女性性差異的重要思維，強調女性透過觸摸的方式所獲得的愉悅，遠比用觀看的結果來得多，因為女人在陰柔的愛撫裡，不圖求什麼目的，但卻蘊涵了一切，「她們之間意味著靜謐、多元和持續擴散的撫摸。如

果你仍糾纏不休問她們在想什麼，她們只會回答：什麼都不想，什麼也都想（Nothing, Everything）」（354）。既然傳統的兩性主／僕關係斷絕了女性的情欲實踐，於是伊希迦赫殷切期盼女性能透過她所提出的迂迴方法，去開發情欲來體現女性差異，才能脫離附屬地位去提升自主性。

在戀物癖的誘驅下，女人淪為性別市場上不可或缺的交易物，而當婚姻機制箝住女性生命時，不論是崇拜陽物的女人，或是已閹割的母親，都企求男人會給予她以為自己所久缺的東西。女人從對丈夫的依順到渴望生子的傳統封閉觀念當中，企盼撿拾到「可能」填補她的空乏的任何殘碎價值。然而後現代女性主義一再強調，女性力必多的萎縮不是生物上的體障，而是陽性霸權文化的思想缺陷。伊希迦赫呼籲，為了落實兩性性別差異的平等對待與尊重，革命是必要的手段。她說：

> 為了實踐性別差異的運作，勢必需要產生在思想上與倫理上的革命。我們務必重新詮釋主體和論述、主體和世界、主體和宇宙、微觀世界以及宏觀世界之間的全面關係。而首先要申明的是，這個主體一向被寫成陽性，視為一個（男）人（man），儘管事實上，至少在法國，「（男）人」是有性別的，並非中性的名詞（Whitford, 1991b：166）。

陽性崇尚專一法則的威權抹滅了女性的價值，甚至要求

女人玩起「偽飾」（masquerade）的遊戲去取悅他們，滿足他們視覺觀的貪婪。伊希迦赫希望女性去發揮自身多面向的潛能，拒絕與男人共謀耍把戲。於是她吟讚女性的「流質」（fluidity）陰柔特色，不再視「堅硬」的陽具為獨一無二的價值。

　　為了批判父權制度把女體當作傳宗接代的生產機器，伊希迦赫特別彰顯女性身體內各種流動能量，這些沒有固定形態的瓊漿玉液是豐沛且超量的。她在一篇訪談裡進一步詮釋女人具有的「流體力學」，並不是指生物上或生理上的女性身體概念，而是將女人非一的多元性，提升為抵抗陽性強權的一項思想革命。伊希迦赫如此說明「流質風格」：

> 它總是流動的，從不忽視那些很難以理想化的液態特性；存在於二個無限靠近的鄰居之間的那些撫摸，不斷創造活力。它的「風格」抗拒、推翻根深柢固的既定形式、表象、想法或概念。這並不表示它缺乏風格……但是它的「風格」不可以被奉為一個論題（thesis），它不能是一個立場（position）的目標（126-127）。

　　伊希迦赫同時提出「女性言說」（parler femme）來支持女性的液態特色，值得注意的是，這個概念的重點不完全在於書寫和述說上面，而在於彰顯女性特質的變化萬千，以達到將

陽性思想主流去中心化的效果。魏特芙（Margaret Whitford）也表示，伊希迦赫在〈此性非一〉這篇出名但也惡名昭彰的文中提及女性自然說話方式的論點，恐怕會被反女性主義者刻板解讀成女人天生的說話態度，如歇斯底里、顛三倒四、缺乏理性等（Whitford, 1991b：38）。然而弔詭的是，伊希迦赫的「女性言說」正如「此性非一」和「液態風格」等概念一樣，都強調曖昧不明、難以界定的特色。不過有一點是伊希迦赫明確道出的，那就是從她對心理語言學及西方形上哲學的深入研究發現，語言長久以來已被男性壟斷，在一切都得服膺上帝的旨意（Words）和尊從父親之名的陽性文化裡，女人沒有自己的語言，女人所說出來的話和想法都抄襲男人。於是伊希迦赫在〈當我們的唇一起說話時〉（"When Our Lips Speak Together"）文中，催促女性不要再玩男性所操控的文字遊戲：

> 如果我們繼續說同樣的話，如果我們像男人幾世紀以來的說話方式交談的話，就像他們教我們講話那般，我們勢必令彼此失望……文字（words）會穿透我們的身體，越過我們的頭，消失，使我們消聲匿跡。遙遠。高高在上。沒有了我們自己，我們變成被論說的機器，只是會發聲的機器而已（Irigaray, 1980:69）。

伊希迦赫拒絕去臆測陰性語言會是什麼形式，若女性言說

的宗旨是要對抗陽物理體中心思想的箝制，此言說本身就不應該，也不能代表任何固定意義或形式，才不致於又開倒車回去理體中心論的權威語言模式而抹殺了兩性差異。伊希迦赫如此補充說明：

> 從你的／我的唇以不同的方式彼此回應，唱出種種的歌聲。因為二者從不分離。你／我總是同時為多數。一個人豈可操控另一個（the other）？強制她的聲音，她的語調，她的意義呢？她們不是明確的，這並不表示她們是模糊不清的（72-73）。

為了避免女性一再遭受陽性論說的剝削，伊希迦赫把女性言說的焦點放在另一種文句結構上，她稱之為「雙重文體」（double syntax）。有別於陽性思維裡自我膨脹的求同邏輯，這是一個足以「讓女性的自我情感（self-affection）實現的文體」（Whitford, 1991b：135），在其中充滿互愛，讓女性欲望充分表露，女人不再把自己包裝在男人的幻想和需求裡，不再犧牲自我於「偽飾」中。伊希迦赫深信，凡事不該被理論化成為最後定奪，而應容許各種綿延不絕的可能，因為女性言說和性快感都是跟女人身體密不可分的理念，無非是企圖修正男性模式，為了女性特質可以獲得主動的銘刻，讓女人正面登列於社會、文化和歷史中。

就倫理上的革命而言，伊希迦赫彰顯「母／女關係」並支

持「母系族譜」的延續。女人在父權制度中只得依從父親、丈夫、買賣交易者，甚至依靠兒子直到終老，沒有自己的舞台可展現其生命經驗或傳達生命哲學。伊希迦赫認為，在陰性經濟裡女人則是主動互為主體的關係（active subject-to-subject）。除了對孩子的關愛和照顧，母親更能以自身的女人經驗傳承給女兒，讓彼此的情感和想法自由自在相互呼應。而「母／女關係」兼具革命意義的另一層面，它意味著終止女人繼續淪為男性經濟市場上的交易品。母女之間的連結暗示著徹底改造既存的父系社會秩序，以鬆動父親之名。面對象徵秩序一味鞏固父傳子繼的陽性族譜，伊希迦赫建議採取冷漠態度，因為「他們留給我們的只是要我們稱自己為匱乏、缺陷、否定。我們應該……冷漠、疏離」（Irigaray, 1980:71）。「母女契合」概念呼應「此性非一」的二片唇意象、無固定形體的液態流動和貼近身體的女性言說，是一處永遠開放的空間，允許彼此溝通分享，鼓勵參與，絕不封殺異類，更不會說教或操控彼此，因為「在我們之間，既無賣主也無買主，更沒有可供論定的物品和價格」（76）。

　　捍衛「母系族譜」更是締造女性主體互持的必要概念，讓女人勇於拒絕被扭曲成傳宗接代和養兒育女的生產功能角色。伊希迦赫關心的是以女性系譜為基石，去建造一個互愛互持的人倫關係，她在《性與宗族》（*Sexes et parentés*）書中點明：

女人務必在互為主體的關係裡與她的母親和其他女人對話，方可呈現在文字、意象和表徵之中，而與男性的互動才不致於造成傷害。對於女性的特殊自我認同經濟則必須了解，這種理解對創設適合生存的文化更是不可或缺……為了建構性別認同，勢必與自己的同族建立系譜關係，同時要尊重不同的二個宗譜之間的互動（Irigaray, 1987:211）。

在西方社會的象徵秩序中，女性處於遠離舞台中心的邊緣位置，沒有發言權或表現空間，伊希迦赫鼓勵女人勇於另覓生存之地，讓女性身分和立場得以展現差異，她特別針對位置／立場（position）這個議題，強調女性身處在她們自己之中的姊妹情誼「純女人」（women-among-themselves）理念，為的是突顯實踐「性別差異」的重要，而非純粹反轉男性文化為女性社會（Irigaray, 1992:374）。

為了避免女性理念被誤解為「婦女中心主義」或是另一種「象徵秩序的壟斷」，伊希迦赫進一步解釋女人在揭發並反抗男性思想及語言的束縛之時，必須提醒自己切勿掉入「以其人之道還治其人之身」的報復心態，以免重蹈覆轍又複製陽性霸權。因為「如果僅僅是為了達到翻轉一切事物秩序的目的，就算可能的話，歷史必將重演，又回復到同一性上面——執於一尊。那麼，不論是女性性特質、女人的想像、甚或女人的語言都不可能有發展的空間」（Irigaray：1991b, 356）。

若將女性連根抽離社會文化而自組「純女人」團體恐怕是不切實際，也不是解決女性面對陽性思想箝制的根本之道，所以伊希迦赫一方面與父權言論保持疏離和冷漠的態度，另一方面則採取「模仿」（mimesis）的手段，滲入男性思維去戲擬陽性邏輯。她認為既然男性自古以來標榜自己的思想是嚴謹且正統的，女性何不以男性的論述去反諷他們的自大狂，迫使父權制度對女性性意識和身分認同等各層面的剝削和控制暴露無遺。在此戲仿中，伊希迦赫不忘以「笑聲」回應，一如西蘇突顯「笑聲」所引發的衝撞力道，伊希迦赫諷刺地笑說：「笑不正是從長期的壓迫解放出來的首要方式嗎？難道崇拜陽具不就是追求意義的嚴肅性（seriousness of meaning）而已嗎？說不定女人和性別關係，『最先』以笑超脫出來？」（Irigaray, 1992:375）

　　伊希迦赫倡導尊重兩性差異的最終目標是人文關懷，她的晚近學說結合了東方文化的瑜伽思想，親力推廣修習瑜伽練氣，藉此幫助人們穩定身心靈平衡。她強調靈氣的能量超乎語言表達，不可化約成文字，所以氣息先於再現系統，超越一切形式和教條。正因靈魂的氣息層面高於父權系統的語言層面，伊希迦赫提醒女性，在語言系統中切勿為了取得話語或知識，忽略了體悟呼吸的重要性，否則可能墮入凶險的原罪。伊希迦赫體會到，瑜伽的氣息操練既能維持個別的主體性，更可進一步建立與他者保持對等且相互傾聽的和諧關係。她認為，練習瑜伽不單只是感受身體氣息律動來達到養身的傳統目

的，更重要的是，每個個體經由一呼一吸的吐納體悟，可以喚醒內在的神聖靈性，體現身心靈的整合並展現主體性，如此一來，人人互為主體的倫理關係可以獲得肯定和落實。國內學者朱崇儀教授在她的專書《伊希迦赫：堅持性別差異的哲學》中指出，伊希迦赫強調在兼具自然和文化內涵的尊重性別差異過程裡，著重以「愛」為中介，「以正向的方式迎接他者的不同」（朱崇儀，136）。伊希迦赫近年透過教學工作坊的師生互動，一方面持續闡釋和實踐對異己（他者）存在的尊重，另一方面呼籲回歸自愛與重返自身，讓男女各自回返自己的身體，覺察自己的呼吸，容許兩性各自的欲望追求和共同成長。藉由對於人文關懷的著力，伊希迦赫希望每個個體透過調息去觀照、認清自我，可以進而包容不同文化、性別、世代的共存，致力於人性的圓滿發展。

克瑞絲緹娃：符號界與母性空間

就女性主義論述而言，這三位後現代女性主義思想家中，克瑞絲緹娃最具爭議性。她不僅反對純然以性別差異去界定男女兩性的身分認同，公然指陳陰性書寫難逃把女性本質化的困境，甚至還會淪為另一種性別主義（sexism）。她對婦女運動思潮的批評與針砭，容易讓讀者認為是反女性主義。但她的批評並非破壞性的攻擊，而是提出具有創發性的分析和

克瑞絲緹娃
Julia Kristeva
1941-

見解。例如，她在語言學理論上的創見，強調主體的異質特
色，激發讀者質疑統一主體思維的封閉性。另外，她對「先於
父」的母性研究，也是法國女性主義的重點之一。克瑞絲緹娃
雖刻意將自己和女性主義劃清界線，其哲思卻深深啟發女性去
尋求多元開放價值觀的自主性。

　　和西蘇及伊希迦赫不同，克瑞絲緹娃反對「陰性」僅專
屬女人。她在一九七四年受訪談話中，斬釘截鐵說「一個女
人」之於她是荒謬的名詞：

　　　　自認為是「一個女人」就像自以為是「一個男人」
　　　　那樣，幾乎是怪誕而且反開化的。我說「幾乎」是

因為有許多目標尚待婦女去達成：如墮胎和避孕的
自由、托兒所、工作機會均等諸如此事。所以，
「我們是女人」才是我們在請願或宣傳時該用的字
眼。不過，就更深層意義而言，一個女人，不可能
存在（être）：甚至於根本不足以存在。（Kristeva,
1974:20-21）

對克瑞絲緹娃而言，將生物性別差異僵化地套在男女身
上，終究又掉入父權制度裡兩性敵對的模式中。她補充，女人
「不可被再現，不可被說，而是處於命名和意識型態之外」
（21）。

克瑞絲緹娃將性別定位為語言的解析，她也質疑語言的基
本結構和慣用型態，關於這點，三位後現代女性主義論者的看
法是並行的。受德希達的解構主義影響，結構主義裡賦予語言
符號的鞏固定位被徹底鬆動。克瑞絲緹娃指出，結構語言學裡
所謂的能指和所指，彼此牽引出單一意義指涉的過程其實是專
制的，而且在傳統語言系統裡，仍視說話者為至高無上的意識
主體，笛卡兒「我思故我在」預先設定的說話主體仍舊是傳統
知識體系的發言中心，往往忽略佛洛伊德的潛意識言語。

結合語言學和精神分析，克瑞絲緹娃提出「符號界」
（the Semiotic）概念，與拉岡主張的象徵界（the Symbolic）
相抗衡。象徵界指的是，孩子必須經歷「伊底帕斯情結」和
「閹割情結」後與母親完全分裂，才能順利進入父權機制成

為社會的一分子，當孩子獲得語言的同時就必須依從父親之名，即代表成功融入象徵秩序中。所以象徵秩序也是語言秩序，其特性是穩定、統一的理性邏輯，而且說話主體必須遵循固定意義法則。既然象徵界裡符號系統的主要功能是「示意」（signification），所以說話主體有其目的性，必須完成意義的統合，以維護「它的」真理為最終使命。但在實踐這個使命的過程中，象徵界的說話主體也將一切文本化約成單一解讀，造成停滯不動的封閉迴路。克瑞絲緹娃如此說明：

> 符號學（semiotics）以「意識型態」（神話、儀典、
> 道德規範、藝術等）為符號系統作研究而發現到，統
> 治性的法律，或者是說，任何影響社會實踐的根本制
> 約都源於一件事實，即法律只顧示意；也就是說，它
> 像一種語言那般被表達出來（Moi, 1986:25）。

　　相對於象徵界，克瑞絲緹娃提倡的符號界不追求單一意義，反而以主體不斷形成各種可能為導向，企圖解構傳統觀念的制式主體認同。她認為主體性不應該是獨統專制的，而是在持續不斷的醞釀中產生，她稱之為「進行中的主體」（sujet en procès）。此主體在形塑過程中同時釋出充沛活力、律動與能量，這些源源不絕的驅動力是在性傾向（sexuality）建立前就已存於我們體內。從佛洛伊德理論來看性傾向，嬰孩在前伊底帕斯階段其實並無所謂男女之別，性傾向的建構是在父親介入

後才形成，所以是社會文化制約的產物。而克瑞絲緹娃的符號界是一種先於示意（pre-signifying）的驅力，並不是建架在社會／象徵契約的二元對立觀點上，因此勢必與象徵界相悖，所以不會依循固定目標或形式。也因符號界處於「否定」位置，故針對象徵秩序中的主體和意義不斷提出質疑（Weedon, 67）。

　　猶如精神分析中那些被壓抑的潛在能量，如幻想、欲望或夢，符號界可說早已存在於嬰兒與母親斷絕之前，只是後來在閹割恐懼裡遭父權壓抑。所以陰性欲望或性愉悅竟變成象徵界裡不可言說的禁忌，任何表達陰性欲求的管道遭社會文化圍堵。在象徵界中，一切違抗尊父之名的言談舉止，都被視為踰矩，換言之，鞏固象徵秩序穩定性的必然手段，則是抑制符號界裡各種隨時可能浮現的衝撞驅力；同理可證，形成象徵界的先決條件，勢必要有符號界的存在。

　　然而符號界並不因象徵界的壓抑而消失，對克瑞絲緹娃來說，二者共存，不能顧此失彼。而她關注的是主體和語言間的複雜關係，她提醒我們必須自問「我在哪？」（Where am I?）而不是「我是誰？」（Who am I?），才能適切處理有關探索自我存在的議題。克瑞絲緹娃激發對符號界的挖掘，也就是對原欲的探索，主張必須把語言放諸於力必多經濟的範疇內，創發意義的多元性和異質性（heterogeneity），讓說話主體（speaking subject）另創一番新境域去享受愉悅。她說：「確認符號傾向（the semiotic disposition），其實就表示認定

說話主體的移轉，也就可以確定它在受困於秩序當中依然有更換此秩序的能耐；這種能力對主體而言，正是獲得愉悅的能力。」（Moi, 1986:29）所以她盛讚前衛派創作家，法國詩人馬拉美（Stéphane Mallarmé, 1842-1898），他放棄以表述為導向的傳統句法邏輯，挑戰象徵秩序的理性邏輯和語言權威，展現出原本潛藏於母／子共體共生的陰性空間裡各種異質的女性特色（32）。

由於女人在象徵界無法表達其欲望，克瑞絲緹娃認為女性必須往符號界尋求通路。這層管道深具顛覆父權專制的潛力，她稱這層足以再現原初欲望的符號空間為，母性的「容納處」（chora）。「容納處」的希臘文原義是「子宮」，克瑞絲緹娃借用柏拉圖有關宇宙論的重要古典哲學著作《蒂邁歐篇》（Timaeus）裡的 chora, 引申為一種「分裂和律動，而且先於證據、似真情節、空間性與暫時性」（94）。她主張的「容納處」不是一個符號或立場，故不代表任何指定事物，換句話說，「容納處」不是能指，不需要汲汲營營去尋求任何與之對應的所指，是一個流通的開放空間，抗拒固定意義的定位，得以擺脫規範的束縛。此陰性空間充滿川流不息的脈動能量，猶如受抑於意識層面下的潛意識動能，隨時可能衝破理性的藩籬，恣意發洩而出。從陰性「容納處」迸發的驅動力，具有矛盾和衝突的特徵，既富涵肯定性又深藏否定性，這正是前衛藝術的一大特色。不過符號界的陰性內涵並不是要建構一個單一內容的主體或認同感，「容納處」是一個「地方」

（place），由此出發的說話主體會不斷分裂和醞釀異質內容，因這個說話主體毫無預設立場或看法，可以盡情自由發揮，像謎一般，呈現一片詭譎變化的絢爛（97）。

　　符號學不是新語言，卻是一股力量，不時威脅陽性力必多經濟結構，所以遭象徵界語言秩序的抑制，一如女性特質受父權壓迫，符號界和陰性特質都被邊緣化（Moi, 1985:166）。克瑞絲緹娃發現，在象徵界與想像界的臨接處，存有一種被主體鄙棄的骯髒之物，處於非主體亦非客體的曖昧狀態，是嬰兒在父親尚未介入使之成為說話主體前，仍與原初欲望緊緊相繫的混沌空間，此臨界之處是嬰兒與母親仍然相依共存的地方。但為了讓嬰孩順利進入象徵秩序，於是父親介入，迫使母親淪為孩子心靈層面上勢必排拒的對象。克瑞絲緹娃在《恐怖的威力：試論棄卻》（*Powers of Horror: An Essay on Abjection*）中指出，一切遭到排斥丟棄的東西都是汙穢之物的社會化表象，汙穢是象徵系統的棄卻物（the abject），「棄卻物是『象徵系統』鄙棄不要的東西，它脫離社會的理性行為以及社會團體倚恃的邏輯秩序」（Kristeva, 1982:65）。棄卻物就像從口腔、肛門或性器官等身體部位排泄出去的穢物，是身體欲除之而後快的東西，身體一旦達到淨身的目的，主體才能因此認知自己的身體是潔淨無瑕的。「汙穢之物」玷汙了象徵體制的純淨且威脅了傳統邏輯思想的運作，所以棄卻是社會文化極力杜絕的骯髒、卑賤雜質，是父權機制全面否定的齷齪禁區，是主體最原始的壓抑客體欲望。總而言之，「棄卻超越了可能

的、可容忍的、想像得到的一切」（4）。

　　所以一切不可能的、不可容忍的、想像不到的汙穢之物，因未受社會契約的箝制，遠離社會制度的束縛，於是擁有顛覆性的威力，帶有自由奔放的創造力，因而很有可能在藝術中獲得昇華，翻轉變成崇高的（sublime）。克瑞絲緹娃認為有些作家，如喬伊斯（James Joyce, 1882-1941）、普魯斯特（Marcel Proust, 1871-1922）等，透過文學創作讓棄卻之物在字裡行間自然表達出來，把潛意識裡不可言說的深層覺受和情感全盤釋放而獲得心靈解脫和自由。

　　關於女性論述的歷史演進，克瑞絲媞絓在〈女性的時刻〉（"Women's Time"）一文以犀利的語調分析女性主義的弊端與困境，也表達她的期許。她把女性思潮分為三個階段：第一代女性主義主要訴求女性在社會及政治層面上獲得同工同酬的平等待遇，此期的婦女雖拒絕傳統女性美德，卻依然擁抱陽性價值觀，反而強化了父權制度。自一九六八年五月歐洲學運革命後的第二代女性思想，拋卻對男性的認同，轉向突顯女性心理及身體的感受，此階段的婦女企圖脫離以男人為中心的文化機制，主張重視陰性性別差異與特質。但克瑞絲緹娃批評此期的新理念帶有本質論（essentialist）色彩，認為女性對於象徵秩序的全然排拒，最後可能變質為精神異常的脫序現象（Kristeva, 1991:451）。她顯然反對「陰性書寫」或「女性言說」的身體理論，點出女人若天真以為在所謂的「女性社會」就可享有真實或幻想快感，恐怕忽略了社會中的男女

其實都受困於整個文化環境的事實。克瑞絲緹娃聲明，一味突顯陰性特質卻罔顧陽性差異的存在事實，恐怕會造成「反社會派」女性女義，這種置婦女於法律之外的女性主義無異是「烏托邦的洩口」（453），免不了假自由之名卻反其道成為另一種「性別主義」（453）。換言之，克瑞絲緹娃似乎暗示，在某種程度上依附象徵秩序是有必要的。

她更提出第三代女性主義的藍圖，認為第三代女性思想並非線性式承襲上兩代女性主義，應著力於層層意義不斷生成進行的思維活動，存於肉體與心靈的共享空間。她建議將兩性敵對的概念提升到形上學的哲學思維中，因為一旦性別認同的觀念瓦解，男女階級對立的現象也就無從產生（458）。解構認同感是克瑞絲緹娃學說的核心，也是對女學研究的重要貢獻。她視母性為挑戰陽物理體中心論的有力方法，並宣揚懷孕和養育是讓女性在生命經驗中獲得愉悅的重要管道之一，透過對孩子的關愛，才能打破自我和他人的界線；因為心中有愛，便足以消弭主體對客體的壓迫。由此綜觀，第三代的女性立場其實不排除和上兩代並行共存，克瑞絲緹娃認為三者甚至是相互聯繫。

結語及評論

　　許多評論其實並不支持克瑞絲緹娃針對女性主義所發表的言論，認為她過於簡化女性主義，甚至說她以局外人的身分批判女性思想（Grosz, 93）。克瑞絲緹娃也被指控假借宣揚陰陽同性之名，實際上卻更強化象徵秩序的鞏固地位。另外，她拒絕「女人」這個概念的反女性主義立場更備受爭議，有批評者指出，一旦女性身為女人的這項觀念被瓦解後，又該從何談起性傾向的建構呢？關於克瑞絲緹娃特別闡揚母性，不少評論也認為這只是將女人的生命經驗和對社會的貢獻化約為傳統母職的功能。史碧華克（Gayatri Spivak）評析克瑞絲緹娃其實是以自我中心的立場探討女性議題，甚至於以「殖民者」的心態對待其他種族女性（如中國婦女）（Spivak, 161）。

　　其實克瑞絲緹娃對女性主義的批評，尤其對第二代女性主義，並非全然偏頗。針對女性在努力擺脫社會／象徵契約的束縛時，又該如何立身於整個文化環境裡的問題，西蘇和伊希迦赫也沒有充分解釋。魏特芙（Whitford）曾抨擊，伊希迦赫所謂重回前伊底帕斯母／女關係的觀點，形同退化的歸返，恐怕會將女性隔絕於語言和象徵秩序之外，完全忽略了女性在政治、歷史、文化裡的必要定位。這正是克瑞絲緹娃對第二代女性主義的質疑。我們也就不難理解，為何對女性身體的標榜和突顯反倒成為伊希迦赫最受評議的理論了。莫依（Toril Moi）指出，伊希迦赫只談性傾向，卻忽略權力問題之於女性壓迫的

關鍵所在，不僅難逃物質主義之嫌，恐怕反而與父權結盟將女性思想簡化為本質論，如果性傾向最終僅在生物上的性差異裡打轉，那麼法國女性主義終將何去何從？

三位後現代女性主義論者皆偏好以模糊不定的創作風格抵抗男性霸權，她們都認為，明確示意的語言邏輯是專制的陽性思考，箝制了「先於父」的陰性言說。但有些評論認為，她們的女性議題著作是純然的學院派理論，指責她們只不過沉浸在自以為是的知識殿堂裡，玩弄語言和哲學的遊戲罷了，根本不知民間婦女的真正疾苦（Tong, 231）。所以西蘇和伊希迦赫的女性論述，常被斥為過度理想化，甚或是不切實踐的烏托邦想法，而且是反歷史性的。認同女性多元特質雖不失為抗拒陽物理體中心論的有效策略，但女性的壓迫難道會因為這個策略而徹底消失嗎？那麼，克瑞絲緹娃面對其他種族婦女所持的「殖民者」心態又該如何解釋？史碧華克一針見血的揭露，明顯點出女性議題除了「性別差異」外，應周延地將種族、宗教、階級等差異一併納入探討、全面考量。

西蘇和克瑞絲緹娃都不約而同讚賞男作家的文學創作，例如西蘇在〈美杜莎的笑聲〉注腳提到法國當代前衛派作家惹內（Jean Genet, 1910-1986），克瑞絲緹娃則對喬伊斯、普魯斯特有深入研究，但她們對女作家作品的著墨卻相對較少。從這個現象來看，她們似乎是鼓吹婦女與男性作家對話，卻忽略對女作家創作應有的重視和鼓勵。顯然她們都無法進一步說明，何以反倒是男作家才能將被壓抑的陰性特質展現於文字中

而達到愉悅。同樣地，伊希迦赫所謂「戲擬」陽性思維的策略，又如何保證女性不會因為模仿，反倒像男人那般說話而完全喪失發揮女性言說的潛能呢？另外，「純女人」團體的概念雖似乎可以和陽性性意識的霸權分庭抗禮，但女性如何在社會文化的困圍中自組「女人社會」，卻不會落入獨尊陰性特質而變成另一種求同框架壓制陽性差異呢？伊希迦赫自己雖也意識到此概念的盲點，卻也沒有正面回應。再者，伊希迦赫的「此性非一」及「流質風格」，恐怕又將女人還原到生物論的胡同裡（Moi, 1985:143）。

儘管諸多女性主義者或評論家對克瑞絲緹娃的自以為是表示不屑，但也有人為她做中肯的辯護，指稱舉凡一切有能力反駁知識言說權威者，免不了也被評為自視甚高（169）。支持法國女性主義的學者亦不在少數，擁護派強調性別差異理論並非在區分男女的生物之別，而是要在社會象徵契約的言說中實踐性別差異。附和「此性非一」觀念的評論者更一致以為，這個創想是瓦解傳統女性認同建構的必要手段。畢竟，三位後現代女性主義學者將女性所處的劣勢位置，也就是第二性，反轉為具有優勢潛力的性別差異，成為挑戰父權的籌碼，其實已深具貢獻意義。

且不論三位後現代女性主義法語作家所吟讚的快感是否足以代表所有女性的愉悅，瓊絲（Ann Rossalind Jones, 1944- ）在針砭其論述時，建議「我們不必去問為何女人和男人不同，

但我們必須了解在歷史上女性怎麼變成現在的樣子，一直遭受男人以及陽性機制的壓迫」（Jones, 363）。更重要的是，「如果我們把全部精力都花在反對男性自古至今對女性的既定看法，我們豈有餘力去擁護女性的多元性，又該如何支持婦女未來生命經驗的各種可能性？」（364）總而言之，女性主義不應只是一個願景或方法論，而是以堅定的信念推動社會改革，俾使女人的生命印記與親身經驗在人類演進的歷史中，獲得相對的尊重和銘刻。如何積極尋求女性發展的其他可能途徑，以免落入兩性對抗的僵局，依然是女學研究的重要課題。

參考資料

于治中（1991），〈正文、性別、意識形態 —— 克麗絲特娃的解析符號學〉，《文學的後設思考》，呂政惠主編。台北：正中，頁 206-225。

朱崇儀（2014），《伊希迦赫：堅持性別差異的哲學》，台北：臺灣大學出版中心。

西蘇‧埃萊娜，黃曉紅譯（1999），〈美杜莎的笑聲〉，《女性主義經典》，顧燕翎、鄭至慧主編。台北：女書，頁 87-97。

黃逸民（1993），〈法國女性主義的貢獻與盲點〉，《中外文學》第 21 卷第 9 期，頁 4-21。

蔡振興（1993），〈法國女性主義：伊莉佳萊論他者〉，《中外文學》第 21 卷第 9 期，頁 47-65。

劉毓秀（1996），〈精神分析女性主義〉，《女性主義理論與流派》，顧燕翎主編。台北：女書，頁 139-178。

Barrett, Michèle and Anne Phillips, eds. 1992. *Destabilizing Theory*. Cambridge, UK: Polity Press.

Cixous, Hélène 1981. "Castration or Decapitation?" in *Signs: Journal of Women in Culture and Society* 7.1 (autumn): 41-55.

—— 1991. "The Laugh of the Medusa" in *Feminisms*, 334-349.

—— 1992. "Sorties" in *Feminist Philosophies*, ed. Janet A. Kourany, James P. Sterba and Rosemarie Tong. New Jersey: Prentice Hall, 366-371.

Grosz, Elizabeth 1989. *Sexual Subversions: Three French Feminists*. St. Leonards:Allen and Unwin.

Irigaray, Luce 1980. "When Our Lips Speak Together" in *Signs: Journal of Women in Culture and Society* 6.1 (autumn): 69-79.

—— 1985. *Speculum of the Other Woman*. Ithaca, New York: Cornell University Press.

—— 1987. *Sexes et parentés*. Paris: Les Éditions de Minuit.

—— 1991a. *"Another. 'Cause'–Castration"* in *Feminisms: An Anthology of Literary Theory and Criticism*, ed. Robyn R. Warhol and Diane Price Herndl. New Brunswick: Rutgers University Press, 404-412.

—— 1991b. "This Sex Which Is Not One" in *Feminisms*, 350-356.

—— 1992. "Questions" in *Feminist Philosophies*, 372-377.

Jones, Ann Rosalind 1991. "Writing the Body: Toward an Understanding of l'Écriture féminine" in *Feminisms*, 357-370.

Kourany, Janet A., James P. Sterba and Rosemarie Tong, eds. 1992. *Feminist Philosophies*. New Jersey: Prentice Hall.

Kristeva, Julia 1974. "La femme, ce n'est jamais ça" in *Tel Quel* (automne): 19-24.

—— 1977. "Le Sujet en procès" in *Polylogue*. Paris: Seuil, 55-104.

—— 1982. *Powers of Horror: An Essay on Abjection*. New York: Columbia University Press.

—— 1991. "Women's Time" in *Feminisms*, 443-462.

Moi, Toril 1985. *Sexual/Textual Politics: Feminist Literary Theory*. London and New York: Methuen.

Moi, Toril, ed. 1986. *The Kristeva Reader*. London: Basil Blackwell.

Morris, Pam 1994. *Literature and Feminism*. London: Basil Blackwell.

Rubin, Gayle 1975. "The Traffic in Women: Notes on the 'Political Economy' of Sex" in *Toward an Anthropology of Women*, ed. Rayna Reiter. New York: Monthly Review Press, 157-210.

Sellers, Susan 1996. *Hélène Cixous: Authorship, Autobiography, and Love*. Cambridge, UK: Polity Press.

Shiach, Morag 1991. *Hélène Cixous: A Politics of Writing*. London and New York: Routledge.

Spivak, Gayatri Chakravorty 1981. "French Feminism in an International Frame" in *Yale French Studies* No. 62, 154-184.

Stanton, Domna C. 1986. "Difference on Trial: A Critique of the Maternal Metaphor in Cixous, Irigaray, and Kristeva" in *The Poetics of Gender*, ed. Nancy K. Miller. New York: Columbia University Press, 157-182.

Tong, Rosemarie 1989. *Feminist Thought*. Boulder, CO: Westview.

Warhol, Robyn R. and Diane Price Herndl, eds. 1991. *Feminisms: An Anthology of Literary Theory and Criticism*. New Brunswick:

Rutgers University Press.

Weedon, Chris 1997. *Feminist Practice and Poststructuralist Theory.* Cambridge, Massachusetts: Blackwell.

Whitford, Margaret 1991a. *Luce Irigaray: Philosophy in the Feminine.* London: Routledge.

Whitford, Margaret, ed. 1991b. *The Irigaray Reader.* London: Basil Blackwell.

第十章

由上往下推動性別平等

——國家女性主義

顧燕翎

女性主義和國家

在有關國家的論述中，國族往往被建構為一歷史悠久的存在，但《想像的共同體：民族主義的起源與散布》（*Imagined Communities: Reflections on the Origin and Spread of Nationalism*）的作者安德森（Benedict Anderson, 1991）將國族定義為想像的、有外部界線的政治共同體，但大部分成員彼此不認識，也不相聞問。由於國的概念誕生於啟蒙運動和大革命時期的歐洲，個人的自由獨立受到重視，國家的獨立自主亦被視為不可或缺，即使內部充斥著不平等和剝削的關係，國仍被想像成一個生死與共、不容分割的神聖的共同體，「母國」、「家鄉」之類的詞語都用來突顯個人與國族間親情般不可割捨的文化和血緣關聯。

不過，從婦女史的觀點，母土或鄉土等詞彙根源於不強調差序格局的母系文化，而八、九千年前在歐洲已發展出高度文明的母系社會，因長期承平，不習戰事，終於不敵尚武的亞利安父權文化入侵，全面敗亡，以宗族部落為主體的母土被有組織、戰鬥力強的父國取代。父國以武力征服了母土，用暴力為統治手段，卻動員人民的童年感情、鄉土之愛來鞏固其統治，乃成為部分女性主義者亟欲批判和改造的對象。（參閱顧燕翎，1996:89-90）

一九七〇年代激進女性主義對於自然與文化的論辯、公私領域權力關係的檢討，動搖了國家神聖的地位。父權的國和家

被視為平行和互相支援的系統，女性主義者從質疑父權、夫權開始，接著解析國家體制的父權本質，包括上下層級結構、將女性排除於決策體系之外、以及暴力統治等等。激進女性主義和國家權力系統被視為意識型態對立之二造，難以並存。佛格森（Kathy E. Ferguson, 1984:152）在研究官僚系統後悲觀地表示，女性主義者進入體制內使用其資源及語言來反對體制，最後必會被收納和繳械，空忙一場。艾森斯坦（Hester Eisenstein 1940-）（1995:81-82）雖在澳洲一九七〇年代的經驗中看到曙光：女性主義者進入政府後，轉變了公眾態度和政府施政的優先次序，也在立法上注入了前所未有的女性主義議題，然而她也發現「女性主義官僚（femocrats）的成就可能脆弱而短暫」（153）。一九七〇年代，歐美各地的婦女解放運動不進行體制內遊說、不參與政府方案，採取反體制的示威、靜坐等手段表達訴求，避免在獨立自主的小團體內複製父權的層級結構，試圖建立平等、共識決的決策模式（參閱 Mies and Shiva, 1993；Squires, 2007:4）。

生態女性主義更將視野擴及到全球，發現西方工業國家在經濟成長的目標下，以他國為殖民地，攫取自然資源和擴展市場。外在與內在（家庭內）殖民雙頭並進，造就了現代資本主義國家的經濟發展、強化了父權體制，也因而延續了他者，也就是婦女、自然和（第三世界）外國人被剝削的處境。隨著資本國際化的趨勢，國家的功能大多體現在為跨國公司護航，而非保護國內的弱勢者及生態體系中無法為自己發言的其他

物種。若人類未能體認自然資源之有限、人與萬物的互依共存，自制自律，愛物愛人，而是在資本主義父權體制架構下各自追求國家認同與利益，將導致更多陽剛殺伐之戰，斲喪所有生命，終究毀滅人與萬物賴以存活的地球。因此，生態女性主義者主張小規模的自足性地區經濟，反對以軍備和暴力為後盾的龐大的政經權力結構（Mies and Shiva, 1993）。

激進和生態女性主義對於龐大的組織都存有疑慮。無論國家、政府或政黨一旦形成，便有其自身生存和發展的考量，進而形成組織意志。而在組織的意識中，個人不過是個小小的統計數字，組織永遠有更重要、超乎個人的利益和目標。為減低組織的專斷，強化個人生活、行動的能力，許多激進女性主義和生態女性主義團體都採取獨立、分治的組織型態，並與政府和政黨保持距離[1]，也對政府內的婦女政策機構抱持懷疑的態度。不過分離主義畢竟在資源取得上過於自我局限，去除結構的組織和凡事共識決，也缺乏效率、消耗人力，一九八〇年代後，這些組織便逐漸萎縮或自我調整。女性主義論述的重點，也從壓迫與解放轉向人權以及女性參與勞動和生產的經濟效益（Squires, 2007:4-5）。

不同於激進和生態女性主義的分離路線，自由主義脈絡下的婦運自十九世紀即選擇了在體制內尋求改革的路徑。不僅在各國國內形成浩大聲勢，以遊說、訴訟等方法爭取參政權、教育權、財產權、工作權等基本人權，也積極跨國聯結。早在一百多年以前，各國的婦運團體便克服了交通的阻

礙跨國合作，舉辦會議、組織團體，藉由國際的力量，向各國政府施壓，要求重視婦女權利；婦女團體並先後積極參加國際聯盟（League of Nations, 1920-1946）和聯合國（1945-）的創設，爭取女性平等參與國際事務。婦女團體在國內爭取婦女參政，參與公共決策和資源分配，也利用超越國家的國際組織（全球性如聯合國、區域性如歐盟）來推展婦女運動，這樣的手段通常被稱為體制內婦運或國家女性主義（state feminism）。

在現實情境中，國家女性主義是一個更為複雜多元的概念。在北歐諸國，國家女性主義被視為體制內女性主義者和體制外婦運者，合作建構對女性友善的福利國家的過程；在前共產國家則泛指男性黨國領導者所制定的婦女政策；當下最為廣泛使用的，當屬聯合國推動各國政府建立國家機制以提升婦女政經地位的種種措施（Outshoorn and Kantola, 2007:3）。國家女性主義的三大手段包括：一、保障名額，提升女性在國會中的比例（代表性，或稱形式代表 descriptive representation）；二、婦女政策機構，在政府內落實有利女性的政策（發言權，或稱實質代表 substantive representation）；三、性別主流

1　請參閱本書第八章〈生態女性主義〉。全日本的生活俱樂部亦是採取自治的方式，他們主張「小就是美」，在各地區設立獨立的合作社，避免中央集權。台灣婦女新知基金會於一九九〇年代協助各地成立獨立自主的婦女新知協會，而不是廣設分會，也是基於同樣的理由。（顧燕翎 1996）

化，從性別角度檢視政策（過程）（Squires, 2007:9）。這三大手段也是本章的重點。

國際聯盟、聯合國與婦女運動

第一次世界大戰後巴黎和會期間，國際婦女聯盟（International Council of Women）等團體，在參與籌設國際聯盟之際，便於一九一九年提出〈婦女憲章〉（*The Women's Charter*），要求已婚婦女的國籍獨立於丈夫、禁止人口販運、女性享有與男性相同的勞動權等等。其後國際婦女參政協會（International Women's Suffrage Association）建議國際聯盟設立婦女局（Women's Bureau），英國泰晤士報專欄作家德瑞斯（Constance Drexel, 1894-1956）主張國際聯盟應有女性代表，因為：一、戰後女性人口多於男性；二、女人比男人更能看清國際政治和日常生活的關係。終因考量婦女局的存在可能導致性別議題被邊緣化，婦女團體轉而主張各部門都應有婦女參與（UN archives 2018）。一九三五年，國際聯盟成立了「國際聯盟婦女法律地位研究委員會」（Committee for the Study of the Legal Status of Women），檢視各會員國女性的政治、民權、經濟地位，並訂立國際公約，提升婦女地位。可惜因第二次世界大戰爆發而中斷。

第二次世界大戰後，聯合國取代了國際聯盟，成立之初便

將兩性平等納入憲章，一九四六年設置婦女地位委員會
（Commission on the Status of Women, CSW），繼續國際聯盟
未完成的任務，提升婦女權利、建立全球婦女生活檔案、設立
性別平等準則、增強女性權力。一九九六年後，該委員會更負
責督導各國落實北京宣言，並且在聯合國的所有活動中加入性
別觀點。聯合國要求各國政府設立婦女地位委員會和婦女政策
機構（women's policy machinery），由上而下推動婦女運動，
其成果需在聯合國婦女地位委員會的年會中報告。一九七九
年，聯合國大會通過《消除所有形式對婦女歧視公約》（*The
Convention on the Elimination of all Forms of Discrimination
Against Women*, 簡稱消歧公約，CEDAW），責成各國政府促
進平等、消除歧視。一九九三年再發表《消除對婦女暴力宣
言 》（*Declaration on the Elimination of Violence against
Women*），以為補充。一九七六年至一九八五年的「婦女十
年」觸發全球女性意識，大量婦女團體於此時成立，如臺灣的
婦女新知雜誌社、（臺大）婦女研究室、香港的新婦女協進會
等。一九九五年，在北京舉辦的第四屆世界婦女大會（簡稱北
京世婦會）發表北京宣言暨行動綱領[2]，提出性別主流化
（gender mainstreaming）的口號，並要求各國政府讓女性參與
權力和決策：

2　各項法案及宣言內容請看行政院性平處網站：https://www.
　　gender.ey.gov.tw/Multimedia/System/Lexicon/DealData.aspx?sn
　　=pLlshvcDKuKDTLCdrqBQOQ%3D%3D (2016/02/01)

希拉蕊（Hillary Clinton）1995 年在北京舉行的世界婦女大會上發言。

> 賦予婦女權力、婦女獨立自主和改善婦女的社會、經
> 濟和政治地位是實現公開透明和負責任的政府以及在
> 生活的各個領域進行行政管理和可持續發展所必不可
> 少的⋯⋯實現男女平等參與決策的目標將提供一個更
> 準確地反映社會的組成的平衡，而且是加強民主並促
> 進其適當運作所必需的（聯合國官網 1995）。

　　二十年內的四次婦女大會，不只加速了女性主義理念與實
踐跨國的交流，也促使國家女性主義成為衡量國家進步和現代
化的國際指標，全面啟動了全球性的體制內婦運。

女性主義、國家與冷戰年代

　　女性主義有不同的流派和主張，國家也受到不同意識型態的統理，所以在各自的歷史脈絡下，各國對於國家女性主義也有不同的理解和對應。二次大戰後至柏林圍牆倒塌前的冷戰年代，資本主義和共產主義國家涇渭分明、針鋒相對，聯合國婦女地位委員會也幾乎淪為美蘇戰場。蘇聯占有明顯優勢，美國政府則對性別議題冷淡處理。一九七〇年代第二波婦運興起，婦女議題成為委員會的工作重點，只是以美蘇為首的雙方對婦女議題的定位截然不同。持社會主義觀點的東歐共產集團婦女代表宣稱，因生產工具集體化，國內的婦女早已獲得解放，並無男女不平等的問題。但第三世界國家的女性不僅受到父權壓迫，更受到資本主義的剝削和帝國主義的殖民，應當尋求政治、經濟體制的根本變革和財富的公平分配。有些國家代表甚至主張社會上只有壓迫者和被壓迫者之別，沒有男女之異。她們批評美國為首的婦運追求女性權利和男女平等格局太小，未能從根本上挑戰貶抑女性勞動的資本主義經濟體系（Ghodsee, 2010:2-4）。

　　在婦女地位委員會的年會中，羅馬尼亞代表提案舉辦世界婦女大會，蘇聯卻因不想攪動現狀導致失去上風而大力反對。但終究不敵全球婦運大勢，最後投票通過。一九七〇年代初期，共產國家婦女的確有較高的勞動參與率、更多專業人士、科學家和政治領袖。一九七五年，第一屆聯合國世界婦女

1968 年 7 月 2 日，蘇聯女太空人（中間站立者）在蘇聯婦女委員會全體會義上發言。

大會時，蘇聯即派出全球第一位女太空人為代表團團長（4）。

首屆世婦會於墨西哥市召開，一九八〇年則於哥本哈根，在這兩屆會議中，蘇聯自恃其女性地位較高，主導議題設定。美國政府則禁止代表團成員私下與東歐集團人員打交道，就算是走廊和廁所也不可以。美國為主的代表團主打「平等」議題，聚焦於性別相關的議題，如就業歧視、性別比例等；蘇聯為首的團體則標榜「和平」，以女性身分討論全球和平議題，如核武擴散、以（色列）巴（基斯坦）紛爭等。為扭轉蘇聯稱霸的局面，直至一九八五年於奈羅比市召開的第三屆世婦會前，美國政府才開始主動關心性別議題，支持美國的

女性主義者與會，雷根總統也採取強硬對抗蘇聯的立場，金援主辦國肯亞，取得會議議程主導權，改變了美國的劣勢位置（4-6）。各國民間團體也紛紛組團赴奈羅比，在會場外舉辦各式會議和活動，表達民間的聲音。四年後東歐共產集團瓦解，蘇聯影響力式微，美國復以經濟援助為手段，在前共產國家扶植新的婦女團體，西方女性主義自此主導全球婦運（6）。一九九五年的北京世婦會，便是以男女平等為主題，會議結論的重點也從經濟系統轉向父權體系，大量加入了家庭暴力、性騷擾、人口販運等性別議題，原本由蘇方主導的和平議題則限縮為單項的武裝衝突中婦女的處境（Hemment, 2004）。北歐國家代表團則極力藉此集會推廣其國內施行頗具成效的國家女性主義，在聯合國文件中處處堅持使用「主流化」一詞（Squires, 2007:48）。

性別比例制／婦女保障名額：形式性代表

為了實現男女平等參與決策，特別是在女性民意代表比例過低的地區，施行性別比例制／婦女保障名額，是提升婦女人數最快速的方法。一九八〇到一九九〇年代，許多國家的婦女團體對北歐式的漸進民主感到不耐，發現阻礙女性進入體制參與決策的不只是直接歧視，還有許多無形的障礙，必須採取有效的補救措施。原本只在概念上要求平等的機會、公平的競

爭，進而要求用制度來保證平等的結果，這種方式在一九八〇年代後廣為各國採用。由於男女權力懸殊，為求平衡，絕大多數情況下女性成為被保障的對象，例如在各級選舉中，設立婦女保障名額，或性別比例代表。但仰仗性別身分當選的女性，並沒有法律義務為女性代言，或對女性群體負責，因此被描述為形式上的代表性（descriptive representation），也被批評強化了本質主義的女性特質，非但未能消除、反而更加深性別分歧，也違背民主選舉中所有人機會平等的原則。但女性人數的增加仍被期望能夠為民意機關帶入新的、女性的經驗和視野（參閱 Squires, 2007:24），模糊公私領域的傳統界線。在婦女代表比例特別低的地區，採用保障名額可立即大舉改變國會或議會中的性別比例。新加入的女性較不易複製北歐女議員的不愉快遭遇，她們曾長期因人數少而被資深男性同仁同化或邊緣化。女性人數突然增加也可能對組織文化造成「性別衝擊」（gender shock），進而改變民意機關的政治體質（Dahlerup and Freidenvall, 2005）。

　　一九八〇年代，瑞典、荷蘭等國開始採取政黨提名的性別比例制（party quotas），已經相當壯大的婦女運動要求政黨在提名階段自動提升女性候選人的比例，但不以修法保障當選。由於過去已累積了婦女參政的基礎，結果仍提高了女性當選數目。但同一時期的丹麥和芬蘭，儘管未採取任何性別保障制度，女性當選比例也並未落後。一九九〇年代後，南美和亞非國家大量採用增加法定當選人數的性別比例制，國會和地方

議會兼有之。大部分國家都將比例設定在 30% 上下，以確保有一定比例的女性當選。哥斯大黎加的國會在一次選舉中女性議員就從 19% 增加到 35%，阿根廷、南非、盧安達等國女性代表人數也都立刻躍居全球前列。巴基斯坦、印度等地方議會女議員一舉增至三分之一，其中不少人並未受過正式教育。雖然代表人數的增加未必在短期內增強群體的女性力量，卻迫使政黨在提名階段便認真考慮女候選人，修正刻板的性別印象（Dahlerup and Freidenvall, 2010）。

　　在政權不穩定的國家，女性可以因為保障名額而當選，也可能因為統治者或執政黨的失勢而失去保障。例如 2011 年埃及總統穆巴拉克被推翻後，婦女保障名額旋即被取消（Muriaas, 2013:92）。若沒有永續經營、民主法制的國家，國家女性主義也將失去其依附。

　　我國領先世界，一九四六年通過的憲法即保障女性民意代表的當選名額，二〇〇八年第七屆立法委員不分區委員選舉，開始採取比例代表制，各政黨當選名單中，婦女不得低於二分之一。這樣的婦女史成果「不是以男性為主的制憲者所自動給予的恩賜，而是婦運的集體抗爭所促成的結果」（陳昭如，2012:43）。

婦女政策機構：實質性代表

保障名額制度是用來改變決策機構內性別的組成，增加女性代表的比例；婦女政策機構則是在調整行政體系中的性別不平衡，增加女性人數，且聚焦於女性議題，因此被視為具有實質的代表性（substantive representation）。婦女政策機構內的女性主義官員，結合了女性主義民意代表與體制外的婦女運動，形成了提升婦女地位的鐵三角。一九七五年第一屆世婦會後，各國紛紛設立婦女政策機構，因應國內政局採取不同的形式，有單獨的部會、有些設在行政首長之下、有獨立的委員會、也有設在部會之下的委員會（Squires, 2007:33）。

馬祖爾（Mazur）和斯特森（Stetson, 1995:272-273）以國家女性主義為題，研究了十四個工業國家的婦女政策機構，其中除了波蘭以外，全部採取女性主義立場。研究發現除了波蘭，對提升婦女地位和挑戰性別階層化，這些機構多少都能發揮正面作用。馬祖爾和斯特森歸納出落實國家女性主義的先決條件取決於國家和婦女運動兩方面（290）：一、國家有結構性的能力足以將平等的訴求制度化；二、社會中的婦運組織不但能夠持續而且廣受支持，足以同時從外部以激進手段挑戰性別階層化，並且在工會和政黨內部進行改造。

也就是說，體制外必須有能力進行持續性的挑戰，體制內則需有足以承接、具備執行力的機制和人員。進一步來看，無論體制內外都需要充分具備女性主義知識和政治意志的人

力，才可能落實性別平等的目標。

　　二吳（Ng and Ng, 2002:16）在香港的研究，佐證了婦女政策機構配備適當人員的重要。香港在體制上具有反歧視法和平等機會委員會，然而政府任命的委員卻以專業人員及企業主管為主，不了解性別歧視，對性別議題不敏感，以致無法發揮功能。為提升婦女地位，政府另組一包容更廣的婦女委員會，但其成員仍以工商和專業人士為主，以致二吳（16）不看好其前景。蘭金（Rankin）和維克斯（Vickers）（2003:3-11）比較了加拿大各層級以及各地方婦女政策機構的運作模式後，也有類似的觀察。在名義上雖都是為婦女而設的政府單位，但有些努力提供婦女機會，促進變革，有些卻僅聊備一格，實際功能十分薄弱，讓政府可以對外宣稱已有婦女代表，已經照顧婦女了。她們也指出，加拿大全國婦女地位諮商委員會（Canadian Advisory Council on the Status of Women）的委員淪為政府的政治酬庸後，委員會已失去政治影響力。

　　反向來看，即使沒有設置婦女政策機構，體制內的女性主義者仍可能在她們的位置上利用其專業能力發揮關鍵影響力，創造出巨大的改變。巴納紮克（Banaszak, 2010）研究第二波婦運初期美國聯邦政府政策制定過程，並深入訪談體制內外的女性主義者後，發現政府機關內部的女性主義者與外部的婦運者，二者結合後能夠發揮強大力量，改變了公平就業機會委員會（Equal Employment Opportunities Commission, EEOC）一向漠視女性權益的組織文化和組織任務，立下了新的里程

碑。在幾件著名的小職員對抗大公司的集體訴訟案件[3]中，她們或願意加班寫訴訟狀，或願意和全國婦女組織（NOW）合作，出庭作證，為各層級，特別是基層婦女取得集體訴訟的勝利，建立了平等的工作場所，爭取到身體自主權、就業權，改變歧視女性的職場文化。在教育方面，於一九七二年完成了憲法第九條的修正案，並於一九七四年制定婦女教育平等法，大大提升女性受高等教育的機會和品質。體制內的官員有些日後成為體制外的運動者，也有同時具備兩種身分者。以伊斯伍（Mary Eastwood, 1930-2015）為例，她是司法部的律師，也是全婦組（NOW）的發起人之一，她的上司禁止她參加示威遊行，但她仍戴上假髮參加反對歧視女人和黑人的遊行，充分展現了她的政治意志。

婦女政策機構在台灣

婦女政策機構在臺灣曾有過短暫歷史，一九六八年我國仍是聯合國會員國，在其婦女地位委員會敦促下，內政部設立了婦女地位委員會，但一九七一年我國退出聯合國後也隨之撤銷（顧燕翎，1987）。直到一九九七年才又成立「行政院婦女權益促進委員會」（簡稱行政院婦權會），前幾屆著重人身安全、婦女健康的立法、確立各項婦女權益工作重點分工表、制定政策綱領、追蹤列管部會執行委員會決議事項[4]等。一九九八年，內政部增設「婦女權益促進發展基金會」（簡稱婦權基金會，現已移至衛福部），做為政府與民間團體溝通的

橋樑，民間董事過半，且與婦權會／性平會委員高度重疊。

二○○○年民進黨執政後，劉毓秀、李元貞等婦運人士進入婦權會，改變原有組織，要求行政院長親自擔任召集人、主持會議，並大幅增加民間委員人數，由她們與部會首長擔任分組的共同召集人（可以主持分組會議）等，使得民間委員獲得實質的決策權力（黃淑玲、伍維婷，2016:19）。第五、第六屆大部分委員與民進黨關係密切，彼此熟稔，「集體進駐婦權會」，並以之「作為國家女性主義的發展基地而有其特色」。（有別於其他國家之諮商角色。）婦權會成為「行政權力中心」，民間委員人數超過代表政府的官方委員，加上受到高層支持，她們是婦權會的主要決策者，權力遠大於正式文官。許多委員同時「穿梭體制內外，扮演國家代表、婦女組織代表、性別專家等多種角色」（46）。她們「既能監督當時的國家女性主義依循婦運者的策略而發展，也比較能夠防堵保守勢力的滲入」（47）（保守勢力指的是「反同志團體」）。為了確切「掌控」「民主參與機制」，她們「建立性別主流化專家人才資料庫，推薦熟悉的學者與團體擔任講師」，以及有信任關係的人士擔任部會性別平等專案小組委員（29）。

3　其中最有名的是控告當時全美最大規模的私營企業AT&T（美國電話與電報公司，The American Telephone & Telegraph Company）系統性歧視女性和少數民族，結果一萬三千名女性和二千名男性獲得薪資賠償，共一千五百萬美元（一九七三年），三萬六千人立刻得到加薪。（EEOC 1973）

4　參見行政院婦權會官網 http://cwrp.moi.gov.tw/WRPCMain/WorkCat_Show.asp（已於二○一二年三月三十一日關閉。）

二○○三年以後，以國際接軌為前提，民間委員在會中全面推動「性別主流化」、並指定六大工具[5]，要求全國公務員學習，快速且全面執行性別主流化被公認為這兩屆婦權會的重大成就。二○一二年，行政院婦權會改制為行政院性別平等會（簡稱行政院性平會），並增設直屬院長的性別平等處（簡稱性平處）為執行單位。其首要任務為：

一、推動消歧公約（CEDAW）[6]；
二、落實性別平等政策綱領[7]（簡稱性平綱領）；
三、推動中央到地方政府之性別主流化工作。（行政院性平處 2012）

由於這三大任務的內容與執行方式高度重疊，且終有整合之勢，以下討論將以性別主流化為主。

性別主流化

婦女／女性與性別：從個體到結構的政策思考

二十世紀中期以前，聯合國推動婦運的焦點集中於婦女權益與婦女地位。一九七○年代聯合國開發計畫署（United Nations Development Programme, UNDP）在其發展方案中特別針對婦女給予補助（women in development, WID），提升其經

濟地位。「婦女十年」期間，政策執行者發現，若僅在既有的國際援助架構下加入婦女為補助對象，卻不設法改變社會上既存的性別偏見，調整男女的權力落差，將無法撼動結構性的不平等，也無法真正改善女性的地位，乃以性別與發展（Gender and Development, GAD）的概念取代婦女發展。在政策上從協助婦女個體發展，轉化為在各項政策的規劃階段即考量如何改

5　六大工具包括：性別平等機制、性別影響評估、性別統計、性別分析、性別預算、性別意識培力。https://www.gec.ey.gov.tw/Advanced_Search.aspx?q=%E5%85%AD%E5%A4%A7%E5%B7%A5%E5%85%B7 (2017/01/06)

6　我國不是聯合國會員國，不受其公約約束，但是二〇一一年通過《消除對婦女一切形式歧視公約施行法》，將其制定為國內法，全盤無保留接受所有條款，更進一步規定：各級政府機關檢討所主管之法規及行政措施，有不符公約規定者，應於本法施行後三年內，完成法規之制（訂）定、修正或廢止及行政措施之改進。

7　行政院婦權會自二〇一〇年邀集性別專家及民間婦女團體草擬「性別平等政策綱領」（簡稱性平綱領），辦理三十八場座談會，次年內政部召開「全國婦女國是會議」，函頒性平綱領，作為性別平等政策指導方針。綱領包括三大理念：「性別平等是保障社會公平正義的核心價值」、「婦女權益的提升是促進性別平等的首要任務」、「性別主流化是實現施政以人為本的有效途徑」；七大核心議題：「權力、決策與影響力」、「就業、經濟與福利」、「教育、文化與媒體」、「人身安全與司法」、「健康、醫療與照顧」、「人口、婚姻與家庭」及「環境、能源與科技」。行政院性平會官網 http://www.gec.ey.gov.tw/cp.aspx?n=363DC330E476B467

疊床架屋的性平綱領表格終於在 2019 年廢除（參閱顧燕翎，2020:302-304）。

變性別權力的結構性不平等，在每一計畫、每一方案中從起始階段納入男女平等的目標。（Charlesworth, 2005:2-3）北京世婦會之後，「性別主流化」成為聯合國的指導性政策：

> 在處理男女……等問題時，各國政府和其他行動者應該推行一種積極鮮明的政策，將性別觀點納入所有政策和方案的主流，從而在做出決定之前分析對婦女和男子各有什麼影響（Woodward, 2003:66；聯合國中文官網）。

其目的不只是為了讓女性獲得相同的機會，可以加入男性主導的國家體制，更意圖以女性觀點檢視性別權力結構，從政策源頭上謀求翻轉。

一九九七年聯合國經濟及社會理事會正式定義性別主流化如下：

> 性別觀點主流化（mainstreaming a gender perspective）是指在各個領域和各個層面上評估所有有計畫的行動（包括立法、政策、方案）對男性和女性的不同涵義。這是一種策略，目的在使政治、經濟和社會領域內所有政策和計畫的設計、執行、監督與評估都包含女性和男性關心的事、女性和男性的經驗，從而使男女均等受益，不平等不再發生。主流化最終的目標

是實現性別平等（Report of the Economic and Social Council for 1997，聯合國中文網頁）。

只不過從字面上看，「性別平等」溫和中性，不似「女權」、「女性主義」立場鮮明，相較之下容易被各方接受，也因而創造了模糊的論述空間（參閱顧燕翎，2020:284）。

決策過程性別化

一九九五年第四屆世婦會提出「性別主流化」口號，要求會員國以女性觀點檢視所有政策的制定及施行步驟，從源頭上翻轉性別不平等。性別比例制以提升婦女代表比例為目標、婦女政策機構以提升婦女地位為目標，性別主流化則是將所有決策過程性別化，也就是在其中加入性別考量。相形之下，改變的幅度似乎更全面徹底，但因為是在政府內就既定的政策、現有的狀況加以管制考核，缺乏創新突破的潛力。

一九九五年北京宣言以後，歐盟國家執行性別主流化的成果被公認為最佳。然而從二○○五年（第一個十年）以來，許多研究指出，即使歐盟各國也表現得進度參差、成效不彰，行動最積極之瑞典仍難在中央政府以外推動。總結為以下幾種原因（參閱 O'Connor, 2014；Braithwaite, 2005）：

一、性別主流化本身意義相當模糊，因而各國可在此名義

下各自解釋，設定不同目標。有些國家為爭取歐盟補助而機械化地執行某些性別主流化的工具。也有些真的想要縮小性別統計的落差，卻採取不同的路徑：技術性地拉平男女差距，或更為全面地翻轉不平等的性別關係。這是兩種極為差異的手段，以婦女就業為例，推動彈性工作時間地點以提高婦女就業率固然可以縮短統計落差，但僅著眼於增加女性就業人數，可能導致女性集中於部分低收入的行業，未必能改善其社經地位或使其免於性別歧視，卻可能強化其家務和工作兼顧，蠟燭兩頭燒的困境。不過翻轉不平等的性別關係，需要更全面性地同時從教育、文化、經濟多方面著手，也需跨部門的協同運作，是極大的政治工程。

二、性別主流化需要在既定的體制內運作，受限於固有的權力架構、政府的運作模式和既有的社會條件，而其操作方式又仰賴外部的「性別專家」設計評估，而專家的認定標準並不確定，以致其理念、態度、方法也可能因人而異。

三、性別主流化是運用行政與政治權力來改變公共政策的過程，而非利用經濟與社會權力來進行更為激進的變革，受限於技術官僚化（techno-bureaucratic）的手段，偏向於公文化、表格化、數量化（參閱 Sainsbury and Bergqvist, 2009），少了宏觀視野，整

體來說改革力道有限，與最初賦予的翻轉性別不平等
的使命相距甚遠。

性別主流化也為各國的性別政策帶來不同的政治想像和效
果。部分婦運發達的國家在一九七〇年前後，已建立了有效
的婦女政策機構，性別主流化得以在原有基礎上橫向影響其
他部門，提升女性地位；但也有不少國家趁機強調性別而改
變或取消了原有的婦權機制，反而削弱了女性立場。（參閱
Outshoorn and Kantola, 2007）或者為了國際形象，在既有政策
框架下，視婦女為經濟和政治工具，提高其生產力和政府的現
代化（Squires, 2007:147）。

性別主流化在台灣

臺灣於一九七一年後，便未能參與聯合國性別政策發展的
過程，二〇〇三年直接引入性別主流化，賦予諸多期待。不僅
藉以推進體制內婦運，部分性別專家利用此時機延伸創造出聯
合國文件中未有的「多元性別」名詞，帶入了同性戀運動和酷
兒運動[8]，卻未加以定義和說明，而在執行階段產生各自詮釋

8　例如性平處在介紹性別主流化時引用了聯合國經濟暨社會理事會
（ECOSOC 第 1997/2 號商定結論）的定義，卻自行將原文的「女
男」改成「不同性別」，並且擅自添加了原文中沒有的文字：「多
元的需求和意見」；「讓不同性別均能公平合理地取得與享有社
會資源與參與公共事務的機會，以反映其多元的需求和意見。」
（參閱顧燕翎 2020:285-286）

的亂局。同時也將人權和性別平等視為政治手段，用來爭取國際同情：「臺灣必須努力使人權、性別主流化等關鍵的基本政策和法律，帶入國際的公約和協定，接受國際標準的檢視。那麼，就算受到其他國家無理的杯葛時，至少還可以塑造出民主與正義受到蔑視的無辜形象，尋求國際公民社會的支持。」（陳瑤華，2003:60-61）

　　行政院性平會推動三大任務貫穿所有部會及地方政府，十分周延深入，以國際標準來看，政府投入的行政資源和執行力道也是最強大的（顧燕翎、范情，2009）。卻因其技術官僚手段，重視工具勝過目標，製作巨細靡遺的表格，大量重複填寫，導致工具與目標混淆錯置的現象（彭渰雯，2015:10）。性平會執行消歧公約的嚴格程度也同樣獨步全球，要求所有政府機關在公約成為國內法後的三年內，全面檢討法規及行政措施，不符者必須重新制定、廢止或改進。性別專家並要求所有政府單位必須全面做性別統計，任何項目只要男女人數統計落差超過 3%，便「應了解其原因考量改進，逐步提高弱勢者性別比。」[9]，雖無法說明 3% 的意義，及其對性別平等的必要性，卻不容辯駁，有違女性主義平等精神。

國際比較

　　比較各國研究，可以發現體制外的婦女運動是體制內性別政策的源頭，婦運的政治和社會影響力左右了國家的性別政策

取向，同時性別主流化也需要採用性別分析做為政策工具，而性別分析奠基於在地婦運的性別平等想像和婦研的知識累積，所以性別政策的良窳反映了各國婦運的進程和婦女／性別研究的品質。國家民主化和法制化的程度則是另一個決定性因素，本文作者參與各級、各地區婦女權益促進／性別平等委員會十餘年，發現各單位對性別平等的認同度和執行力往往取決於上級長官的態度，個別公務員不傾向於公開表達自己的立場，但他們普遍相信北歐國家性別平等較為落實，原因是人民和政府都比較守法，雖然臺灣在立法上已相當先進。

國家女性主義是一百多年來多國婦運團體攜手合作，利用國際組織和會議（特別是聯合國的四次婦女大會）推動性別平等的理念和機制，由上往下改變國家性別政策的過程。然而在婦運力圖改變國家之際，國家是否也可能在過程中改變了婦運？當我們談論婦運或性別平等時，往往將婦女視為一個完整的群體、性別平等視為一個共同一致的理念，婦運團體也常宣

9　CEDAW 法規檢視填報系統 Q&A 手冊 https://www.google.com.tw/?gfe_rd=cr&ei=h37wU9_qCuWJ8QexwYCoBg&gws_rd=cr#q=%E6%80%A7%E5%B9%B3cedaw+q+and+a&btnK=Google+Search 如何計算是否超過 3%？該手冊以身障人士領取租屋補助為例，領有手冊之總人數（母群體）145,896 人，其中男 84,757，女 61,139，男性占 58.09%、女性占 41.91%；領補助共 4,063 人，男 60.99%（2,478 人）、女 39.01%（1,585 人），計算方式：男（60.99%–58.09%）＋女（41.91%–39.01%）=5.80%。結論是男女比例差距 5.80%，超過 3%，所以應調高女性比例。

稱自己代表所有婦女，但實際上眾女各自有其必須面對的生活現實，存在不同的需求和相異的觀點。誠然時至今日「性別平等」已是一個眾所周知、與公權力緊密扣連的名詞，但其定義和內容卻鮮少公開、深入討論，以致落得不同立場的個人和團體各自表述，成為權力角力的場域，成就了新的權威。當國家女性主義敲開了政府的大門，團體或個人能夠因性別身分登堂入室，和擁有公權力的機關協商婦女的權益和需求時，婦女代表不經過選舉機制應如何產生？向誰負責？（任命她的執政黨、她所屬的團體、全國婦女？）她的發言代表誰的立場和利益？以性別身分操控國家權力的女性和其他女性的權力關係為何？

斯奎爾斯（Squires, 2017:125-126）指出，大部分國家的婦女政策機構都承認婦女之間存有很大的差異，但在實際運作中卻未顧及婦運的內部民主，而選擇性認可某些立場。在英國的性工作辯論中，非正式的母親聯盟、政黨內的婦運者和代表性工作者的組織各有相對的立場，實難以「婦運」一詞來概括。席婷綑（Mtintso, 2001）以南非為例，一九八〇年代的政治氣候促成了婦運的統一戰線，但政治情勢改變後，相當數量的婦女進入國會和政府，在有了政治權力後，卻優先效忠政黨而非支持女性主義。西班牙政府則是創立女性的典範，合於標準的女人才能得到平等機會（Mohammad, 2005:249）。即便在公認為國家女性主義成效最卓著的瑞典、挪威，仍未能消除社會的層級化問題，例如不公平對待移民、歧視穆斯林文化

（特別是醜化穆斯林男性）、以母性角色限制女性個人發展等等（Squires, 2007:128；Kvittingen, 2014；Carmon, 2018）。此外，國家女性主義也必然活在國家的歷史之中，瑞典原本就受惠於維京人較為男女平等的傳統，但同時瑞典也有歷史悠久的強大工運，婦女解放往往被視為工運追求階級平權的成果，女性主義者若想要參與政治決策便不可以將性別平等從階級平等脫鉤（Hobson, 2003）。

反省與檢討

在臺灣，「國家女性主義」一詞最早由劉毓秀在一篇訪談中公開引用，目的在動員家庭主婦的母性，說服她們出來參與公共事務、治理國家：

> 讓私領域以一種更具攻擊性的姿態去吞併公領域；重
> 新定義國家，賦予國家機器一種正面的意義並促動它
> 良性質變成為一個照顧者，由女人出面治理它……讓
> 國從嚴峻的父轉變為慈愛的母……讓女人掌握國家權
> 力，成為社會、國家、世界的照顧者（李清如、胡淑
> 雯，1996:23）。

劉毓秀說，「為了激發主婦們參與公共事務的意願，我

刻意隱藏自己的婦運角色，暫且將女性主義的敘述擺一邊」，鼓勵家庭主婦「將照顧工作由家戶擴展到國家社會」，大量進入公領域去掌握權力（22）。她同時主張以普及主義擴大結盟對象，包括勞工、中產階級、政治團體、環保團體和資本家。一九九四年她支持陳水扁當選臺北市長，之後「由陳水扁執政的臺北市政府，給國家女性主義這樣的實踐路線一個上場磨練、舞刀弄槍的機會。」（25）。她於一九九六年加入第一屆臺北市婦女權益促進委員會，復於二〇〇〇年陳當選總統後加入第三屆行政院婦權會，取得實質的決策權，以瑞典為藍本，在政府內成功推動「民主組合機制」與「公共托育政策」，並且認為婦權會的運作模式「往下擴散到地方政府與社區層面，可謂是北歐民主組合機制在臺灣成功轉化的例證」（劉毓秀，2015；李元貞，2014）。

丁乃非（1998/2008:130）分析劉毓秀的訪談後發現，其推動的國家女性主義具有高度排他性和威權。進入體制掌握國家機器的並非劉所說的家庭主婦，而是以「哲學女王」為中心、具有階序性、向外層層擴散的女性知識分子，以「女德」取代傳統的男性沙文權威，領導「主婦的先鋒身體」，這些女性主義知識分子占據了傳統文人的位置，「調度權力且代替統治者管理經營」國家機器。經過篩選的女人「是被標示為陰柔具母性的、而不太是女性主義者的家庭主婦們」（128）。「有些女人是想都別想絕對被排除在可能的權力接管之外的……異類。」[10]（130）

觀察本地近二十年來的運作，和國家權力高度結合的國家女性主義的確表現出（與女性主義精神相左的）排他性和權威性格，同時也將婦權會／性平會建構成婦運抗爭的場所。第五、六屆行政院婦權會常被引述為國家女性主義的成功範例（參閱黃淑玲、伍維婷，2016；杜文苓、彭渰雯，2008）。這兩屆委員在陳水扁連任總統時進入婦權會，具有高度的同質性和相同的政黨認同。最初採取「強勢要求、不斷堅持」的「強悍」作風，令官員就範（黃淑玲、伍維婷，2016:31），後來有些委員改採懷柔手段，建立「婦權委員、婦運界與公務體系的社會資本」（49），「以與民進黨的人脈關係遊說政治高層，施壓公務體系積極執行……提高婦權會民主治理功能」（42）。以高壓手段快速推動了由外部委員主導的「性別主流化計畫」。另一方面，婦權會／性平會也跨越政黨堅定維護女性的身體自主權，貫徹婦運的核心理念。二〇〇六年生育保健法修法期間，委員們聯合抗拒衛福部（當時為衛生署）加入「強制諮商」和「等待期」的規定，且有三位委員以辭職抗議，「以維護民間委員的獨立性與批判性」（45）。以後各屆委員也都能在此議題上堅持立場。同樣的，代理孕母應否合法

10　丁乃非此處在分析國家女性主義之「家」和參與公娼運動被指為寄生蟲的女性主義者。丁主張她們不必否認寄生蟲策略，反而應面對身為知識分子的特權，避免太快被轉化成宿主主體身分，「或許也可以先發制人，阻止某種沙文女性主義道德價值，在向上攀升的國家女性主義之家裡，以犧牲者剩餘者為代價，來進行國家的轉變和改造」（132）。

化也在數屆婦權會／性平會引起激烈討論，而未棄守底層女性的權利。

　　國家女性主義存在的目標，是以民主的手段實現性別平等，相同政治立場的人士集體進駐婦權會固然可提升決策效率，但宣稱代表所有婦女，掌控政府決策，是否符合民主組合機制和參與式民主的原則，卻又令人質疑。即使是矯正式的暫行性措施也應有所規範，而不應聽憑擁有「社會資本」（人際的信任、互惠關係）的個別委員，享有無節制卻不必究責的行政權[11]，相信他們會自我約束。外部專家在政府委員會中的決策權沒有法源基礎[12]，在婦運者間也未形成統一見解，杜文苓和彭渰雯（2008:141）以為「以婦權會而言，它原本就是一個政治考量下的非正式建制，定位上是政府的諮詢機構，最終決策若有政治風險和責任，也是由行政部門承擔」。李元貞（2014:251）卻肯定其「跨部會、公民共決、以院長為召集人的架構」，並表示二〇〇八年吳敦義院長將婦權會定義為諮詢性質，加上民間委員若不能集體進駐，就很難發揮民主組合的功能。但彭渰雯等（2015:132、138）卻指出，民間委員應「避免總是類似面孔、同質性的學者專家，擴大一般公民婦女的參與是一個需要納入改革的方向」。

　　性別平等是政策目標，不應用其工具（性別主流化）取代，反而模糊了目標。性別政策應該透過長期公開、廣納眾議的民主討論慎重確認其內涵，在過程中深化全民的性別敏感度。討論過程應展現包容性，切莫為了求速效而排除異

己，特別需要設法讓弱勢、邊緣群體的聲音被決策者聽見。外部性別專家也需要和執行政策的基層官員平等對話，仔細聆聽，尊重對方的專業。在資料的引用上需要力求正確，不應違反專業倫理擅自修改國際組織（如聯合國）的文件。性別以外，族群、年齡、信仰、身體能力、性傾向、跨性別認同和表現等各方面的平等，以及各種歧視現象同時存在且相互作用（intersectionality）的現象，亦即平等主流化（equality mainstreaming）或多元主流化（diversity mainstreaming）的議題也應同時納入思考方向。

---

11 例如，個別委員或可以自我約束，不承包政府的計畫，但仍可能壓迫承辦人撤銷已經外包的計畫，改包給自己中意的人選，這種事件也的確發生了。國家需有合理的制度，不能只靠自我節制來防止濫權。

12 行政院婦權會第一屆委員會議紀錄（1997），婦權會的工作目標為：加強婦女人身安全、加強婦女參政權、提升勞參率、協助解決托兒托老問題、落實性侵害防治法。性平會設立宗旨（2012）：發揮政策規劃、諮詢、督導及資源整合的功能。（性平會官網）委員會的功能應更接近諮詢性質，而非決策單位。

參考資料

丁乃非（1998/2008），〈娼妓、寄生蟲、與國家女性主義之「家」〉，《批判的性政治》，朱偉誠編，臺灣社會研究雜誌社，115，頁132。

李元貞（2014），《眾女成城－臺灣婦運回憶錄》（下），台北：女書文化。

李清如、胡淑雯（1996），〈從女人治國到性別解放 —— 以國家女性主義翻覆家庭父權：劉毓秀專訪〉，《騷動》2，頁20-26。

陳昭如（2012），〈改寫男人的憲法：從平等條款、婦女憲章到釋憲運動的婦運憲法動員〉，《政治科學論叢》，頁43-88。

陳瑤華（2003），〈性別主流化與性別平等建制〉，《性別主流化：2003國際婦女論壇會議實錄》，頁58-61。

彭渰雯（2008），〈當婦運遇上官僚：性別主流化中的協力治理經驗〉，人事行政局「從性別觀點看公務人力資源管理的現在與未來」學術研討會。

彭渰雯、黃淑玲、黃長玲、洪綾君（2015）《行政院性別主流化政策執行成效委託研究報告》，行政院委託研究。

黃淑玲、伍維婷（2016）〈當婦運衝撞國家：婦權會推動性別主流化的合縱連橫策略〉，《臺灣社會學》32，頁1-55。

黃長玲（2001），〈從婦女保障名額到性別比例原則：兩性共治的理論與實踐〉，《問題與研究》，頁69-82。

聯合國1995《北京宣言暨行動綱領》，頁181。http://www.un.org/womenwatch/daw/beijing/pdf/BDPfA%20C.pdf (2018/09/20)。

劉毓秀（2015），《北歐經驗臺灣轉化：普及照顧與民主審議》，台北：女書。

顧燕翎（1987），〈從週期理論與階段理論看我國婦女運動的發展〉，《中山社會科學譯粹》(2)3:37-59。

——（1996），〈母上與父國〉，《騷動》1:89-94。

——（2020），《台灣婦女運動—爭取性別平等的漫漫長路》，台北：貓頭鷹。

Banaszak, Lee Ann 2010. *The Women's Movement Inside and Outside the State.* New York, N Y: Cambridge University Press.

Braithwaite, Mary 2005. "Gender-sensitive and women friendly public policies: a comparative analysis of their progress and impact," https://eige.europa.eu/gender-mainstreaming/resources/international/gender-sensitive-and-women-friendly-public-policies-comparative-analysis-their-progress-and-impact

Carmon, Irin 2018. "Sweden has tried to make men and women equal. Can America catch up?" *Time*, October 8: 26-31.

Charlesworth, Hilary 2005. "Not Waving but Drowning: Gender Mainstreaming and Human Rights in the United Nations," *Harvard Human Rights Journal* 18: 1-18.

Dahlerup, Drude and Lenita Freidenvall 2005. "Quotas as a 'fast track' to equal representation for women," *International Feminist Journal of Politics*. 7(1): 26-48.

Dahlerup, Drude and Lenita Freidenvall 2010. "Judging gender quotas: predictions and results," *Policy and Politics*. 38(3): 407-425.

EEOC 1973 Milestones in 1973. https://www.eeoc.gov/eeoc/history/35th/milestones/1973.html

Eisenstein, Hester 1995. "The Australian femocratic experiment: a feminist case for bureaucracy." In Myra Marx Ferree & Patricia

Yancey Martin (Eds.), *Feminist organizations: harvest of the new women's movement*, 69-83. Philadelphia: Temple University.

Ferguson, Kathy E. 1984. *The Feminist Case against Bureaucracy.* Philadelphia: Temple University.

Ghodsee, Kristen 2010. "Revisiting the United Nations decade for women: Brief reflections on feminism, capitalism and Cold War politics in the early years of the international women's movement," *Women's Studies International Forum* 33(1): 3-12.

Hemment, Julie 2004. "Global civil society and the local costs of belonging: defining violence against women in Russia," *Signs: Journal of Women in Culture and Society*, 29(3): 815-840.

Hobson, Barbara 2003. *Recognition Struggles and Social Movements: Contested Identities, Agency and Power*. Cambridge University Press.

Kantala, Johanna and Joyce Outshoorn 2007. "Changing State Feminism," in *Changing State Feminism,* ed. Johanna Kantala and Joyce Outshoorn. Palgrave Macmillan.

Kvittingen, Ida 2014. "Attacking 'state feminism' on multiple fronts," http://sciencenordic.com/attacking-%E2%80%9Cstate-feminism%E2%80%9D-multiple-fronts

Mazur, Amy G. and Stetson, Dorothy McBride 1995. "Conclusion: The case for state feminism," *Comparative state feminism.* ed. Dorothy McBride Stetson & Amy G. Mazur, 272-291. Thousand Oaks: Sage.

Mies, Maria, and Vandan Shiva 1993. *Ecofeminism*. London: Zed Books.

Mtintso, Thenjiwe 2001. "Towards a movement for transformation of gender relations and the achievement of gender equality," http://www.anc.org.za/docs/umrabulo/2001/umrabulo11allg.html

Muriaas, Ragnhild L., Liv Tonnessen and Vibeke Wang 2013. "Exploring the relationship between democratization and quota policies in Africa," *Women's Studies International Forum*, 41: 89-93.

Ng, Catherine W. and Ng, Evelyn G. H. 2002. "The concept of state feminism and the case for Hong Kong," Asian Journal of Women's Studies, 8(1): 7-37.

O'Connor, Julia S. 2014. "Gender mainstreaming in the European Union: broadening the possibilities for gender equality and/or an inherently constrained exercise?" Journal of International and Comparative Social Policy. 30(1): 69-78.

Rankin, L. Pauline & Vickers, Jill 2003. Women's movements and state feminism: Integrating diversity into public policy. Status Women Canada.

Sainsbury, Diane and Christina A. Bergqvist 2009. "The Promise and Pitfalls of Gender Mainstreaming: the Swedish Case," International Feminist Journal of Politics. 11(2):216-234.

Squires, Judith 2007. *The New Policies of Gender Equality*. Palgrave Macmillan.

UN archives 2018. Women and Global Diplomacy: From Peace Movements to the United Nations. https://libraryresources.unog.ch/womendiplomacy/leagueofnations (2018/09/01)

UN Women 2018. Commission on the Status of Women. http://www.unwomen.org/en/csw

Woodward, Alison 2003. "European Gender Mainstreaming: Promises and Pitfalls of Transformative Policy," Review of Policy Research, 20(1): 65-88.

第十一章

性別與種族、階級和文化的交織

——後殖民女性主義

林津如

前言

　　殖民主義指稱自十七世紀以來，西方強權國家與經濟體前
往非洲、拉丁美洲、亞洲等世界各地，以現代武器侵占他人土
地、任意開發、行政治理，在殖民地產生了經濟剝奪、外來統
治、文化凋零等長期負面後果。十九世紀晚期，民族主義興
起，殖民地人民紛紛尋求政治上的獨立，離開殖民統治，成為
新興國家。二次大戰及冷戰時期，全球再次區分為以美國為主
的第一世界國家（含資本主義體制的已開發國家）、以蘇聯為
主的第二世界共產國家，和其他不屬於這二大體系的第三世界
未開發國家。這個分類再次顯示全球體系的分類與定義仍依循
著西方強權國家的政治與經濟勢力而決定。十九世紀的西方殖
民國，在二十世紀轉型為當代西方資本主義國家，持續宰制第
三世界國家的政治、經濟與文化。

　　在這樣的殖民歷史與國際政治經濟脈絡下，「後殖民」
（post-colonial）一詞有所爭議：殖民已經成為過去式了嗎？
經過種種辯論，「後殖民」的「後」指的不是殖民之後，而具
有雙層意義：一是殖民歷史留下遺緒；二是對於殖民主義的解
構與批判。

　　後殖民女性主義對帝國宰制與殖民統治提出批判，早期
也以第三世界女性主義自稱。但女性主義一詞也同樣具爭議
性。在殖民脈絡與西方強權國家的脈絡底下，「女性主義」
本身充滿著帝國主義的想像與預設。許多有色人種女性對以

白人、中產階級為主的女性主義提出批判。只要身為女性，就能共享一個女性認同嗎？女人之間存在差異嗎？姐妹情誼能夠跨越女性之間因國族、階級、種族、性傾向等而產生的差異觀點嗎？後殖民女性主義源自於女性主義者之間對差異（difference）的辯論，及其衍生出相對應的理論化與行動化歷程。

後殖民女性主義批判第一世界、已開發國家的女性主義者，受限於白人種族中心主義（ethnocentrism）和殖民主義霸權，排除與忽略有色人種女性（women of color, 本文譯為「著色女性」）的經驗與發言。「著色女性」乃是美國種族歧視下的社會類屬，意謂著她們是女人，但為帶著種族色彩的女人。此名詞預設了白人女性才是女人，也預設白人不是一種顏色，而只有有色人種女性因其特殊處境才具有色彩。為強調「有色」實為種族中心主義的建構，在本文中 women of color 不採其字面翻譯「有色人種女性」，而以「著色女性」來指稱，強調她們的顏色乃是一種社會建構，並賦予此詞批判的力道。「著色女性」詰問西方女性主義中的種族歧視，揭發白人種族中心主義、殖民主義、帝國主義等霸權宰制，及演變迄今的全球資本主義對其他地域女性的剝削。她們的論述與行動，也重新改寫了女性主義的定義。

此章節聚焦於「著色女性」的作品菁華，她們對殖民主義、種族中心主義與帝國主義的質疑。黑人女性主義提出種族、性別、階級、性傾向等多重交織的概念，說明黑人女性的

生命經驗。第三世界女性主義、跨國女性主義、伊斯蘭女性主義、奇卡娜女性主義、原住民女性主義等亦一一浮現，最終探究如何解除殖民主義的壓迫。後殖民女性主義從多元文化經驗與立場，針對主流女性主義者及其作品中的白人種族中心主義提出批判，也試圖表達並重構女性主義論述，重新改寫女性主義的風貌。性別不能去脈絡化地獨立分析，必須在特定社會、政治、經濟與文化脈絡下，仔細區辨性別壓迫如何與其他社會不平等交織，產生獨特的女性經驗，避免種族中心主義帶來的偏見。

後殖民女性主義的批判震驚了白人女性主義者。過往白人女性主義者理所當然地認定，不分種族、階級、年齡、身體能動性、性傾向等，所有女人皆承受父權主義的壓迫，共同的性別壓迫讓所有女人集結在一起挑戰父權。然而，當後殖民女性主義提出了差異觀點後，大家才開始意識到，女人間有白人與非白人之別，且女性主義論述中，竟存在種族中心主義。她們開始以類別化的方式理解不同的女性主義者，這位是亞裔女性，那位是身障女性，另一位是黑人女同志等等，走向後現代女性主義的多元觀點，認可多元文化主體。不同文化女性主義論述，亦被概括稱為「多元文化女性主義」（Multicultural Feminism）或「全球女性主義」（Global Feminism）。此概稱雖試圖呈現女性主義中的多元文化，但文化大融爐般的談法，有時並未掌握到後殖民女性主義對於種族中心主義的核心論述。在討論中，有不少白人女性主義者無法接受「著色女

人」對其種族中心主義的批判，不僅起身自辯，甚至反過來批評「著色女人」並不了解白人文化，也未將白人的多重差異與歷史性納入分析（Tong 2009:214）。對於「著色女性」來說，這個課題是白人女性主義的任務，她們應該看見「白人」並非沒有顏色，更應回到其自身歷史脈絡中，重新檢視「白種性」（whiteness）如何形塑其論述（Lorde, 1984）。

多重壓迫與交織性：
黑人女性主義的貢獻

後殖民女性主義的興起，可溯源到一九八○年代的黑人女性主義。黑人女詩人羅德（Audre Lorde, 1934-1992），在《圈外姊妹》（*Sister Outsider: Essays And Speeches*, 1984）一書中，以散文的方式論述與剖析自己生命經驗。她不只是一位女人、女性主義者，同時也具備詩人、黑人、女同性戀者、二個孩子的媽媽等多重交織的身份認同（intersectional identity）。除了性別歧視，種族歧視、異性戀中心主義、階級主義、年齡歧視等多重結構性的因素，也影響其生命經驗。當一位白人女性主義者聘僱一位黑人保母來家裡照顧孩子，而自己得以外出參與女性主義會議時，她所論述出的女性主義理論會長成什麼樣子？

柯林斯（Patricia Hill Collins, 1948-）在其經典名著《黑人

柯林斯
Patricia Hill Collins
1948-

女性主義思潮》（*Black Feminist Thought*）中，將黑人女性的
經驗置於分析核心，呈現出與白人女性主義非常不同的性別
觀。關於性，白人女性主義者談論性自主與性解放，但黑人女
性的經驗則有所不同。因為黑人被奴隸的歷史，其他人常戴
著高度性欲化的有色眼鏡觀看黑人，男性被視為潛在的性侵
犯，女性則被視為隨時可被性侵的蕩婦。在此脈絡下，黑人女
性想要掌握對性的自主權，而非性解放。以母職為例，當白人
女性主義者批判男人對女人的性剝削，爭取外出工作並擁有獨
立於孩子的時間和空間，意欲保有自己的主體性時，黑人女性
卻因為過往被奴隸的歷史，根本沒有條件擁有自己的家庭。
白人女性主義企圖逃離的家與母職，對黑人女性而言卻是避

渥克
Alice Walker
1944-

風港,能夠免於白人的種族壓迫。長期為白人保母的黑人女
性,和孩子相處的機會也被剝奪。若能夠親自養育自己的小
孩,她們珍惜並掌握與孩子相處的少數時間,且有集體的社群
感,願意將所有黑人的孩子視為自己的孩子,一起教養並傳承
屬於黑人的觀點(Collin, 1990)。

　　渥克(Alice Walker, 1944-)以「女人主義」(womanism)
來取代「女性主義」一詞。在她的文化中,當黑人母親要求女
兒:「你表現得像女人一點」,是指表現得認真、勇敢、像個
成人,而非女孩。渥克認為,女人主義一詞表達了黑人女性同
時承受階級與種族壓迫的經驗,以區別於女性主義(1983)。

　　黑人女性主義對照出主流文化論述如何充斥著歐洲中心主

義及陽剛思維。黑人女性主義者以種族、階級與性別多重壓迫的概念，翻轉過去白人女性主義者獨尊性別的論述。歐洲中心二元對立的概念中，必然區分優劣。例如，性別是二分的，一個人必須先被分類為男性或女性，而後男性被視為優等，而相對地，女人被定義為劣等（Collins, 1990:224）。在此二元對立思考模式下，種族壓迫與性別不平等彷彿是二個獨立不同的系統。對於許多第二波女性主義者來說，父權主義構成女性最大的壓迫來源。但黑人女性的經驗和白人女性主義者間存在著極大的落差，因被奴役的歷史，父權主義並非唯一的壓迫來源。白人女性主義往往認為，種族和階級歧視與性別並不相干，或僅以種族和階級壓迫來比擬／說明性別關係，柯林斯對此提出批判。

柯林斯認為，種族、階級和性別的多重壓迫系統同時存在，且相互連結形成連鎖的壓迫系統（interlocking systems of oppression）。她提出壓迫的矩陣模型（the matrix of oppression），呈現黑人女性同時承受著因種族、性別與階級而來的多重壓迫（multiple levels of oppression）。多重壓迫同時並存的概念，突破了白人女性主義的思考困境。將種族、性別與階級視為各自獨立運作但又相互連鎖的系統，有助於思考壓迫。多重壓迫的概念，可以延伸思考不同身份的女性如何同時受到資本主義、父權主義、種族歧視或異性戀中心主義的多重影響。在壓迫系統中持續作用的政治經濟脈絡和意識型態條件，可能也同時壓迫社會中其他社會團體。例如，其他有色人

種，猶太裔，貧窮的白女人，或男同志女同志等，各自承受不同的結構性壓迫，所以對於受多重壓迫的其他群體而言，這個取徑也會有所幫助。此外，壓迫不僅存在於結構的層次，還可從個人意識層次、文化脈絡層次及社會組織層次加以分析（221-225）。

多重壓迫的觀點為女性主義思考壓迫帶來重要突破：一個人可以同時是個壓迫者、也是個被壓迫者。柯林斯批判歐洲中心主義（euro-centrism）的二元對立世界觀妨礙了多重並存的多元性思考。她以黑人文化「既／且（both / and）」世界觀取代白人文化中"either / or"的二元對立世界觀。若以「既／且」的世界觀來定位白人女性主義者的位置，她們既在性別上屈居弱勢，也在種族上具有優勢（225）。既／且的世界觀，才足以表達在多重壓迫下，不同社會位置的人彼此間的多重對應關係。

與多重壓迫相搭配的重要概念為交織性（Intersectionality）。一九七八年，這個概念被首次提出。克倫肖（Kimberlé Crenshaw, 1959-）和朋友們以 The Combahee River Collective 之名，合寫黑人女性主義聲明，欲使黑人女性受多重壓迫的經驗能被理解。Intersection 的原意是交叉之處，如道路相交的路口或者線條交會之處，援引說明黑人女性受到交叉線似的多重壓迫，例如，當就業政策要提升弱勢權益，若是保障女人就提升白女人的受僱，保障黑人則提升黑人男性受僱，就業福利政策永遠輪不到黑人女性。同樣的，若在法庭上，性別歧視為一

克倫肖
Kimberlé Crenshaw
1959-

個法案，種族歧視則為另一個法案，黑人女性若要提告種族及性別壓迫，就得以兩個不同的訴訟處理。交織性同時挑戰了女性主義與種族壓迫概念上的缺陷（Crenshaw, 1989）。

　　有些人會誤用多重壓迫的概念來定義自己的多重身份：既是女人、又是馬克思主義者、又是白人、又是同性戀等，變成條列式的相加，並沒有交織。黑人女性主義在討論交織時，會同時談到壓迫，並探究不同壓迫間如何彼此交互作用，形成更大的壓迫。例如，黑人女性在種族壓迫的脈絡下，同時承受內部的種族壓迫與外部的性別壓迫，二者相互作用，形成黑人女性所經驗的多重壓迫。黑人女性主義者的多重壓迫與交織性觀點，特別適合用來探究社會不平等、它所處的脈絡、權力

關係的運作、強調同時作用的壓迫（both / and）、理解事情的複雜度、具社會正義的分析，如此才能掌握交織分析的精神（Collins & Bilge, 2016:25-30）。

多重壓迫與多重交織的概念，說明了許多美國有色人種女性的經驗，黑人女性主義批判白人女性主義的種族中心主義。但美國對「著色女性」的宰制，不只在國內，也在美國之外。因此第三世界女性主義者也從其立場批判帝國主義。

文化再現中的帝國主義霸權

巴勒斯坦裔美國學者薩伊德（Edward Said）於一九七八年出版《東方主義》（*Orientalism*）一書，指出英美文學中處處存在西方人對於東方（阿拉伯－伊斯蘭）某種特定的、刻板印象式的想像，掀起了美國後殖民研究的風潮。

在女性主義脈絡下，印度裔學者莫寒娣（Chandra T. Mohanty, 1955-）開始思考西方女性主義學者如何寫作第三世界女性（Third World Women）。一九八四年，莫寒娣在其著名文章〈在西方眼中：女性主義學術與殖民論述〉（"Under Western Eyes: Feminist Scholarship and Colonial Discourses"）中，透過閱讀 Zed 出版社的第三世界女人系列叢書，論證西方女性主義者對於非西方社會中的女性，有著普同、去歷史性、去主體性，且極度單一的想像。莫寒娣以許多例子強化其論點。

莫寒娣
Chandra T. Mohanty
1955-

　　如霍斯肯（Fran P. Hosken, 1920-2006）談論非洲與中東的女性割禮時，堅持反對割禮的原因是：這會割除女性的性愉悅。這句話暗示了男人以暴力維持對女人的掌控，並在男女間形成一種女人的性與身體被男人所掌控的默契。在此論述邏輯下，男人被形塑成一個能濫用暴力的主體，而女人成了要被保護的客體。又例如，林莎（Beverly Lindsay）以概括的方式起頭：「我的分析始於所有非洲婦女都在經濟上依賴，她們若真有工作，那麼就是賣淫。」

　　在《非洲婦女：壓迫之根》（*Women of Africa: Roots of Oppression*, 1984）一書中，克楚菲利（Maria Rosa Cutrufelli, 1946-）以概括的方式談論所有的非洲婦女（Mohanty,

1991:58）。莫寒娣批評這種扭曲的世界觀，她語帶諷刺地反問，是否有可能寫出一本名為《歐洲女性：壓迫之根》的書，並由 Zed 來出版？莫寒娣進一步闡述，當非洲婦女成為一個同質性的群體的時候，她們總被描繪成依賴的或無能為力，這樣的建構很有問題。

莫寒娣繼續舉例說明，非西方社會的女性被高度同質化，被視為父權體制的依賴者，完全以親屬家族為核心價值；或宗教的被害者，被伊斯蘭教基本教義派男性所宰制與洗腦的無助女性；或家庭暴力的受害者等。莫寒娣強調，在抽離社會、歷史與時空環境脈絡下，這些分類預設了一個被社會所壓迫、無助的、無回應能力的「女性問題」。

例如，透過西方女性主義的書寫，女性帶面紗被簡化成伊斯蘭教國家（包含沙烏地阿拉伯、伊朗、巴基斯坦、印度和埃及等地）的不良習俗。這些習俗還包括；性侵、家庭暴力、多妻制、陰蒂割禮、色情、毒打女性、深閨制度（purdah）等。當西方女性主義者將這些性別習俗與文化相連結，伊斯蘭教的面紗與盛行於南亞的深閨制度，就被解釋為男人對女人的控制，這種解釋完全去脈絡化，也無法解釋各地不同時空下的歷史變遷（66）。

莫寒娣強調，第三世界女人並非單一且同質的團體，在印度與阿拉伯國家中，女性有其不同的階級、經濟地位、宗教信仰、歷史與空間，各自有不同的經驗，需要同時具有文化意義與社會歷史的性別分析。例如，女性戴面紗的意義會隨情境脈

絡而變遷：在一九七九年伊朗革命脈絡下，中產階級伊朗女性為支持帶面紗的勞工階級姐妹們而帶上面紗；這和一九九〇年代的伊朗，伊斯蘭教領導人強制所有女性戴上面紗，有截然不同的意義。即便如此，在這兩個時期，戴面紗也同時意味伊朗女性對西方殖民主義的反抗（66）。

最終，莫寒娣論證：藉由定義第三世界的女性，第一世界女性成就了自己的主體。帶著文化霸權殖民權力的西方女性主義者，在論述第三世界女性時，既去除時空脈絡，也無法闡釋多元意義，如此一來，第三世界女性只能成為被動的受害者、在地抗爭無法被看見、能動性也被抹除。此種普同化的闡釋，維持西方殖民主義的文化霸權，第三世界女性被理解為「第三世界差異」（third world difference），她們只能是戴面紗的女性、貞潔的處女、順從的妻子。殖民權力在如此論述中運作，定義並維持著第一世界與第三世界的區隔（74）。

莫寒娣的〈在西方眼中〉被視為經典之作，為性別化的殖民論述提供精闢的說明。文中所提及的許多文化差異，如面紗、陰蒂割禮、深閨制度等，也是接下來二十多年西方國家在談論伊斯蘭、非洲、亞洲的跨文化性別議題時，常有爭論的例子。這些爭議突顯出帝國女性主義持續以殖民者的角度思考非西方女性的處境。此外，對於破除西方對第三世界文化的不同想像，莫寒娣也念茲在茲，她堅持在分析中加入國際政治經濟學、殖民主義，與新自由主義的結構性壓迫，為「跨國女性主義」奠下重要基礎。莫寒娣迄今仍為跨國女性主義及後殖民女性主義論述的重要學者。

從屬者能否發聲？
消失的從屬女性主體

　　史碧華克（Gayatri Chakravorty Spivak, 1942-）是另一位後殖民女性主義的重要學者。她以文學批判的角度，檢視在歐洲論述中，種族他者所扮演的角色。運用傅柯「權力－知識」的概念，分析經典女性主義文本，解讀女性主義者的自我，如何建構出白人帝國主義計劃下的性別想像。她認為，這些文本呈現個人主義式的女性主義，也反映出白人帝國主義計劃的性別化想像。

　　由白朗蒂所寫的《簡愛》（*Jane Eyre*），被視為西方女性主義的經典文學名著，史碧華克解構了書中帝國主義的跡履。她指出，《簡愛》中具有女性意識的女主角，因愛上男主角羅徹斯特而完成「養兒育女」與「打造靈魂」的雙重目標，將「透過性別繁衍而成形的家庭社會」，美化為「共度一生的愛」。同時也成就帝國主義計劃「透過社會責任而達成的市民社會」（Spivak, 1999；張君玫譯，2006:139）[1]。

　　當簡愛邁向真愛，她才見到羅徹斯特的前妻伯莎・梅森，一個「看不出是人是獸」的克里奧（Creole, 混血）後裔。她／牠象徵著依循帝國主義公理必須存在的「土著主

1　本文對史碧華克的引用均參考自國立編譯館主譯，張君玫翻譯的中文譯本《後殖民理性批判：邁向消逝當下的歷史》，此譯本於二〇〇六年由群學出版社出版。

史碧華克
Gayatri Chakravorty Spivak
1942-

體」，事實上她／牠在書中只是個褻瀆的客體（張君玫譯，
2006:145）。當簡愛在闡述自己時，那土著從屬女性就已
完全被排除在這個興起女性主義規範之外（139）。史碧華
克認為，透過對於「土著她者」「侵犯式的翻譯」（violent
translation），《簡愛》可說是西方女性主體透過靈魂打造工
程，完成帝國主義計畫的故事。

在帝國主義論述中，史碧華克殷殷切切地尋找「土著女
性」的女性主體，也因此提出了一個著名的問句〈從屬者能否
發聲？〉（"Can the Subaltern Speak?"，1983）這篇名著在完整
改寫後，被融入其文集《後殖民理性批判：邁向消逝當下的歷
史》（*A Critique of Postcolonial Reason: Toward a History of The*

Vanishing Present, 1999）的第三章〈歷史〉中。此章節探究西方殖民主義者在印度所建構的歷史，她並未將歷史當作「真理」，而是在解構歷史檔案化的過程中，尋找檔案化的意圖如何與資本利益共謀。檢視當歷史被記錄被建立時，那些被排除者是誰，何時被排除？又為何被排除？（張君玫譯，272）

史碧華克引用詹明信（Fredric Jameson, 1934-），將西方人（殖民者）寫的歷史視為「原慾歷史主義」，懷舊是為了尋找自我失落的主體。她也批判傅柯和德勒茲所提出，一種集體的、被壓迫者成為主體存在的可能性。她認為，這種聲稱從屬者能發言，一直是左派知識分子浪漫的腹語術（291）。她以舍摩國的王妃為例，當出現在歷史檔案中，王妃並不是她自己，只是殖民定居者（settler colonizer）與工業資本主義初始帝國的行動者／工具（Spivak, 1999；張君玫譯，2006:235）。

從屬者能否發聲？「寡婦殉葬」（satti / suttee）便是很好的例子。在古印度教經典中，「寡婦殉葬」乃指透過與諸神對話，寡婦可能獲得諸神允許，使其能隨著逝去的丈夫一同離開人間，提早離開其女性身體，因為在其教義中認為，在輪迴中具備女身，會使修行較為困難。在印度教經典中，這個文化實踐獲得了諸神與生態許可的特殊意義，不是自殺，也並未強制規範每個寡婦都要如此。

但在英國殖民統治下，此文化實踐卻被放大檢視，英國殖民者甚至在每個殉葬場合中直接面質殉葬者的意志。殖民者對於印度文化的檢視與批判，反而引發印度民族主義男性提出

「這些女人真心想死」的論述。另一方面，民間習俗中，寡婦殉葬的確會影響財產分配。於是已逝丈夫的兄弟其及妻子，可能也會鼓勵寡婦選擇殉葬。在這些多元論述作用下，寡婦主體難現，甚至可能會在這些規範從內部動搖之際，為證明其對傳統高尚文化的效忠，而選擇殉葬，成為以民族為名的自殺（322-344）。她最後總結：

> 介於父權體制和帝國主義之間，以及主體建構和客體型構之間，女人的角色消失了，並非進入原始的虛無之境，而是陷入一種暴力的穿梭之中〔……〕Suttee作為「女人身在帝國主義」的例證，不僅挑戰並解構了此一介於主體（律法）和知識客體（壓抑）之間的對立，同時也標示了一個「消失」的地方，但不是一種沉默，也不是一種非存在，而是介於主體與客體地位之間的一則暴力的無解題。（344）

從歷史檔案考察帝國論述，史碧華克悲觀地認為，從屬者女性主體並不存在。在傳統與現代的隙縫中，從屬女性主體占居的位置，終究只是被帝國主義與父權體制所滲透的暴力領域，在多重宰制之下，從屬者女性主體消失了；消失並非進入虛無之境，全球帝國主義與在地父權主義交織作用下的暴力，建構了她們主體存在的幻象。

帝國主義與殖民女性主義
（Colonial Feminism）的拯救論述

後殖民女性主義論述指出，第一世界女性主義者在潛意識中書寫或建構出非西方被父權禁錮的女人，也隱然建議著非西方女性需要西方救援的言說與行動。檢視英國殖民者對於印度女人的論述，史碧華克提出帝國主義的命題「白色男人從棕色男人手中拯救棕色女人」。她以「寡婦殉葬」為例，

> 英國人忽略了「寡婦殉葬」乃是一個意識型態的戰場，他們把女人建構成一個殺戮的客體，只要能拯救這個客體，就可以證明從國內混亂的情勢中足以誕生一個不僅比較文明、也比較好的社會。在父權主體形成和帝國主義客體建構之間被成功抹去的，也是那女性的性別化主體的自由意志與能動力。（269-270）

在當代社會中，伊斯蘭教婦女也時常成為需要被西方國家救援的對象，帝國主義論述持續上演。二〇〇一年九月十一日，美國受到蓋達組織自殺式恐怖攻擊，而後美國總統布希及夫人勞拉均發言指出，「向恐怖主義宣戰，亦是為了女性的權利與尊嚴而戰（The fight against terrorism is also a fight for the rights and dignity of women.）。」在此論述中，伊斯蘭教

極端主義者被指控侵害婦女人權，為拯救這些被面紗覆蓋的女人（"women of cover"，諧擬自 women of color），美國將發動對恐怖主義的戰爭。阿布－盧格霍德（Lila Abu-Lughod, 2002）質疑美國政府拯救伊斯蘭教婦女這種說法，是否能真正的幫助阿富汗女人呢？

在美國的拯救論述中，伊斯蘭教女人的面紗成為問題。在伊斯蘭教文化脈絡中，面紗可能意味著女人的行動自由，也可能意味合宜的、時尚的穿著等等。但在拯救論述中，面紗只能意味著女人的不自由，拯救的目標是要拿下伊斯蘭教女人的面紗，使之重著短裙（Abu-Lughod, 2002:786）。「拯救」預設了「我高你低」的優劣之分，且期待對方變成「某個樣子」。從殖民時代起，西方傳教士就想要為非西方文化中的黑暗她者發聲，認為這些女人活在無知、多妻制及面紗下，根本無法看自己如何被父權所壓迫。艾哈邁德（Leila Ahmed, 1940-）稱此為殖民女性主義（colonial feminism），她們選擇性的關心某地區的婦女及孩童問題，看似女性主義但實則為殖民主義服務（Ahmed, 1992:151）。

這種拯救的熱情延續迄今，帝國女性主義論述也常被帝國戰爭援引，以正當化其政治行動。例如，二○○一年，在布希總統進軍阿富汗的宣言中，這場戰爭被建構為文化的戰爭，塔利班（用詞與恐怖分子交錯，使二者意義相等同）需要為此地區女人與小孩的營養不良、貧窮健康問題負起責任，美國總統以捍衛伊斯蘭教的女人為由，正當化自己的軍事行動（Abu-

Lughod, 2002:789）。這就是以女性主義之名，行帝國主義侵略之實。

　　這一波波殖民女性主義論述，將伊斯蘭教女性刻板印象化，也在美國催生了由伊斯蘭女性為主體而論述出的「伊斯蘭女性主義」（Islamic Feminism）。她們主張，非西方國家的女性絕非蒙昧無知，只能等待西方救援。伊斯蘭內部也有一股解放的力量。她們表示，伊斯蘭女性主義亦針對伊斯蘭教中的父權主義提出挑戰。甚至有許多在美國受過學士教育的女性，有意識地選擇回到伊斯蘭國家的大學再次進修。伊斯蘭教並不等同於壓迫，伊斯蘭女性亦不需要被拯救。解救伊斯蘭教女性的論述，隱藏著西方帝國主義的傲慢及自我優勢的想像，這些均需要被挑戰（47）。

　　我們若未能對帝國主義的權力結構有所覺察，或無能力反思殖民女性主義的觀點，所有的討論將失去重點。若只主觀地、去脈絡地談論第三世界女性主義，就容易陷入「文化相對論」與「文化本質論」的兩難辯證。文化相對論者認為，既然面紗有其文化意義，那麼跨文化中女性的命運就留待其文化自行決定，不需要外人介入。文化本質論則認為，當形成了對女性的宰制，不論是女性割禮或戴面紗，這樣的文化是有問題、需要被批判的。以普世人權價值而言，不管是不是殖民主義產生作用，女性主義者仍需積極介入改變。

　　阿布－盧格霍德並不贊成這二元對立的觀點，她仍舊回到殖民權力的討論，當你主張解放她人時，你能否接受阿富汗的

女人可能和你的選擇不同（2002:788）？此提問再次直指帝國
主義如何滲入對她者的討論，並形成宰制關係。

　　另一方面，所謂文化，其實和歷史及世界權力結構息息
相關。回到歷史，不正因取得了美國提供給伊拉克叛軍的武
器，才使得塔利班壯大，具備對抗美國的戰鬥力？她質疑為何
「文化」或「文化差異」，特別是某地區對待女人的方式，可
成為出兵的理由，卻不必探討美軍在該地區的政治及軍事角色
（784）？

　　拯救論述呈現出帝國主義的野心、傲慢與偏見，並性別化
的將非西方世界女人建構為需要被拯救的無助弱者。映照出帝
國主義自身的「文明」價值，將其他文化貶低為父權、暴力且
非文明的。白色男人想拯救棕色女人，西方侵略者想除去伊斯
蘭女人的面紗，西方傳教士想解放中國的纏足女人。拯救論述
乃出自帝國主義意識型態，亦是殖民女性主義的特色，不僅忽
略了國際政治經濟的脈絡，也忽略了非西方世界女性主義的主
體性。以下分別詳述之。

跨國女性主義：
將國際政治與經濟結構帶入文化分析

　　莫寒娣於〈在西方眼中〉呼籲第一世界白人女性主義
者，應在歷史與政治經濟脈絡中，分析第三世界婦女所處的權

力結構。此論述衍繹發展成「跨國女性主義」論述。

　　一九九四年，印度裔學者古沃（Inderpal Grewal）和猶太裔學者卡普蘭（Caren Kaplan, 1955-）在《分散的霸權》（*Scattered Hegemonies*）一書中，提出「跨國女性主義」（transnational feminism）一詞。跨國女性主義延續黑人女性主義對於性別、階級、族群等多重壓迫議題的關懷，也認同莫寒娣的核心論述，第三世界女性主義應在其歷史脈絡中被認識。對於女性主義中的白人中心主義、歐洲中心等理論預設，她們認為應藉由後現代理論中，針對現代性中的白人種族中心主義提出反思。她們提問：女性主義如何抵抗或質疑現代性？在跨國社會／文化／經濟運動的脈絡下，所產生多樣的女性主義聲音，我們如何理解與接受？（1994:3）

　　這本跨國女性主義的先導著作，關心在全球資本主義制度下，國族、種族、性別、性傾向間錯綜複雜、相互交錯的關係。「跨國」一詞的運用，突顯了在後現代浪潮下，古沃和卡普蘭並非走向虛無，而是回歸全球資本主義的物質性分析。她們論證，高度資本主義社會正進入轉變的時刻，過往華勒斯坦世界體系的「中心－邊陲」（central-periphery）定義了世界的經濟關係，但在後現代處境下，該理論應被重新擴展與定義。「全球－在地」（global-local）源自美國聯邦與地方行政的二分概念，但運用到全球脈絡下，則產生新的問題：在地如何分離於全球之外？或兩者如何相互滲透？她們認為，「全球－在地」若成二元對立，則和殖民主義國族主義模式

相同，這會讓不同層次社會政治主體及多重交織的權力被忽略。「全球－在地」這樣的詞彙會消減在地認同的多樣性，及抹滅在地多重國際的可能性（1994:11）。

跨國女性主義探究全球化與資本主義如何影響不同國家、族群、性別與階級性傾向的民眾。以阿布－盧格霍德（2002）所舉的伊斯蘭教女性的面紗為例，殖民女性主義會誤認為戴面紗的女性，等同於受到壓迫。但若加入世界政治經濟局勢的考量，並且納入美國帝國主義的角色，女性主義者對於伊斯蘭教女性面紗的看法就會有所改變。

舉例來說，二〇一四年，烏干達的同志人權成為世界矚目的焦點。該年二月，烏干達總理穆塞維尼（Yoweri Museveni）簽署反同性戀法（Anti-Homosexuality Act）即日起生效，同性戀行為者可被終身監禁。此舉引發全球撻伐。當時美國每年援助烏干達四十億美元，美國總統歐巴馬表示，這法案將影響美國與烏干達的關係。美國國務卿希拉蕊·柯林頓也在聯合國發表聲明，「當政府宣稱同性戀違法，這違反了人權」，並要求所有將同性戀入罪的國家修改法令。世界銀行組織因此停止烏干達九億美元的借貸。受限於國際龐大的壓力，且國內人權及憲法公民社會聯盟提出釋憲要求，二〇一四年八月，烏干達憲法法庭裁定此法無效（Ambrosino, 2014）。

此事件看似烏干達剝奪同志人權，而被國際指責，也因國際壓力而改變性別不平等的法案。在此論述中，烏干達成為國際輿論中的落後他者。但若與紀錄片《上帝眷顧烏

干達》（*God Loves Uganda*, 2013）導演威廉斯（Roger Ross Williams）一同深入探查，我們才會發現其背後原因。原來是美國保守宗教人士，如福音教派教徒，他們在美國本土的恐同論述，已無法被公民社會接受。故轉而藉由憑恃美國文化而深入全球的基督教教會，將這些論述與倡議的戰場移到第三世界國家。在美國的福音教派人士的仇恨語言與惡意宣導下，在地的同性戀者被媒體曝光、糾舉。甚至是因前者的努力推動，才使得烏干達總理通過此極度歧視的法案。在此法案的形成過程中，美國宗教右派人士發揮了極端影響力。

若以跨國女性主義的視角來解讀，美國內部的宗教保守勢力滲入了第三世界國家，並刻意影響烏干達政治人物，才使得反同性戀法案成立。烏干達是一個多族群、多語言文化的國家，傳統部族文化中，對同性性行為其實抱持著可接受，與可做不可說的多元可能性。同性性行為有罪的立法，源自英國殖民統治時期，又受美國福音教派的政治動員，把同性戀是否有罪的爭論帶入烏干達政治。反同性戀法固然不符合當代人權期待，受到國際壓力與制裁，最後申請釋憲而消解。但若深入探究這些視同性戀為犯罪的論述與立法，其實是源自西方殖民國家，而非烏干達內部文化。此法案的成立與取消，均受西方殖民主義的影響。

跨國女性主義者認為，許多第一世界女性以性別平等之名，為第三世界女性與性少數的權益發聲，卻忽略自身的權力如何再製了這樣的後果。因為若第一世界沒有將帝國主義的權

力結構帶入第三世界，這些問題根本不會發生。跨國女性主義以細緻的國際政治經濟分析，挑戰帝國主義／第一世界的權力結構，同時也強調跨國女性主體的自主表達空間。

跨國女性主義中的女性主體：
定位政治（politics of location）

既然西方女性主義思考中有不可避免的帝國主義遺毒，也不應以帝國主義思考第三世界國家中女性的處境，那麼跨國女性主義的出路在哪裡？

卡普蘭回顧白人女性主義的文化傳承，二十世紀女性主義作家吳爾芙（Virginia Woolf）提出「自己的房間」，認為：「身為女性，我沒有國家，我不想要國家。身為一個女性，我的國家就是全世界。」如此論述再透過西方女性主義者的延伸，擴展為全球女性主義（global feminism），認為全球女性共享同樣的經驗與價值，應超越國家疆界劃分，爭取經濟獨立以及享有自己獨立空間的需求（Kaplan, 1994:137）。其實這樣的宣稱，正出自西方女性主義者的天真想像，顯示其對於自身處於世界中心的位置與權力，卻無所反思的最好例證。

卡普蘭認為，美國女性主義詩人芮曲（Adrienne Rich）提出「定位政治」的概念有助於突破西方女性主義的盲點。一個女性主義者如何在思考中「去西方化」？芮曲自我反思其白人

女性的位置，試圖探索白人性，承認我們的所在地，與我們視為理所當然的條件與狀況（140）。她解構白人女性主義的霸權，不該以白人女性主義者的片面認知，概論全世界所有女性可能遇到的問題。當直線性的歷史與分期式的歷史觀，無法解釋流離與移動下的多重複雜認同時，定位政治以後現代理論，讓主體在特定政治地理位置以及隱喻上發言（138）。這個批判的實踐，足以挑戰標準化的歷史時期以及去神祕化、抽象的空間隱喻。我們要在二元對立中尋找媒介，詰問那些神祕化差異與相同的詞彙（138）。定位政治可將女人在殖民與後殖民時期間的關係理論化，這樣的分析得以形塑女人彼此的跨國連結。

對於第三世界女性主義而言，要討論跨國聯結與跨國女性間的團結，就必須提及全球資本主義經濟邏輯運作產生的壓迫關係，如何形塑第一世界與第三世界；也不可能在談論彼此關係時忽視殖民主義的歷史。女性主義者應能反思這些問題，「是什麼、是誰建構了女性主義理論？這些理論從哪裡來、如何成為可能？」（144）

與其運用帝國主義的語言試圖「解放」第三世界女性，不如說當西方女性主義對自身所處位置有所反思，才能夠解除殖民壓迫，重新看見跨國女性主體。在此，我們討論一下不同理論中的女性主體。後殖民女性主義者在殖民者文本中，尋找主體被帝國凝視並討論被代言的問題，著名的文本是史碧華克的

名著〈底層女性能言說嗎？〉。相較而言，跨國女性主義者眼中的主體，則具體存在於各個「地方」，也就是全球資本主義下世界各地的政治經濟場域。

跨國女性主義者相信，女性解放的力量應來自於族群內部，而非由掌握權力的第一世界國家所「恩賜」。若美軍以侵略伊朗來拯救伊朗女性，則權力結構並未改變。第三世界的女性若要真正達到自由與解放，必須拆解來自全球資本主義的宰制結構，同時保有自我定義何謂自由的權利。

以身體自主權為例，對於第一世界西方白人女性主義者而言，能夠自由地表達身體，穿著迷你裙、裸體日光浴，代表著女性身體的解放；但對於戴面紗的伊斯蘭女性來說，身體自主權意味著有權利表達自己的身體如何展現，而且被予以尊重。例如，從非洲移民法國的伊斯蘭教女學生，在上學時因戴頭巾與面紗被解讀為保守宗教的壓迫，而被迫拿下。這是多元文化下，女性自主權受侵害的例子。國家要求伊斯蘭文化背景的女性遵從其「普世性別平等的想像」，以性別平等之名，行不尊重跨文化中女性的行為。事實上，跨國女性主義中的女性主體，應有權利以其自身的所在（location）來確認何謂解放。她的權利在於能夠自我定義何謂自由，能夠安全展現自己所想要的宗教信仰，文化習俗，以及信念價值，而不至於被歧視、或者面臨不當的騷擾。

在臺灣，以新移民女性相關研究最為接近跨國女性主義的分析。臺灣雖稱不上帝國，但我們如何以種族中心的方式，凝

視來自異文化的她者，新移民女性如何被觀看、被論述便是很好的例證。一九八〇年代末期，開始有臺灣人前往東南亞娶「外籍新娘」。夏曉鵑指出，不僅是性別議題，這些跨國娶親的男性其實具有農民階級的特殊屬性（2002）。她的分析開始將性別議題帶入階級面向。婦女新知基金會也指出「外籍新娘」這個稱呼不尊重女性，因此推動投票正名為「新移民女性」。

然而臺灣有許多人排斥婚姻移民女性，有人批評她們不是因真愛而結婚，而是來臺賺錢；也有人批評臺灣男性此舉為物化女性，乃是「買賣婚姻」。這些言論以「自由戀愛」或「性別平等」之名，否認婚姻移民女性進入臺灣家庭的權利（林津如，2010）。國家也對跨國婚姻有「假結婚，真賣淫」的汙名想像，因此嚴格管控中國女性簽證的面試（陳美華，2010）。國家同時介入管理移民女性的身體與生育，社會輿論將婚姻移民視為具生育能力但不及格的媽媽，將移工女性視為放蕩的女人和不及格的妻子（Lan, 2008:857）。對於新移民女性，臺灣整體社會抱持負向看法，林開忠與王宏仁發現，有近五成的研究，專注於新移民女性各種適應困難的議題，如教育、語言、心智能力發展等，她們被視為是結構下的受害者（2006）。

爾後，新移民女性主體也漸成研究的新焦點。一方面，社運工作者以培力模式，藉由識字班及培力工作坊，帶入受壓迫者教育學的概念，啟發新移民女性對於整體社會結構的批

判，以期開展跨國姐妹連結（夏曉鵑，2006；林津如、吳紹文、王介言，2008）。另一方面，以社會學觀點作田野觀察，呈現新移民的母職觀點（王翊涵，2010），與她們在日常生活中展現的自主性與抵抗能力（沈倖如、王宏仁，2003；唐文慧、王宏仁，2008）。

　　若以性別平等的角度來思考，與漢人中產階級「自由戀愛進入結婚」的想像不同，新移民女性或許是出於貧窮而選擇跨國婚姻，她們與其丈夫達成性別平等的路徑是迂迴前進的。針對臺灣花東縱谷的婚姻移民女性，賴淑娟深入研究探討其主體與能動性。她指出，在臺灣家庭相當父權的脈絡下，東南亞婚姻移民女性試圖擺脫其控制，建構屬於自己的第三空間。一方面以社群集結，在小吃店內另創母國文化情境，打造自己的喘息空間；一方面彼此支持，透過中文學習、增強勞動力市場所需技能，來增加自己的就業競爭力。最終因經濟收入的增加，及持續應變的能力，提升家庭中的權力地位（2011）。若脫離情境脈絡，以中產階級自由戀愛的價值來檢視跨國婚姻，就會顯示臺灣種族主義中心的霸權想像。藉由定位政治，才得以突破觀看者自身受到種族與階級影響的性別想像，才能夠以新移民女性的處境，重新理解其主體性。

　　移民女性的身體自主權是性別化的，有免於受性侵害與性騷擾的權利。但身體自主權的意義，絕不只是放進一個「普世性別平等的想像」，它必須在跨文化脈絡下被理解。以到臺灣工作的印尼女性移工為例，她可能信仰伊斯蘭教。伊斯蘭教信

仰不食用豬肉，且有長達一個月的齋戒節，或週日要上清真寺。當印尼女性移工在臺工作時，她能否戴頭巾上街而不被取笑，或在高度食用豬肉的臺灣，雇主能否接受她不食用豬肉？這些多元文化的信仰能否被實踐，都是重要的身體自主權議題。

定位政治突破帝國主義對他者的凝視，分析女性主義所處的政治、經濟、文化、性別等多重脈絡，看見多元文化中女性的主體認同，跨國女性主體才有可能呈現。而非以西方帝國主義式的性別平等量尺，由西方或主流社會來決定其他文化女性的處境是否合乎性別平等原則，將其價值加諸於後者之上。

跨國女性之結盟政治與女性團結

經過漫長的論證，西方女性主義者終於逐漸認知女性間的差異，但跨越差異走向結盟與團結，仍是一條漫漫長路。史碧華克精確地點出全球姐妹情誼的挑戰：

> 即使當我們女性主義批判家發現了男性主義宣稱具有普遍性或學術客觀性的喻說錯誤，自己卻演出了全球普遍姐妹情誼的真理這個謊言，蠱惑人心的模型則依舊是那在歐洲辯論場子裡對打的男性和女性，在競爭誰當得起一般化或普遍化性別這個主角。為了宣稱性

別區分，以便對時局造成影響，全球姐妹情誼必須接受這個環節的約束，即使她所面對的是亞洲的、非洲的或阿拉伯的女性（張君玫譯，2006:172）。

阿布－盧格霍德也對全球女性主義（global feminism）的概念提出挑戰。她認為，一個沒有區分國家間權力結構的全球女性主義，也就是所謂的全球姐妹情誼，極有可能信奉自由主義和發展主義，期待所有國家皆朝向所謂第一世界女性主義模式發展。跨國女性的合作，應是以結盟、團結的方式相互支援，而非拯救（2013）。

跨國女性結盟是否可能？要在什麼條件下結盟？在《跨國女性主義》一書中，古沃和卡普蘭借用黑人女性主義者霍克斯（bell hooks, 1952-）的「激進後現代」（radical postmodernism）概念，企圖跨越階級、性別、族群等界線，建立具同理的連結，提升共同的承諾，建立團結與合作的基礎。期盼藉由結盟與合作，重新闡釋在歷史中，在不同地方不同處境的眾人，如何透過現代資本主義社會形構而連結或產生抵抗（1994:5）。

由莫寒娣和亞歷山大（Jacqui Alexander）共同編輯的《女性主義系譜、殖民遺產、民主未來》（*Feminist Genealogies, Colonial Legacies, Democratic Futures*, 1997）一書中，她們強調跨國脈絡下的女性們必須一起以女性主義精神，正視殖民主義遺毒，一起思考民主，開創出一個非霸權、具社會正義的未來。並相信此舉能引發被殖民者的集體以及自治的解放性

霍克斯
bell hooks
1952-

知識，使其更加了解和參與世界之中，並帶來革命性的改變
（1997:preface 2）。

　　這本書被視為是形塑跨國女性主義的重要文本，不僅將女
性主義行動實踐放在全球脈絡中，並提出「女性主義民主」，
勾勒出行動主義者想像的非霸權未來。針對跨國女性對抗種
族歧視、性別歧視、殖民主義、帝國主義以及壟斷資本的歷
史，莫寒娣借用安德森（Benedict Anderson）的「想像的共同
體」概念，主張：

　　　　第三世界女性主義的連結是在於一個想像的可能
　　　性，一種政治合作共同體的可能性。「想像的，不代

表他不存在或不真實。」它提供了一種去本質化的分析的可能性。第三世界女性主義的政治連結的基礎不在於彼此共享同樣的膚色或性別，而是在於我們思考種族、階級和性別的方式（Mohanty, 2003:6）。

第三世界女性與女性主義政治強調的是在不同歷史時空與社會位置中，婦女因著對於不同型式、但同樣系統性、持續性的宰制，而產生出的政治社群。它不是去形成一個去歷史化的推論的必然發生的第三世界的抵抗或者復原力。而是，立基於一個歷史、物質的分析的基礎，例如，一九九二年英國與歐洲對於其境內第三世界人民，難民、移民及黑人群體集體的措施，所形塑的必須形成「抵抗」的社群來對抗之（6）。

不僅關注文化詮釋的問題，莫寒娣以政治性立場，主張這些被第一世界排除的第三世界女性，應共享一個抵抗與政治行動的重要位置。跨國女性主義批判「全球女性主義」或「國際女性主義」（Internationalist Feminism）企圖以全球概念或世界主義容納各地女性主義的想法。並認為，唯有以各地女性為主體，分析其背後的對全球資本主義的批判、殖民主義的延續等結構性壓迫，才是形成跨國女性結盟的共同基礎。

即使共同承受結構性的政治經濟因素影響，也不表示跨國女性間的溝通是容易的。聯合國的婦女平台，使不同處境的各國婦女團體共聚一堂，成為跨國女性主義討論結盟政治的最佳場域。尤瓦－戴維斯（Nira Yuval-Davis, 2005）回顧聯合國婦

女論述的歷史，婦女人權議題逐漸演化為重要的人權內涵，例如，一九四六年成立的婦女地位委員會、一九七九年消歧公約以及一九九五年來自南北半球，一同討論高度差異的婦女行動，形成的《北京行動綱領》。尤瓦－戴維斯以縱橫政治（transversal politics）的概念，重新思考全球婦女跨國結盟的可能性。

尤瓦－戴維斯認為，跨國女性結盟必須突破第二波女性主義認同政治的盲點，認同政治預設所有女性均受到共同壓迫，而無法討論女性間的差異。邊緣女性團體，如黑人、勞工與身障的女性，則以交織性來回應認同政治的盲點。在社會實踐時，為了超越潛在的普同主義與本質主義預設，歐洲左派的政治運動也於行動中發展出縱橫政治。認同政治強調團體內部的同質性，外化團體外部的差異，以凝聚團體共識。反之，縱橫政治則視每一種認同為一種社會建構，認可團體內部差異，相信透過溝通、對話可建構出共同主體，不需抹滅差異。

透過紮根（rooting）以及置換（shifting），不同立場者溝通交流彼此的經驗，縱橫政治方得以成立。「紮根」是指言說者從自己的經驗發聲，同時對其立場提出反思性的批判。「置換」則是把自己放置於對方的位置去想像，他們在這種情境下如何經驗？如何感受？以不同立場的經驗與觀點，增進彼此了解，擴大合作的可能性。然而，認識差異並不容易，其中仍存有權力關係的不平等。紮根與置換要發揮功能，必須奠基於「共享的知識社群」（epistemological communities）上。

在其中，權力應被談論而非視而不見，以平等的概念環繞差異（the encompassment of difference by equality），差異本身沒有階序，彼此的差異能夠被尊重。並在察覺權力差異的認知中，以擁抱差異來平衡原本不平等的權力關係。

在縱橫政治下，身份認同並不預設本質性的認同社運者是倡議者，其身份不一定要和倡議群體一致，重點是傳達的訊息能代表意識覺醒的社會運動立場，所以倡議者並非群眾的代言人，不能視自己為群眾代表（Yuval-Davis, 2005，引自林津如，2011:20-34）。

縱橫政治的運用極其廣泛，尤其在臺灣社會運動脈絡下，具多種交織身份的女性與邊陲群體。楊婉瑩（2014）以縱橫政治來分析臺灣婦運團體如何跨越性別、階級、國族人權的界線，以議題目標作為聯盟的基礎，跨越差異而產生結盟運動。在《我們：移動與勞動的生命記事》（2008）一書中，顧玉玲成功地以紮根及置換的寫作方式，描繪社會運動者與移民勞工間的生命故事，以及結盟運動的可能性。夏曉鵑在陪伴新移民姐妹（2006）、林津如在邊緣同志的政治實踐（2011）中，均以跨國女性主義性別、階級、族群、性傾向等多元交織的分析，秉持縱橫政治的精神，在邊陲議題上形成跨組織的合作與聯盟，突破第二波女性主義認同政治的盲點。

解殖民的女性主義：
奇哥娜、原住民、解殖民

　　帝國形塑了西方對東方的認知，帝國也以政治經濟的權力結構定義了東方。不僅經濟的剝削，殖民主義在認識論、研究方法，與知識領域定義了他者。為從帝國主義的脈絡中解放，前文爬梳跨國女性主義如何運用定位政治，找回跨國女性主體，並倡議跨國女性間的結盟政治。

　　為更進一步擺脫帝國宰制，後殖民女性主義者也邁向「解殖民」（Decolonizing）。不同於後殖民，解殖民並不認可殖民主義。後殖民是指「殖民主義之後」；解殖民則是從殖民結構中解放，包括價值、方法與知識。解殖民並非自帝國中撤退，而是在社會、經濟、文化以及政治層次上，啟動另類的文化與團結。對於過往的問題，解殖民提供新的、創造性的與啟發性的未來（McLaren, 2017:8）。

　　以此觀之，奇哥娜女性主義論述具有從殖民結構中解放的強烈特性，勾勒出一個具創造性、啟發性的未來。西班牙文中，奇卡諾（Chicano 陽性）與奇哥娜（Chicana 陰性）指的是美國西南部墨美邊界的阿茲特蘭（Aztlan）住民。他們混雜著阿茲特克族原住民、西班牙、盎格魯及非裔美洲血流，以邊界經驗入書，強調邊界混血意識及後殖民抗爭文化（黃心雅，2005）。奇哥娜女性主義出於一個歷史與政治的情境，在

安莎杜娃
Gloria Anzaldua
1942-2004

奇卡諾運動中，他們既進行國族主義的抗爭，也同時爭取女性自主權，她們對話的對象是第二波女性主義者，也是奇卡諾運動中的男性。奇哥娜的經驗深受國族、性別、種族、階級與性傾向的多重交織。

　　安莎杜娃（Gloria Anzaldua, 1942-2004）是著名的奇哥娜作家。在其自傳、散文兼詩集的《邊境／荒界：新美斯媞莎》（*Borderlands / La Frontera: The New Mestiza*, 1987）一書中，豐富呈現原住民族返回阿茲特蘭原鄉的企圖，顯示在國族打造歷史中的主體宣示。同時提及在墨美邊界，奇哥娜人民身為移民勞工的痛苦處境、女性需操持家務也需投入底層勞動力市場。同時，邊境同女情慾流動，慾望由「邊境」反撲、衝

撞禁忌、逾越界線、持續流蕩。以「新美斯媞莎意識」（new mestiza consciousness）作結，挑動更廣大的越界空間政治。這本書不僅以後殖民論述，質詰白人中心的酷兒政治，也以酷兒論述反書墨美後殖民族裔政治，鬆動異性戀機制，顛覆父系霸權，終至成為反帝國／殖民主義宰制之文化書寫與翻譯（黃心雅，2003、2005）。

不同於後殖民，解殖民則呈現出另類的認識論與知識。在美藉華裔越南女作家鄭明河（Trinh T. Minh-ha, 1952-）的名著，《女人、土著、她者》（*Woman, Native, Other*）中，亦可見到這樣的努力。身為「著色女性」作家，她對女性主義提出批判，挑戰白人女性主義「與男人平起平坐」的知識論預設，並認為這樣的邏輯與思考模式只會不斷複製白人殖民主義思維，邊緣化其他群體的經驗。她在書中指出：

> 說故事，是在社群中建立歷史意識的最古老方式；它構成了豐富的口述遺產，其價值最近又重新受到重視，特別表現在有色人種女性的寫作中。她致力於忘掉（un-learn）文明的傳教士加諸於她們的強勢語言，但也必須學習如何瓦解書寫（un-write），從而能夠重新書寫（鄭明河，1989；黃千芬等譯，2004:161）。

鄭明河
Trinh T. Minh-ha
1952-

　　鄭明河回復說故事的傳統，以故事建構被殖民少數族裔女性的知識觀與真實，回復被殖民前女性的世界觀。《女人、土著、她者》以祖母的故事做為結束章節，透過故事的敘說，傳承古老的女巫、女戰士、女靈療家的經驗與力量、表達「土著她者」的女性聲音，並穿插其對於白人殖民主義理性思考的批判。

　　在臺灣，也有原住民族女性主義者以實作的方式，重新從大自然中找回答案，回復傳統文化的世界觀，創造新的未來。魯凱族是臺灣的中央山脈尾端的一個族群，莫拉克風災後，八個魯凱族部落都面臨遷村，霧臺鄉的宋文生（Sula Sukimadimi）和他的妻子勒斯樂絲（Dresedrese Pacengelaw）

是少數繼續留在部落的人。他們思考困境下可以做些什麼：「我們沒有偉大到遍布全世界，可是我們可以做全世界很想做的事。」老人家說，「回來種樹吧！」在族人嚮往平地永久屋生活之時，這對夫妻回到部落開始種樹。勒斯樂絲說，她種樹很簡單，什麼地形、坡度、脆弱敏感地帶要種什麼樣的樹種，「那是一個我們會的、不需要外面的專家學者團隊來教我們」。選擇樹種時不能只想到人，而是整個生態系，除涵養水源的植被外，野生動物的食草是很基本的，「如果把棲息地、食草全部都種回來，這些瀕臨絕種的物種自然就會回來了」（Pacengelaw, 2018）。

因應氣候變遷所帶來的影響，卡那卡那富族的 Apuu Kaaviana 也在莫拉克風災後，回到母親的出生地那瑪夏進行重建。與外來的非營利組織不斷地辦活動、發獎金與問卷不同，她安靜下來傾聽土地的聲音。她開始友善土地的農作，在復育過程中，憶起小時候外祖母的耕作方式，在那一小小塊的田地上，種起了大大小小不同類型的原生種，如木薯、葛鬱金、地瓜等，都是最能因應氣候變遷的植物。就這樣種著種著，有一天，有位耆老一直看著這塊園地，說那個很像 "U'suru"，也就是「女人的田地」：傳統上，每一家的旁邊都會有一塊種植食用作物的地，通常都是女性耕作，有了那塊地，家族都知道自己不會餓死。這樣復育出一片女人的田，老人家其實也感到訝異。「什麼時候開始，原住民跟土地是斷裂的？我們原本跟土地一起生存，可是當政府的農業輔導進

場，當我們開始種植經濟作物，而非日常生活的作物時，土地就變成它者，進而變成貨幣，其實這時原住民的靈魂就已經遠離土地了。」（Kaaviana, 2018）

　　把這地方取名為女人的田地，Apuu 還有另外一個目的，「我們都希望能復育部落每一個女性的生命自主權，包含女性的生命觀、世界觀，因為在部落的文化傳統裡，這部分其實長期是被剝奪的、壓抑的、噤聲的」。Apuu 希望透過實作，慢慢復育女性的生命自主，即便面積不大，Apuu 也很樂意跟大家分享，希望每位女性都能找回那塊心田，「只要你相信你可以跟土地連結，靜下來的時候你會聽到土地的呼吸聲」（同上）。

　　這兩位原住民族婦女解殖民的實踐，便是企圖跳脫殖民主義認識論與國家資本主義的宰制，重新回到土地和傳統文化，連結耆老智慧，解除殖民主義的限制，提供未來創新的可能性。就如同鄭明河運用文學創作的語言，詩化地描寫「著色女性」的另類世界觀：

> 她往往藉著與母系先祖們重新建立連繫來達成這樣
> 的目的，而讓活生生的傳統永遠不會僵化為固定的
> 形式，讓生命持續滋養生命，讓過去繼續為現在
> 與未來提供連結（鄭明河，1989；黃千芬等譯，
> 2004:161）。

不像美國或西方具有政治經濟文化霸權的國家，臺灣在國際上的定位不明。在臺灣，後殖民研究最常應用在文學脈絡中，針對本土或原住民作家的作品，在日本殖民、二二八、白色恐怖等諸多歷史情境下，與國族、性別、種族、階級等作用力交雜中，提出脈絡化的分析。中文的後殖民理論及文學作品可見張君玫《後殖民的陰性情境：語文、翻譯和欲望》（2012），劉亮雅《遲來的後殖民：再論解嚴以來臺灣小說》（2015），邱子修《跨文化的想像主體：臺灣後殖民／女性研究論述》（2012），楊翠《少數說話：臺灣原住民女性文學的多重視域》（2018）等。更多的開創，則有待讀者對此領域的持續耕耘。

參考書目

王翊涵（2010），〈在異地為人母：從東南亞新移民女性的觀點探討其在臺灣的母職經驗〉，《臺灣東南亞學刊》7(1)：3-40.

沈倖如、王宏仁（2003），〈「融入」或「逃離」：「越南新娘」的在地反抗策略〉，收錄於蕭新煌主編《臺灣與東南亞：南向政策與越南新娘》，頁249-284。臺北：中央研究院亞太研究專題中心。

林津如（2010），〈追尋與徘徊：百年臺灣的家庭與親密關係變遷〉，收錄於黃金麟主編《帝國邊緣：臺灣現代性的考察》，臺北：群學，頁283-312。

──（2011），〈女性主義縱橫政治及其實踐：以臺灣邊緣同志為例〉，收錄於游素玲主編《跨國女性主義導讀》，臺北：五南，頁 17-48。

林津如、吳紹文、王介言（2008），〈新移民女性主組織工作：一個跨領域的實踐嘗試〉，收錄於夏曉鵑、陳信行、黃德北主編《跨界流離》（下冊），臺北：臺灣社會研究雜誌社，頁 241-298。

林開忠，王宏仁（2006），〈移民研究的知識社會學考察──以東南亞臺商與婚姻移民為例〉，2006 年東南亞多元文化與通識教育課程規劃國際學術研討會，苗栗：育達商業技術學院。

邱子修（2012），《跨文化的想像主體：臺灣後殖民／女性研究論述》，臺北：臺大。

唐文慧、王宏仁（2011），〈結構限制下的能動性施展：臺越跨國婚姻受暴婦女的動態父權協商〉，《臺灣社會研究季刊》82:123-170。

夏曉鵑（2002），《流離尋岸》，臺北：唐山。

夏曉鵑（2006），〈新移民運動的形成：差異政治、主體化與社會性運動〉《臺灣社會研究季刊》61:1-71。

張君玫（2012），《後殖民的陰性情境：語文、翻譯和欲望》。臺北：群學。

陳美華（2010），〈性化的國境管理：「假結婚」查察與中國移民／性工作者的排除〉，《臺灣社會學》19:55-105。

黃心雅（2003），〈同志論述的奇哥娜想像：安莎杜娃的「新美斯媞莎酷兒」〉，《中外文學》32(3)：35-62。

──（2005），〈奇哥娜‧邊界‧階級──墨美女性書寫中的性別、種族與階級意識〉，《歐美研究》35(2)：279-322。

楊婉瑩（2014），〈鑿洞取光或是拆除高牆〉，收錄於陳瑤華主編
　　《臺灣婦女處境白皮書：2014年》，臺北：女書，頁117-170。

楊翠（2018），《少數說話：臺灣原住民女性文學的多重視域》
　　（上下冊），臺北：玉山。

劉亮雅（2015），《遲來的後殖民：再論解嚴以來臺灣小說》。臺
　　北：臺大。

賴淑娟（2011），〈婚姻移民女性與第三度空間：花蓮縱谷地區
　　婚姻移民雙重視界的日常生活實踐〉，《臺灣東南亞學刊》
　　8(2)：73-112。

Abu-Lughod, L. 2002. 'Do Muslim Women Really Need Saving?
　　Anthropological Reflections on Cultural Relativism and Its Others.'
　　American Anthropologist 104(3): 783-790.

—— 2013. *Do Muslim Women Need Saving.* MA: Harvard University
　　Press.

Ahmed, L. 1992. *Women and Gender in Islam.* New Haven, CT: Yale
　　University Press.

Ambrosino, B. 2014. 'Uganda's Anti-gay Legislation, Explained', in
　　Vox, https://www.vox.com/2018/7/11/17562412/ugandas-anti-gay-
　　legislation-explained, *accessed on 2018.12.6.*

Collins, P. H. 1990. *Black Feminist Thought: Knowledge, Consciousness
　　and the Politics of Empowerment.* London: Routledge.

Collins, P.H. and Bilge S. 2016. *Intersectionality.* Cambridge: Polity.

Crenshaw, K. 1989. "Demarginalizing the Intersection of Race and
　　Sex: A Black Feminist Critique of Antidiscrimination Doctrine,
　　Feminist Theory and Antiracist Politics," *University of Chicago*

Legal Forum: Vol. 1989:Iss, 1, Article 8. Available at: http://chicagounbound.uchicago.edu/uclf/vol1989/iss1/8.

Grewal, I. and K. Kaplan. 1994. *Scattered Hegemonies: Postmodernity and Transnational Feminist Practices*. Minneapolis: University of Minnesota Press.

Kaaviana, A. 2018.〈原住民婦女生態重建〉發表於「氣候變遷下的女性領導：關鍵少數」國際研習會 107 年 6 月 1-2 日舉辦。高雄：高雄醫學大學性別研究所。

Lan, P. C. 2008. "Migrant Women's Bodies as Boundary Markers: Reproductive crisis and Sexual Control in the Ethnic Frontiers of Taiwan" in *Signs*, 33(4): 833-861.

Lorde, A. 1984. "Age, Race, Calss and Sex." In *Sister Outsider,* ed. Audre Lorde. Trumansberg, N.Y.: Crossing Press.

McLaren, M. 2017. *Decolonizing Feminism: Transnational Feminism and Globalization*. London: Rowman & Littlefield.

Mohanty, C. and J. Alexander, 1997. *Feminist Genealogies, Colonial Legacies, Democratic Futures*. London: Routledge.

Mohanty, C. T. 1991. 'Under Western Eyes: Feminist Scholarship and Colonial Discourses', In *Third World Women and the Politics of Feminism,* edited by C.T. Mohanty, A. Russo, and L. Torres. Indiana: Indiana University Press.

—— 2003. *Feminism Without Borders*. Durham, N.C.: Duke University Press.

—— 2013. 'Transnational Feminist Crossings: On Neoliberalism and Radical Critique' in *Signs*, 38(4): 967-991.

Pacengelaw, D. 2018.〈莫拉克風災之災後重建：原住民族女性的投

入與貢獻〉發表於「氣候變遷下的女性領導：關鍵少數」國際研習會，107 年 6 月 1-2 日舉辦。高雄：高雄醫學大學性別研究所。

Said, E. 1978. Orientalism. N.Y.: Pantheon Books.

Spivak, G.C. 1999. *A Critique of Postcolonial Reason: Toward a History of The Vanishing Present.* 張君玫譯（2006）《後殖民理論批判：邁向消失在當下的歷史》。臺北：群學。

Tong, R. 2009. *Feminist Thoughts (second edition).* Colorado: Westview Press.

Trinh, T. M.H. 1989. " Grandma's Story," In *Woman, Native, Other: Writing Post-coloniality and Feminism*, pp 119-152. 鄭明河著，黃千芬、鄭淑玲譯，黃嘉音校譯，〈祖母的故事〉，《中外文學》，2004，33(2)：131- 164。

—— 1989. *Woman, Native, Other: Writing Post-coloniality and Feminism.* Bloomington, IN: Indiana University Press.

Walker, A. 1983. *In Search of Our Mothers' Gardens: Womanist Prose.* San Diego: Harcourt Brace Jovanovich.

Williams, R. R. 2013. *God Loves Uganda.* U.S.: Variance Films. 中文簡介請參見 https://www.tiqff.com/films/2014/ 酷兒之光 / 上帝眷顧烏干達。

Yuval-Davis, N. 2005. 'Human/Women's Rights and Feminist Transversal Politics', In *Global Feminism: Transnational Women's Activism, Organizing and Human Rights*, p275-295, edited by Myra Marx Ferree and Aili Mari Tripp. NY: New York University Press.

圖片來源

頁 11　《女權辯護論》第一版書名頁，1792 年。來源：https:// commons.m.wikimedia.org/wiki/File:Wollstonecraft-right- of-woman.jpg（2019 年 1 月 8 日）

頁 39　德古熱。Alexandre Kucharski 繪製。來源： Wikipedia, https://commons.wikimedia.org/wiki/ File:OlympeDeGouge.jpg（2018 年 12 月 5 日）

頁 41　吳爾史東。Paul, C. Kegan (Charles Kegan) 於 1876 年 繪製。來源：Wikipedia, https://commons.wikimedia. org/wiki/File:Mary_Wollstonecraft._After_a_painting_by_ John_Opie.jpg（2018 年 12 月 5 日）

頁 47　特魯思。來源：Wikipedia, https://commons.wikimedia. org/wiki/File:Sojourner_Truth_CDV.jpg（2018 年 12 月 5 日）

頁 50　米爾。來源：London Stereoscopic Company, (c1870), https://commons.wikimedia.org/wiki/File:John_Stuart_ Mill_by_London_Stereoscopic_Company,_c1870.jpg （2018 年 12 月 5 日）

頁 51　　泰勒。作品典藏於 National Portrait Gallery, London。來源：Wikipedia, https://commons.wikimedia.org/wiki/File:Harriet_Mill_from_NPG.jpg（2018 年 12 月 5 日）

頁 55　　包爾。攝於 1915 年。來源：Wikipedia, https://commons.wikimedia.org/wiki/File:Alice_Paul_(1915)_by_Harris_%26_Ewing.jpg（2018 年 12 月 5 日）

頁 56　　安妮‧肯尼和克麗絲特‧潘斯特。來源：https://zh.wikipedia.org/wiki/File:Annie_Kenney_and_Christabel_Pankhurst.jpg

頁 56　　1912 年紐約婦女爭取投票權遊行。來源：Wikipedia, https://commons.wikimedia.org/wiki/File:Feminist_Suffrage_Parade_in_New_York_City,_1912.jpeg（2019 年 1 月 3 日）

頁 61　　傅利丹。Fred Palumbo 攝於 1960 年。來源：Wikipedia, https://commons.wikimedia.org/wiki/File:Betty_Friedan_1960.jpg（2018 年 12 月 5 日）

頁 88　　傅立葉。繪於 1958 至 1963，作品典藏於 Bibliothèque littéraire Jacques-Doucet。來源：Wikipedia, https://commons.wikimedia.org/wiki/File:Charles_Fourier_Andr%C3%A9_Breton.jpg（2018 年 12 月 5 日）

頁 91　　羅伯‧歐文。來源：H.F. Helmolt (ed.): History of the World. New York, 1901. Copied from University of Texas Portrait Gallery。轉載於：Wikipedia, https://commons.

wikimedia.org/wiki/File:Robertowen.jpg（2019 年 1 月 4 日）

頁 118　特俐斯坦。Jules Laure 繪於 1847 年。來源：Wikipedia, https://commons.wikimedia.org/wiki/File:Flora_Tristan_par_Jules_Laure.jpg（2018 年 12 月 5 日）

頁 119　柯崙泰。攝於 1910 年。來源：Wikipedia, https://commons.wikimedia.org/wiki/File:AleksandraKolont%C3%A1i1910.png（2018 年 12 月 5 日）

頁 119　倍倍爾。約攝於 1900 年。來源：Wikipedia, https://commons.wikimedia.org/wiki/File:August_Bebel_c1900.jpg（2018 年 12 月 5 日）

頁 119　查特卿。約攝於 1897 年蘇黎世會議期間。來源：Wikipedia, https://de.wikipedia.org/wiki/Datei:Clara_Zetkin.jpg（2019 年 1 月 4 日）

頁 136　西蒙·波娃。來源：Wikipedia, https://commons.wikimedia.org/wiki/File:Simone_de_Beauvoir.jpg（2019 年 1 月 4 日）

頁 147　波娃與沙特。新華社記者劉東鰲攝於北京天安門，1955 年。來源：Wikipedia, https://commons.wikimedia.org/wiki/File:Simone_de_Beauvoir_%26_Jean-Paul_Sartre_in_Beijing_1955.jpg（2018 年 12 月 5 日）

頁 185　米列和李德 1991 年上英國的談論性節目。來源：https://en.wikipedia.org/wiki/File:Kate_Millett_and_

Oliver_Reed_appearing_on_%22After_Dark%22,_26_
January_1991.jpg（2019 年 1 月 9 日）

頁 188 費爾史東（中）於 1998 年 5 月 10 日一場私人聚會。
右方 Carol Giardina, 當時是佛州的婦運倡導者。左方
是傅里曼。來源：Jo Freeman。

頁 193 傅里曼。Carolmooredc 攝於 2006 年。來源：
Wikipedia, https://commons.wikimedia.org/wiki/
File:JoFreeman-09-26-06.JPG（2018 年 12 月 5 日）

頁 196 朵金。1988 年參加電視節目 After Dark。來源：
Wikipedia, https://commons.wikimedia.org/wiki/
File:Dworkin_on_After_Dark.JPG（2018 年 12 月 5 日）

頁 219 佛洛伊德。攝於 1922 年。來源：Wikipedia, https://
commons.wikimedia.org/wiki/File:Freud_hans.jpg（2018
年 12 月 5 日）

頁 229 拉岡。攝於 1975 年。翻攝於 Encyclopédie du Monde
Actuel。來源：Wikipedia, https://commons.wikimedia.
org/wiki/File:EDMA_-_La_psychanalyse,_Le_Livre_de_
Poche,_1975_(page_30_crop).jpg（2018 年 12 月 5 日）

頁 246 高德曼。來源：https://commons.wikimedia.org/wiki/
File:Emma_Goldman_seated.jpg（2019 年 1 月 11 日）

頁 268 哈特曼。Katherine Taylor 攝於 2014 年，US Department
of Labor Women's Bureau in Boston hosted the DOL
Regional Forum on Working Families Boston-The White

House Summit on Working Families。來源：Wikipedia,
https://commons.wikimedia.org/wiki/File:Working_
Families_MA002_(14250577003).jpg（2018 年 12 月 5
日）

頁 313　石牆酒吧。來源：Wikipedia, https://commons.
wikimedia.org/wiki/File:Stonewall_Inn_1969.jpg（2019
年 1 月 4 日）

頁 318　芮曲、羅德。攝於 1980 年。來源：Wikipedia, https://
commons.wikimedia.org/wiki/File:Audre_Lorde,_
Meridel_Lesueur,_Adrienne_Rich_1980_(820298895).jpg
（2018 年 12 月 5 日）

頁 324　魯冰。於舊金山 The GLBT History Museum 的演講，
Gerard Koskovich 攝於 2012 年。來源：Wikipedia,
https://commons.wikimedia.org/wiki/File:Gayle_Rubin.
jpg（2018 年 12 月 5 日）

頁 328　巴特勒。Miquel Taverna 攝於 2018。來源：Wikipedia,
https://commons.wikimedia.org/wiki/File:Judith_Butler_
al_CCCB_2018.jpg（2018 年 12 月 5 日）

頁 340　祁家威。KOKUYO 攝於 2016 年。來源：Wikipedia,
https://commons.wikimedia.org/wiki/File:%E7%A5%81
%E5%AE%B6%E5%A8%81_(cropped).jpg（2018 年 12
月 6 日）

頁 347　朵芃。攝於 1964。來源：Wikipedia, https://

commons.wikimedia.org/wiki/File:Fran%C3%A7oise_
d%27Eaubonne_wikip%C3%A9dia.jpg（2018 年 12 月 5
日）

頁 356　馬薩伊。巴西通訊社（Agência Brasil）記者 Antônio
Cruz 攝於 2004 年。來源：Wikipedia, https://commons.
wikimedia.org/wiki/File:Wangari_Maathai_no_Brasil.jpg
（2018 年 12 月 5 日）

頁 358　卡森。來源：Wikipedia, https://commons.wikimedia.org/
wiki/File:Rachel_Carson_(8511179932).jpg（2018 年 12
月 5 日）

頁 361　亞當斯。於 Whidbey Institute 的 the Intersectional
Justice Conference 演講，Pax Ahimsa Gethen 攝於 2016
年。來源：Wikipedia, https://commons.wikimedia.org/
wiki/File:Carol_J._Adams_at_the_Intersectional_Justice_
Conference.jpg（2018 年 12 月 5 日）

頁 367　斯達霍克。攝於 2007 年，Sicilian workshop。來
源：Wikipedia, https://commons.wikimedia.org/wiki/
File:Starhawk_2.JPG（2018 年 12 月 5 日）

頁 373　希瓦。攝於 2012 年，Fronteiras do Pensamento。來
源：Wikipedia, https://commons.wikimedia.org/wiki/
File:Vandana_Shiva_no_Fronteiras_do_Pensamento_
Porto_Alegre_(7302624614).jpg（2018 年 12 月 5 日）

頁 377　主婦聯盟環境保護基金會掛牌。陳裕琪攝於 1989 年。

來源：Wikipedia, https://commons.wikimedia.org/wiki/Fi
le:1989.2.1_%E4%B8%BB%E5%A9%A6%E8%81%AF
%E7%9B%9F%E7%92%B0%E5%A2%83%E4%BF%9D
%E8%AD%B7%E5%9F%BA%E9%87%91%E6%9C%8
3%E6%8E%9B%E7%89%8C.jpg（2018 年 12 月 5 日）

頁 395　西蘇。Claude Truong-Ngoc 攝於 2011 年。來源：
Wikipedia, https://commons.wikimedia.org/wiki/
File:H%C3%A9l%C3%A8ne_Cixous_par_Claude_
Truong-Ngoc_2011.jpg（2018 年 12 月 5 日）

頁 420　克瑞絲緹娃。攝於 2008。來源：Wikipedia,
https://commons.wikimedia.org/wiki/File:Julia_
Kristeva_%C3%A0_Paris_en_2008.jpg（2018 年 12 月 5
日）

頁 442　美國第一夫人希拉蕊‧柯林頓在中國北京舉行的聯合
國第四次婦女問題世界大會上發表演講。攝於 1995
年。來源：Wikipedia, https://commons.wikimedia.
org/wiki/File:Hillary_Clinton_at_the_United_Nations_
Conference_on_Women_in_Beijing,_China.jpg（2018 年
12 月 6 日）

頁 444　全球第一位女太空人瓦倫蒂娜‧捷列什科娃在蘇聯
婦女委員會全體會議上的發言。攝於 1968 年。來
源：Wikipedia, https://commons.wikimedia.org/wiki/
File:RIAN_archive_708349_Valentina_Tereshkova_at_

plenary_meeting_of_Soviet_Women%27s_Committee.jpg
（2018 年 12 月 6 日）

頁 476　柯林斯。巴西通訊社（Agência Brasil）記者 Valter
Campanato 攝於 2014 年。來源：Wikipedia, https://
commons.wikimedia.org/wiki/File:PatriciaHillCollins.jpg
（2018 年 12 月 31 日）

頁 477　渥克。Virginia DeBolt 攝於 2007 年。來源：Wikipedia,
https://commons.wikimedia.org/wiki/File:Alice_Walker.
jpg（2018 年 12 月 31 日）

頁 480　克倫肖。The Laura Flanders Show 提供，攝於 2017 年。
來源：Wikipedia, https://commons.wikimedia.org/wiki/
File:Kimberl%C3%A9_Crenshaw_Laura_Flanders_2017.
png（2018 年 12 月 31 日）

頁 482　莫寒娣。攝於 2011 年。來源：Wikipedia, https://
commons.wikimedia.org/wiki/File:Chandra_Talpade_
Mohanty_(2011).jpg（2018 年 12 月 31 日）

頁 486　史碧華克。Rosa Luxemburg-Stiftung 攝於 2015 年。
來源：Wikipedia, https://commons.wikimedia.org/wiki/
File:Gayatri_Chakravorty_Spivak.jpg（2018 年 12 月 31
日）

頁 503　霍克斯。來源：Wikipedia, https://commons.wikimedia.
org/wiki/File:Bellhooks.jpg（2018 年 12 月 31 日）

頁 508　安莎杜娃。K. Kendall 攝於 2007 年。來源：Wikipedia,

https://upload.wikimedia.org/wikipedia/commons/1/11/
Gloria_Anzaldua.jpg（2018 年 12 月 31 日）

頁 510 鄭明河。來源：Wikipedia, https://mg.wikipedia.org/
wiki/Sary:Trinh_T._Minh-ha.JPG#/media/File:Trinh_T._
Minh-ha.JPG（2018 年 12 月 31 日）

名詞對照及索引

專有名詞

#MeToo　5-6, 209

2-5 畫

二元論（二元對立、二分法）　26, 149, 170, 252, 309-310, 315, 321, 323, 349, 351, 353, 363-364, 369-370, 379-381, 392, 398-399, 407, 423, 478-479, 491, 493, 497

女人文化（婦女文化）　291, 298-299

女人身體（女性身體）　116, 169-171, 200, 202, 207, 209, 330, 366, 394, 398, 404, 408, 413, 415, 428, 487, 498

女性化　52, 63, 72, 166, 294-295, 354

女性文化　114, 198-199, 298, 365

女性主體　7, 180, 242, 248, 416, 485-486, 488, 496-497, 498-499, 501, 507

女性氣質（女人特質、女人味、陰柔特質）　49, 134, 139, 145, 155, 165-166, 171, 185, 271, 309, 409-410

女性意識　114, 180, 247, 391, 441, 485

子女　16, 39, 43, 46-47, 53, 64, 97, 116, 137, 203, 209, 281-282, 292-293, 295, 339

工作（工作權）　5, 13, 20, 36, 40, 45-46, 49, 53, 57-58, 60, 62, 64, 66, 70, 72, 74, 76-77, 87, 92-93, 96-98, 101-103, 107-108, 110-115, 117, 121-123, 125-126, 128, 134-138, 148, 153, 155, 164-165, 170-171, 177, 179, 186, 192, 206, 210, 268-269, 273, 276-282, 284-288, 292-296, 298-299, 301, 366, 376, 378, 382,

他者（異己）　5, 15-16, 27, 31-32, 134-135, 141-142, 148-159,
　　161-164, 167-168, 172, 252, 255, 318, 398, 401-402, 409-411,
　　418-419, 431, 437, 485, 494, 501, 507

平等　7-8, 10-13, 18, 22, 25, 28-30, 33-38, 40-44, 46-48, 51-55,
　　57-60, 63-71, 73-78, 88-89, 92-96, 98, 101, 104, 109-110, 115,
　　120, 124-128, 134, 138, 142, 150, 157-158, 165, 167-168, 170,
　　176-177, 179, 183, 187, 193, 202-203, 205, 210-211, 239, 253,
　　256-258, 267, 271, 273, 291, 300-301, 341-343, 350, 360, 363-
　　364, 375-376, 378, 391, 412, 426, 435-437, 439, 441-446, 448-
　　461, 464-467, 474, 478, 480, 494-495, 498-501, 505-506

本質論　19, 24, 27, 134-135, 145-146, 171-172, 198-199, 208,
　　310-311, 323, 379, 426, 429, 491

母職（母親角色）　20, 53, 57, 102, 135, 137, 139, 163-164, 167,
　　169, 218, 240, 281-282, 288-289, 293, 316, 400, 428, 476, 500,
　　513

生物決定論　8, 21, 74, 121, 150, 160-161, 188, 199

生產（生產活動）　13-14, 21-23, 25, 35, 58, 69, 75, 92, 101-104,
　　106-117, 120-123, 125, 127-128, 137-138, 153, 186-187, 192,
　　202, 251, 267-268, 273-279, 281-285, 287-289, 291-295, 332,
　　348, 356, 376-378, 380, 413, 416, 438, 443, 457

生殖（生育、繁育、生養育）　15-16, 19, 53, 62, 64-65, 89, 116,
　　121-122, 127, 137, 139, 150-151, 153, 155, 161, 169, 176, 180,
　　187, 201-203, 209, 214, 225, 237, 248, 269-270, 277, 282, 292-
　　296, 299, 323, 339, 350, 365-366, 463, 499

11 畫

12 畫

13-20 畫

女性主義理論與流變（完整修訂版）

主　　編　顧燕翎
作　　者　王瑞香、林津如、范情、張小虹、黃淑玲、莊子秀、鄭至慧、
　　　　　鄭美里、劉毓秀、顧燕翎
責任編輯　張瑞芳
協力編輯　曾時君
校　　對　魏秋綢、張瑞芳
版面構成　張靜怡、簡曼如
封面設計　林宜賢

行銷業務　鄭詠文、陳昱甄
總 編 輯　謝宜英
出 版 者　貓頭鷹出版

發 行 人　涂玉雲
發　　行　英屬蓋曼群島商家庭傳媒股份有限公司城邦分公司
　　　　　104 台北市中山區民生東路二段 141 號 11 樓
　　　　　畫撥帳號：19863813；戶名：書虫股份有限公司
城邦讀書花園：www.cite.com.tw　購書服務信箱：service@readingclub.com.tw
購書服務專線：02-2500-7718~9（周一至周五上午 09:30-12:00；下午 13:30-17:00）
24 小時傳真專線：02-2500-1990；25001991
香港發行所　城邦（香港）出版集團／電話：852-2877-8606／傳真：852-2578-9337
馬新發行所　城邦（馬新）出版集團／電話：603-9056-3833／傳真：603-9057-6622
印 製 廠　中原造像股份有限公司
初　　版　2019 年 2 月　二版三刷 2022 年 3 月
定　　價　新台幣 600 元／港幣 200 元
I S B N　978-986-262-417-3

國家圖書館出版品預行編目資料

女性主義理論與流變 / 王瑞香等作 ; 顧燕翎主編.
　-- 二版 . -- 臺北市：貓頭鷹出版：家庭傳媒城
邦分公司發行 , 2020.04
　面；　公分
ISBN 978-986-262-417-3(平裝)

　1. 女權　2. 女性主義

544.52　　　　　　　　　　　　109001582、